부수명칭(部首名稱)

1 획					
一	한 일	大	큰 대	木	나무 목
丨	뚫을 곤	女	계집 녀	欠	하품 흠
丶	점 주(점)	子	아들 자	止	그칠 지
丿	삐칠 별(삐침)	宀	집 면(갓머리)	歹(歺)	뼈앙상할 알(죽을사변)
乙(乚)	새 을	寸	마디 촌	殳	칠 수 (갖은등글월문)
亅	갈고리 궐	小	작을 소	毋	말 무
2 획		尢(兀)	절름발이 왕	比	견줄 비
二	두 이	尸	주검 시	毛	터럭 모
亠	머리 두(돼지해머리)	屮(屮)	싹날 철	氏	각시 씨
人(亻)	사람 인(인변)	山	메 산	气	기운 기
儿	어진사람 인	巛(川)	개미허리(내 천)	水(氵)	물 수(삼수변)
入	들 입	工	장인 공	火(灬)	불 화
八	여덟 팔	己	몸 기	爪(爫)	손톱 조
冂	멀 경(멀경몸)	巾	수건 건	父	아비 부
冖	덮을 멱(민갓머리)	干	방패 간	爻	점괘 효
冫	얼음 빙(이수변)	幺	작을 요	爿	조각널 장(장수장변)
几	안석 궤(책상궤)	广	집 엄(엄호)	片	조각 편
凵	입벌릴 감 (위터진입구)	廴	길게걸을 인(민책받침)	牙	어금니 아
刀(刂)	칼 도	廾	손맞잡을 공(밑스물입)	牛(牜)	소 우
力	힘 력	弋	주살 익	犬(犭)	개 견
勹	쌀 포	弓	활 궁	5 획	
匕	비수 비	彐(彑)	돼지머리 계(터진가로왈)	玄	검을 현
匚	상자 방(터진입구)	彡	터럭 삼(삐친석삼)	玉(王)	구슬 옥
匸	감출 혜(터진에운담)	彳	조금걸을 척(중인변)	瓜	오이 과
十	열 십	4 획		瓦	기와 와
卜	점 복	心(忄·㣺)	마음 심(심방변)	甘	달 감
卩(㔾)	병부 절	戈	창 과	生	날 생
厂	굴바위 엄(민엄호)	戶	지게 호	用	쓸 용
厶	사사로울 사(마늘모)	手(扌)	손 수 (재방변)	田	밭 전
又	또 우	支	지탱할 지	疋	필 필
3 획		攴(攵)	칠 복 (등글월문)	疒	병들 녁(병질엄)
口	입 구	文	글월 문	癶	걸을 발(필발머리)
囗	에울 위(큰입구)	斗	말 두	白	흰 백
土	흙 토	斤	도끼 근(날근)	皮	가죽 피
士	선비 사	方	모 방	皿	그릇 명
夂	뒤져올 치	无(旡)	없을 무(이미기방)	目(罒)	눈 목
夊	천천히걸을 쇠	日	날 일	矛	창 모
夕	저녁 석	曰	가로 왈	矢	화살 시
		月	달 월	石	돌 석

示(礻)	보일 시	谷	골 곡		10 획
内	짐승발자국 유	豆	콩 두	馬	말 마
禾	벼 화	豕	돼지 시	骨	뼈 골
穴	구멍 혈	豸	발없는벌레 치(갖은돼지시변)	高	높을 고
立	설 립	貝	조개 패	髟	머리털늘어질 표(터럭발)
	6 획	赤	붉을 적	鬥	싸울 투
竹	대 죽	走	달아날 주	鬯	술 창
米	쌀 미	足(⻊)	발 족	鬲	솥 력
糸	실 사	身	몸 신	鬼	귀신 귀
缶	장군 부	車	수레 거		11 획
网(罓·罒)	그물 망	辛	매울 신	魚	물고기 어
羊	양 양	辰	별 진	鳥	새 조
羽	깃 우	辵(辶)	쉬엄쉬엄갈 착(책받침)	鹵	소금밭 로
老(耂)	늙을 로	邑(⻏)	고을 음(우부방)	鹿	사슴 록
而	말이을 이	酉	닭 유	麥	보리 맥
耒	쟁기 뢰	釆	분별할 변	麻	삼 마
耳	귀 이	里	마을 리		12 획
聿	붓 율		8 획	黃	누를 황
肉(月)	고기 육(육달월변)	金	쇠 금	黍	기장 서
臣	신하 신	長(镸)	길 장	黑	검을 흑
自	스스로 자	門	문 문	黹	바느질할 치
至	이를 지	阜(⻖)	언덕 부(좌부방)		13 획
臼	절구 구(확구)	隶	미칠 이	黽	맹꽁이 맹
舌	혀 설	隹	새 추	鼎	솥 정
舛(桀)	어그러질 천	雨	비 우	鼓	북 고
舟	배 주	靑	푸를 청	鼠	쥐 서
艮	그칠 간	非	아닐 비		14 획
色	빛 색		9 획	鼻	코 비
艸(艹)	풀 초(초두)	面	낯 면	齊	가지런할 제
虍	범의문채 호(범호)	革	가죽 혁		15 획
虫	벌레 충(훼)	韋	다룸가죽 위	齒	이 치
血	피 혈	韭	부추 구		16 획
行	다닐 행	音	소리 음	龍	용 룡
衣(衤)	옷 의	頁	머리 혈	龜	거북 귀(구)
襾	덮을 아	風	바람 풍		17 획
	7 획	飛	날 비	龠	피리 약변
見	볼 견	食(飠)	밥 식(변)	*는	♥ 심방(변) ♥ 재방(변)
角	뿔 각	首	머리 수	부수의	♥ 삼수(변) ♥ 개사슴록(변)
言	말씀 언	香	향기 향	변형글자	♥阝(邑)우부(방) ♥阝(阜)좌부(변)

국립중앙도서관 출판시도서목록(CIP)

(Point up) 3-step 왕초보 3500 한자 / 창 [편].
— 서울 : 창, 2012 p. ; cm
감수: 최청화, 유향미
ISBN 978-89-7453-202-4 13710 : ₩11000

한자 학습[漢字學習]

711.47-KDC5
495.78-DDC21   CIP2012003562

Point Up 3step 왕초보 3500 한자

2023년 05월 20일 7쇄 인쇄
2023년 05월 25일 7쇄 발행

감수자 | 최청화/유향미
펴낸이 | 이규인
편 집 | 홍보현
펴낸곳 | 도서출판 **창**
등록번호 | 제15-454호
등록일자 | 2004년 3월 25일

주소 | 서울특별시 마포구 대흥로 4길 49, 1층(용강동, 월명빌딩)
전화 | (02) 322-2686, 2687 / **팩시밀리** | (02) 326-3218
홈페이지 | http://www.changbook.co.kr
e-mail | changbook1@hanmail.net

ISBN 978-89-7453-202-4 13710

정가 11,000원
*잘못 만들어진 책은 〈도서출판 **창**〉에서 바꾸어 드립니다.

*이 책의 저작권은 〈도서출판 **창**〉에 있습니다.
 저작권법에 의해 보호를 받는 저작물이므로 무단 전재와 복제를 금합니다.

Point up

3-step 왕초보
3500 한자

창
Chang Books

F·o·r·e·w·o·r·d

간편하고 효율적인 학습을 위해

여러분은 지금 국제화 시대에 살고 있습니다. 한자는 중국 등 한자문화권 국가와의 비즈니스 관계에 따라 영어와 마찬가지로 여러분과 떼려야 뗄 수 없는 불가분의 관계입니다. 지구상에 글자를 소리글자과 뜻글자로 크게 분류하는데 그 중 소리글자가 영어라면 뜻글자는 한자입니다. 이러한 시대 상황을 고려하여 편집·제작된 Point up 3-step 왕초보 3500 한자는 교육부에서 발표한 "21세기 한자·한문 교육의 내실을 기하며, 새로운 교육적 전망을 확립하기 위하여 만들어졌습니다. 따라서 한자 능력시험의 1급~8급까지의 기초한자 및 필수한자와 핵심한자 등을 포함해서 초급부터 중급, 그리고 고급에 이르기까지 누구나 부담없이 공부할 수 있도록 하였으며, 또한 10년 이상 각종 시험자료에서 입증된 핵심한자만을 골라 3,500한자로 구성하였습니다. 그리고 세계화에 대비해 완벽한 언어로 발전하기 위해 4개국어로 표기되어 누구든지 쉽게 활용할 수 있습니다. 우리글은 상당 부분이 한자에서 유래된 말이 많이 차지하고 있어 비록 복잡하지만 공부해보면 정말 신비하고 재미있는 철학이 담겨 있다는 것을 알게 될 것입니다.

이 책의 구성을 살펴보면,
Part I   왕초보 1스텝 기초한자 - 초급 단계(4~8급)
Part II   왕초보 2스텝 필수한자 - 중급 단계(3~준3급)
Part III   왕초보 3스텝 핵심한자 - 고급 단계(1~2급)

이와 같이 단계(급수)별로 분류한 후, 중요도에 따라 알기 쉽게 '가나다(ㄱ, ㄴ, ㄷ)'순으로 배열·수록하였으며, 학생들이 언어생활과 전공 학습에 필요한 한자를 학습하고, 국가공인 한자자격증 시험을 준비하는 데 도움을 주고자

F·o·r·e·w·o·r·d

상용 한자 어휘의 자료를 충실히 반영하고, 그 외 다양한 실생활과 학업에 필요한 한자만을 열거하였습니다. 모든 한자는 표제자(標題字)의 부수(部首), 획수(畫數), 총획수(總畫數)를 표시하였습니다. 그리고 한문 교육용 기본한자 1,800자 중에서 기초한자 1000자, 필수한자 800자, 나머지 핵심한자 1700자로 구성되었습니다. 또한 한자 어휘를 중심으로 해당 한자의 음과 뜻, 한자 어휘의 활용, 해당 어휘가 활용된 예를 제시하였으며, 부록은 한자 학습에 꼭 필요한 알찬 내용만을 엄선하여 실었습니다.

그리고 포켓용으로 만들어져 휴대하며 공부할 수 있기에 한자학습을 한층 Point up 함으로써 여러분의 한자실력을 단계별로 향상시켜 줄 것입니다.

참고로 이 책을 학습하는 데 필요한 사용기호를 살펴보면,

기본 뜻 외에 영어, 중국어, 일본어 등을 표기하고 교육용 1,800 기본한자는 반대자와 상대자, 약자와 속자 등을 제시하고 영 → 영어 중 → 중국어 일 → 일본어 (↔) → 반대어 (=) → 동의어 표시하였습니다.
*예문은 두음법칙에 준함.

〈본문설명〉

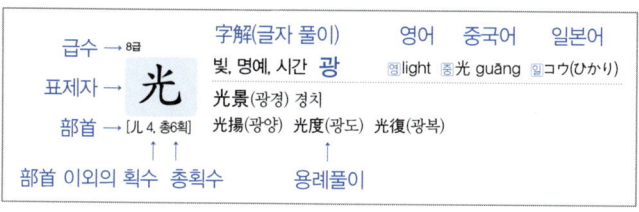

- Part I 왕초보 1스텝 기초 한자 7
  (초급 단계 : 4~8급)
- Part II 왕초보 2스텝 필수 한자 175
  (중급 단계 : 3~준3급)
- Part III 왕초보 3스텝 핵심 한자 319
  (고급 단계 : 1~2급)

〈부록〉
- 한자(漢字)에 대하여 558
- 부수(部首)일람표 562
- 두음법칙(頭音法則) 한자 574
- 동자이음(同字異音) 한자 576
- 약자(略字) · 속자(俗字) 580
- 고사성어(古事成語) 582
- 찾아보기 595

Part I

3-step
1단계

기초한자

3-step — 1단계

8급

光
[儿 4, 총6획]

빛, 명예, 시간 **광**　　영light 중光 guāng 일コウ(ひかり)

光景(광경) 경치

光揚(광양)　光度(광도)　光復(광복)

8급

教
[攴 7, 총11획]

가르칠 **교** (=訓)　영teach 중教 jiāo 일教 キョウ(おしえる)

教權(교권) 교육상 교육자의 권리

教具(교구)　教師(교사)　教生(교생)

8급

校
[木 6, 총10획]

학교, 짐작할 **교**　　영school 중校 xiào 일コウ(くらべる)

校門(교문) 학교의 문

校風(교풍)　校旗(교기)　校內(교내)

8급

九
[乙 1, 총2획]

아홉, 극수 **구**　　영nine 중九 jiǔ 일キユウ・ク(ここのつ)

九曲(구곡) 아홉 굽이

九十春光(구십춘광)　九氣(구기)　九族(구족)

8급

國
[口 8, 총11획]

나라 **국**　　영country 중国 guó 일国 コク(くに)

國權(국권) 국가의 권력

國手(국수)　國基(국기)　國道(국도)

● 1단계 ●

8급

軍

[車 2, 총9획]

군사, 진 **군**　　영military·district 중军 jūn 일グン(いくさ)

軍官(군관) 군인과 관리

軍紀(군기) **軍歌**(군가) **軍犬**(군견)

8급

金

[金 0, 총8획]

쇠, 성 **금**　　영gold 중金 jīn 일キン(かな)

金冠(금관) 금으로 만든 관

金髮(금발) **金庫**(금고) **金泉**(김천)

8급

南

[十 7, 총9획]

남녘 **남**(↔北)　　영south 중南 nán 일ナソ(みなみ)

南國(남국) 남쪽에 위치한 나라

南方(남방) **南極**(남극) **南部**(남부)

8급

女

[女 0, 총3획]

처녀 **녀(여)**(↔男) 영female 중女 nǚ 일ジョ·ニョ(おんな)

女傑(여걸) 걸출한 여자

女唱(여창) **女軍**(여군) **女王**(여왕)

8급

[干 3, 총6획]

해, 나이 **년(연)**(=歲)　　영year 중年 nián 일ネン(とし)

年期(연기) 만1년

年老(연로) **昨年**(작년) **年歲**(연세)

8급

[大 0, 총3획]

큰, 많을 **대**(↔小 =巨)　　영great 중大 dà 일タイ(おおきい)

大家(대가) 부귀한 집

大吉(대길) **大闕**(대궐) **大量**(대량)

8급 기초한자 | **9**

128급

[木 4, 총8획]

동녘 **동** (↔西) 　　영 east 중 东 dōng 일 トウ(ひがし)

東史(동사) 우리 나라의 역사
東床(동상) **東邦**(동방) **東洋**(동양)

8급

[八 2, 총4획]

여섯, 여섯 번 **륙(육)** 　　영 six 중 六 liù 일 ロク

六旬(육순) 60세. 또는 60일
六角(육각) **六禮**(육례) **六法**(육법)

13B급

[艸 9, 총13획]

일만 **만** 　　영 ten thousand 중 万 wàn 일 万 マン(よろず)

萬福(만복) 많은 복
萬歲(만세) **萬感**(만감) **萬能**(만능)

8급

[母 1, 총5획]

어미, 소생 **모** 　　영 mother 중 母 mǔ 일 ボ(はは)

母校(모교) 자기의 출신 학교
母體(모체) **母系**(모계) **母國**(모국)

8급

[木 0, 총4획]

나무, 저릴 **목** (=樹) 　　영 tree 중 木 mù 일 ボク(き)

木工(목공) 나무로 물건을 만드는 일
木器(목기) **木馬**(목마) **木石**(목석)

8급

[門 0, 총8획]

문, 가문 **문** 　　영 door 중 门 mén 일 モン(かど)

門客(문객) 집안에 있는 식객
門限(문한) **門前**(문전) **門中**(문중)

8급
民
[氏 1, 총5획]

백성 **민**(↔官)　　　　영 people 중 民 mín 일 ミン(たみ)

民權(민권) 인민의 권리
民族(민족)　民家(민가)　民泊(민박)

8급
白
[白 0, 총5획]

흰 **백**(↔黑)　　　　영 white 중 白 bái 일 ハク(しろい)

白骨(백골) 흰 뼈
白露(백로)　白晝(백주)　白人(백인)

8급

[父 0, 총4획]

아비, 남자의 미칭 **부**　　영 father 중 父 fù 일 フ(ちち)

父道(부도) 아버지로서 지켜야할 도리
父命(부명)　父女(부녀)　父母(부모)

8급
四
[口 2, 총5획]

넉, 네 번 **사**　　　　영 four 중 四 sì 일 シ(よ·よつ)

四角(사각) 네모
四面(사면)　四季(사계)　四足(사족)

8급
山
[山 0, 총3획]

뫼, 무덤 **산**(↔川)　　영 mountain 중 山 shān 일 サン(やま)

山林(산림) 산과 숲, 또는, 산에 있는 숲
山寺(산사)　山蔘(산삼)　山脈(산맥)

8급
三
[一 2, 총3획]

석, 자주 **삼**　　　　영 three 중 三 sān 일 サン(みっつ)

三更(삼경) 밤 12시
三權(삼권)　三冬(삼동)　三族(삼족)

8급

生 [生 0, 총5획]

날, 살 **생**(↔死) 　　　영born 중生 shēng 일セイ(なま)

生家(생가) 자기가 난 집

生計(생계) **生氣**(생기) **生命**(생명)

8급

西 [襾 0, 총6획]

서녘, 서양 **서**(↔東) 　　　영west 중西 xī 일セイ·サイ(にし)

西藏(서장) 티베트

西風(서풍) **西曆**(서력) **西洋**(서양)

8급

先 [儿 4, 총6획]

먼저, 앞설 **선**(↔後) 　　　영first 중先 xiān 일セン(さき)

先見(선견) 장래 일어날 일을 미리 알아냄

先例(선례) **先導**(선도) **先頭**(선두)

8급

小 [小 0, 총3획]

작을 **소**(↔大) 　　　영small 중小 xiǎo 일ショウ(ちいさい)

小家(소가) 작은 집

小康(소강) **小國**(소국) **小盤**(소반)

8급

水 [水 0, 총4획]

물, 고를 **수**(↔火) 　　　영water 중水 shuǐ 일スイ(みず)

水難(수난) 물로 말미암은 재난

水魔(수마) **水路**(수로) **水面**(수면)

8급

室 [宀 6, 총9획]

집, 아내, 가족 **실** 　　　영house 중室 shì 일シツ(へや)

室人(실인) 주인

室家(실가) **室內**(실내) **室長**(실장)

12 | 3-Step 왕초보 3500한자 – 1단계

8급

[十 0, 총2획]

열, 전부 **십**　　영 ten 중 十 shí 일 ジュウ(とお)

十誡命(십계명) 구약성경에 나오는, 하나님이 모세에게 내린 열 가지의 계명

十代(십대)　**十字**(십자)　**十里**(십리)

8급

[二 2, 총4획]

다섯, 다섯 번 **오**　　영 five 중 五 wǔ 일 ゴ(いつつ)

五穀(오곡) 주식이 되는 다섯 가지 곡식. 쌀·수수·보리·조·콩

五角(오각)　**五感**(오감)　**五色**(오색)

8급

[王 0, 총4획]

임금 **왕** (=帝)　　영 king 중 王 wáng 일 オウ(きみ)

王家(왕가) 임금의 집안

王命(왕명)　**王國**(왕국)　**王妃**(왕비)

8급

[夕 2, 총5획]

바깥, 처가 **외** (↔內)　　영 outside 중 外 wài 일 ガイ·ゲ(そと)

外客(외객) 겨레붙이가 아닌 손님

外觀(외관)　**外國**(외국)　**外勤**(외근)

8급

[月 0, 총4획]

달, 세월 **월** (↔日)　　영 moon 중 月 yuèn 일 ゲツ(つき)

月刊(월간) 매월 한 차례 간행함

月光(월광)　**月間**(월간)　**月給**(월급)

8급

[二 0, 총2획]

두 **이**　　영 two 중 二 èr 일 ニ(ふたつ)

二姓(이성) 두 왕조의 임금

二乘(이승)　**二重**(이중)　**二輪車**(이륜차)

8급

[人 0, 총2획]

사람 **인**   영person 중人 rén 일ジン・ニン(ひと)

人格(인격) 사람으로서의 품격

人望(인망) **人氣**(인기) **人道**(인도)

8급

[日 0, 총4획]

날, 햇볕 **일**(↔月 ↔夜)   영day 중日 rì 일ジツ・ニチ(ひ)

日久(일구) 시간이 몹시 경과가 됨

日沒(일몰) **日記**(일기) **日語**(일어)

8급

[一 0, 총1획]

한, 첫째, 모든 **일**   영one 중一 yī 일イチ(ひと)

一戰(일전) 한바탕 싸움

一望(일망) **一念**(일념) **一同**(일동)

8급

[長 0, 총8획]

길, 길이 **장**(↔短)   영long 중长 cháng 일チョウ(ながい)

長江(장강) 긴 강. 중국에서는 양자강을 이름

長久(장구) **長男**(장남) **長安**(장안)

8급

[竹 5, 총11획]

차례, 저택 **제**   영(one's)turn 중第 dì 일ダイ(ついで・やしき)

第五列(제오열) 적과 내통하는 사람

第三者(제삼자) **第一**(제일) **及第**(급제)

8급

[弓 4, 총7획]

아우 **제**(↔兄)   영younger brother 중弟 dì 일テイ(おとうと)

弟嫂(제수) 아우의 아내

弟子(제자) **弟男**(제남) **兄弟**(형제)

1단계

8급

中

[丨 3, 총4획]

가운데, 맞을 **중**　영middle 중中 zhōng 일チユウ(なか)

中間(중간) 한가운데

中年(중년) 中國(중국) 中央(중앙)

8급

青

[靑 0, 총8획]

푸를 **청**　영blue 중靑 qīng 일セイ(あおい)

靑盲(청맹) 뜨고도 보지 못하는 눈

靑松(청송) 靑果(청과) 靑年(청년)

8급

寸

[寸 0, 총3획]

마디, 조금 **촌**　영inch 중寸 cùn 일スン

寸刻(촌각) 아주 짧은 시각

寸鐵(촌철) 寸劇(촌극) 寸評(촌평)

8급

七

[一 1, 총2획]

일곱, 문채이름 **칠**　영seven 중七 qī 일シチ(なな)

七星(칠성) 북두칠성

七旬(칠순) 七寶(칠보) 七夕(칠석)

8급

土

[土 0, 총3획]

흙, 나라 **토**(=地)　영sand 중土 tǔ 일ト・ド(つち)

土窟(토굴) 땅속으로 판 굴

土砂(토사) 土建(토건) 土窟(토굴)

8급

八

[八 0, 총2획]

여덟, 여덟째 **팔**　영eight 중八 bā 일ハチ・ハツ(やっつ)

八方美人(팔방미인) 어느 모로 보나 아름다운 미인

八旬(팔순) 八角(팔각) 八景(팔경)

8급

[子 13, 총16획]

배울, 학문 **학**　　영 learn 중 学 xué 일 学 ガク(まなぶ)

學說(학설) 학문상의 논설
學文(학문)　**學**界(학계)　**學**科(학과)

8급

[韋 8, 총17획]

나라이름 **한**　　영 korea 중 韩 hán 일 カン(から)

韓人(한인) 우리나라 사람
韓國(한국)　**韓**方(한방)　**韓**紙(한지)

8급

[儿 3, 총5획]

형 **형** (↔弟)　　영 elder 중 兄 xiōng 일 ケイ·キョウ(あに)

兄夫(형부) 언니의 남편
兄嫂(형수)　**兄**弟(형제)　大**兄**(대형)

8급

[火 0, 총4획]

불, 탈 **화** (↔水)　　영 fire 중 火 huǒ 일 カ(ひ)

火口(화구) 화산의 분화구
火氣(화기)　**火**急(화급)　**火**災(화재)

7급

[宀 7, 총10획]

집, 전문가 **가** (=宅 =屋)　　영 house 중 家 jiā 일 カ·ケ(いえ)

家系(가계) 한 집안의 혈통
家奴(가노)　**家**具(가구)　**家**內(가내)

7급

[欠 10, 총14획]

노래, 운문 **가** (=曲 =謠)　　영 song 중 歌 gē 일 カ(たな)

歌曲(가곡) 노래
歌舞(가무)　**歌**曲(가곡)　**歌**詞(가사)

1단계

7급
間
[門 4, 총12획]

사이, 틈, 섞을 **간** 영gap 중間 jiān 일カン·ケン(あいだま)

間隔(간격) 서로 떨어져 있는 거리
間色(간색) **間伐**(간벌) **間食**(간식)

7급
江
[水 3, 총6획]

강, 물이름 **강**(↔山) 영river 중江 jiāng 일コウ(え)

江口(강구) 강 어귀
江南(강남) **江邊**(강변) **江村**(강촌)

7급
車
[車 0, 총7획]

수레 **거 / 차** 영cart 중车 jū chē 일シャ(くるま)

車馬費(거마비) 교통비
車駕(거가) **車輛**(차량) **自動車**(자동차)

7급
##
[工 0, 총3획]

장인 **공** 영artisan 중工 gōng 일コウ(たくみ)

工科(공과) 공업에 관한 학과
工巧(공교) **工具**(공구) **工夫**(공부)

7급
空
[穴 3, 총8획]

빌 **공**(=虛) 영empty 중空 kōng 일クウ(そら)

空間(공간) 비어 있는 곳
空白(공백) **空氣**(공기) **空腹**(공복)

7급
##
[口 0, 총3획]

입, 구멍, 말할 **구** 영mouth 중口 kǒu 일コウ(くち)

口舌(구설) 입과 혀
口術(구술) **口徑**(구경) **口頭**(구두)

7급
氣
[气 6, 총10획]

기운, 호흡, 절기 **기**　　　영 air 중 气 qì 일 気 キ

氣骨(기골) 기혈과 골격

氣母(기모)　**氣球**(기구)　**氣道**(기도)

7급
旗
[方 10, 총14획]

기, 덮을, 표 **기**　　　영 flag 중 旗 qí 일 キ(はた)

旗手(기수) 기를 든 사람

旗亭(기정)　**旗幟**(기치)　**旗章**(기장)

7급
記
[言 3, 총10획]

적을, 외울, 문서 **기**　　　영 record 중 记 jì 일 キ(しるす)

記事(기사) 사실을 있는 그대로 적음

記名(기명)　**記錄**(기록)　**記帳**(기장)

7급
男
[田 2, 총7획]

사내, 아들 **남**(↔女)　영 man 중 男 nán 일 ダン・ナン(おとこ)

男女(남녀) 남자와 여자

男性(남성)　**男妹**(남매)　**男便**(남편)

7급
內
[入 2, 총4획]

안, 들일 **내**(↔外)　영 inside 중 内 nèi 일 内 ナイ・ダイ(うち)

內艱(내간) 어머니의 상사

內申(내신)　**內面**(내면)　**內服**(내복)

7급
農
[辰 6, 총13획]

농사, 농부 **농**　　　영 farming 중 农 nóng 일 ノウ

農耕(농경) 논밭을 경작함

農功(농공)　**農家**(농가)　**農夫**(농부)

1단계

7급

[竹 6, 총12획]

대답할 답 (↔問)   영 answer 중 答 dá 일 トウ(こたえる)

答禮(답례) 받은 예를 갚는 일

答辭(답사) 答訪(답방) 答狀(답장)

7급

[辵 9, 총13획]

길, 말할 도 (=路)   영 road 중 道 dào 일 ドウ(みち)

道德(도덕) 사람이 행해야할 바른 길

道界(도계) 道具(도구) 道民(도민)

7급

[冫 3, 총5획]

겨울, 월동 동   영 winter 중 冬 dōng 일 トウ(ふゆ)

冬季(동계) 겨울철

冬至(동자) 冬眠(동면) 冬至(동지)

7급

[力 9, 총11획]

움직일 동 (↔靜)   영 move 중 动 dòng 일 ドウ(うごかす)

動産(동산) 금전 등으로 이동이 가능한 재산

動因(동인) 動力(동력) 動脈(동맥)

7급

[水 6, 총9획]

동네 동 / 통할 통   영 village 중 洞 dòng 일 ドウ(ほら)

洞窟(동굴) 깊고 넓은 큰 굴

洞天(동천) 洞口(동구) 洞燭(통촉)

7급

[口 3, 총6획]

한가지 동 (↔異)   영 same 중 同 tóng 일 トウ(おなじ)

同級(동급) 같은 학년

同名(동명) 同甲(동갑) 同生(동생)

7급 기초한자 | **19**

7급 [癶 7, 총12획]	오를, 더할 **등** 영climb 중登 dēng 일ト・トウ(のぼる) 登高(등고) 높은 곳에 오름 登用(등용) 登校(등교) 登極(등극)
7급 [人 6, 총8획]	올 **래(내)**(↔去↔往) 영come 중来 lái 일来 ライ(きたる) 來訪(내방) 찾아옴 來世(내세) 來賓(내빈) 來日(내일)
7급 [老 0, 총6획]	늙을, 노인 **로(노)**(↔少) 영old 중老 lǎo 일ロウ(おいる) 老境(노경) 늙바탕 老年(노년) 老將(노장) 老翁(노옹)
7급 [里 0, 총7획]	마을 **리(이)** 영village 중里 lǐ 일リ(さと) 鄕里(향리) 고향 洞里(동리) 里長(이장) 鄕里(향리)
7급 [木 4, 총8획]	수풀, 많을 **림(임)**(=樹) 영forest 중林 lín 일リン(はやし) 林立(임립) 숲의 나무들처럼 죽 늘어섬 林業(임업) 林産(임산) 林野(임야)
7급 [立 0, 총5획]	설 **립(입)** 영stand 중立 lì 일リツ(たてる) 立脚(입각) 발판을 만듦 立證(입증) 立地(립지) 立冬(립동)

•1단계

7급
每
[母 3, 총7획]

매양, 그때마다 **매**　　영 always 중 每 měi 일 マイ(ごと)

每番(매번) 번번이

每事(매사)　**每年**(매년)　**每日**(매일)

7급
面
[面 0, 총9획]

얼굴, 낯, 겉 **면**　　영 face 중 面 miàn 일 メン(かお)

面鏡(면경) 얼굴을 볼 수 있는 작은 거울

面刀(면도)　**面談**(면담)　**面貌**(면모)

7급
名
[口 3, 총6획]

이름, 부를, 평판 **명**　　영 name 중 名 míng 일 メイ(な)

名曲(명곡) 이름난 악곡

名士(명사)　**名物**(명물)　**名分**(명분)

7급
命
[口 5, 총8획]

목숨, 명할 **명**　　영 life 중 命 mìng 일 メイ(いのち)

命令(명령) 윗사람이 아랫사람에게 시킴

命中(명중)　**命巾**(명건)　**運命**(운명)

7급
問
[口 8, 총11획]

물을 **문** (↔答)　　영 ask 중 问 wèn 일 モン(とう)

問病(문병) 앓는 사람을 찾아보고 위로함

問罪(문죄)　**問答**(문답)　**問題**(문제)

7급
文
[文 0, 총4획]

글월, 학문 **문** (↔武 =章)　　영 letter 중 文 wén 일 ブン(もじ)

文格(문격) 문장의 품격

文魁(문괴)　**文明**(문명)　**文魚**(문어)

7급 기초한자 | **21**

7급
物
[牛 4, 총8획]

만물, 무리 **물**　　영thing·matter 중物 wù 일ブツ(もの)

物價(물가) 물건의 값
物望(물망)　物件(물건)　物量(물량)

7급
方
[方 0, 총4획]

모, 방위 **방**　　영square 중方 fāng 일ホウ(かた)

方今(방금) 지금, 금방
方書(방서)　方途(방도)　方面(방면)

7급
百
[白 1, 총6획]

일백, 백번할 **백**　　영hundred 중百 bǎi 일ヒャク(もも)

百家(백가) 많은 집
百方(백방)　百官(백관)　百姓(백성)

7급
夫
[大 1, 총4획]

지아비 **부**(↔婦)　　영husband 중夫 fū 일フ・フウ(おっと)

夫婦(부부) 남편과 아내
夫日(부일)　夫君(부군)　夫婦(부부)

7급
北
[匕 3, 총5획]

북녘 **북** / 달아날 **배**(↔南)　　영north 중北 běi 일ホク(きた)

北極(북극) 북쪽 끝
北斗(북두)　北道(북도)　敗北(패배)

7급
不
[一 3, 총4획]

없을 **부** / 아니 **불**　　영not 중不 bù 일フ・ブ

不德(부덕) 덕이 없음
不動(부동)　不安(불안)　不渡(부도)

1단계

7급
事
[亅 7, 총8획]

일, 섬길, 일삼을 **사**   영 work 중 事 shì 일 ジ(こと)

事件(사건) 뜻밖에 있는 변고
事理(사리) **事故**(사고) **事實**(사실)

7급
算
[竹 8, 총14획]

셈할, 산가지 **산** (=計)   영 count 중 算 suàn 일 サン(かず)

算法(산법) 계산하는 법
算入(산입) **算數**(산수) **算出**(산출)

7급
上
[一 2, 총3획]

위, 오를 **상** (↔下) 영 upper·top 중 上 shàng 일 ジョウ(うえ)

上京(상경) 시골에서 서울로 올라옴
上空(상공) **世上**(세상) **引上**(인상)

7급
色
[色 0, 총6획]

빛, 종류 **색**   영 color 중 色 sè 일 ショク(いろ)

色界(색계) 색의 세계, 화류계
色魔(색마) **色感**(색감) **色盲**(색맹)

7급
夕
[夕 0, 총3획]

저녁, 밤 **석** (↔朝)   영 evening 중 夕 xī 일 セキ(ゆう)

夕刊(석간) 저녁 신문
夕室(석실) **夕霧**(석무) **夕陽**(석양)

7급
姓
[女 5, 총8획]

성, 씨족 **성**   영 family name 중 姓 xìng 일 セイ(みょうじ)

姓名(성명) 성과 이름
姓氏(성씨) **百姓**(백성) **同姓**(동성)

7급

世 인간, 평생 세   명generation 중世 shì 일セ·セイ(と)

[一 4, 총5획]

世代(세대) 한 세대를 30년으로 잡음
世孫(세손) 世間(세간) 世界(세계)

7급
少 적을 소(↔多↔老)   명few 중少 shǎo 일ショウ(すくない)

[小 1, 총4획]

少年(소년) 나이가 어린 사람
少壯(소장) 少女(소녀) 少量(소량)

7급

所 바, 곳 소(=處)   명place·thing 중所 suǒ 일リク(あやまる)

[戶 4, 총8획]

所感(소감) 느낀 바
所得(소득) 所望(소망) 所有(소유)

7급

手 손, 재주 수(↔足)   명hand 중手 shǒu 일シュ(て)

[手 0, 총4획]

手記(수기) 자기의 체험을 자신이 적은 글
手段(수단) 手匣(수갑) 手巾(수건)

7급

市 저자, 장사 시   명market 중市 shì 일シ(いち)

[巾 2, 총5획]

市街(시가) 도시의 큰 거리
市價(시가) 市內(시내) 市立(시립)

7급

時 때 시   명time 중时 shí 일ジ(とき)

[日 6, 총10획]

時急(시급) 매우 급함
時勢(시세) 時間(시간) 時計(시계)

1단계

7급

植
[木 8, 총12획]

심을 식   영plant 중植 zhí 일ショク(うつす)

植木(식목) 나무를 심음
植毛(식모) 植物(식물) 植樹(식수)

7급

食
[食 0, 총9획]

밥, 먹을 식   영eat·meal 중食 shí 일ショク(たべる)

食器(식기) 음식을 담는 그릇
食指(식지) 食糧(식량) 食水(식수)

7급

心
[心 0, 총4획]

마음 심(↔物)   영heart·mind 중心 xīn 일シン(しん·こころ)

心筋(심근) 심장의 벽을 이루는 근육
心亂(심란) 心氣(심기) 心理(심리)

7급

安
[宀 3, 총6획]

편안할 안(↔危)   영peaceful 중安 ān 일アン(やすい)

安保(안보) 편안히 보전함
安眠(안면) 安寧(안녕) 安心(안심)

7급

語
[言 7, 총14획]

말씀, 말할 어(=言)   영words 중语 yǔ 일ゴ·ギョ(かたる)

語錄(어록) 고승의 가르침이나 유명한 사람이 남긴 말을 기록한 책
語源(어원) 語感(어감) 語句(어구)

7급

然
[火 8, 총12획]

그러할, 곧 연   영yes·so 중然 rán 일ゼン(しかり)

然則(연즉) 그런즉, 그렇다면
然而(연이) 然後(연후) 慨然(개연)

7급

낮 오

영 noon 중 午 wǔ 일 ゴ(うま・ひる)

午睡(오수) 낮잠

[十 2, 총4획] 午初(오초) 午餐(오찬) 午後(오후)

7급

오른쪽 우

영 right 중 右 yòu 일 ユウ(みぎ)

右武(우무) 무를 숭상함

[口 2, 총5획] 右袒(우단) 右傾(우경) 右前(우전)

7급

있을, 또 유 (↔無)

영 exist 중 有 yǒu 일 ユウ(ある)

有功(유공) 공로가 있음

[月 2, 총6획] 有無(유무) 有給(유급) 有能(유능)

7급

기를, 자랄 육

영 bring up 중 育 yù 일 イク(そだてる)

育成(육성) 길러서 자라게 함

[肉 4, 총8획] 育兒(육아) 酉方(유방) 酉時(유시)

7급

고을, 도읍 읍

영 town 중 邑 yì 일 ユウ(むら)

邑內(읍내) 읍의 안

[邑 0, 총7획] 邑長(읍장) 邑城(읍성) 邑民(읍민)

7급

들, 들일 입

영 enter 중 入 rù 일 ニュウ(いる)

入庫(입고) 창고에 넣음

[入 0, 총2획] 入山(입산) 入校(입교) 入口(입구)

| 1단계

7급

[自 0, 총6획]

스스로, 저절로 **자**(↔他) 영self 중自 zì 일ジ(みずから)

自力(자력) 자기의 힘

自立(자립) **自國**(자국) **自己**(자기)

7급

[子 3, 총6획]

글자, 양육할 **자** 영letter 중字 zì 일ジ(もじ)

字句(자구) 글자의 글귀

字體(자체) **字幕**(자막) **字母**(자모)

7급

[子 0, 총3획]

아들, 사랑할 **자** 영son 중子 zǐ 일シ·ス(こ)

子規(자규) 소쩍새

子時(자시) **子女**(자녀) **子婦**(자부)

7급

[土 9, 총12획]

마당, 때 **장** 영ground 중场 chǎng 일ジョウ(ば)

場稅(장세) 시장 세

場所(장소) **場面**(장면) **場外**(장외)

7급

[入 4, 총6획]

온전할, 온통 **전** 영perfect 중全 quán 일ゼン(まったく)

全國(전국) 온 나라

全一(전일) **全蠍**(전갈) **全景**(전경)

7급

[刀 7, 총9획]

앞 **전**(↔後) 영front 중前 qián 일ゼン(まえ)

前景(전경) 앞에 보이는 경치

前功(전공) **前面**(전면) **前生**(전생)

7급 기초한자 | **27**

7급

[雨 5, 총13획]

번개, 번쩍일 **전**　영 lightning　중 电 diàn　일 デン(いなづま)

電球(전구) 전등알

電燈(전등)　**電工**(전공)　**電車**(전차)

7급

[止 1, 총5획]

바를 **정** (↔誤)　영 straight　중 正 zhèng　일 セイ(ただしい)

正刻(정각) 바로 그 시각

正格(정격)　**正答**(정답)　**正當**(정당)

7급

[示 5, 총10획]

조상 **조** (↔孫)　영 grand father　중 祖 zǔ　일 ソ(じじ)

祖道(조도) 먼 여행길이 무사하기를 도신에게 비는 것

祖先(조선)　**祖國**(조국)　**祖母**(조모)

7급

[足 0, 총7획]

발, 지나칠 **족** (↔手)　영 foot　중 足 zú　일 ソク(あし)

足炙(족자) 다리 구이

足鎖(족쇄)　**滿足**(만족)　**不足**(부족)

7급

[人 5, 총7획]

살, 생활 **주** (=居)　영 live　중 住 zhù　일 ジコウ(すむ)

住所(주소) 살고 있는 곳

住民(주민)　**住居**(주거)　**住宅**(주택)

7급

[丶 4, 총5획]

주인 **주** (↔客 ↔從)　영 host　중 主 zhǔ　일 ショウ(うける)

主客(주객) 주인과 손

主管(주관)　**主動**(주동)　**主力**(주력)

重
[里 2, 총9획]

무거울 **중**(↔輕)　영heavy　중重 zhòng　일ジュウ(かさなる)

重量(중량) 무게

重刊(중간) 重大(중대) 重力(중력)

紙
[糸 4, 총10획]

종이 **지**　영paper　중紙 zhǐ　일シ(かみ)

紙燈(지등) 종이로 만든 초롱

紙面(지면) 紙匣(지갑) 紙幣(지폐)

地
[土 3, 총6획]

땅, 국토, 바탕 **지**(↔天 =土)　영earth　중地 dì　일チ(つち)

地殼(지각) 지구의 껍데기 층

地面(지면) 地球(지구) 地點(지점)

直
[目 3, 총8획]

곧을 **직**(↔曲 =正)　영straight　중直 zhí　일チョク(なお)

直諫(직간) 바른 말로 윗사람에게 충간함

直立(직립) 直角(직각) 直感(직감)

川
[巛 0, 총3획]

내 **천**(↔山 =河)　영stream　중川 chuān　일セン(かわ)

川獵(천렵) 물가에서 고기잡이를 하며 노는 일

川邊(천변) 山川(산천) 河川(하천)

千
[十 1, 총3획]

일천, 많을 **천**　영thousand　중千 qiān　일セン(ち)

千古(천고) 먼 옛날

千里眼(천리안) 千年(천년) 千秋(천추)

7급

[大 1, 총4획]

하늘, 운명 **천** (↔地)　영 heaven·sky 중 天 tiān 일 テン(そら)

天界(천계)

하늘天氣(천기)　天國(천국)　天使(천사)

7급

[艸 6, 총10획]

풀, 거칠 **초**　영 grass 중 草 cǎo 일 ソウ(くさ)

草家(초가) 이엉으로 지붕을 덮은 집

草色(초색)　草稿(초고)　草地(초지)

7급

[攴 11, 총15획]

셀, 자주 **수**　영 count 중 数 shǔ 일 数 スウ(かず·かぞえる)

數尿症(수뇨증) 오줌이 자꾸 마려운 병

數學(수학)　數年(수년)　數量(수량)

7급

[木 3, 총7획]

마을 **촌**　영 village 중 村 cūn 일 ソン(むら)

村婦(촌부) 시골에 사는 여자

村落(촌락)　村長(촌장)　江村(강촌)

7급

[禾 4, 총9획]

가을, 때 **추** (↔春)　영 autumn 중 秋 qiū 일 シュウ(あき)

秋季(추계) 가을철

秋扇(추선)　秋穀(추곡)　秋霜(추상)

7급

[日 5, 총9획]

봄, 젊을 때 **춘** (↔秋)　영 spring 중 春 chūn 일 シュン(はる)

春季(춘계) 봄철

春耕(춘경)　春困(춘곤)　春蘭(춘란)

7급

出
[凵 3, 총5획]

날 **출**(↔缺↔納)　영 come out　중 出 chū　일 シュツ(でる)

出家(출가) 집을 나감

出力(출력)　出擊(출격)　出庫(출고)

7급

便
[人 7, 총9획]

편할 **편** / 똥, 오줌 **변**　영 conveniense　중 便 biàn　일 べん(たより)

便乘(편승) 남의 차를 타고 감

便利(편리)　便安(편안)　便器(변기)

7급

平
[干 2, 총5획]

평평할, 편안할 **평**　영 flat·even　중 平 píng　일 ヘイ·ビョウ(たいら)

平交(평교) 벗과의 오랜 사귐, 오래된 친구

平吉(평길)　平等(평등)　平面(평면)

7급

夏
[夊 7, 총10획]

여름, 중국 **하**　영 china·summer　중 夏 xià　일 カ(なつ)

夏季(하계) 하절기, 여름

夏期(하기)　夏穀(하곡)　夏服(하복)

7급

下
[一 2, 총3획]

아래, 내릴 **하**(↔上)　영 below　중 下 xià　일 カ(した)

下級(하급) 등급이 낮음

下略(하략)　下校(하교)　下待(하대)

7급

漢
[水 11, 총14획]

한수, 은하수 **한**　영 name of a river　중 汉 hàn　일 カン(かん)

漢文(한문) 중국의 문장

漢陽(한양)　漢江(한강)　漢詩(한시)

7급 기초한자 | 31

7급

[水 7, 총10획]

바다, 클 해 (↔陸 ↔山 =河) 영 sea 중 海 hǎi 일 カイ(うみ)

海陸(해륙) 바다와 육지

海洋(해양) 海軍(해군) 海諒(해량)

7급

[言 6, 총13획]

말할, 이야기 화 (=談) 영 talk 중 话 huà 일 ワ(はなす)

話術(화술) 말하는 기술

話法(화법) 話題(화제) 對話(대화)

7급

[艸 4, 총8획]

꽃, 꽃다울, 흐려질 화 영 flower 중 花 huā 일 カ(はな)

花信(화신) 꽃 소식

花草(화초) 花壇(화단) 花盆(화분)

7급

[水 6, 총9획]

살 활 (↔死) 영 live 중 活 huó 일 カツ(いきる)

活氣(활기) 활동의 원천이 되는 싱싱한 생기

活力(활력) 活劇(활극) 活字(활자)

7급

[子 4, 총7획]

효도 효 영 filial piety 중 孝 xiào 일 コウ(まこと)

孝者(효자) 효도하는 사람

孝心(효심) 孝女(효녀) 孝道(효도)

7급

[彳 6, 총9획]

뒤 후 (↔前 ↔先) 영 back 중 后 hòu 일 コウ(あと)

後繼(후계) 뒤를 이음

後年(후년) 後面(후면) 後進(후진)

1단계

7급

[人 4, 총6획]

쉴, 휴가 **휴**　　영 rest 중 休 xiū 일 キュウ(やすまる)

休校(휴교) 학교가 일정 기간 쉬는 것
休日(휴일)　**休講**(휴강)　**休學**(휴학)

6급

[口 3, 총6획]

각각 **각**　　영 each 중 各 gè 일 カク(おのおの)

各樣(각양) 여러 가지의 모양
各項(각항)　**各界**(각계)　**各國**(각국)

6급

[角 0, 총7획]

뿔 **각**　　영 horn 중 角 jiǎo 일 カク(つの)

角弓(각궁) 뿔로 만든 활
角門(각문)　**角度**(각도)　**角膜**(각막)

6급

[心 9, 총13획]

느낄, 고맙게 여길 **감**　　영 feel 중 感 gǎn 일 カン(かんずる)

感覺(감각) 느끼어 깨달음
感激(감격)　**感謝**(감사)　**感懷**(감회)

6급

[弓 8, 총11획]

굳셀, 힘쓸 **강** (↔弱)　영 strong 중 强 qiáng 일 キョウ(しいる)

强健(강건) 굳세고 건강함
强國(강국)　**强烈**(강렬)　**强要**(강요)

6급

[門 4, 총12획]

열, 산이름 **개** (↔閉)　영 open 중 开 kāi 일 カイ(ひらく)

開封(개봉) 봉한 것을 엶
開店(개점)　**開講**(개강)　**開校**(개교)

6급

[亠 6, 총8획]

서울, 언덕 **경** (↔鄕)   영capital 중京 jīng 일キョウ

京觀(경관) 전쟁에서 나온 적의 시체를 쌓아놓고 거기에 흙을 덮어 무공을 나타냄

京畿(경기) 京仁(경인) 京鄕(경향)

6급

[言 2, 총9획]

셀, 꾀할 **계** (=算)   영count 중计 jì 일ケイ(はからう)

計量(계량) 분량이나 무게를 잼

計算(계산) 計巧(계교) 計策(계책)

6급

[人 7, 총9획]

맬, 끝 **계**   영ticket 중系 xì 일ケイ(かかり)

係着(계착) 늘 마음에 두고 잊지 아니함

係戀(계련) 係長(계장) 關係(관계)

6급

[田 4, 총9획]

지경, 둘레안 **계**   영border 중界 jiè 일カイ(さかい)

界內(계내) 국경안

花柳界(화류계) 界標(계표) 界限(계한)

6급

[口 2, 총5획]

예, 예스러울 **고**   영old 중古 gǔ 일コ(ふるい)

古宮(고궁) 옛 궁궐

古來(고래) 古家(고가) 古物(고물)

6급

[艸 5, 총9획]

괴로워할 **고** (↔樂)   영bitter 중苦 kǔ 일ク(くるしい)

苦杯(고배) 쓴 술잔

苦心(고심) 苦難(고난) 苦惱(고뇌)

1단계

6급

[高 0, 총10획]

높을, 높이 고 (↔低 =崇)　영 high　중 高 gāo　일 コウ(たかい)

高潔(고결) 고상하고 깨끗함

高額(고액)　高級(고급)　高空(고공)

6급

[八 2, 총4획]

공변될, 드러낼 공　영 pubic　중 公 gōng　일 コウ·ク(おおやけ)

公告(공고) 널리 세상에 알림

公道(공도)　公金(공금)　公主(공주)

6급

[八 4, 총6획]

함께, 함께할 공　영 together　중 共 gòng　일 キョウ(ともに)

共同(공동) 두 사람 이상이 함께 일을 함

共榮(공영)　共鳴(공명)　共犯(공범)

6급

[力 3, 총5획]

공치사할 공 (↔過)　영 merits　중 功 gōng　일 コウ·ク(いさお)

功過(공과) 공로와 허물

功名(공명)　功德(공덕)　功勞(공로)

6급

[木 4, 총8획]

실과, 해낼 과 (↔因 =實)　영 fruit　중 果 guǒ　일 カ(はて)

果敢(과감) 결단성이 있고 용감함

果報(과보)　果樹(과수)　果然(과연)

6급

[禾 4, 총9획]

과정, 규정, 과거 과　영 article　중 科 kē　일 カ(しな·とが)

科擧(과거) 관리를 등용하기 위하여 치르던 시험

科目(과목)　科學(과학)　敎科書(교과서)

6급

[亠 4, 총6획]

사귈, 바꿀 **교** 영 associate 중 交 jiāo 일 コウ(まじわる)

交分(교분) 친구 사이의 정의

交友(교우) 交感(교감) 交代(교대)

6급

[玉 7, 총11획]

구슬, 공 **구** 영 beads 중 球 qiú 일 キュウ(たま)

球速(구속) 투수가 던지는 공의 속도

球技(구기) 球場(구장) 球團(구단)

6급

[匚 9, 총11획]

갈피, 따로따로 **구** 영 separately 중 区 qū 일 区 ク(まち)

區間(구간) 일정한 지역

區別(구별) 區民(구민) 區分(구분)

6급

[邑 7, 총10획]

고을, 관서 **군** 영 country 중 郡 jùn 일 グン(こおり)

郡民(군민) 군의 백성

郡守(군수) 郡界(군계) 郡內(군내)

6급

[羊 7, 총13획]

무리, 모을 **군** 영 crowd 중 群 qún 일 グン(むら)

群居(군거) 무리를 지어 삶

群賢(군현) 群島(군도) 群落(군락)

6급

[木 6, 총10획]

뿌리, 생식기 **근** (=本) 영 root 중 根 gēn 일 コン(ね)

根莖(근경) 뿌리와 같이 생긴 줄기

根性(근성) 根幹(근간) 根據(근거)

1단계

6급

[辵 4, 총8획]

가까울 근(↔遠)　　영near 중近 jìn 일キン(ちかい)

近刊(근간) 가까운 시일 내에 간행함

近來(근래) 近代(근대) 近方(근방)

6급

[人 2, 총4획]

이제, 곧 금　　영now 중今 jīn 일キン·コン(いま)

今生(금생) 살고 있는 지금

今昔(금석) 今年(금년) 今方(금방)

6급

[心 5, 총9획]

급할, 갑자기 급　　영hurried 중急 jí 일キュウ(いそぐ)

急速(급속) 갑자기

急告(급고) 急減(급감) 急冷(급랭)

6급

[糸 4, 총10획]

등급, 층계 급　　영grade 중级 jí 일キュウ(しな)

級友(급우) 같은 학급의 친구

級數(급수) 級訓(급훈) 階級(계급)

6급

[夕 3, 총6획]

많을 다(↔少)　　영many 중多 duō 일タ(おおい)

多感(다감) 감수성이 많음

多年(다년) 多角(다각) 多量(다량)

6급

[矢 7, 총12획]

짧을, 모자랄 단(↔長)　　영short 중短 duǎn 일タン(みじかい)

短身(단신) 키가 작은 몸

短期(단기) 短劍(단검) 短歌(단가)

6급 기초한자 | **37**

[土 8, 총11획]

6급
집, 당당할 당　　영 house 중 堂 táng 일 ドウ(おもてざしき)
堂内(당내) 팔촌 이내의 일가
堂堂(당당)　堂姪(당질)　堂山(당산)

[人 3, 총5획]

6급
대신, 세상 대　　영 substitute 중 代 dài 일 ダイ(かわる)
代理(대리) 남을 대신하여 일을 처리함
代替(대체)　代金(대금)　代讀(대독)

[寸 11, 총14획]

6급
대답할, 같을 대　　영 reply 중 对 duì 일 対 タイ(こたえる)
對應(대응) 맞서서 서로 응함
對局(대국)　對答(대답)　對備(대비)

[彳 6, 총9획]

6급
기다릴 대　　영 wait 중 待 dài 일 タイ(まつ)
待機(대기) 때가 오기를 기다림
待人(대인)　待望(대망)　待遇(대우)

[广 6, 총9획]

6급
법도, 헤아릴 도 / 헤아릴 탁　　영 law 중 度 dù 일 ド(のり)
度數(도수) 거듭된 횟수
度外視(도외시)　度量(도량)　態度(태도)

[囗 11, 총14획]

6급
그림, 꾀할 도　　영 picture 중 图 tú 일 図 ト·ズ(はかる·え)
圖示(도시) 그림으로 된 양식
圖解(도해)　圖錄(도록)　圖面(도면)

6급

아이, 대머리 동 　영 child 중 童 tóng 일 ドウ(わらべ)

[立 7, 총12획]

童心(동심) 어린아이의 마음
童然(동연) 童詩(동시) 童顔(동안)

6급

읽을, 구두점 독 　영 read 중 读 dú 일 読 ドク(よむ)

[言 15, 총22획]

讀者(독자) 책이나 신문 등을 읽는 사람
讀解(독해) 讀經(독경) 讀書(독서)

6급

머리, 옆 두 　영 head 중 头 tóu 일 トウ(あたま)

[頁 7, 총16획]

頭角(두각) 머리끝. 뛰어난 재능
頭巾(두건) 頭痛(두통) 頭緖(두서)

6급

등급, 같게 할 등 　영 equals 중 等 děng 일 トウ(ひとし)

[竹 6, 총12획]

等邊(등변) 길이가 같은 변
等外(등외) 等級(등급) 等分(등분)

6급

법식 례(예) 　영 instance 중 例 lì 일 レイ

[人 6, 총8획]

例法(예법) 용례로 드는 법
例外(예외) 例文(예문) 例年(예년)

6급

예도, 예법 례(예) 　영 courtesy 중 礼 lǐ 일 礼 レイ

[示 13, 총18획]

禮拜(예배) 신이나 부처 앞에 경배함
禮度(예도) 禮物(예물) 禮訪(예방)

6급 기초한자 | **39**

6급

勞 일할 로(노) (↔使) 영fatigues 중劳 láo 일労 ロウ(いたわる)

勞困(노곤) 일한 뒤끝의 피곤함

[力 10, 총12획] 勞力(노력) 勞苦(노고) 勤勞(근로)

6급
綠 초록빛 록(녹) 영green 중绿 lǜ 일緑 ロク(みどり)

綠色(녹색) 초록빛

[糸 8, 총14획] 綠水(녹수) 綠色(녹색) 綠茶(녹차)

6급

利 날카로울, 편할 리(이) 영profit 중利 lì 일リ(えきする)

利劍(이검) 날카로운 칼

[刀 5, 총7획] 利得(이득) 利益(이익) 利子(이자)

6급

理 다스릴 리(이) 영regulate 중理 lǐ 일リ(おさめる·のり)

理念(이념) 이성의 판단으로 얻은 최고의 개념

[玉 7, 총11획] 理性(이성) 理想(이상) 理解(이해)

6급

李 오얏나무, 심부름꾼 리(이) 영plum 중李 lǐ 일リ(すもも)

李花(이화) 오얏꽃

[木 3, 총7획] 李成桂(이성계) 李朝(이조) 李白(이백)

6급

明 밝을, 밝힐 명(↔暗) 영light 중明 míng 일メイ(あかり)

明鑑(명감) 밝은 거울

[日 4, 총8획] 明鏡止水(명경지수) 明堂(명당) 明朗(명랑)

• 1단계

6급
目
[目 0, 총5획]

눈, 볼 **목**(=眼)   영eye 중目 mù 일モク(め)

目擊(목격) 자기 눈으로 직접 봄

目前(목전) 目錄(목록) 目禮(목례)

6급
聞
[耳 8, 총14획]

들을, 들릴 **문**(=聽)   영hear 중闻 wén 일ブン(きく)

見聞(견문) 보고 들어서 깨닫고 얻은 지식

所聞(소문) 新聞(신문) 聞道(문도)

6급
米
[米 0, 총6획]

쌀 **미**   영rice 중米 mǐ 일マイ·ベイ(こめ)

米價(미가) 쌀값

米穀(미곡) 米飮(미음) 玄米(현미)

6급
美
[羊 3, 총9획]

아름다울 **미**   영beautiful 중美 měi 일ビ·ミ(うつくしい)

美觀(미관) 훌륭한 정치

美德(미덕) 美女(미녀) 美談(미담)

6급
朴
[木 2, 총6획]

순박할, 후박나무 **박**(=素)   영naive 중朴 pǔ 일ボク(ほお)

朴鈍(박둔) 무기 등이 예리하지 못함

素朴(소박) 朴訥(박눌) 質朴(질박)

6급
反
[又 2, 총4획]

돌이킬, 뒤칠 **반**   영return 중反 fǎn 일ハン(そる)

反感(반감) 다른 사람의 의견에 반대함

反目(반목) 反對(반대) 反省(반성)

6급

班
[玉 6, 총10획]

나눌, 지위 **반** (↔常)　　영 rank 중 班 bān 일 ハン

班列(반열) 양반의 서열
班常(반상)　班長(반장)　班常(반상)

6급

半
[十 3, 총5획]

반, 조각 **반**　　영 half 중 半 bàn 일 半 ハン(かば)

半徑(반경) 반지름
半島(반도)　半開(반개)　半音(반음)

6급

發
[癶 7, 총12획]

필, 쏠, 들출 **발** (↔着)　　영 bloom 중 发 fā 일 発 ハツ(ひらく)

發覺(발각) 숨겼던 일이 드러남
發見(발견)　發信(발신)　發掘(발굴)

6급

放
[攴 4, 총8획]

놓을, 내칠 **방**　　영 release 중 放 fàng 일 ホウ(はなし)

放遣(방견) 놓아서 돌려보냄
放光(방광)　放課(방과)　放浪(방랑)

6급

番
[田 7, 총12획]

갈마들, 수 **번**　　영 number 중 番 fān 일 バン(つかい)

番數(번수) 번들어 지킴
番地(번지)　番外(번외)　番號(번호)

6급

別
[刀 5, 총7획]

나눌 **별** (=選)　　영 different 중 别 béi 일 ベツ(わかれる)

別居(별거) 따로 떨어져 삶
別淚(별루)　別個(별개)　別曲(별곡)

1단계

6급

病
[疒 5, 총10획]

병 **병** 　　영 illness·disease　중 病 bìng　일 ビョウ(やむ)

病苦(병고) 병으로 인한 고통
病床(병상) 病暇(병가) 病菌(병균)

6급

服
[月 4, 총8획]

옷, 옷 **복** (=衣)　영 clothes　중 服 fú　일 フク(きもの·したがう)

服務(복무) 직무에 힘씀
服色(복색) 服用(복용) 服裝(복장)

6급

本
[木 1, 총5획]

밑, 근본 **본** (↔末 =根)　영 origin　중 本 běn　일 ホン(もと)

本家(본가) 본집
本夫(본부) 本能(본능) 本來(본래)

6급

部
[邑 8, 총11획]

나눌, 거느릴 **부** 　　영 group　중 部 bù　일 ブ(ベ)

部分(부분) 전체(全體)를 몇으로 나눈 것의 하나하나
部落(부락) 部隊(부대) 一部(일부)

6급

分
[刀 2, 총4획]

나눌, 분수 **분**　　영 divide　중 分 fēn　일 フン·ブン(わける)

分立(분립) 갈라서 나누어 섬
分擔(분담) 分家(분가) 分斷(분단)

6급

使
[人 6, 총8획]

부릴, 사신 **사** (↔勞)　영 manage　중 使 shǐ　일 シ(つかう)

使命(사명) 해야할 일
使人(사인) 使臣(사신) 勞使(노사)

6급 기초한자 | **43**

6급
死
[歹 2, 총6획]

죽을 사(↔生) 영die·kill 중死 sǐ 일シ(しぬ)

死亡(사망) 죽음

死文(사문) 死力(사력) 死守(사수)

6급
社
[示 3, 총8획]

토지신, 단체 사 영society 중社 shè 일シャ(やしろ)

社交(사교) 사교 생활의 교제

社日(사일) 社員(사원) 社宅(사택)

6급
省
[目 4, 총9획]

살필, 덜 생 영abbreviate 중省 shěng 일セイ(かえりみる)

省察(성찰) 깊이 생각함

省略(생략) 節省(절생) 略省(약생)

6급
書
[日 6, 총10획]

글, 글자 서 영writing 중书 shū 일ショ(かく)

書簡(서간) 편지

書庫(서고) 書架(서가) 書堂(서당)

6급
石
[石 0, 총5획]

돌, 비석 석(↔玉) 영stone 중石 shí 일セキ(いし)

石間水(석간수) 바위틈에서 솟는 샘물

石工(석공) 石磬(석경) 石燈(석등)

6급
席
[巾 7, 총10획]

자리, 베풀 석 영seat 중席 xí 일セキ(むしろ·せき)

席藁(석고) 자리를 깔고 엎드림

席捲(석권) 席次(석차) 首席(수석)

6급 線
[糸 9, 총15획]

줄 **선**　　영 line 중 线 xiàn 일 セン(すじ)

線路(선로) 좁은 길
線上(선상)　混線(혼선)　戰線(전선)

6급 雪
[雨 3, 총11획]

눈, 흴 **설**　　영 snow 중 雪 xuě 일 セツ(ゆき)

雪景(설경) 눈이 내리거나 눈이 쌓인 경치
雪膚(설부)　雪嶺(설령)　雪害(설해)

6급 成
[戈 3, 총7획]

이룰 **성** (↔敗)　　영 accomplish 중 成 chéng 일 セイ(なる)

成家(성가) 집을 지음
成功(성공)　成句(성구)　成長(성장)

6급 消
[水 7, 총10획]

사라질 **소**　　영 extinguish 중 消 xiāo 일 ショウ(きえる)

消滅(소멸) 모두 사라져 없어져 버림
消失(소실)　消毒(소독)　消燈(소등)

6급 速
[辵 7, 총11획]

빠를, 빨리 **속**　　영 fast 중 速 sù 일 ソク(はやい)

速記(속기) 빠른 속도로 기록함
速達(속달)　速決(속결)　速攻(속공)

6급 孫
[子 7, 총10획]

손자 **손** (↔祖)　　영 grandson 중 孙 sūn 일 ソン(まご)

孫子(손자) 아들의 자식
孫婦(손부)　孫女(손녀)　子孫(자손)

6급

[木 12, 총16획]

나무, 심을 **수** (=林=木)　　영tree 중树 shù 일ジユ(き)

樹木(수목) 나무를 심음

樹人(수인)　樹齡(수령)　樹立(수립)

6급

[行 5, 총11획]

꾀, 수단 **술** (=技)　　영means 중术 shù 일ジュツ

術家(술가) 풍수사

術數(술수)　術策(술책)　技術(기술)

6급

[羽 5, 총11획]

익힐, 습관 **습**　　영study 중习 xí 일シユウ(ならう)

習慣(습관) 버릇

習字(습자)　習得(습득)　習作(습작)

6급

[力 10, 총12획]

이길 **승** (↔敗↔負)　　영win 중胜 shèng 일ショウ(かつ)

勝算(승산) 적에게 이길 가능성

勝勢(승세)　勝利(승리)　勝負(승부)

6급

[女 5, 총8획]

비로소 **시** (↔終↔末=初)　　영begin 중始 shǐ 일シ(はじめ)

始終(시종) 시작과 끝

始發(시발)　始動(시동)　始作(시작)

6급

[弋 3, 총6획]

법, 나타낼 **식** (=法)　　영rule 중式 shì 일シキ(のり)

式車(식거) 수레의 가로지른 나무에 손을 얹고 있음

式穀(식곡)　式順(식순)　式典(식전)

6급

귀신, 혼, 마음 신 　　　영 god 중 神 shén 일 シン(かみ)

[示 5, 총10획]

神經(신경) 동물의 몸 속에 퍼져있는 지각운동

神靈(신령) 神技(신기) 神童(신동)

6급

새, 새롭게 신(↔舊) 　영 new 중 绅 xīn 일 シン(あたらしい)

[斤 9, 총13획]

新舊(신구) 새것과 묵은 것

新紀元(신기원) 新刊(신간) 新曲(신곡)

6급

믿을, 펼 신 　　　영 believe·trust 중 信 xìn 일 シン(まこと)

[人 7, 총9획]

信念(신념) 옳다고 굳게 믿고 있는 마음

信心(신심) 信徒(신도) 信用(신용)

6급

몸 신(↔心 =體 =肉) 　　영 body 중 身 shēn 일 シン(み)

[身 0, 총7획]

身病(신병) 몸의 병

身上(신상) 身分(신분) 身世(신세)

6급

잃을 실(↔得 =過) 　영 lose 중 失 shī 일 シツ(うしなう)

[大 2, 총5획]

失脚(실각) 발을 헛디딤. 지위를 잃음

失機(실기) 失格(실격) 失望(실망)

6급

풍류 악 / 즐길 락 　영 pleasure 중 乐 lè 일 ラク(たのしい)

[木 11, 총15획]

樂劇(악극) 악곡을 극의 구성에 맞도록 만든 음악극

樂團(악단) 音樂(음악) 樂園(낙원)

6급
사랑, 사모할 **애** 영 love 중 愛 ài 일 アイ(あいする)

愛犬(애견) 개를 사랑함

[心 9, 총13획] 愛讀(애독) 愛馬(애마) 愛好(애호)

6급
밤, 새벽 **야** (↔日 ↔晝) 영 night 중 夜 yè 일 ヤ(よる)

夜間(야간) 밤

[夕 5, 총8획] 夜勤(야근) 夜景(야경) 夜光(야광)

6급
들, 별자리 **야** (↔朝) 영 field 중 野 yě 일 ヤ(の)

野蠻(야만) 문화가 미개함

[里 4, 총11획] 野行(야행) 野球(야구) 野談(야담)

6급
약할 **약** (↔强) 영 feeble·weak 중 弱 ruò 일 ジャク(よわい)

弱骨(약골) 골격이 약함

[弓 7, 총10획] 弱勢(약세) 弱冠(약관) 弱點(약점)

6급
약, 독 **약** 영 medicine 중 药 yào 일 薬 ヤク(くすり)

藥局(약국) 약을 파는 가게

[艸 15, 총19획] 藥石(약석) 藥果(약과) 藥草(약초)

6급
바다, 넘칠 **양** 영 ocean 중 洋 yáng 일 ヨウ(おおうみ)

洋弓(양궁) 서양식 활

[水 6, 총9획] 洋女(양녀) 洋襪(양말) 洋酒(양주)

6급 陽
[阜 9, 총12획]

볕, 나타날 **양** (↔陰)　　영 sunshine 중 阳 yáng 일 ヨウ(ひ)

陽光(양광) 태양의 빛

陽朔(양삭)　陽刻(양각)　陽氣(양기)

6급 言
[言 0, 총7획]

말씀 **언** (↔行=語)　　영 talk 중 言 yán 일 ゲン(こと)

言論(언론) 말이나 글로써 자기의 주장을 밝히는 일

言動(언동)　言語(언어)　言爭(언쟁)

6급 業
[木 9, 총13획]

업, 생계 **업**　　영 business 중 业 yè 일 ギョウ(わざ)

業界(업계) 같은 산업이나 사업에 종사하는 사람들의 사회

業主(업주)　業務(업무)　業體(업체)

6급 英
[艸 5, 총9획]

꽃부리, 뛰어날 **영**　　영 corolla 중 英 yīng 일 エイ(はなぶさ)

英佛(영불) 영국과 프랑스

英傑(영걸)　英國(영국)　英語(영어)

6급 永
[水 1, 총5획]

길, 길게 할 **영** (=遠)　　영 eternal 중 永 yǒng 일 エイ(ながい)

永訣(영결) 영원한 이별

永眠(영면)　永世(영세)　永遠(영원)

6급 溫
[水 10, 총13획]

따뜻할 **온** (↔冷)　　영 warm 중 温 wēn 일 温 オン(あたたか)

溫帶(온대) 열대와 한대 사이의 지대

溫情(온정)　溫氣(온기)　溫度(온도)

6급
用
[用 0, 총5획]

쓸, 써, 작용 **용** 영use 중用 yòng 일ヨウ(もちいる)

用件(용건) 볼일

用處(용처) 用器(용기) 用品(용품)

6급
勇
[力 7, 총9획]

날랠, 기력이 있을 **용** 영brave 중勇 yǒng 일コウ(いさましい)

勇斷(용단) 용기 있게 결단함

勇力(용력) 勇敢(용감) 勇氣(용기)

6급

[辵 9, 총13획]

돌, 움직일 **운** 영transport 중运 yùn 일ウン(はこぶ)

運命(운명) 운수

運筆(운필) 運柩(운구) 運動(운동)

6급

[口 10, 총13획]

동산, 밭 **원** 영garden 중园 yuán 일エン(その)

園頭幕(원두막) 원두(園頭)는 밭에서 수확하는 참외, 수박, 호박 등을 가리킴

園所(원소) 園兒(원아) 公園(공원)

6급

[辵 10, 총14획]

멀 **원**(↔近 =永) 영distant 중远 yuǎn 일エン(とおい)

遠近(원근) 멀고 가까움

遠景(원경) 遠隔(원격) 遠大(원대)

6급

[水 5, 총8획]

기름 **유** 영oil 중油 yóu 일ユ(あぶら)

油然(유연) 구름이 피어오르는 모양

油印物(유인물) 油性(유성) 油田(유전)

1단계

6급

[田 0, 총5획]

말미암을, 까닭 유　　영 cause 중 由 yóu 일 コウ(よし)

由來(유래) 사물의 내력
由緒(유서)　自由(자유)　理由(이유)

6급

[金 6, 총14획]

은, 돈 은　　영 silver 중 银 yín 일 ギン(しろがね)

銀幕(은막) 영화계
銀河(은하)　銀塊(은괴)　銀河(은하)

6급

[食 4, 총13획]

마실, 음료 음　　영 drink 중 饮 yǐn 일 イン(のむ)

飮毒(음독) 독약을 먹음
飮馬(음마)　飮酒(음주)　米飮(미음)

6급

[音 0, 총9획]

소리, 말소리 음 (=聲)　　영 sound 중 音 yīn 일 オン(おと)

音律(음률) 소리·음악의 가락
音聲(음성)　雜音(잡음)　騷音(소음)

6급

[酉 11, 총18획]

의원 의　　영 doctor 중 医 yī 일 医 イ(いやす)

獸醫(수의) 짐승을 치료하는 의사
洋醫(양의)　醫療(의료)　醫師(의사)

6급

[衣 0, 총6획]

옷, 짤 의 (=服)　　영 clothing 중 衣 yī 일 イ(ころも)

衣冠(의관) 의복과 갓
衣服(의복)　衣類(의류)　衣服(의복)

6급 기초한자 | **51**

6급

意
[心 9, 총13획]

뜻 의 / 감탄사 희 (=志 =思)　영 intention 중 意 yì 일 イ

意見(의견) 마음속에 느낀 생각
意味(의미)　意慾(의욕)　意志(의지)

6급
者
[老 5, 총9획]

놈, 조자 자　영 nan·person 중 者 zhě 일 シャ(もの)

近者(근자) 요사이
記者(기자)　强者(강자)　結者解之(결자해지)

6급

昨
[日 5, 총9획]

어제, 앞서 작　영 yesterday 중 昨 zuó 일 サク(きのう)

昨今(작금) 어제와 오늘
昨夜(작야)　昨年(작년)　昨日(작일)

6급

作
[人 5, 총7획]

지을, 될 작 (=製)　영 make 중 作 zuò 일 サ·サク(つくる)

作家(작가) 작품을 만드는 사람
作別(작별)　作故(작고)　作黨(작당)

6급

章
[立 6, 총11획]

문채, 글 장 (=文)　영 sentence 중 章 zhāng 일 ショウ(あや)

章牘(장독) 편지
章理(장리)　肩章(견장)　旗章(기장)

6급

在
[土 3, 총6획]

있을 재 (=存)　영 exiet 중 在 zài 일 ザイ(ある)

在室(재실) 방안에 있음
在京(재경)　在野(재야)　在外(재외)

6급

才 [手 0, 총3획]

재주 재　　　영talent 중才 cái 일サイ(もちまえ·わざ)

才氣(재기) 재주 있는 기질

才能(재능) 才幹(재간) 才致(재치)

6급

戰 [戈 12, 총16획]

싸움 전(=鬪=爭)　　영war 중战 zhàn 일戰 セン(たたかう)

戰功(전공) 전쟁에서 세운 공훈

戰國(전국) 戰略(전략) 戰爭(전쟁)

6급

庭 [广 7, 총10획]

뜰, 집안 정　　영garden 중庭 tíng 일テイ(にわ)

庭球(정구) 테니스

庭園(정원) 家庭(가정) 法庭(법정)

6급

定 [宀 5, 총8획]

정할, 평정할 정　　영settle·set 중定 dìng 일テイ(さだめる)

定式(정식)

定價(정가) 定量(정량) 定量(정량)

6급

題 [頁 9, 총18획]

이마, 볼 제　　영subject 중题 tí 일ダイ

題目(제목) 책의 표제

題言(제언) 題詩(제시) 題材(제재)

6급

朝 [月 8, 총12획]

아침 조(↔夕)　　영morning 중朝 zhāo 일チョウ(あさ)

朝刊(조간) 아침에 발행되는 신문

朝飯(조반) 朝貢(조공) 朝鮮(조선)

6급
族
[方 7, 총11획]

겨레, 무리 **족**   영 people 중 族 zú 일 ゾク(やから)

族姓(족성) 씨족의 성씨

族子(족자) 族閥(족벌) 族譜(족보)

6급
晝
[日 7, 총11획]

낮 **주** (↔夜)   영 day time 중 昼 zhòu 일 昼 チュウ(ひる)

晝間(주간) 낮동안

晝食(주식) 晝夜(주야) 白晝(백주)

6급
注
[水 5, 총8획]

물댈, 적을 **주**   영 pour 중 注 zhù 일 チュウ(そそぐ)

注射(주사) 몸에 약을 바늘로 찔러 넣음

注書(주서) 注目(주목) 注文(주문)

6급
集
[隹 4, 총12획]

모일 **집** (↔散)   영 assemble 중 集 jí 일 シユウ(あつまる)

集計(집계) 계산함

集團(집단) 集結(집결) 集會(집회)

6급
窓
[穴 6, 총11획]

창 **창**   영 window 중 窗 chuāng 일 ソウ(まど)

窓門(창문) 공기나 빛이 들어올 수 있도록 벽에 만들어 놓은 문

窓口(창구) 同窓(동창) 鷄窓(계창)

6급
淸
[水 8, 총11획]

맑을 **청**   영 clear 중 清 qīng 일 セイ(きよい)

淸歌(청가) 맑고 청아한 목소리로 노래함

淸潔(청결) 淸溪(청계) 淸淨(청정)

6급
體
[骨 13, 총23획]

몸, 근본 체 (=身)　　영 body 중 体 tǐ 일 体 タイ(からだ)

體軀(체구) 몸뚱이

體罰(체벌)　體感(체감)　體格(체격)

6급
親
[見 9, 총16획]

친할, 친히 친　　영 intimate 중 亲 qīn 일 シン(おや·したしい)

親近(친근) 정의가 아주 가깝고 두터움

親家(친가)　親舊(친구)　親戚(친척)

6급
太
[大 1, 총4획]

클 태　　영 great 중 太 tài 일 タ(ふとい)

太古(태고) 아주 오랜 옛날

太初(태초)　太極(태극)　太祖(태조)

6급
通
[辶 7, 총11획]

통할, 전할 통　　영 go through 중 通 tōng 일 ツ(とおす)

通過(통과) 들르지 않고 지나감

通達(통달)　通告(통고)　通禁(통금)

6급
特
[牛 6, 총10획]

유다를, 수컷 특　　영 special 중 特 tè 일 トク(ことに·ひとり)

特急(특급) 특별 급행열차

特講(특강)　特級(특급)　特命(특명)

6급
表
[衣 3, 총8획]

겉, 나타낼 표　　영 surface 중 表 biǎo 일 ヒョウ(おもて)

表裏(표리) 겉과 속

表面(표면)　表決(표결)　表現(표현)

6급

바람, 움직일 **풍** 영wind 중风 fēng 일フウ(かぜ)

[風 0, 총9획]

風角(풍각) 각적(角笛)으로 부는 소리. 음악을 통속적으로 이르는 말
風景(풍경) 風琴(풍금) 風車(풍차)

6급

합할, 홉 **합**(↔離) 영unite 중合 hé 일ゴウ(あう)

[口 3, 총6획]

合格(합격) 규격이나 격식의 기준에 맞음
合設(합설) 合計(합계) 合唱(합창)

6급

갈 **행**(↔言) 영go·walk 중行 xíng 일コウ(いく)

[行 0, 총6획]

行客(행객) 나그네
行進(행진) 行軍(행군) 行動(행동)

6급

다행할, 바랄 **행** 영fortunate 중幸 xìng 일コウ(さいわい)

[干 5, 총8획]

幸民(행민) 요행만을 바라고 일을 하지 않은 백성
幸福(행복) 幸運(행운) 不幸(불행)

6급

향할, 이전에 **향** 영face 중向 xiàng 일コウ(むく)

[口 3, 총6획]

向日葵(향일규) 해바라기
向日(향일) 向方(향방) 向發(향발)

6급

現

나타날 **현**(=顯) 영appear 중现 xiàn 일ゲン(あらわれる)

[玉 7, 총11획]

現金(현금) 현재 가지고 있는 돈
現象(현상) 現代(현대) 現存(현존)

6급

形
[彡 4, 총7획]

형상, 용모, 몸 형   영shape 중形 xíng 일ケイ(かたち)

形狀(형상) 물체의 생긴 모양

形局(형국) 形成(형성) 形便(형편)

6급

號
[虍 7, 총13획]

부를, 부르짖을 호   영shout 중号 hào 일号 コウ(さけぶ)

號角(호각) 호루라기

號哭(호곡) 號令(호령) 號數(호수)

6급

[口 5, 총8획]

고를, 답할 화 (=調=協)   영even 중和 hé 일ワ(あえる)

和睦(화목) 서로 뜻이 맞고 정다움

和顔(화안) 和色(화색) 和解(화해)

6급

[田 8, 총13획]

그림 화 / 고를 획   영picture 중画 huà 일画 ガ·カク(えがく)

畫家(화가) 미술가

畫壇(화단) 映畫(영화) 揷畫(삽화)

6급

[黃 0, 총12획]

누를, 금 황   영yellow 중黄 huáng 일黄 コウ·ォゥ(き)

黃口(황구) 참새 새끼의 입이 노란 것을 본떠 어린이를 나타냄

黃金(황금) 黃狗(황구) 黃昏(황혼)

6급

[日 9, 총13획]

모일, 때, 셈 회   영meet 중会 huì 일会 カイ·エ(あう)

會見(회견) 서로 만나 봄

會堂(회당) 會同(회동) 會議(회의)

6급
訓
[言 3, 총10획]

가르칠, 뜻 **훈** (=敎)　영 teach　중 训 xùn　일 クン(おしえる)

訓戒(훈계) 타일러 경계함

訓詁(훈고) 訓讀(훈독) 訓示(훈시)

5급
價
[人 13, 총15획]

값 **가**　영 value　중 价 jià　일 価 カ(あたい)

高價(고가) 높은 가격

低價(저가) 價格(가격) 價値(가치)

5급
加
[力 3, 총5획]

더할, 들어갈 **가** (↔減 =增)　영 add　중 加 jiā　일 カ(くわえる)

加減(가감) 더함과 뺌

加工(가공) 加擔(가담) 加算(가산)

5급
可
[口 2, 총5획]

옳을, 가능, 정도 **가** (↔否)　영 right　중 可 kě　일 カ(よい)

可憐(가련) 모양이 어여쁘고 아름다움

可望(가망) 可決(가결) 可恐(가공)

5급
格

[木 6, 총10획]

바로잡을, 가지 **격**　영 class　중 格 gé　일 カク·キャク

格式(격식) 격에 어울리는 법식

格調(격조) 格上(격상) 格言(격언)

5급
改

[攴 3, 총7획]

고칠 **개**　영 improve·change　중 改 gǎi　일 カイ(あらためる)

改刊(개간) 고쳐서 간행함

改年(개년) 改良(개량) 改名(개명)

5급 客
[宀 6, 총9획]

손, 사람 **객** (↔主)　　영 guest　중 客 kè　일 キャク(まらうど)

客死(객사) 객지에서 죽음

客談(객담)　**客苦**(객고)　**客觀**(객관)

5급 去
[厶 3, 총5획]

갈, 떠날 **거** (↔來 =過)　　영 leave　중 去 qù　일 キョ·コ(さる)

去去年(거거년) 지지난해

去去日(거거일)　**去殼**(거각)　**去毒**(거독)

5급
[人 9, 총11획]

튼튼할 **건** (=康)　　영 strong　중 健 jiàn　일 ケン(すこやか)

健忘症(건망증) 보고들은 것을 자꾸 잊어버림

健實(건실)　**健康**(건강)　**健全**(건전)

5급 件
[人 4, 총6획]

건, 나눌 **건**　　영 case　중 件 jiàn　일 ケン(くだん)

人件費(인건비) 노임

件數(건수)　**件名**(건명)　**與件**(여건)

5급
[廴 6, 총9획]

세울, 엎지를 **건**　　영 build　중 建 jiàn　일 ケン(たてる)

建功(건공) 공을 세움

建國(건국)　**建軍**(건군)　**建立**(건립)

5급
[見 0, 총7획]

볼, 나타날 **견** / 뵐 **현**　　영 see　중 见 jiàn　일 ケン(みる)

見習(견습) 남이 하는 것을 보고 익힘

見學(견학)　**見聞**(견문)　**見本**(견본)

5급 틀, 정할 **결** 　영break·decide 중决 jué 일ケツ(きめる)

[水 4, 총7획]

決勝(결승) 최후의 승부를 결정하는 일

決算(결산) 決斷(결단) 決裂(결렬)

5급 맺을, 매듭 **결** 　영join·tie 중结 jié 일ケツ(むすぶ)

[糸 6, 총12획]

結果(결과) 열매를 맺음

結局(결국) 結實(결실) 結末(결말)

5급 다툴, 쫓을 **경** (=爭) 　영quarrel 중竞 jìng 일キョウ(きそう)

[立 15, 총20획]

競技(경기) 기술이나 능력을 겨룸

競馬(경마) 競合(경합) 競賣(경매)

5급 가벼울 **경** (↔重) 　영light 중轻 qīng 일軽 ケイ(かるい)

[車 7, 총14획]

輕妄(경망) 말이나 행동이 방정맞음

輕犯(경범) 輕減(경감) 輕量(경량)

5급 공경, 삼갈 **경** 　영respect 중敬 jìng 일ケイ(うやまう)

[攴 9, 총13획]

敬拜(경배) 숭상함

敬老(경로) 敬虔(경건) 敬禮(경례)

5급 볕, 경사스러울 **경** 　영scenery 중景 jǐng 일ケイ

[日 8, 총12획]

景觀(경관) 경치

景慕(경모) 景氣(경기) 景品(경품)

5급
固
[口 5, 총8획]

굳을 고 (=堅)　　영 hard·firm 중 固 gù 일 コ(かためる)

固守(고수) 굳게 지킴

固執(고집) 固辭(고사) 固有(고유)

5급
考
[老 2, 총6획]

상고할 고 (=慮=思)　　영 think 중 考 kǎo 일 キ(ふるう)

考古(고고) 이것을 상고함

考究(고구) 考慮(고려) 考課(고과)

5급
告
[口 4, 총7획]

알릴 고 (=報=申)　　영 tell 중 告 gào 일 コウ·コク(つげる)

告祀(고사) 몸이나 집안에 탈이 없기를 비는 제사

告白(고백) 告發(고발) 告別(고별)

5급
曲
[日 2, 총6획]

굽을, 가락 곡 (↔直=歌)　영 bent 중 曲 qǔ 일 キョク(まげる)

曲禮(곡례) 자세한 예식

曲水(곡수) 曲目(곡목) 曲藝(곡예)

5급
過
[辵 9, 총13획]

지날 과 (↔功=誤)　　영 excess 중 过 guò 일 カ(すぎる)

過去(과거) 지나간 일

過失(과실) 過多(과다) 過敏(과민)

5급
課
[言 8, 총15획]

매길, 과정 과　　　　영 impose 중 课 kè 일 カ

課目(과목) 과정을 세분한 항목

課程(과정) 課稅(과세) 課業(과업)

5급

關
[門 11, 총19획]

빗장, 활당길 관   영 bolt 중 关 guān 일 関 カン(せき)

關門(관문) 국경이나 요새에 세운 문

關鍵(관건) 關係(관계) 關心(관심) 關節(관절)

5급

觀
[見 18, 총25획]

볼, 보일 관   영 look 중 观 guān 일 カン(みる)

觀客(관객) 구경하는 사람

觀衆(관중) 觀念(관념) 觀戰(관전)

5급

廣
[广 12, 총15획]

넓을, 넓이 광   영 broad 중 广 guǎng 일 広 コウ(ひろい)

廣農(광농) 농업을 발전시킴

廣野(광야) 廣告(광고) 廣域(광역)

5급

橋
[木 12, 총16획]

다리 교   영 bridge 중 桥 qiáo 일 キョウ(はし)

橋脚(교각) 다리를 받치는 기둥

橋梁(교량) 架橋(가교) 板橋(판교)

5급

救
[攵 7, 총11획]

도움 구 (=濟)   영 relieve 중 救 jiù 일 キュウ(すくう)

救世主(구세주) 인류를 구제하는 사람

救助(구조) 救難(구난) 救命(구명)

5급

具
[八 6, 총8획]

갖출, 함께 구 (=備)   영 equipped 중 具 jù 일 グ(そなえる)

具備(구비) 빠짐없이 갖춤

具色(구색) 具象(구상) 具現(구현)

5급
舊
[臼 12, 총18획]

옛, 오랠 구 (↔新)　　영 old 중 旧 jiù 일 旧 キュウ(ふるい)

舊家(구가) 지은 지 오래된 집

舊故(구고) 舊面(구면) 舊屋(구옥)

5급
局
[尸 4, 총7획]

판, 몸을 굽힐 국　　영 bureau 중 局 jú 일 キョク(つぼね)

局量(국량) 도량이나 재간

局地(국지) 局外(국외) 局長(국장)

5급

[貝 5, 총12획]

귀할 귀　　영 noble 중 贵 guì 일 キ(とうとい)

貴骨(귀골) 귀하게 생긴 사람

貴宅(귀댁) 貴下(귀하) 貴人(귀인)

5급

[見 4, 총11획]

법 규　　영 rule 중 规 guī 일 キ(のり)

規格(규격) 표준

規定(규정) 規則(규칙) 規律(규율)

5급

[糸 6, 총12획]

줄, 더할 급　　영 give 중 给 gěi 일 キュウ(たまう)

給料(급료) 노력에 대한 보수

給仕(급사) 給水(급수) 給食(급식)

5급

[己 0, 총3획]

몸, 다스릴 기　　영 self 중 己 jǐ 일 コ·キ(おのれ)

己見(기견) 자기 자신의 생각

己巳(기사) 克己(극기) 利己(이기)

5급 기초한자 | **63**

5급

[土 8, 총11획]

터, 비롯할 기　　　영 base 중 基 jī 일 キ(もとい)

基幹(기간) 중심, 기초가 되는 부분

基因(기인) 基金(기금) 基盤(기반)

5급

[手 4, 총7획]

재주, 재능 기 (=術=藝)　　　영 skill 중 技 jì 일 ギ(わざ)

技能(기능) 기술상의 재능

技巧(기교) 技法(기법) 技術(기술)

5급

[月 8, 총12획]

만날, 약속할 기　　　영 expect·meet 중 期 qī 일 ヒツ(かならず)

期日(기일) 특히 정한 날짜

期約(기약) 期待(기대) 期間(기간)

5급

[水 4, 총7획]

물 끓는 김 기　　　영 steam 중 汽 qì 일 キ(ゆげ)

汽車驛(기차역) 기차가 출발하거나 정차하는 역

汽管(기관) 汽船(기선) 汽笛(기적)

5급

[口 3, 총6획]

길할, 좋을 길 (↔凶)　　　영 lucky 중 吉 jí 일 キツ·キチ(よい)

吉期(길기) 혼인날

吉兆(길조) 吉夢(길몽) 吉祥(길상)

5급

[心 4, 총8획]

생각, 외울 념(염) (=思)　　　영 think 중 念 niàn 일 ネン(おもう)

念力(염력) 온 힘을 모아 수행하려는 마음

念佛(염불) 念頭(염두) 念慮(염려)

1단계

5급

能
[肉 6, 총10획]

능할, 미칠 **능**   영 able 중 能 néng 일 ノウ(よく)

能力(능력) 어떤 일을 이룰 수 있는 힘

能文(능문) 能動(능동) 能通(능통)

5급

壇
[土 13, 총16획]

단, 곳 **단**   영 altar 중 坛 tán 일 ダン(だん)

壇下(단하) 단의 아래

壇上(단상) 壇垣(단원) 壇所(단소)

5급

團
[口 11, 총14획]

둥글, 모일 **단**   영 round 중 团 tuán 일 団 ダン(あつまり)

團結(단결) 여러 사람이 한데 뭉침

團欒(단란) 團體(단체) 團合(단합)

5급

談
[言 8, 총15획]

말씀, 말할 **담** (=話)   영 speak 중 谈 tán 일 ダン(はなす)

談話(담화) 서로 이야기를 주고받음

談笑(담소) 談判(담판) 談論(담론)

5급

當
[田 8, 총13획]

마땅할, 주관할 **당**   영 suitable 중 当 dāng 일 当 トウ(あたる)

當代(당대) 그 시대

當場(당장) 當國(당국) 當惑(당혹)

5급

宅
[宀 3, 총6획]

댁 **댁** / 집 **택** (=家)   영 house 중 宅 zhái 일 タク(すまい)

宅內(댁내) 남의 집을 높여서 일컫는 말

住宅(주택) 舍宅(사택) 宅地(택지)

5급
德
[彳 12, 총15획]

덕, 은덕 **덕**　　　영 virtue 중 德 dé 일 德 トク

德談(덕담) 잘되기를 비는 말
德望(덕망)　德澤(덕택)　德分(덕분)

5급
島
[山 7, 총10획]

섬 **도**　　　영 island 중 岛 dǎo 일 トウ(しま)

島嶼(도서) 섬
島國根性(도국근성)　島民(도민)　島配(도배)

5급
都
[邑 9, 총12획]

도읍, 거느릴 **도**　　　영 capital 중 都 dū 일 ト(みやこ)

都心(도심) 도회의 중심
古都(고도)　都市(도시)　都邑(도읍)

5급
到
[刀 6, 총8획]

이를 **도**(=達=着)　　　영 reach 중 到 dào 일 トウ(いたる)

到達(도달) 정한 곳에 이름
到底(도저)　到來(도래)　到處(도처)

5급
落
[艸 9, 총13획]

떨어질, 마을 **락(낙)**　　　영 fall 중 落 luò 일 ラク(おとす·おちる)

落後(낙후) 뒤떨어짐
落水(낙수)　落葉(낙엽)　落第(낙제)

5급
朗
[月 7, 총11획]

밝을 **랑(낭)**　　　영 bright 중 朗 lǎng 일 ロウ(ほがらか)

朗讀(낭독) 소리를 높여 읽음
朗誦(낭송)　明朗(명랑)　朗朗(낭랑)

5급

[冫 5, 총7획]

찰, 식힐 **랭(냉)** (↔溫)　영cool　중冷 lěng　일レイ(ひや·さます)

冷却(냉각) 식혀서 차게 함

冷茶(냉차)　冷笑(냉소)　冷待(냉대)

5급

[良 1, 총7획]

좋을, 진실로 **량(양)**　영good　중良 liáng　일リョウ(かて)

良家(양가) 좋은 집안

良弓(양궁)　良民(양민)　良書(양서)

5급

[里 5, 총12획]

헤아릴 **량(양)**　영measure　중量 liàng　일リョウ(はかる)

水量(수량) 물의 량

物量(물량)　量産(양산)　量決(양결)

5급

[方 6, 총10획]

나그네, 군사 **려(여)**　영traveler　중旅 lǚ　일リョ(たび)

旅客(여객) 나그네, 길손

旅情(여정)　旅館(여관)　旅行(여행)

5급

[止 12, 총16획]

지낼, 순서대로 **력(역)**　영through　중历 lì　일歷 レキ(へる)

歷年(역년) 여러 해를 지냄

歷代(역대)　歷任(역임)　歷史(역사)

5급

[糸 9, 총15획]

익힐, 가릴 **련(연)**　영practice　중练 liàn　일練 レン(ねる)

練磨(연마) 갈고 닦음

練達(연달)　未練(미련)　練習(연습)

5급 기초한자 | **67**

5급
[頁 5, 총14획]

옷깃, 거느릴 령(영)　영 collar 중 领 lǐng 일 リョウ(えり)

領內(영내) 영토 안
領導(영도) 領土(영토) 領域(영역)

5급
[山 14, 총17획]

재, 산봉우리 령(영)　영 ridge 중 岭 lǐng 일 レイ(みね)

峻嶺(준령) 험준한 고개
嶺東(영동) 高嶺(고령) 分水嶺) 분수령)

5급
[人 3, 총5획]

하여금, 명령 령(영)　영 order 중 令 lìng 일 レイ·リョウ

令色(영색) 아름다운 얼굴빛
令狀(영장) 令息(영식) 令愛(영애)

5급
[斗 6, 총10획]

헤아릴, 삯 료(요)　영 measure 중 料 liào 일 リョウ(はかる)

料量(요량) 말로 됨
料率(요율) 料金(요금) 料理(요리)

5급
[頁 10, 총19획]

무리, 닮을 류(유)　영 crowd 중 类 lèi 일 ルイ(たぐい)

類例(유례) 같거나 비슷한 예
類別(유별) 類推(유추) 人類(인류)

5급
[水 7, 총10획]

흐를 류(유)　영 stream 중 流 liú 일 リュウ·ル(ながす)

流民(유민) 고향을 떠나 유랑하는 백성
流水(유수) 流麗(유려) 流通(유통)

5급

陸
[阜 8, 총11획]

뭍, 언덕 **륙(육)**(↔海)   영land 중陆 lù 일リク(おか)

陸軍(육군) 뭍에서 싸우는 군대
陸陸(육륙) 陸橋(육교) 陸地(육지)

5급

馬
[馬 0, 총10획]

말, 클 **마**   영horse 중马 mǎ 일バ(うま)

馬脚(마각) 말의 다리. 또는 거짓으로 숨긴 본성
馬賊(마적) 馬券(마권) 馬上(마상)

5급

末
[木 1, 총5획]

끝 **말**(↔本=端)   영end 중末 mò 일マツ·バツ(すえ)

末期(말기) 끝나는 시기
末尾(말미) 末路(말로) 末世(말세)

5급

買
[貝 5, 총12획]

살 **매**(↔賣)   영buy 중买 mǎi 일バイ(かう)

買價(매가) 사는 값
買收(매수) 買氣(매기) 買入(매입)

5급

[貝 8, 총15획]

팔 **매**(↔買)   영sell 중卖 mài 일売 バイ(うる)

賣却(매각) 팔아버림
賣渡(매도) 賣店(매점) 賣物(매물)

5급

[月 7, 총11획]

바랄 **망**(=希)   영hope 중望 wàng 일ボウ(のぞむ)

望哭(망곡) 바라보며 통곡함
望九(망구) 望臺(망대) 望樓(망루)

5급

[亠 1, 총3획]

망할 **망** / 없을 **무**　　영 ruin 중 亡 wáng 일 モ(ほろびる)

亡國(망국) 나라를 멸망시킴

亡失(망실)　亡靈(망령)　亡身(망신)

5급

[火 8, 총12획]

없을, 대체로 **무** (↔有)　　영 nothing 중 无 wú 일 ム·ブ(ない)

無故(무고) 까닭이 없음

無能(무능)　無禮(무례)　無料(무료)

5급

[人 8, 총10획]

곱, 더할 **배**　　영 double 중 倍 bèi 일 バイ(ます)

倍加(배가) 점점 더하여 감

倍額(배액)　倍數(배수)　倍前(배전)

5급

[水 5, 총8획]

법, 본받을 **법** (=典 =式)　　영 law 중 法 fǎ 일 ホウ(のり)

法人(법인) 법률상으로 인격을 인정받아 권리와 의무를 행사하는 자격을 부여받은 주체

法益(법익)　法鼓(법고)　法規(법규)

5급

[言 16, 총23획]

변할 **변** (=化)　　영 change 중 变 biàn 일 変 ヘン(かわる)

變貌(변모) 모양이 달라짐

變色(변색)　變更(변경)　變動(변동)

5급

[八 5, 총7획]

병사 **병** (↔將 =士)　　영 soldier 중 兵 bīng 일 ヘイ(つわもの)

兵戈(병과) 창, 전쟁

兵亂(병란)　兵力(병력)　兵法(병법)

5급
福
[示 9, 총14획]

복, 복을 **복** (=幸)　　영 blessing 중 福 fú 일 フク(さいわい)

福券(복권) 경품권

福音(복음) 福金(복금) 福祿(복록)

5급
奉
[大 5, 총8획]

받들 **봉**　　영 honor·serve 중 奉 fèng 일 ホウ(たてまつる)

奉仕(봉사) 공손히 시중을 듦

奉事(봉사) 奉養(봉양) 奉祝(봉축)

5급
鼻
[鼻 0, 총14획]

코, 시초 **비**　　영 nose 중 鼻 bí 일 ゼ(はな)

鼻孔(비공) 콧구멍

鼻笑(비소) 鼻炎(비염) 鼻音(비음)

5급
費
[貝 5, 총12획]

쓸, 비용 **비**　　영 spend 중 费 fèi 일 ヒ(ついやす)

費用(비용) 쓰는 돈

費目(비목) 消費(소비) 經費(경비)

5급
比
[比 0, 총4획]

견줄 **비**　　영 compare 중 比 bǐ 일 ヒ(くらべる)

比肩(비견) 어깨를 나란히 함

比較(비교) 比肩(비견) 比率(비율)

5급
氷
[水 1, 총5획]

얼음, 얼 **빙** (↔炭)　　영 ice 중 冰 bīng 일 ヒョウ(こおり)

氷菓(빙과) 얼음 과자

氷山(빙산) 氷水(빙수) 氷板(빙판)

5급
[木 5, 총9획]

조사할, 사돈 **사** 영seek out 중查 chá 일サ(しらべる)

查問(사문) 조사하여 따져 물음

查夫人(사부인) 查察(사찰) 查閱(사열)

5급
[心 5, 총9획]

생각 **사**(=意 =考 =想) 영think 중思 sī 일シ(おもう)

思考(사고) 생각하고 이것저것 궁리함

思想(사상) 思料(사료) 思慕(사모)

5급
[宀 12, 총15획]

베낄, 그릴 **사** 영copy 중写 xiě 일写 シャ(うつす)

寫本(사본) 책이나 문서를 베낌

寫生(사생) 寫實(사실) 描寫(묘사)

5급
[士 0, 총3획]

선비, 벼슬 **사**(=兵) 영scholar 중士 shì 일シ

士林(사림) 훌륭한 선비들의 세계

士族(사족) 士氣(사기) 士兵(사병)

5급
[人 3, 총5획]

벼슬, 섬길 **사** 영serve 중仕 shì 일シ(つかえる)

出仕(출사) 벼슬길에 나감

給仕(급사) 仕官(사관) 仕版(사판)

5급
[口 2, 총5획]

역사, 사기 **사** 영history 중史 shǐ 일シ(ふみ)

史記(사기) 역사(歷史) 를 기록한 책

史蹟(사적) 史料(사료) 女史(여사)

5급

産
[生 6, 총11획]

낳을, 재산, 출신 **산** 영bear 중产 chǎn 일サン(うむ)

産出(산출) 만들어 냄

産室(산실) 産卵(산란) 産物(산물)

5급

商
[口 8, 총11획]

장사 **상** 영consider·trade 중商 shāng 일ショウ(あきない)

商歌(상가) 비통한 가락의 노래

商術(상술) 商談(상담) 商標(상표)

5급

相
[目 4, 총9획]

서로, 볼 **상** 영mutually 중相 xiàng 일ショウ(あい)

相見(상견) 서로 봄

相公(상공) 相關(상관) 相談(상담)

5급

賞
[貝 8, 총15획]

기릴 **상** 영prize·reward 중赏 shǎng 일ショウ(ほめる)

賞罰(상벌) 상과 벌

賞讚(상찬) 賞金(상금) 賞狀(상장)

5급

序
[广 4, 총7획]

차례, 학교, 담 **서** 영order 중序 xù 일ジョ(ついで)

序曲(서곡) 가곡 등의 개막 전에 연주하는 음악

序文(서문) 序頭(서두) 序列(서열)

5급

善
[口 9, 총12획]

착할, 좋게 여길 **선**(↔惡) 영good 중善 shàn 일ゼン(よい)

善良(선량) 착하고 어짊

善人(선인) 善導(선도) 善行(선행)

5급

[辵 12, 총16획]

가릴 선 (=別 =擇)   영 select 중 选 xuǎn 일 セン(えらぶ)

選擧(선거) 많은 사람 가운데 적당한 사람을 뽑음

選定(선정) 選曲(선곡) 選拔(선발)

5급

[魚 6, 총17획]

고을, 적을 선   영 fine·fresh 중 鲜 xiān 일 セン(あざやか)

鮮度(선도) 고기나 채소 등의 신선함의 정도를 가리킴

鮮明(선명) 鮮血(선혈) 朝鮮(조선)

5급

[人 3, 총5획]

신선, 선교 선   영 hermit 중 仙 xiān 일 セン

仙境(선경) 신선이 사는 곳

仙遊(선유) 仙女(선녀) 仙風(선풍)

5급

[舟 5, 총11획]

배 선   영 ship 중 船 chuán 일 セン(ふね)

船價(선가) 배 삯

船客(선객) 船內(선내) 船上(선상)

5급

[言 7, 총14획]

말씀 설 (=辭)   영 speak·word 중 说 shuō 일 セツ(とく)

說破(설파) 상대방의 이론을 뒤집어 깨뜨림

說敎(설교) 說得(설득) 說明(설명)

5급

性

[心 5, 총8획]

성품, 성질 성   영 nature 중 性 xìng 일 セイ(さが)

性格(성격) 각 사람이 가진 성질

性急(성급) 性能(성능) 性質(성질)

1단계

5급
歲
[止 9, 총13획]

해, 세월, 신년 **세** (=年)　　영 year　중 岁 suì　일 サイ(とし)

歲暮(세모) 세밑
歲時(세시)　歲拜(세배)　歲月(세월)

5급
洗
[水 6, 총9획]

씻을, 깨끗할 **세**　　영 wash　중 洗 xǐ　일 セン(あらう)

洗盞(세잔) 잔을 씻음
洗手(세수)　洗面(세면)　洗車(세차)

5급
束
[木 3, 총7획]

묶을, 약속할 **속**　　영 bind　중 束 shù　일 ソク(たば)

束帶(속대) 옷을 여미는 띠
束裝(속장)　束縛(속박)　約束(약속)

5급
首
[首 0, 총9획]

머리, 첫머리 **수**　　영 head　중 首 shǒu　일 シユ(くび)

首功(수공) 첫째 가는 공
首肯(수긍)　首都(수도)　首班(수반)

5급
宿
[宀 8, 총11획]

묵을, 별자리 **숙**　　영 lodge　중 宿 xiǔ　일 シユク(やどる)

宿老(숙노) 경험이 풍부한 노인
宿願(숙원)　宿命(숙명)　宿泊(숙박)

5급
順
[頁 3, 총12획]

순할 **순** (↔逆)　　영 docile　중 順 shùn　일 ジユン(したがう)

順産(순산) 별다른 어려움 없이 순조롭게 아이를 낳음
順行(순행)　順理(순리)　順序(순서)

5급 기초한자 | **75**

5급
示
[示 0, 총5획]

보일, 알릴 **시**   영exhibit 중示 shì 일ジ・シ(しめす)

示現(시현) 나타내 보임

示唆(시사) 示達(시달) 示範(시범)

5급
識
[言 12, 총19획]

알, 적을 **식** / 기록할 **지**   영recognize 중识 shí 일シ(しる)

識別(식별) 분별함

識字(식자) 識見(식견) 標識(표지)

5급
臣
[臣 0, 총6획]

신하 **신**(↔君)   영minister 중臣 shén 일シン(たみ)

臣僕(신복) 신하가 되어 복종함

臣民(신민) 臣下(신하) 家臣(가신)

5급

[宀 11, 총14획]

열매 **실**(↔虛 =果)   영fruit 중实 shí 일実 ジツ(みのる)

實果(실과) 먹을 수 있는 초목의 열매

實習(실습) 實感(실감) 實力(실력)

5급

[儿 6, 총8획]

아이, 아들 **아**   영child 중儿 ér 일児 ジ・ニ(こ)

兒名(아명) 어릴 때의 이름

孤兒(고아) 兒童(아동) 健兒(건아)

5급

[心 8, 총12획]

악할 **악** / 미워할 **오**   영bad·hate 중恶 è 일悪 アク(わるい)

惡感(악감) 악한 감정. 또는 나쁜 느낌

惡鬼(악귀) 惡黨(악당) 惡魔(악마)

5급

[木 6, 총10획]

책상, 안 **안** 영 table 중 案 àn 일 アン

案山(안산) 집터나 묏자리의 맞은편 산

案机(안궤) 案件(안건) 案内(안내)

5급

[糸 3, 총9획]

묶을, 따를 **약** 영 bind 중 约 yuē 일 ヤク(おおむれ)

約略(약략) 대강. 또는 대게

約束(약속) 約款(약관) 公約(공약)

5급

[食 6, 총15획]

기를, 가르칠 **양** 영 nourish 중 养 yǎng 일 ヨウ(やしなう)

養鷄(양계) 닭을 기름

養蜂(양봉) 養女(양녀) 養豚(양돈)

5급

[水 11, 총14획]

고기, 어부 **어** 영 fishing 중 渔 yú 일 ギョ(あさる)

漁場(어장) 고기잡이 터

漁撈(어로) 漁具(어구) 漁民(어민)

5급

[魚 0, 총11획]

고기, 어대 **어** 영 fish 중 鱼 yú 일 ギョ(さかな)

魚物(어물) 물고기의 총칭

魚貝(어패) 魚卵(어란) 魚雷(어뢰)

5급

[火 11, 총15획]

더울, 열, 바쁠 **열** 영 hot 중 热 rè 일 ネツ(あつい)

熱狂(열광) 미친 듯이 열중함

熱心(열심) 熱氣(열기) 熱帶(열대)

5급
[艸 9, 총13획]

잎, 땅이름 **엽**　　　영 leaf 중 叶 yè 일 ヨウ(は)

葉書(엽서) 우편엽서
葉菜(엽채) 葉茶(엽차) 葉錢(엽전)

5급
[尸 6, 총9획]

집, 지붕 **옥** (=家 =舍)　　　영 house 중 屋 wū 일 オク(や)

屋漏(옥루) 집이 샘
屋內(옥내) 屋上(옥상) 家屋(가옥)

5급
[宀 4, 총7획]

완전할, 끝낼 **완**　　　영 perfect 중 完 wán 일 カン(まっとうする)

完璧(완벽) 흠을 잡을 곳이 없음
完遂(완수) 完工(완공) 完決(완결)

5급
[襾 3, 총9획]

구할, 사북 **요**　　　영 seek 중 要 yào 일 ヨウ(かなめ)

要件(요건) 긴요한 용건
要求(요구) 要綱(요강) 要請(요청)

5급
[日14, 총18획]

빛날 **요**　　　영 glorious 중 曜 yào 일 ヨウ(かがやく)

曜日(요일) 일주일의 각 날을 나타내는 말
九曜(구요) 日曜(일요)

5급
[雨 0, 총8획]

비, 비가 올 **우**　　　영 rain 중 雨 yǔ 일 ウ(あめ)

雨期(우기) 비가 많이 내리는 시기
雨天(우천) 雨量(우량) 雨傘(우산)

5급

[又 2, 총4획]

벗, 우애 **우**　　　영friend 중友 yǒu 일コウ(とも)

友愛(우애) 친구간의 애정

友邦(우방) **友情**(우정) **友好**(우호)

5급

[牛 0, 총4획]

소 **우**　　　영ox·cow 중牛 niú 일ギユウ(うし)

牛角(우각) 소뿔

牛步(우보) **牛乳**(우유) **牛黃**(우황)

5급

[雨 4, 총12획]

구름 **운**　　　영cloud 중云 yún 일ウン(くも)

雲開(운개) 구름이 사라짐

雲山(운산) **雲霧**(운무) **雲峰**(운봉)

5급

[佳 4, 총12획]

수컷, 이길 **웅**　　　영male 중雄 xióng 일ユウ(おす)

雄大(웅대) 웅장하고 큼

雄圖(웅도) **雄據**(웅거) **雄壯**(웅장)

5급

[頁 10, 총19획]

원할 **원**(=希)　　　영desire 중愿 yuàn 일ガン(ねがう)

願望(원망) 원하고 바람

願書(원서) **祈願**(기원) **發願**(발원)

5급

[厂 8, 총10획]

언덕, 근원 **원**　　　영orgin 중原 yuán 일グン(はら·もと)

原價(원가) 사들인 값

原案(원안) **原稿**(원고) **原因**(원인)

5급
元
[儿 2, 총4획]

으뜸, 근원 **원**　　영 principal 중 元 yuán 일 ダン(もと)

元氣(원기) 만물의 근원이 되는 기운

元旦(원단)　元金(원금)　元年(원년)

5급
院
[阜 7, 총10획]

원집, 뜰 **원**　　영 garden 중 院 yuàn 일 イン

院長(원장) 원자가 붙은 기관의 장

院生(원생)　院兒(원아)　病院(병원)

5급
位
[人 5, 총7획]

자리, 자리잡은 **위**　　영 seat·position 중 位 wèi 일 イ(くらい)

位置(위치) 사람이나 물건의 장소

位牌(위패)　位階(위계)　順位(순위)

5급
偉
[人 9, 총11획]

거룩할, 클, 성할 **위**　　영 great 중 伟 wěi 일 イ(えらい)

偉大(위대) 뛰어나고 훌륭함

偉力(위력)　偉業(위업)　偉容(위용)

5급
以
[人 3, 총5획]

써, 또, 생각할 **이**　　영 with·by 중 以 yǐ 일 イ(もつて)

以前(이전) 오래 전

以內(이내)　以南(이남)　以北(이북)

5급
耳
[耳 0, 총6획]

귀, 들을 **이**　　영 ear 중 耳 ěr 일 ジ(みみ)

耳順(이순) 귀가 부드러워짐

耳明酒(이명주)　耳目(이목)　耳鳴(이명)

5급
[口 3, 총6획]

인할, 말미암을 **인** (↔果)   영cause 중因 yīn 일イン(よる)

因緣(인연) 어떤 사물들 사이에 맺어지는 관계
因習(인습) 原因(원인) 要因(요인)

5급
[人 4, 총6획]

맡길, 일 **임**   영entrust 중任 rèn 일ニン(まかせる)

任期(임기) 어떤 직책을 맡은 기간
任官(임관) 任命(임명) 任務(임무)

5급
[冂 4, 총6획]

두, 거듭할 **재**   영twice 중再 zài 일サイ(ふたたび)

再建(재건) 다시 세움
再顧(재고) 再生(재생) 再會(재회)

5급
[火 3, 총7획]

재앙, 해칠 **재**   영calamity 중灾 zāi 일サイ(わざわい)

災難(재난)
재앙災殃(재앙) 災厄(재액) 災害(재해)

5급
[木 3, 총7획]

재목, 원료 **재**   영timber 중材 cái 일ザイ

才幹(재간) 솜씨
才料(재료) 材木(재목) 材質(재질)

5급
[貝 3, 총10획]

재물, 녹 **재** (=貨)   영wealth 중财 cái 일ザイ·サイ(たから)

財務(재무) 재정에 관한 사무
財界(재계) 財力(재력) 財閥(재벌)

5급
爭
[爪 4, 총8획]

다툴 쟁 (=戰)　영 quarrel 중 争 zhēng 일 争 ソウ(あらそう)

爭論(쟁론) 말로 다툼

爭議(쟁의)　爭點(쟁점)　爭取(쟁취)

5급
貯
[貝 5, 총12획]

쌓을, 둘 저 (=蓄)　영 save 중 贮 zhù 일 チク(たくわえる)

貯金(저금) 돈을 모아둠

貯水(저수)　貯藏(저장)　貯蓄(저축)

5급
的
[白 3, 총8획]

과녁 적　영 target 중 的 de 일 テキ(まと)

的中(적중) 맞아떨어짐

的實(적실)　目的(목적)　的當(적당)

5급
赤
[赤 0, 총7획]

붉을, 발가숭이 적　영 red 중 赤 chì 일 セキ(あか)

赤裸裸(적나라) 있는 그대로 드러냄

赤貧(적빈)　赤旗(적기)　赤色(적색)

5급
傳
[人 11, 총13획]

전할, 전기 전　영 convey 중 传 chuán 일 伝 デン(つたえる)

傳達(전달) 전하여 이르게 함

傳令(전령)　傳單(전단)　傳說(전설)

5급
展
[尸 7, 총10획]

펼, 늘일 전　영 spread 중 展 zhǎn 일 テン(のびる)

展開(전개) 펴서 벌림

展覽(전람)　展示(전시)　發展(발전)

5급
[八 6, 총8획]

법, 의식, 바를 전 (=法)   영 law 중 典 diǎn 일 テン

典據(전거) 바른 증거

典當(전당) 古典(고전) 法典(법전)

5급
[竹 9, 총15획]

마디, 규칙 절   영 joint 중 节 jié 일 セツ(ふし)

節約(절약) 쓸데없는 비용이 나가지 않도록 비용을 아끼는 것

節減(절감) 節槪(절개) 節水(절수)

5급
[刀 2, 총4획]

모두, 모두 절 / 온통 체   영 cut 중 切 qiē 일 セツ(きる)

切感(절감) 절실하게 느낌

切迫(절박) 切親(절친) 一切(일체)

5급
[广 5, 총8획]

가게, 여관 점   영 shop 중 店 diàn 일 テン(みせ)

店頭(점두) 가게 앞

店員(점원) 店主(점주) 店鋪(점포)

5급
[人 9, 총11획]

머무를, 멈출 정 (=留 =止)   영 stay 중 停 tíng 일 テイ

停刊(정간) 신문이나 잡지 등의 정기적으로 발행되는 것을 중지함

停會(정회) 停年(정년) 停電(정전)

5급
[心 8, 총11획]

뜻, 본성 정 (=心)   영 affection 중 情 qíng 일 ジョウ(なさけ)

情談(정담) 다정한 이야기

情勢(정세) 情感(정감) 情景(정경)

5급

[手 13, 총16획]

잡을, 절개 **조** 영manage 중操 cāo 일ソウ(あやつる)

操練(조련) 군대를 훈련함

操弄(조롱) 操業(조업) 操作(조작)

5급

[言 8, 총15획]

고를 **조**(=和) 영harmonize 중调 diào 일チョウ(ととのう)

調査(조사) 실정을 알기 위하여 자세히 살펴봄

調節(조절) 調和(조화) 調整(조정)

5급

[十 6, 총8획]

군사 **졸**(↔將 =兵) 영servant 중卒 zú 일ソツ(おわ)

卒年(졸년) 죽은 해

卒倒(졸도) 卒兵(졸병) 卒業(졸업)

5급

[糸 5, 총11획]

끝날 **종**(↔始 ↔初) 영finish 중终 zhōng 일シュウ(おえる)

終結(종결) 끝마침

終乃(종내) 終局(종국) 終日(종일)

5급

[禾 9, 총14획]

씨, 심을 **종** 영seed 중种 zhǒng 일シユ(たね)

種牛(종우) 종자를 퍼뜨리기 위하여 기르는 소

種類(종류) 種豚(종돈) 種目(종목)

5급

[网 8, 총13획]

허물, 벌줄 **죄** 영crime 중罪 zuì 일ザイ(つみ)

罪過(죄과) 죄와 과실

罪名(죄명) 罪名(죄명) 罪目(죄목)

5급

週
[辶 8, 총12획]

두루 주　　영 circuit, week 중 周 zhōu 일 シュウ(めぐる)

週刊(주간) 신문, 잡지 등을 한 주일에 한 번씩 발행함
週年(주년) 週末(주말) 週番(주번)

5급

州
[巛 3, 총6획]

고을, 마을 주　　영 country 중 州 zhōu 일 シコ(す・しま)

州縣(주현) 주와 현
州郡(주군) 州閭(주려) 坡州(파주)

5급

知
[矢 3, 총8획]

알, 슬기 지 (=識)　　영 know 중 知 zhī 일 シキ(しる)

知覺(지각) 깨달음
知能(지능) 知己(지기) 知慧(지혜)

5급

止
[止 0, 총4획]

그칠, 금지 지 (=停 =終)　　영 stop 중 止 zhǐ 일 シ(とめる)

止水(지수) 흐르지 않고 고여 있는 물
止揚(지양) 防止(방지) 抑止(억지)

5급

質
[貝 8, 총15획]

바탕, 볼모 질　　영 disposition 중 质 zhì 일 シツ(ただす)

質朴(질박) 꾸밈없고 순박함
質正(질정) 質量(질량) 質問(질문)

5급

着
[目 7, 총12획]

붙을 착 (←發 =到)　　영 attach 중 着 zháo 일 チャク(きる)

着工(착공) 공사를 시작함
着服(착복) 着劍(착검) 着用(착용)

5급
[厶 9, 총11획]

참여할 **참** / 석 **삼**　　영close 중参 cān 일参 サン(まじわる)

參加(참가) 어떤 모임이나 일에 관여함
參觀(참관) **參見**(참견) **參席**(참석)

5급
[口 8, 총11획]

부를, 노래 **창**　　영sing 중唱 chàng 일唱 ショウ(となえる)

唱導(창도) 앞장을 서서 주장함
唱歌(창가) **唱法**(창법) **唱劇**(창극)

5급
[貝 4, 총11획]

꾸짖을, 바랄 **책**　　영scold 중责 zé 일責 セキ(せめる)

責望(책망) 허물을 들어 꾸짖음
責務(책무) **責任**(책임) **叱責**(질책)

5급
[金 13, 총21획]

쇠, 단단할 **철**　　영iron 중铁 tiě 일鉄 テツ(くろがね)

鐵甲(철갑) 쇠로 만든 갑옷
鐵材(철재) **鐵拳**(철권) **鐵筋**(철근)

5급
[刀 5, 총7획]

처음 **초**(↔終 =始)　　영beginning 중初 chū 일初 ショ(はつ)

初期(초기) 어떤 기간의 처음이 되는 시기
初面(초면) **初段**(초단) **初行**(초행)

5급
[日 8, 총12획]

가장, 최상 **최**　　영most 중最 zuì 일サイ(もっとも)

最古(최고) 가장 오래됨
最惡(최악) **最强**(최강) **最善**(최선)

5급

祝

[示 5, 총10획]

빌, 원할, 기쁠 **축**　　영 pray　중 祝 zhù　일 シユク(いわう)

祝禱(축도) 축복하고 기도함

祝儀(축의) 祝歌(축가) 祝辭(축사)

5급

充

[儿 4, 총6획]

찰, 채울 **충**　　영 full　중 充 chōng　일 ジュウ(あてる)

充當(충당) 모자람을 채움

充耳(충이) 充滿(충만) 充分(충분)

5급

[至 4, 총10획]

이룰, 도달할 **치**　　영 accomplish　중 致 zhì　일 チ(いたす)

致命(치명) 목숨을 버림

致富(치부) 致死(치사) 致賀(치하)

5급

他

[人 3, 총5획]

다를 **타** (↔自)　　영 different　중 他 tā　일 タ(ほか)

他界(타계) 다른 세계

他關(타관) 他國(타국) 他人(타인)

5급

[手 2, 총5획]

칠, 공격할 **타** (=擊)　　영 strike　중 打 dǎ　일 ダ(うつ)

打擊(타격) 치는 것. 손실

打算(타산) 打開(타개) 打倒(타도)

5급

[十 6, 총8획]

탁자, 높을 **탁**　　영 high　중 卓 zhuó　일 タク

卓立(탁립) 우뚝하게 서 있음

卓說(탁설) 卓見(탁견) 卓球(탁구)

5급
炭 [火 5, 총9획]

숯, 재 **탄**(↔氷)   영 charcoal 중 炭 tàn 일 タン(すみ)

炭坑(탄갱) 석탄을 캐는 굴

炭鑛(탄광) 炭層(탄층) 炭脈(탄맥)

5급
板 [木 4, 총8획]

널빤지, 판목 **판**   영 board 중 板 bǎn 일 ハン(いた)

板刻(판각) 글씨나 그림 같은 것을 나무에 새기는 것

板橋(판교) 板紙(판지) 板本(판본)

5급
敗 [攴 7, 총11획]

패할 **패**(↔成)   영 defeated 중 败 bài 일 ハイ(やぶれる)

敗滅(패멸) 멸망함

敗訴(패소) 敗亡(패망) 敗色(패색)

5급
品 [口 6, 총9획]

물건, 가지, 등급 **품**   영 goods 중 品 pǐn 일 ヒン(しな)

品質(품질) 물건의 성질과 바탕

品評(품평) 品格(품격) 品名(품명)

5급
筆 [竹 6, 총12획]

붓 **필**   영 pen·writing brush 중 笔 bǐ 일 ヒツ(ふで)

筆談(필담) 글로 써서 의사를 통일함

筆墨(필묵) 筆耕(필경) 筆記(필기)

5급
必 [心 1, 총5획]

반드시 **필**   영 surely 중 必 bì 일 キ·ゴ(あう·ちぎる)

必死(필사) 죽을 각오로 일함

必勝(필승) 必讀(필독) 必修(필수)

5급
河
[水 5, 총8획]

강, 내 하(↔山 =川)　　　영 river 중 河 hé 일 カ(かわ)

河畔(하반) 물가

河床(하상) 河口(하구) 河馬(하마)

5급
寒
[宀 9, 총12획]

찰, 오싹할 한(↔暖 =冷)　영 cold 중 寒 hán 일 カン(さむい)

寒露(한로) 찬이슬

寒微(한미) 寒氣(한기) 寒波(한파)

5급
害
[宀 7, 총10획]

해칠, 손해 해(↔利)　　영 harm 중 害 hài 일 ガイ(そこなう)

害毒(해독) 해와 독

害惡(해악) 害蟲(해충) 被害(피해)

5급
許
[言 4, 총11획]

허락할, 얼마 허　　　영 permit 중 許 xǔ 일 キョ(ゆるす)

許諾(허락) 청원을 들어줌

許多(허다) 許可(허가) 許容(허용)

5급
湖
[水 9, 총12획]

호수 호　　　　　　　영 lake 중 湖 hú 일 コ(みずうみ)

湖岸(호안) 호숫가

湖沼(호소) 湖南(호남) 湖畔(호반)

5급
化
[匕 2, 총4획]

화할, 태어날 화(=變)　영 change 중 化 huà 일 カ·ケ(ばかす)

化膿(화농) 상처 따위가 곪음

化成(화성) 化石(화석) 強化(강화)

5급

[心 7, 총11획]

근심, 앓을 **환**　　영 anxiety　중 患 huàn　일 カン(うれえる)

患亂(환란) 재난

患者(환자)　患部(환부)　疾患(질환)

5급

[攴 6, 총10획]

본받을, 줄 **효**　　영 imitate　중 效 xiào　일 効 コウ(きく)

效用(효용) 보람

效能(효능)　效果(효과)　效力(효력)

5급

[凵 2, 총4획]

흉할 **흉** (↔吉)　　영 evil·wicked　중 凶 xiōng　일 キョウ(わるい)

凶器(흉기) 사람을 살상하는 데 쓰는 도구

凶夢(흉몽)　凶年(흉년)　凶測(흉측)

5급

[黑 0, 총12획]

검을, 검은빛 **흑** (↔白)　　영 black　중 黑 hēi　일 黒 コク(くろ)

黑幕(흑막) 겉으로 드러나지 않은 내막

黑字(흑자)　黑白(흑백)　黑人(흑인)

4급

[日 9, 총13획]

겨를, 느긋이 지낼 **가**　　영 leisure　중 暇 xiá　일 力(ひま)

休暇(휴가) 정상적인 업무를 보는 날 이외에 얻는 임의로 쉴 수 있는 날

暇日(가일)　病暇(병가)　餘暇(여가)

4급

[見 13, 총20획]

깨달을 **각**　　영 conscious　중 觉 jué　일 覚 カク(おぼえる)

覺書(각서) 약속을 잊지 않게 하기 위하여 기록함. 또는 그 문서

覺知(각지)　覺悟(각오)　覺性(각성)

4급
[刀 6, 총8획]

새길, 깎을, 때 **각**　　영carve 중刻 kè 일コク(きざむ)

刻苦(각고) 고생을 이겨내면서 애를 씀

刻字(각자) **刻印**(각인) **刻薄**(각박)

4급
[目 4, 총9획]

볼, 방문할 **간**　　영see 중看 kàn 일カン(みる)

看守(간수) 지킴

看做(간주) **看過**(간과) **看病**(간병)

4급
[干 0, 총3획]

방패 **간**(↔滿 ↔戈)　　영shield 중幹 gàn 일カン(ほす)

干戈(간과) 창과 방패

干求(간구) **干滿**(간만) **干與**(간여)

4급
[竹 12, 총18획]

대쪽, 뽑을 **간**　　영letter 중简 jiǎn 일カン(ふだ・てがみ)

簡潔(간결) 간단하고 요령이 있음

簡牘(간독) **簡單**(간단) **簡略**(간략)

4급
[攴 8, 총12획]

감당할, 굳셀 **감** 영venture·daringly 중敢 gǎn 일カン(あえて)

敢當(감당) 과감히 떠맡음

敢死(감사) **敢戰**(감전) **敢鬪**(감투)

4급
[田 0, 총5획]

갑옷, 빼어날 **갑**　　영armor 중甲 jiǎ 일コウ(よろい)

甲板(갑판) 큰 배 위에 철판이나 나무를 깐 넓고 평평한 바닥을 나타냄

甲富(갑부) **甲紗**(갑사) **甲蟲**(갑충)

4급 기초한자 | **91**

4급

내릴 **강** / 항복할 **항**　영 surrender　중 降 jiàng　일 コウ(おりる)

[阜 6, 총9획]

降等(강등)

降等(강등)　降臨(강림)　降福(강복)　降書(항서)

4급

다시 **갱** / 고칠 **경**　영 again　중 更 gēng/gèng　일 コウ(さら)

[日 3, 총7획]

更生(갱생) 거의 죽을 지경에서 다시 살아남

更新(갱신)　更質(경질)　更定(경정)

4급

막을, 겨룰 **거**　영 defend·resist　중 拒 jù　일 キョ(こばむ)

[手 4, 총8획]

拒否(거부) 승낙을 하지 않고 물리침

拒逆(거역)　拒納(거납)　拒切(거절)

4급

들, 오를 **거**　영 lift　중 举 jǔ　일 挙 キョ(あげる)

[手 14, 총18획]

擧家(거가) 온 집안

擧國(거국)　擧國(거국)　擧動(거동)

4급

의거할 **거**　영 dependent　중 据 jù　일 拠 キョ(よる)

[手 13, 총16획]

據守(거수) 성안에 웅크린 채 지킴

據點(거점)　據執(거집)　據有(거유)

4급

클, 많을 **거** (=大)　영 great　중 巨 jù　일 キョ(おおきい)

[工 2, 총5획]

巨富(거부) 큰 부자

巨星(거성)　巨軀(거구)　巨金(거금)

1단계

4급

居
[尸 5, 총8획]

있을 **거** (=住) 영live 중居 jū 일キョ(いる)

居留(거류) 남의 나라 영토에 머물러 삶
居敬(거경) 居間(거간) 居士(거사)

4급

傑
[人 10, 총12획]

뛰어날 **걸** 영eminent 중杰 jié 일ケツ(すぐれる)

傑作(걸작) 훌륭하게 잘된 작품
英雄豪傑(영웅호걸) 傑出(걸출) 傑物(걸물)

4급

儉
[人 13, 총15획]

검소할, 절약할 **검** 영thrifty 중俭 jiǎn 일ケン(つづしやか)

儉素(검소) 사치하지 아니함
勤儉(근검) 儉約(검약) 儉朴(검박)

4급

[手 13, 총17획]

칠, 부딪칠, 움직일 **격** (=打 =攻) 영hit 중击 jī 일ゲキ(うつ)

擊滅(격멸) 쳐서 멸망시킴
擊蒙(격몽) 擊破(격파) 擊墜(격추)

4급

[水 13, 총16획]

부딪쳐, 빠를 **격** 영separate·violent 중激 jī 일ゲキ(へだる)

激突(격돌) 심하게 부딪침
激烈(격렬) 激鬪(격투) 激減(격감)

4급

[土 8, 총11획]

굳을 **견** (=固) 영hard·firm 중坚 jiān 일ケン(かたい)

堅靭(견인) 단단하고 질김
堅果(견과) 堅固(견고) 堅實(견실)

4급

개 **견**   영 dog 중 犬 quǎn 일 ケン(いぬ)

[犬 0, 총4획]

犬戎(견융) 옛날 협서성에 있던 나라 이름
鬪犬(투견) 犬公(견공) 狂犬(광견)

4급

이지러질 **결** (↔出)   영 deficient 중 缺 quē 일 ケツ(かける)

[缶 4, 총10획]

缺格(결격) 필요한 자격을 갖추지 못함
缺席(결석) 缺禮(결례) 缺航(결항)

4급

거울, 비출 **경**   영 mirror 중 镜 jìng 일 キョウ(かがみ)

[金 11, 총19획]

鏡中(경중) 거울 속
銅鏡(동경) 眼鏡(안경) 顯微鏡(현미경)

4급

기울, 기울일 **경**   영 incline 중 倾 qīng 일 ケイ(かたむく)

[人 11, 총13획]

傾國之色(경국지색) 나라가 위태로워질 정도로 빼어난 미인. 경국이라고도 함
傾斜(경사) 傾度(경도) 傾注(경주)

4급

놀랄, 놀랠 **경**   영 surprise 중 惊 jīng 일 キョウ(おどろかす)

[馬 10, 총20획]

驚愕(경악) 크게 놀람
驚歎(경탄) 驚異(경이) 驚歎(경탄)

4급

이을 **계**   영 connect 중 系 xì 일 ケイ(つなぐ)

[糸 1, 총7획]

系圖(계도) 대대의 계통을 한눈에 볼 수 있도록 만든 도표
系連(계련) 系統(계통) 體系(체계)

4급

鷄 닭 **계** 영 cock 중 鸡 jī 일 鷄 ケイ(にわとり)
[鳥 10, 총21획]
鷄冠(계관) 닭의 볏
鷄卵(계란) 鷄肋(계륵) 鷄鳴(계명)

4급

階 섬돌, 사닥다리 **계** (=層 =段) 영 stairs 중 阶 jiē 일 カイ
[阜 9, 총12획]
階段(계단) 층계
階梯(계제) 階級(계급) 階層(계층)

4급

季 끝, 어릴, 철 **계** 영 season 중 季 jì 일 キ(すえ)
[子 5, 총8획]
季氏(계씨) 남을 높여 그 아우를 이르는 말
季嫂(계수) 季刊(계간) 季節(계절)

4급

繼 이을, 후계 **계** (=承) 영 connect 중 继 jì 일 継 ケイ(つぐ)
[糸 14, 총20획]
繼起(계기) 뒤를 이어 번성함
繼母(계모) 繼譜(계보) 繼續(계속)

4급

戒 경계할, 삼갈 **계** 영 warn 중 戒 jiè 일 カイ(いましめ)
[戈 3, 총7획]
戒告(계고) 훈계와 충고
戒名(계명) 戒律(계율) 戒命(계명)

4급

庫 곳집, 무기 **고** 영 warehouse 중 库 kù 일 コ·ク(くら)
[广 7, 총10획]
庫房(고방) 창고
倉庫(창고) 庫房(고방) 庫直(고직)

4급

[子 5, 총8획]

외로울 고 (=獨)　　영 lonely 중 孤 gū 일 コ(みなしご)

孤獨(고독) 외톨박이
孤立(고립)　孤兒(고아)　孤寂(고적)

4급

[禾 10, 총15획]

곡식, 양식 곡　　영 grain 중 谷 gǔ 일 コク(たなつもの)

穀日(곡일) 좋은 날. 길일과 같은 뜻
穀類(곡류)　穀氣(곡기)　穀物(곡물)

4급

[口 4, 총7획]

곤할, 곤궁할 곤　　영 distress 중 困 kùn 일 コン(こまる)

困境(곤경) 곤란한 처지
困窮(곤궁)　困辱(곤욕)　困惑(곤혹)

4급

[骨 0, 총10획]

뼈, 강직할 골　　영 bone 중 骨 gǔ 일 コツ(ほね)

骨格(골격) 뼈의 조직
骨相(골상)　骨幹(골간)　骨折(골절)

4급

[子 1, 총4획]

구멍, 매우, 클 공　　영 hole 중 孔 kǒng 일 コウ(あな)

孔孟(공맹) 공자와 맹자
孔夫子(공부자)　孔性(공성)　孔雀(공작)

4급

管

[竹 8, 총14획]

대롱, 피리 관　　영 pipe 중 管 guǎn 일 カン(くだ)

管内(관내) 맡아서 다스리는 구역
管下(관하)　管轄(관할)　管理(관리)

4급
官 [宀 5, 총8획]

벼슬, 마을 관 (↔民)　영 official 중 官 guān 일 カン(つかさ)

官公署(관공서) 관청과 공청
官給(관급)　官家(관가)　官吏(관리)

4급
鑛 [金 15, 총23획]

쇳돌 광　영 ore 중 矿 kuàng 일 コウ(あらがね)

鑛脈(광맥) 광물의 맥
鑛山(광산)　鑛物(광물)　鑛夫(광부)

4급
構 [木 10, 총14획]

얽을, 맺을 구　영 frame 중 构 gòu 일 コウ(かまえる)

構成(구성) 얽어서 만듦
構內(구내)　構築(구축)　構圖(구도)

4급
君 [口 4, 총7획]

임금, 아내 군 (↔臣)　영 king 중 君 jūn 일 クン(きみ)

君國(군국) 임금과 나라
君主(군주)　君臨(군림)　君臣(군신)

4급
屈 [尸 5, 총8획]

굽을, 굳셀 굴　영 stooped 중 屈 qū 일 クツ(かがむ)

屈强(굴강) 의지가 강함
屈曲(굴곡)　屈伏(굴복)　屈折(굴절)

4급
窮 [穴 10, 총15획]

다할 궁 (=貧)　영 finish 중 穷 qióng 일 キュウ(きわまる)

窮究(궁구) 파고 들어가 연구함
窮極(궁극)　窮塞(궁색)　窮理(궁리)

4급

말, 책 권　　　영 volume　중 卷 juàn　일 カン·ケン(まき)

[刀 6, 총8획]

卷頭言(권두언) 머리말
卷末(권말)　卷末(권말)　席卷(석권)

4급

문서, 어음쪽 권　　　영 bond　중 券 quàn　일 ケン(てがた)

[刀 6, 총8획]

株券(주권) 주주가 소유하거나 소유할 주식
債券(채권)　券面(권면)　福券(복권)

4급

권할 권　　　영 advise　중 劝 quàn　일 勧 カン(すすめる)

[力 18, 총20획]

勸農(권농) 농사를 권장함
勸告(권고)　勸告(권고)　勸士(권사)

4급

돌아갈, 따를 귀　　　영 return·go back　중 归 guī　일 キ(かえる)

[止 14, 총18획]

歸家(귀가) 집으로 돌아감
歸結(귀결)　歸京(귀경)　歸國(귀국)

4급

고를, 양을 고를 균　　　영 even　중 均 jūn　일 キン(ならす)

[土 4, 총7획]

均田(균전) 백성에게 고루 농토를 나누어 줌
均質(균질)　均等(균등)　均配(균배)

4급

심할, 연극 극　　　영 violent　중 剧 jù　일 ゲキ(はげしい)

[刀 13, 총15획]

劇團(극단) 연극을 하는 단체
劇場(극장)　悲劇(비극)　演劇(연극)

4급

勤
[力 11, 총13획]

부지런할, 일 근　영 diligent　중 勤 qín　일 キン(つとめる)

勤勞(근로) 힘을 다함

勤儉(근검) 勤勉(근면) 勤務(근무)

4급

筋
[竹 6, 총12획]

힘줄 근　영 muscle　중 筋 jīn　일 キン(すじ)

筋力(근력) 몸을 놀리고 활동하는 기운과 힘

筋肉(근육) 筋肉質(근육질) 鐵筋(철근)

4급

奇
[大 5, 총8획]

기이할, 홀수 기　영 strange　중 奇 qí　일 キ(くし·めずらしい)

奇計(기계) 기이한 계책

奇妙(기묘) 奇蹟(기적) 奇特(기특)

4급

紀
[糸 3, 총9획]

벼리 기　영 discipline　중 纪 jì　일 キ(のり)

紀念(기념) 사적을 전하여 깊이 잊지 않게 함

紀元(기원) 紀律(기율) 紀綱(기강)

4급

機
[木 12, 총16획]

베틀, 기미, 틀 기　영 machine　중 机 jī　일 キ(はた)

機根(기근) 중생의 마음속에 있는 부처의 가르침에 응하는 힘을 뜻함

機密(기밀) 機會(기회) 機械(기계)

4급

寄
[宀 8, 총11획]

부칠, 기댈 기　영 lodge　중 寄 jì　일 キ(よる)

寄贈(기증) 물품을 보내어 증정함

寄與(기여) 寄稿(기고) 寄託(기탁)

4급

段
[殳 5, 총9획]

구분, 조각 단 (=階)　영 stairs 중 段 duàn 일 ダン·タン

段階(단계) 일이 나아가는 과정

段氏(단씨)　段落(단락)　段數(단수)

4급

逃
[辶 6, 총10획]

달아날 도 (=避 =亡)　영 escape 중 逃 táo 일 トウ(にげる)

逃亡(도망) 달아남

逃走(도주)　逃避(도피)　逃路(도로)

4급

盜
[皿 7, 총12획]

도둑, 훔칠 도 (=賊)　영 thief 중 盗 dào 일 トウ(ぬすむ)

盜掘(도굴) 몰래 매장물을 캠

盜伐(도벌)　盜賊(도적)　盜用(도용)

4급

徒
[彳 7, 총10획]

무리, 맨손, 죄수 도 (=黨)　영 crowd 중 徒 tú 일 ト·ズ(かち)

徒步(도보) 탈 것을 타지 않고 걸어감

徒囚(도수)　徒輩(도배)　徒黨(도당)

4급

洛
[水 6, 총9획]

땅이름 락(낙)　영 name of a river 중 洛 luò 일 ラク(かわのな)

洛水(낙수) 강 이름

洛陽(낙양)　京洛(경락)　上洛(상락)

4급

亂
[乙 12, 총13획]

어지러울 란(난)　영 confuse 중 乱 luàn 일 乱 ラン(みだれる)

亂離(난리) 세상의 소란을 만나 뿔뿔이 헤어짐

亂立(난립)　亂國(난국)　亂動(난동)

1단계

4급

알, 클 **란(난)**　　　영egg 중卵 luǎn 일ラン(たまご)

[卩 5, 총7획]

卵白(난백) 알의 흰자

卵塊(난괴) 卵生(난생) 卵巢(난소)

4급

볼, 전망 **람**　　　영view 중览 lǎn 일覽 ラン(みる)

[見 14, 총21획]

展覽會(전람회) 그림 등을 전시하여 여러 사람이 보게 함

閱覽(열람) 觀覽(관람) 博覽會(박람회)

4급

다스릴, 빼앗을 **략(약)**　　　영govern 중略 lüè 일リャク(ほぼ)

[田 6, 총11획]

略圖(약도) 간략하게 그린 도면

略歷(약력) 戰略(전략) 政略(정략)

4급

두, 량 **량(냥. 양)**　　　영two 중两 liǎng 일両 リョウ

[入 6, 총8획]

兩得(양득) 한 가지 일로 두 가지 이득을 얻음

兩面(양면) 兩班(양반) 兩國(양국)

4급

양식, 구실 **량(양)**　　　영food 중粮 liáng 일リョウ(かて)

[米 12, 총18획]

糧穀(양곡) 양식이 되는 곡물

糧食(양식) 糧米(양미) 食糧(식량)

4급

생각할 **려(여)**　　　영consider 중虑 lǜ 일リョ(おもんぱかり)

[心 11, 총15획]

考慮(고려) 생각해 둠

念慮(염려) 憂慮(우려) 配慮(배려)

4급 기초한자 | **101**

4급
세찰, 아름다울 **렬(열)** 영 fierce 중 烈 liè 일 レツ(はげしい)

烈女(열녀) 절개가 굳고 기상이 강한 여자

[火 6, 총10획] 烈士(열사) 烈夫(열부) 烈火(열화)

4급
용, 임금 **룡(용)** 영 dragon 중 龙 lóng 일 竜 リュウ

龍尾(용미) 용의 꼬리

[龍 0, 총16획] 龍鬚(용수) 龍王(용왕) 龍宮(용궁)

4급
버들 **류(유)** 영 willow 중 柳 liǔ 일 リュウ(やなぎ)

柳眉(유미) 버들잎처럼 가늘고 아름다운 눈썹

[木 5, 총9획] 柳車(유거) 柳器(유기) 柳絮(유서)

4급
바퀴, 돌, 주위 **륜(윤)** 영 wheel 중 轮 lún 일 リン(わ)

輪讀(윤독) 여러 사람이 돌려가며 책을 읽음

[車 8, 총15획] 輪轉(윤전) 輪換(윤환) 輪廓(윤곽)

4급
떠날, 붙을 **리(이)** 영 leave 중 离 lí 일 リ(はなれる)

離居(이거) 떨어져 따로 삶

[隹 11, 총19획] 離陸(이륙) 離散(이산) 離職(이직)

4급
누이 **매** (↔) 영 younger sister 중 妹 mèi 일 マイ(いもうと)

妹夫(매부) 누이의 남편

[女 5, 총8획] 妹弟(매제) 妹兄(매형) 男妹(남매)

1단계

4급
勉
[力 7, 총 9획]

힘쓸, 장려할 **면**   영 exert 중 勉 miǎn 일 ベン(つとめる)

勉勵(면려) 스스로 애써 노력함
勉學(면학)　勤勉(근면)　勸勉(권면)

4급
鳴
[鳥 3, 총14획]

울, 부를 **명**   영 chirp 중 鸣 míng 일 メイ(なく)

鳴金(명금) 징 치는 것
鳴禽類(명금류)　鷄鳴(계명)　共鳴(공명)

4급
模
[木 11, 총15획]

법, 본받을 **모** (=範)   영 form 중 模 mó 일 モ(のり)

模倣(모방) 본받고 흉내를 냄
模寫(모사)　模造(모조)　模範(모범)

4급
妙
[女 4, 총7획]

젊을, 묘할 **묘**   영 strange 중 妙 miào 일 チョク(なおす)

妙計(묘계) 묘한 꾀
妙技(묘기)　妙味(묘미)　妙手(묘수)

4급
墓
[土 11, 총14획]

무덤, 묘지 **묘**   영 grave 중 墓 mù 일 ボ(はか)

墓碑(묘비) 무덤 앞에 세우는 비석
墓穴(묘혈)　墓所(묘소)　墓地(묘지)

4급
舞
[舛 8, 총14획]

춤출, 춤, 고무 **무**   영 dance 중 舞 wǔ 일 ブ(まい, まう)

舞曲(무곡) 춤을 출 때 부르는 노래
舞踊(무용)　舞臺(무대)　舞童(무동)

4급

[手 5, 총8획]

칠, 어루만질 **박** 영strike 중拍 pāi 일ハク・ヒョウ(うつ)

拍手(박수) 손뼉을 침

拍子(박자) 拍車(박차) 間拍(간박)

4급

[髟 5, 총15획]

터럭, 초목 **발**(=毛) 영hair 중发 fā/fà 일ハツ(かみ)

理髮(이발) 머리털을 다듬어 깎음

白髮(백발) 假髮(가발) 頭髮(두발)

4급

[女 4, 총7획]

방해할 **방** 영obstruct 중妨 fáng 일ボウ(さまたげる)

無妨(무방) 방해될 것이 없음

妨碍(방애) 妨害(방해) 妨礙(방애)

4급

[飛 12, 총21획]

뒤칠, 날, 넘칠 **번** 영overturn 중翻 fān 일ハン(ひるがえす)

飜譯(번역) 어떤 말의 글을 다른 나라 말의 글로 옮김

飜覆(번복) 飜案(번안) 飜意(번의)

4급

[犬 2, 총5획]

범할, 죄, 범인 **범** 영violate 중犯 fàn 일ハン(おかす)

犯法(범법) 법을 범함

犯人(범인) 犯罪(범죄) 侵犯(침범)

4급

[竹 9, 총15획]

법, 한계 **범**(=模) 영rule 중范 fàn 일ハン(のり)

範例(범례) 본보기

範圍(범위) 範疇(범주) 範例(범례)

辯
[辛 14, 총21획] 4급

말, 분별할 **변** 영eloquent 중辯 biàn 일弁 べん(わきまえる)

辯明(변명) 시비를 가림

辯舌(변설)　辯論(변론)　答辯(답변)

普
[日 8, 총12획] 4급

두루, 보통 **보** 영wide 중普 pǔ 일フ(あまねし)

普及(보급) 널리 미침

普通(보통)　普施(보시)　高普(고보)

伏
[人 4, 총6획] 4급

엎드릴, 숨을 **복**(↔起) 영prostate 중伏 fú 일フク(ふす)

伏望(복망) 엎드려 바람

伏中(복중)　伏拜(복배)　伏兵(복병)

複
[衣 9, 총14획] 4급

겹옷, 겹칠 **복**(↔單) 영double 중複 fù 일フク

複利(복리) 이자에 이자가 붙음

複數(복수)　複道(복도)　複利(복리)

負
[貝 2, 총9획] 4급

질, 저버릴 **부**(↔勝) 영bear 중负 fù 일フ(おう)

負擔(부담) 어떤 일이나 의무

負傷(부상)　負債(부채)　勝負(승부)

否
[口 4, 총7획] 4급

아닐 **부** / 막힐 **비** 영deny·not deny 중否 fǒu 일ヒ・ビ(いな)

否認(부인) 그렇다고 인정하지 아니함

否決(부결)　否認(부인)　否票(부표)

4급
憤
[心 12, 총15획]

성낼, 번민할 **분**　영 indignant 중 愤 fèn 일 フン(いきどおる)

憤慨(분개) 무척 분하게 여김

憤激(분격) 憤死(분사) 憤敗(분패)

4급
粉
[米 4, 총10획]

가루, 색칠할 **분**　영 powder 중 粉 fěn 일 フン(こな)

粉末(분말)

粉匣(분갑) 粉食(분식) 粉筆(분필)

4급
碑
[石 8, 총13획]

비석, 돌기둥 **비**　영 monument 중 碑 bēi 일 ヒ(いしぶみ)

碑石(비석) 돌로 만든 비

紀念碑(기념비) 碑臺(비대) 碑銘(비명)

4급
批
[手 4, 총7획]

칠, 비파 **비** (=評)　영 criticize 중 批 pī 일 ヒ

批點(비점) 시문(詩文)의 잘된 곳을 찍는 점

批准(비준) 批判(비판) 批評(비평)

4급
祕
[示 5, 총10획]

숨길 **비**　영 hide 중 秘 mì 일 ヒ(ひめる)

祕訣(비결) 남이 알지 못하는 가장 효과적인 방법

祕方(비방) 祕藏(비장) 祕法(비법)

4급
私
[禾 2, 총7획]

사사 **사** (↔公)　영 private 중 私 sī 일 シ(わたくし)

私感(사감) 개인적인 원한

私物(사물) 私見(사견) 私製(사제)

4급
[寸 7, 총10획]

쏠, 벼슬이름 **사**　　　영 shoot 중 射 shè 일 シャ(いる)

射擊(사격) 총이나 활 등을 쏨

射殺(사살)　射倖(사행)　射手(사수)

4급
[辛 12, 총19획]

말씀, 사양할 **사** (=說)　영 speech 중 辞 cí 일 辞 ジ(ことば)

辭令(사령) 응대하는 말, 관직에 임명하는 것

辭讓(사양)　辭典(사전)　辭意(사의)

4급
[糸 6, 총12획]

실, 악기이름 **사**　　　영 thread 중 丝 sī 일 糸 シ(いと)

鐵絲(철사) 쇠를 가느다랗게 만든 것

絲竹(사죽)　絹絲(견사)　螺絲(나사)

4급
[攴 8, 총12획]

흩을 **산** (↔集)　　영 scatter 중 散 sǎn 일 サン(ちらす)

散錄(산록) 붓이 가는 대로 적음

散步(산보)　散漫(산만)　散髮(산발)

4급
[人 11, 총13획]

다칠, 해칠 **상**　　　영 injure 중 伤 shāng 일 ショウ(きずつ)

傷心(상심) 마음이 상함

傷害(상해)　傷處(상처)　負傷(부상)

4급
[豕 5, 총12획]

코끼리, 모양 **상**　　　영 elephant 중 象 xiàng 일 ゾウ(かたち)

象牙(상아) 코끼리의 어금니

象牙塔(상아탑)　象毛(상모)　象徵(상징)

4급
[宀 6, 총9획]

베풀, 임금이 말할 <u>선</u> 영give 중宣 xuān 일セン(のたまう)

宣敎(선교) 가르침을 넓힘
宣傳(선전) 宣明(선명) 宣布(선포)

4급
[舌 0, 총6획]

혀, 말 <u>설</u> 영tongue 중舌 shé 일ゼツ(した)

舌根(설근) 혀뿌리
舌戰(설전) 舌耕(설경) 毒舌(독설)

4급
[手 10, 총13획]

덜, 줄 <u>손</u>(↔益) 영reduce 중损 sǔn 일ソン(へる)

損金(손금) 손해금
損耗(손모) 損害(손해) 損失(손실)

4급
[木 4, 총8획]

소나무 <u>송</u> 영pine 중松 sōng 일ショウ(まつ)

松竹梅(송죽매) 소나무, 대나무, 매화
松林(송림) 松柏(송백) 松花(송화)

4급
[頁 4, 총13획]

기릴 <u>송</u>(=稱) 영praise 중颂 sòng 일ショウ(ほめる)

頌德(송덕) 덕을 기림
頌祝(송축) 頌歌(송가) 頌辭(송사)

4급
[禾 2, 총7획]

빼어날, 꽃이필 <u>수</u> 영surpass 중秀 xiù 일シユウ(ひいでる)

秀麗(수려) 빼어나고 아름다움
秀穎(수영) 秀作(수작) 秀才(수재)

4급

[又 6, 총8획]

아재비 **숙** 영 uncle 중 叔 shū 일 シユク(おじ)

叔父(숙부) 아버지의 아우

叔姪(숙질) 堂叔(당숙) 從叔(종숙)

4급

[聿 7, 총13획]

엄숙할 **숙** 영 solem 중 肅 sù 일 肅 シュク

肅啓(숙계) 삼가 아룀

肅軍(숙군) 肅淸(숙청) 肅然(숙연)

4급

[山 8, 총11획]

높을 **숭** (=高) 영 high 중 崇 chóng 일 スゥ(あがめる)

崇古(숭고)

崇拜(숭배) 隆崇(융숭) 崇慕(숭모)

4급

[衣 16, 총22획]

엄습할 **습** 영 attack 중 襲 xí 일 シュウ(おそう)

襲擊(습격) 갑자기 적을 덮쳐 공격함

襲來(습래) 世襲(세습) 奇襲(기습)

4급

[氏 0, 총4획]

씨 **씨** 영 family 중 氏 shì 일 シ(うじ)

氏名(씨명) 성씨와 이름

無名氏(무명씨) 氏族(씨족) 某氏(모씨)

4급

[歹 5, 총9획]

재앙 **앙** 영 disaster 중 殃 yāng 일 オウ(わざわい)

殃咎(앙구) 재앙

殃禍(앙화) 災殃(재앙) 禍殃(화앙)

4급

이마, 머릿수 **액** 영 forehead 중 额 é 일 ガク(ひたい)

額面(액면) 유가증권 등에 적힌 금액

[頁 9, 총18획] 額數(액수) 額面(액면) 額子(액자)

4급

모양 **양** 영 style 중 样 yàng 일 ヨウ(さま)

樣式(양식) 일정한 방식

[木 11, 총15획] 樣態(양태) 樣式(양식) 樣相(양상)

4급

엄할, 경계할 **엄** 영 strict 중 严 yán 일 厳 ゲン·ゴン(おごそか)

嚴禁(엄금) 엄중하게 금지함

[口 17, 총20획] 嚴冬(엄동) 嚴格(엄격) 嚴罰(엄벌)

4급

줄 **여** (↔奪 =參) 영 give 중 与 yǔ 일 与 ヨ(あたえる)

與件(여건) 주어진 조건

[臼 7, 총14획] 與黨(여당) 參與(참여) 給與(급여)

4급

같을, 조사 **여** 영 same 중 如 rú 일 ジョ·ニョ(ごとし)

如反掌(여반장) 손바닥 뒤집듯 쉬움

[女 3, 총6획] 如實(여실) 如干(여간) 如前(여전)

4급

혹, 나라 **역** 영 perhaps·if 중 或 huò 일 ワク(あるいは)

或問(혹문) 어떤 이가 묻는다는 식으로 설명하는 일

[戈 4, 총8획] 或說(혹설) 或是(혹시) 或者(혹자)

1단계

4급
域 [土 8, 총11획]
지경, 경계 **역** 영boundary 중域 yù 일イキ
域內(역내) 일정한 장소의 안
地域(지역) 聖域(성역) 區域(구역)

4급
易 [日 4, 총8획]
바꿀 **역** 영exchange 중易 yì 일エキ(とりかえる)
易經(역경) 오경의 하나인 주역
易學(역학) 交易(교역) 易書(역서)

4급
緣 [糸 9, 총15획]
가선, 연줄 **연** 영karma 중缘 yuán 일エン(ふち)
緣故(연고) 까닭, 이유
緣分(연분) 緣由(연유) 緣坐(연좌)

4급
延 [廴 4, 총7획]
끌, 미칠 **연** 영delay 중延 yán 일エン(ひく)
延見(연견) 손님을 맞이하여 만나봄
延人員(연인원) 延命(연명) 延期(연기)

4급
鉛 [金 5, 총13획]
납, 백분 **연** 영lead 중铅 qiān 일エン(なまり)
鉛筆心(연필심) 연필 대의 속에 들어 있는 심
鉛版(연판) 亞鉛(아연) 丹鉛(단연)

4급
燃 [火 12, 총16획]
사를 **연** 영bum 중燃 rán 일ネン(もえる)
燃料(연료) 불 때는 데에 쓸 감
燃費(연비) 燃燒(연소) 內燃(내연)

4급 기초한자 | **111**

4급
[日 5, 총9획]

비칠, 햇빛 **영**   영 reflect 중 映 yìng 일 エイ(うつる)

映像(영상) 비치는 그림자

映窓(영창) **映畫**(영화) **放映**(방영)

4급
[火 13, 총17획]

경영할, 진영 **영**   영 manage 중 营 yíng 일 エイ(いとなむ)

營農(영농) 농업을 경영함

營業(영업) **營利**(영리) **經營**(경영)

4급
[辵 4, 총8획]

맞을 **영** (↔送)   영 welcome 중 迎 yíng 일 ゲイ(むかえる)

迎入(영입) 맞아들임

迎新(영신) **迎接**(영접) **迎合**(영합)

4급
[豕 9, 총16획]

미리, 즐길 **예**   영 beforehand 중 豫 yù 일 予 ヨ(あらかじめ)

豫感(예감) 미리 육감으로 헤아림

豫見(예견) **豫測**(예측) **猶豫**(유예)

4급
[人 15, 총17획]

부드러울, 뛰어날 **우**   영 enough·ample 중 优 yōu 일 ユウ(すぐれる)

優等(우등) 성적이 우수함

優良(우량) **優勝**(우승) **優待**(우대)

4급
[辵 9, 총13획]

만날, 대우할 **우**   영 meet 중 遇 yù 일 グウ(めう)

遇害(우해) 해(害)를 만남

禮遇(예우) **奇遇**(기우) **待遇**(대우)

4급

源
[水 10, 총13획]

근원 원　　　영 source 중 源 yuán 일 ゲン(みなもと)

源流(원류) 물이 흐르는 근원

源泉(원천) 資源(자원) 水源(수원)

4급

怨
[心 5, 총9획]

원망할 원(=恨)　영 grudge 중 怨 yuàn 일 エン·オン(うらむ)

怨仇(원구) 원수

怨念(원념) 怨望(원망) 怨聲(원성)

4급

援
[手 9, 총12획]

당길, 도움, 잡을 원　영 rescue 중 援 yuán 일 エン(たすける)

援助(원조) 도와 줌

援筆(원필) 援軍(원군) 援兵(원병)

4급

[口 9, 총12획]

둘레, 에워쌀 위　영 surround 중 围 wéi 일 囲 イ(かこむ)

圍繞(위요) 빙 둘러쌈

圍攻(위공) 周圍(주위) 範圍(범위)

4급

[女 5, 총8획]

맡길, 옹용할 위　영 entrust 중 委 wěi 일 イ(くわしい)

委棄(위기) 버려둠

委付(위부) 委任(위임) 委託(위탁)

4급

[心 11, 총15획]

위로할, 성낼 위　영 comfort 중 慰 wèi 일 イ(なぐさむ)

慰勞(위로) 육체적이나 정신적인 피로를 풀도록 따뜻하게 대해줌

慰安(위안) 慰樂(위락) 慰問(위문)

4급 기초한자 | **113**

4급
[女 6, 총9획]

위엄, 두려워할 위 명 dignity 중 威 wēi 일 イ(たけし)

威力(위력) 다른 사람을 위압하는 세력
威嚴(위엄) 威勢(위세) 威容(위용)

4급
[卩 4, 총6획]

위태할 위(↔安) 명 danger 중 危 wēi 일 キ

危空(위공) 높은 하늘
危急(위급) 危機(위기) 危篤(위독)

4급
[人 14, 총16획]

선비, 학자 유 명 scholar 중 儒 rú 일 ジュ

儒生(유생) 유학을 배우는 사람
儒儒(유유) 儒敎(유교) 儒學(유학)

4급
[辵 9, 총13획]

놀, 돌아다닐 유 명 play 중 游 yóu 일 ユ·ユウ(あそぶ)

遊覽(유람) 돌아다니며 구경함
遊戱(유희) 遊星(유성) 遊學(유학)

4급
[乙 7, 총8획]

젖 유 명 milk 중 乳 rǔ 일 ニュウ(ち)

乳頭(유두) 젖꼭지
乳母(유모) 乳酪(유락) 牛乳(우유)

4급
[辵 12, 총16획]

남길, 보낼 유 명 bequeath 중 遗 yí 일 イ(のこす)

遺棄(유기) 내다 버림
遺言(유언) 遺憾(유감) 遺骨(유골)

4급

[阜 14, 총17획]

숨을, 기댈 은 　　영 hide 중 隐 yǐn 일 イン(かくれる)

隱匿(은닉) 숨어서 감춤

隱遁(은둔)　隱退(은퇴)　隱蔽(은폐)

4급

[人 6, 총8획]

의지할 의 　　영 lean 중 依 yī 일 イ・エ(よる)

依舊(의구) 옛날에 따름

依然(의연)　依賴(의뢰)　依託(의탁)

4급

[疋 9, 총14획]

의심할, 의심 의 　　영 doubt 중 疑 yí 일 ギ(うたがう)

疑懼(의구) 의심하여 두려워함

疑問(의문)　疑心(의심)　疑訝(의아)

4급

[人 13, 총15획]

거동, 법, 짝 의 　　영 manner 중 仪 yí 일 ギ(のり)

儀觀(의관) 위엄이 있는 몸가짐

儀禮(의례)　儀式(의식)　弔儀(조의)

4급

[田 6, 총11획]

다를, 의심할 이 (↔同) 　영 different 중 异 yì 일 イ(ことなる)

異見(이견) 다른 생각

異口同聲(이구동성)　異動(이동)　異變(이변)

4급

[人 2, 총4획]

어질, 동정 인 　　영 humanity 중 仁 rén 일 ジン(いつくしみ)

仁德(인덕) 어진 덕

仁君(인군)　仁術(인술)　仁慈(인자)

4급 기초한자 | **115**

4급

姿
[女 6, 총9획]

맵시 **자** (=態)　　　영 figure 중 姿 zī 일 シ(すがた)

姿態(자태) 몸가짐과 맵시

姿體(자체)　姿勢(자세)　風姿(풍자)

4급

資
[貝 6, 총13획]

재물, 밑천 **자**　　　영 property 중 资 zī 일 シ

資格(자격) 신분이나 지위

資金(자금)　資源(자원)　資本(자본)

4급

姉
[女 5, 총8획]

누이 **자**　　　영 elder sister 중 姉 zǐ 일 シ(あね)

姉妹(자매) 여자끼리의 언니와 아우

姉兄(자형)　伯姉(백자)　長姉(장자)

4급

殘
[歹 8, 총12획]

해칠, 잔인할 **잔**　　　영 remain 중 残 cán 일 残 ザン(のこる)

殘務(잔무) 남은 근무

殘滓(잔재)　殘黨(잔당)　殘忍(잔인)

4급

雜
[隹 10, 총18획]

섞일, 모을 **잡**　　　영 mixed 중 杂 zá 일 雜 ザツ(まじる)

雜穀(잡곡) 쌀 외의 곡식

雜念(잡념)　雜輩(잡배)　雜歌(잡가)

4급

壯
[士 4, 총7획]

씩씩할, 젊을 **장**　　　영 brave 중 壮 zhuàng 일 ソウ(さかん)

壯觀(장관) 굉장하고 볼만한 경치

壯麗(장려)　壯年(장년)　壯談(장담)

4급

帳 휘장, 장 **장** 영curtain 중帐 zhàng 일チョウ(とばり)

[巾 8, 총11획]

帳幕(장막) 둘러치는 막

帳殿(장전) 帳簿(장부) 通帳(통장)

4급

腸 창자, 마음 **장** 영bowel 중肠 cháng 일チョウ(はらわた)

[肉 9, 총13획]

腸壁(장벽) 장의 벽

腸癌(장암) 腸骨(장골) 斷腸(단장)

4급

꾸밀 **장** 영decorate 중奖 zhuāng 일庄 ショク(かさる)

[衣 7, 총13획]

裝備(장비) 필요한 장비와 설치

裝飾(장식) 裝幀(장정) 裝着(장착)

4급

張 베풀, 당길 **장** 영give 중张 zhāng 일チョウ(はる)

[弓 8, 총11획]

張力(장력) 당기거나 당기어 지는 힘

張本(장본) 張大(장대) 張力(장력)

4급

권면할 **장** 영exhort 중障 jiǎng 일ショウ(すすめる)

[大 11, 총14획]

獎勵(장려) 권하여 힘쓰게 함

獎學(장학) 激奬(격장) 選奬(선장)

4급

밑 **저** / 이를 **지** 영bottom 중底 dǐ 일テイ(そこ)

[广 5, 총8획]

底力(저력) 속에 감춘 끈기 있는 힘

底面(저면) 底意(저의) 底流(저류)

4급

積 쌓을 적 (=蓄) 영 pile up 중 积 jī 일 セキ(つむ)

[禾 11, 총16획]

積立(적립) 모아서 쌓아둠
積善(적선) 積金(적금) 山積(산적)

4급

績 자을, 이을 적 영 weave 중 绩 jī 일 セキ(つむぐ)

[糸 11, 총17획]

績女(적녀) 실을 잣는 여자
績麻(적마) 治績(치적) 行績(행적)

4급

籍 문서, 장부 적 영 register 중 籍 jí 일 セキ(ふみ)

[竹 14, 총20획]

籍記(적기) 문서(文書)에 적어 넣음
戶籍(호적) 書籍(서적) 本籍(본적)

4급

適 갈, 때마침 적 영 suit 중 适 shì 일 テキ(かなう)

[辶 11, 총15획]

適格(적격) 자격이 갖추어짐
適當(적당) 適應(적응) 適合(적합)

4급

賊 도둑, 훔칠 적 (=盜) 영 thief 중 贼 zéi 일 ゾク

[貝 6, 총13획]

賊徒(적도) 도둑의 무리
賊臣(적신) 賊反荷杖(적반하장) 賊被狗咬(적피구교)

4급

專 오로지, 홀로 전 영 only 중 专 zhuān 일 セン(もつぱら)

[寸 8, 총11획]

專決(전결) 혼자서 마음대로 결정함
專攻(전공) 專擔(전담) 專橫(전횡)

1단계

4급

돈 **전** 영 money 중 钱 qián 일 銭 セン(ぜに)

[金 8, 총16획]

錢穀(전곡) 돈과 곡식

守錢奴(수전노) 銅錢(동전) 葉錢(엽전)

4급

구를, 옮을 **전** 영 turn 중 转 zhuǎn 일 転 テン(ころぶ)

[車 11, 총18획]

轉勤(전근) 근무하는 직장을 옮김

轉落(전락) 轉學(전학) 轉送(전송)

4급

꺾을, 쪼갤 **절** 영 break off 중 折 shé/zhé 일 セツ(おり)

[手 4, 총7획]

折角巾(절각건) 도인이 쓰던 쓰개의 한가지

折骨(절골) 折半(절반) 折衝(절충)

4급

점칠, 차지할 **점** 영 divine 중 占 zhàn 일 セン(しめる)

[卜 3, 총5획]

占據(점거) 일정한 곳을 차지하여 자리를 잡음

占卜(점복) 占有(점유) 占領(점령)

4급

점 **점** 영 dot, spot 중 点 diǎn 일 テン(ちょぼ)

[黑 5, 총17획]

點檢(점검) 낱낱이 검사함

點心(점심) 點字(점자) 點呼(점호)

4급

고요할, 맑을 **정** (↔動) 영 quiet 중 静 jìng 일 静 セイ(しず)

[青 8, 총16획]

靜觀(정관) 조용히 사물을 관장함

靜謐(정밀) 靜寂(정적) 安靜(안정)

4급
넷째, 소리 **정**　　영adult·fourth 중丁 dīng 일テイ(ひのと)

[一 1, 총2획]

丁夜(정야) 축시(丑時)
丁憂(정우)　白丁(백정)　壯丁(장정)

4급
가지런할 **정** (=治)　영arrange 중整 zhěng 일ヒイ(ととのう)

[攴 12, 총16획]

整頓(정돈) 가지런히 함
整然(정연)　整風(정풍)　整理(정리)

4급
임금 **제** (=王 =皇)　영emperor 중帝 dì 일テイ(みかど)

[巾 6, 총9획]

帝室(제실) 임금의 거처
帝王(제왕)　天帝(천제)　帝國(제국)

4급
끈, 짤 **조**　　영string 중组 zǔ 일ソ(くむ)

[糸 5, 총11획]

組閣(조각) 내각을 조직함
組紋(조불)　組立(조립)　組織(조직)

4급
조수, 흘러들 **조**　　영tide 중潮 cháo 일チョウ(しお)

[水 12, 총15획]

潮流(조류) 조수의 흐름
滿潮(만조)　潮境(조경)　潮水(조수)

4급
가지, 조목 **조**　　영branch 중条 tiáo 일条 ジョウ(えだ)

[木 7, 총11획]

條理(조리) 일의 순서
條析(조석)　條項(조항)　條目(조목)

•1단계

4급
從
[彳 8, 총11획]

좇을 종(→主) 영 obey 중 从 cóng 일 從 ジュウ(したがう)

從姑母(종고모) 아버지의 사촌 자매
從軍(종군) 從屬(종속) 姑從(고종)

4급
鐘
[金 12, 총20획]

종, 시계 종 영 bell 중 钟 zhōng 일 ショウ(かね)

鐘閣(종각) 큰 종을 매달아 놓은 누각
鐘路(종로) 打鐘(타종) 巨鐘(거종)

4급
座
[广 7, 총10획]

자리, 별자리 좌 영 seat 중 座 zuò 일 ザ(すわるところ)

座席(좌석) 앉은자리
座右(좌우) 座中(좌중) 座談(좌담)

4급
朱
[木 2, 총6획]

붉을, 연지 주(=紅) 영 red 중 朱 zhū 일 シュ(あけ)

朱丹(주단) 붉은색
朱明(주명) 朱木(주목) 朱黃(주황)

4급
周
[口 5, 총8획]

두루, 둘레 주 영 round 중 周 zhōu 일 シュウ(めぐる)

周郭(주곽) 주위의 윤곽
周年(주년) 周邊(주변) 周到(주도)

4급
證
[言 12, 총19획]

증거, 증서 증 영 evidence 중 证 zhèng 일 証 ショウ(あかし)

證券(증권) 어음
證書(증서) 證人(증인) 證言(증언)

4급 기초한자

4급

[言 7, 총14획]

기록할, 잡지 **지** 영 record 중 志 zhì 일 シ(しるす)

誌面(지면) 잡지에 글이나 그림 등을 실리는 것
誌文(지문) 雜誌(잡지) 書誌(서지)

4급

[日 8, 총12획]

슬기, 지혜 **지** 영 wisdom 중 智 zhì 일 チ(ちえ)

智略(지략) 슬기로운 계략
智勇(지용) 智慧(지혜) 機智(기지)

4급

[手 6, 총9획]

가질, 보전할 **지** 영 hold 중 持 chí 일 チ・ジ(もつ)

持久(지구) 오래 유지함
持論(지론) 持病(지병) 持分(지분)

4급

[糸 12, 총18획]

짤 **직** 영 weave 중 织 zhī 일 シキ・ショク(おる)

織機(직기) 베틀
織物(직물) 織造(직조) 毛織(모직)

4급

[皿 9, 총14획]

다할, 진력할 **진** 영 exhaust 중 尽 jìn 일 尽 ジン(つまる)

盡力(진력) 온힘을 다함
盡心(진심) 未盡(미진) 無盡(무진)

4급

[阜 7, 총10획]

진칠 **진** 영 camp 중 阵 zhèn 일 ジン(つらわる)

陣頭(진두) 진의 선두. 투쟁의 선두
陣法(진법) 陳腐(진부) 陳列(진열)

4급

보배 진 (=寶)   영 precious 중 珍 zhēn 일 チン(めずらしい)

珍本(진본) 진기한 책

珍奇(진기) 珍品(진품) 珍味(진미)

[玉 5, 총9획]

4급

어긋날, 나을 차   영 difference 중 差 chā 일 サ(さす)

差減(차감) 덜어냄

差別(차별) 差度(차도) 差益(차익)

[工 7, 총10획]

4급

캘, 가릴 채   영 pick 중 采 cǎi 일 サイ(とる)

採鑛(채광) 광물을 캐어냄

採金(채금) 採卵(채란) 採集(채집)

[手 8, 총11획]

4급

책, 칙서, 권 책   영 book 중 册 cè 일 サツ(ほん)

冊曆(책력) 책으로 된 역서

冊房(책방) 冊名(책명) 冊欌(책장)

[冂 3, 총5획]

4급

샘, 돈 천   영 spring 중 泉 quán 일 セン(いずみ)

泉路(천로) 저승으로 가는 길

泉石膏肓(천석고황) 溫泉(온천) 泉水畓(천수답)

[水 5, 총9획]

4급

관청 청   영 public office 중 厅 tīng 일 庁 チョウ

廳舍(청사) 관아(官衙)의 집

廳長(청장) 市廳(시청) 退廳(퇴청)

[广 22, 총25획]

4급 기초한자 | **123**

4급

[耳 16, 총22획]

들을, 허락할 **청** (=聞) 영hear 중听 tīng 일チョウ(きく)

聽訟(청송) 재판하기 위하여 송사를 들음

聽力(청력) 聽覺(청각) 聽衆(청중)

4급

[手 5, 총8획]

부를, 구할 **초** 영call 중招 zhāo 일ショウ(まねく)

招來(초래) 불러서 옴

招請(초청) 招聘(초빙) 招待(초대)

4급

[尸 18, 총21획]

붙을 **촉** / 무리 **속** 영group 중属 shǔ 일属 ゾク·ショク

屬文(속문) 글을 지음

屬領(속령) 屬性(속성) 屬島(속도)

4급

[手 8, 총11획]

옮을 **추** / 밀 **퇴** 영transfer 중推 tuī 일スイ(おす)

追窮(추궁) 끝까지 캐어서 따짐

推考(추고) 推理(추리) 推算(추산)

4급

[糸 11, 총17획]

오그라들 **축** 영shrink 중缩 suō 일シュク(ちぢむ)

縮米(축미) 줄어든 쌀

縮小(축소) 短縮(단축) 減縮(감축)

4급

築

[竹 10, 총16획]

쌓을, 다질 **축** 영build 중筑 zhù 일チク(きづく)

築臺(축대) 대를 쌓음

築舍(축사) 築城(축성) 築造(축조)

4급
[尢 9, 총12획]

이룰, 곧 **취** (=進)   영enter 중就 jiù 일シュウ·ジュ(つく)

就世(취세) 세상과 교제함

就中(취중) 就業(취업) 就任(취임)

4급
[走 8, 총15획]

달릴, 재촉할 **취** (=旨)   영interest 중趣 qù 일シュ(おもむき)

趣舍(취사) 쓸 것은 쓰고 버릴 것은 버림

趣向(취향) 趣味(취미) 趣旨(취지)

4급
[尸 12, 총15획]

층, 계급 **층** (=階)   영storey 중层 céng 일ソウ(かさなる)

層階(층계) 층 사이를 오르내리는 계단

層層(층층) 層數(층수) 階層(계층)

4급
[齒 0, 총15획]

이 **치**   영tooth 중齿 chǐ 일歯 シ(は)

齒德(치덕) 나이가 많고 덕이 높음

齒牙(치아) 齒科(치과) 齒痛(치통)

4급
[宀 11, 총14획]

잠잘, 앓을 **침** (↔起)   영sleep 중寝 qǐn 일シン(ねる)

寢牀(침상) 잠자리

寢臺(침대) 寢具(침구) 寢室(침실)

4급
[金 2, 총10획]

바늘, 바느질할 **침**   영needle 중针 zhēn 일シン(はり)

針母(침모) 남의 집에 고용되어 바느질을 맡아 하던 여인을 가리킴

方針(방침) 蜂針(봉침) 針葉樹(침엽수)

4급

[禾 9, 총14획]

일컬을 칭 (=讚)　　영 call 중 称 chēng 일 称 ショウ(となえる)

稱量(칭량) 저울로 닭

稱名(칭명) 稱頌(칭송) 稱讚(칭찬)

4급

[欠 11, 총15획]

탄식할, 기릴 탄　　영 sigh 중 叹 tàn 일 タン(なげく)

歎服(탄복) 깊이 감탄하여 복종함

歎聲(탄성) 歎辭(탄사) 歎息(탄식)

4급

[弓 12, 총15획]

탄환, 튀길 탄　　영 bullet 중 弹 dàn 일 弾 ダン(たま·はじく)

彈琴(탄금) 거문고·가야금 등을 탐

彈力(탄력) 彈劾(탄핵) 彈性(탄성)

4급

[肉 7, 총11획]

벗을, 벗어날 탈　　영 slip off 중 脱 tuō 일 ダツ(ぬける)

脫却(탈각) 나쁜 상태에서 벗어남

脫穀(탈곡) 脫稿(탈고) 脫線(탈선)

4급

[手 8, 총11획]

찾을, 엿볼 탐　　영 search 중 探 tàn 일 タン(さがす)

探査(탐사) 더듬어 살펴 조사함

探究(탐구) 探險(탐험) 探情(탐정)

4급

[手 13, 총16획]

가릴 택 (=選)　　영 select 중 择 zé 일 択 タク(えらぶ)

擇一(택일) 하나를 고름

擇吉(택길) 擇地(택지) 選擇(선택)

4급
討
[言 3, 총10획]

칠 **토** (=伐)　　영 attack·suppress　중 討 tǎo　일 トウ(うつ)

討索(토색) 벼슬아치 등이 재물을 강제로 청함
討賊(토적) 討論(토론) 討議(토의)

4급
痛
[疒 7, 총12획]

아플, 괴롭힐 **통**　　영 painful　중 痛 tòng　일 ツウ(いたむ)

痛感(통감) 마음에 사무친 느낌
痛悔(통회) 痛哭(통곡) 痛歎(통탄)

4급
投
[手 4, 총7획]

던질, 줄, 들일 **투**　　영 throw　중 投 tóu　일 トウ(なげる)

投光(투광) 조명기 따위로 빛을 내비침
投球(투구) 投稿(투고) 投網(투망)

4급
鬪
[鬥 10, 총20획]

싸움, **투** (=戰 =爭)　　영 fight　중 斗 dòu　일 トウ(たたかう)

鬪犬(투견) 개싸움
鬪牛(투우) 鬪志(투지) 鬪士(투사)

4급
派
[水 6, 총9획]

물갈래, 갈라질 **파**　　영 branch　중 派 pài　일 ハ(わかれ)

派兵(파병)
派爭(파쟁) 派生(파생) 派閥(파벌)

4급
判
[刀 5, 총7획]

뻐갤, 판가름할 **판**　　영 judge　중 判 pàn　일 ハン(わける)

判讀(판독) 뜻을 판단하여 읽음
判決(판결) 判別(판별) 判明(판명)

4급 기초한자 | **127**

4급

篇 책, 완결된 시문 **편**　　영 book 중 篇 piān 일 ヘン(まき)

篇次(편차) 서책을 분류할 때의 차례

[竹 9, 총15획]　篇籍(편적) 短篇(단편) 玉篇(옥편)

4급

評 평할, 의논할 **평** (=批)　　영 evaluate 중 评 píng 일 ヒョウ

評論(평론) 사물의 가치나 시비를 논함

[言 5, 총12획]　評傳(평전) 評價(평가) 評判(평판)

4급

閉 닫을 **폐** (↔開)　　영 shut 중 闭 bì 일 ヘイ(とじる)

閉幕(폐막) 연극을 마치고 막을 내림

[門 3, 총11획]　閉門(폐문) 閉講(폐강) 閉門(폐문)

4급

胞 태보, 아기집 **포**　　영 womb 중 胞 bāo 일 ホウ(えな·はら)

胞宮(포궁) 아기집

[肉 5, 총9획]　胞衣(포의) 胞子(포자) 同胞(동포)

4급

爆 터질 **폭**　　영 explode 중 爆 bào 일 バク(やく)

爆發(폭발) 화력으로 인하여 갑자기 터짐

[火 15, 총19획]　爆笑(폭소) 爆破(폭파) 爆音(폭음)

4급

標 우듬지, 과녁, 표 **표**　　영 mark 중 标 biāo 일 ヒョウ(しるし)

標語(표어) 슬로건

[木 11, 총15획]　標注(표주) 標的(표적) 標榜(표방)

• 1단계

疲
[疒 5, 총10획]

피곤할, 지칠 **피** 영 tired 중 疲 pí 일 ヒ(つからす)

疲困(피곤) 몸과 정신이 지쳐서 고달픔

疲勞(피로) 疲斃(피폐) 倦疲(권피)

避
[辵 13, 총17획]

피할 **피** (=逃) 영 avoid 중 避 bì 일 ヒ(さける)

避亂(피란) 난리를 피함

避雷(피뢰) 避身(피신) 避妊(피임)

閑
[門 4, 총12획]

한가할, 아름다울 **한** 영 leisure 중 閑 xián 일 カン

閑邪(한사) 나쁜 마음이 생기지 않도록 막음

閑寂(한적) 閑暇(한가) 閑散(한산)

恨
[心 6, 총9획]

한할 **한** (=怨) 영 deplore 중 恨 hèn 일 コン(うらむ)

恨死(한사) 한을 품고 죽음

痛恨(통한) 恨歎(한탄) 餘恨(여한)

抗
[手 4, 총7획]

막을, 겨룰 **항** 영 resist 중 抗 kàng 일 コウ(てむかう)

抗拒(항거) 대항하여 버팀

抗力(항력) 抗體(항체) 抗議(항의)

核
[木 6, 총10획]

씨, 세포, 뿌리 **핵** 영 nucleus 중 核 hé 일 カク(さわ)

核心的(핵심적) 사물의 중심이 되는 부분

核武器(핵무기) 結核(결핵) 免核(토핵)

4급 · 법 **헌** · 영law 중宪 xiàn 일ケン(のり)

憲法(헌법) 나라의 법률

[心 12, 총16획] 憲度(헌도) 憲兵(헌병) 改憲(개헌)

4급 · 험할, 고민 **험** · 영steep 중险 xiǎn 일ケン(けわしい)

險難(험난) 험하고 어려움

[阜 13, 총16획] 險路(험로) 險談(험담) 險峻(험준)

4급 · 가죽, 중해질 **혁** · 영leather 중革 gé 일カク(かえる)

革帶(혁대) 가죽으로 만든 대

[革 0, 총9획] 革命(혁명) 革罷(혁파) 革去(혁거)

4급 · 나타날 **현** (=現) · 영appear 중显 xiǎn 일顕 ケン(あきらか)

顯考(현고) 망부의 경칭

[頁 14, 총23획] 顯貴(현귀) 顯著(현저) 發顯(발현)

4급 · 형벌, 죽일 **형** · 영punishment 중刑 xíng 일ケイ(のり)

刑期(형기) 형에 처하는 시기

[刀 4, 총6획] 刑典(형전) 刑罰(형벌) 刑事(형사)

4급 · 슬기로울 **혜** · 영wait 중慧 huì 일ケイ(さとい)

慧劍(혜검) 지혜의 검

[心 11, 총15획] 慧力(혜력) 慧眼(혜안) 知慧(지혜)

1단계

4급
[女 3, 총6획]

좋을 **호**   영 good 중 好 hǎo 일 コウ(よい)

好感(호감) 좋은 느낌
好機(호기) 好轉(호전) 好況(호황)

4급
[女 8, 총11획]

혼인할 **혼**   영 marry 중 婚 hūn 일 コン

婚期(혼기) 혼인하기에 적당한 나이
婚配(혼배) 婚禮(혼례) 婚需(혼수)

4급
[糸 3, 총9획]

붉을 **홍** (=朱)   영 red 중 红 hóng 일 コウ(べに)

紅寶石(홍보석) 홍옥. 루비를 말함
紅顔(홍안) 紅蓮(홍련) 紅柿(홍시)

4급
[艸 8, 총12획]

빛날, 아름다울 **화**   영 brilliant 중 华 huá 일 カ(はな)

華甲(화갑) 61세
華僑(화교) 華麗(화려) 華奢(화사)

4급
[欠 18, 총22획]

기쁠 **환** (=喜)   영 delight 중 欢 huān 일 歓 カン(よろこぶ)

歡談(환담) 정겹게 말을 주고받음
歡迎(환영) 歡聲(환성) 歡待(환대)

4급
[玉 13, 총17획]

고리, 물러날 **환**   영 ring 중 环 huán 일 カン(たまき)

環境部(환경부) 행정 각부의 하나
環刀(환도) 花環(화환) 玉環(옥환)

4급 기초한자 | **131**

4급
況
[水 5, 총8획]

하물며, 모양 **황**　영 much 중 况 kuàng 일 キョウ(いわんや)

現況(현황) 현재의 상황

況且(황차)　景況(경황)　實況(실황)

4급
灰
[火 2, 총6획]

재, 재가 될 **회**　영 ash 중 灰 huī 일 カイ(はい)

灰壁(회벽) 석회를 바른 벽

灰色(회색)　灰燼(회신)　石灰(석회)

4급
候
[人 8, 총10획]

철, 조짐 **후**　영 season 중 候 hòu 일 コウ(うかがう)

候補(후보) 어떤 지위나 신분에 오르기를 바람

候鳥(후조)　氣候(기후)　問候(문후)

4급
厚
[厂 7, 총9획]

두터울, 두께 **후**　영 thick 중 厚 hòu 일 コウ(あつい)

厚待(후대) 두터운 대우

厚德(후덕)　厚意(후의)　厚生(후생)

4급
揮
[手 9, 총12획]

휘두를, 뿌릴 **휘**　영 brandish 중 挥 huī 일 キ(ふるう)

揮毫(휘호) 붓을 휘두름. 글씨를 쓰거나 그림을 그림

揮場(휘장)　揮發(휘발)　指揮(지휘)

4급
喜
[口 9, 총12획]

기쁠 **희** (↔悲 =歡)　영 delightful 중 喜 xǐ 일 キ(よろこぶ)

喜劇(희극) 익살과 풍자가 섞인 연극

喜報(희보)　喜捨(희사)　喜悅(희열)

준4급
假
[人 9, 총11획]

거짓 **가**(↔眞)   영false·pretend 중假 jiǎ 일仮 カ·ケ(かり)

假令(가령) 가정하여 말할 때 쓰는 말
假想(가상) 假橋(가교) 假髮(가발)

준4급
街
[行 6, 총12획]

거리, 한길 **가**   영street 중街 jiē 일カイ(まち)

街路樹(가로수) 길거리에 심은 나무
十字路(십자로) 街道(가도) 街頭(가두)

준4급
減
[水 9, 총12획]

덜 **감**(↔加) 영subtract·decrease 중減 jiǎn 일フツ(はらう)

減速(감속) 속도를 줄임
減壽(감수) 減軍(감군) 減量(감량)

준4급

[皿 9, 총14획]

볼, 살필 **감**(=視)   영oversee 중监 jiān 일カン(かん·がみる)

監督(감독) 감시하여 단속함
監戒(감계) 監獄(감옥) 監視(감시)

준4급

[甘 0, 총5획]

달 **감**(↔苦)   영sweet 중甘 gān 일カン(あまい)

甘露(감로) 단 이슬
甘味(감미) 甘瓜(감과) 甘草(감초)

준4급

[言 10, 총17획]

강론할 **강**   영expound 중讲 jiǎng 일コウ(ならう)

講讀(강독) 글을 설명하여 가며 읽음
講師(강의) 講究(강구) 講堂(강당)

준4급
康
[广 8, 총11획]

편안할, 즐길 **강** (=健)   영 healthy 중 康 kāng 일 コウ

康衢煙月(강구연월) 태평성대
康衢(강구) 康建(강건) 康寧(강녕)

준4급
個
[人 8, 총10획]

낱, 개 **개**   영 piece 중 个 gè 일 カ·コ(ひとつ)

個個(개개) 하나 하나
個別(개별) 個當(개당) 個性(개성)

준4급
檢
[木 13, 총17획]

조사할, 봉할 **검**   영 inspect 중 检 jiǎn 일 ケン(しらべる)

檢査(검사) 실상을 조사하여 시비나 우열을 가림
檢討(검토) 檢問(검문) 檢擧(검거)

준4급
潔
[水 12, 총15획]

깨끗할 **결** (=純)   영 clean 중 洁 jié 일 ケツ(いさぎよし)

潔白(결백) 마음이 깨끗함
潔素(결소) 潔癖(결벽) 簡潔(간결)

준4급
慶
[心 11, 총15획]

경사 **경**   영 happy event 중 庆 qìng 일 ケイ(よろこぶ)

慶事(경사) 기쁜 일
慶祝(경축) 慶宴(경연) 慶賀(경하)

준4급
境
[土 11, 총14획]

지경 **경** (=界)   영 boundary 중 境 jìng 일 キョウ(さかい)

境內(경내) 지경의 안
境外(경외) 境遇(경우) 境界(경계)

1단계

준4급
經
[糸 7, 총13획]

날, 길, 법 **경** 영 raw thead 중 经 jīng 일 経 ケイ(たていと)

經國(경국) 나라를 경륜함
經年(경년) 經過(경과) 經歷(경력)

준4급
警
[言 13, 총20획]

경계할, 깨우칠 **경** 영 warn 중 警 jǐng 일 ケイ(いましめる)

警覺(경각) 경계하여 깨닫게 하는 것
警世(경세) 警備(경비) 警告(경고)

준4급
故
[攴 5, 총9획]

연고, 예, 까닭 **고** 영 ancient 중 故 gù 일 コ(ふるい・ゆえに)

故友(고우) 옛친구
故居(고거) 故國(고국) 故事(고사)

준4급
攻
[攴 3, 총7획]

칠 **공** (↔防 =擊) 영 attack 중 攻 gōng 일 コウ(せめる)

攻擊(공격) 적을 침
攻玉(공옥) 攻防(공방) 攻勢(공세)

준4급
究
[穴 2, 총7획]

궁구할 **구** 영 study·inquiry 중 究 jiū 일 キュウ(きわめる)

究竟(구경) 마침내. 필경
究極(구극) 究考(구고) 究竟願(구경원)

준4급
句
[口 2, 총5획]

글귀 **구** 영 words 중 句 jù 일 ク

句句節節(구구절절) 모든 구절
句讀(구두) 句節(구절) 文句(문구)

준4급 기초한자 | **135**

준4급

[水 2, 총7획]

구할, 빌 구　　영obtain·get 중求 qiú 일キユウ(もとめる)

求乞(구걸) 남에게 곡식이나 물건을 얻기 위해 청을 하는 것. 또는 그 일

求賢(구현) 求明(구명) 求愛(구애)

준4급

[宀 7, 총10획]

집, 궁궐 궁　　영palace 중宮 gōng 일キユウ(みや)

宮闕(궁궐) 임금이 거처 하는 집

宮女(궁녀) 宮中(궁중) 宮合(궁합)

준4급

[木 18, 총22획]

권세, 저울추 권　　영power 중权 quán 일權 ケン·ゴン

權貴(권귀) 권세 있고 지위가 높음

權道(권도) 權能(권능) 權益(권익)

준4급

[木 9, 총13획]

다할 극　　영utmost·extreme 중极 jí 일ゴク·キヨク(むね)

極上(극상) 아주 좋음

極光(극광) 極烈(극렬) 極言(극언)

준4급

[示 8, 총13획]

금할, 꺼릴, 대궐 금　　영forbid 중禁 jìn 일キン(きんずる)

禁食(금식) 종교상의 문제나 건강을 위해 일정기간 굶음

禁中(금중) 禁忌(금기) 禁物(금물)

준4급

起

[走 3, 총10획]

일, 일으킬 기(↔伏 ↔寢)　　영rise 중起 qǐ 일キ(おきる)

起立(기립) 일어섬

起伏(기복) 起床(기상) 起用(기용)

준4급

器
[口 13, 총16획]

그릇, 도구 기 | 영vessel 중器 qì 일キ(うつわ)

器量(기량) 재능

器物(기물) 器具(기구) 器皿(기명)

暖
[日 9, 총13획]

따뜻할 난(↔寒 =溫) 영warm 중暖 nuǎn 일ダン(あたたか)

暖房(난방) 방을 따뜻하게 함

暖色(난색) 暖帶(난대) 暖冬(난동)

難
[隹 11, 총19획]

어려울 난(↔易) 영difficult 중难 nán 일ナン(むずかしい)

難局(난국) 어지러운 판국

難堪(난감) 難關(난관) 難民(난민)

怒
[心 5, 총9획]

성낼, 화 노(↔喜) 영angry 중怒 nù 일ド(いかる)

怒濤(노도) 무섭게 밀려오는 큰 물결

怒髮(노발) 怒氣(노기) 怒目(노목)

努
[力 5, 총7획]

힘쓸 노 영endeavor 중努 nǔ 일ド(つとめる)

努力(노력) 힘을 다하고 애를 씀

努肉(노육) 努目(노목) 努力家(노력가)

檀
[木 13, 총17획]

박달나무, 베풀 단 영birch 중檀 tán 일ダン(まゆみ)

檀君王儉(단군왕검) 한국 민족의 시조

檀木(단목) 檀君(단군) 檀紀(단기)

준4급

斷
[斤 14, 총18획]

끊을 단 (↔續 =絶)　영 cut off　중 断 duàn　일 断 ダン(たつ)

斷交(단교) 교제를 끊음

斷念(단념)　斷水(단수)　斷乎(단호)

준4급

端
[立 9, 총14획]

바를 단 (=極)　영 straight　중 端 duān　일 タン(はし)

端緒(단서) 일의 시초

端雅(단아)　端正(단정)　端役(단역)

준4급

單
[口 9, 총12획]

홑 단 (↔複)　영 single　중 单 dān　일 単 タン(ひとえ)

單純(단순) 복잡하지 아니함

單身(단신)　單價(단가)　單獨(단독)

준4급

達
[辵 9, 총13획]

통할 달 (=到)　영 succeed　중 达 dá　일 タツ(さとる・いたる)

達人(달인) 학문이나 기예 등에 뛰어난 사람

達觀(달관)　達辯(달변)　達成(달성)

준4급

擔
[手 13, 총16획]

멜, 들 담　영 bear　중 担 dān　일 担 タン(かつぐ)

擔當(담당) 일을 맡아봄

擔保(담보)　擔當(담당)　擔任(담임)

준4급

黨
[黑 8, 총20획]

무리 당 (=徒)　영 company　중 党 dǎng　일 党 トウ

黨論(당론) 그 당파가 주장하는 의견

黨規(당규)　黨內(당내)　黨權(당권)

|단계

준4급

[巾 8, 총11획]

띠, 찰, 두를 **대**　　　영 belt 중 带 dài 일 タイ(おび)

帶劍(대검) 칼을 참

帶同(대동)　帶電(대전)　帶狀(대상)

준4급

[阜 9, 총12획]

대, 떨어질 **대**　　　영 band 중 队 duì 일 タイ

隊員(대원) 대를 구성(構成) 하고 있는 사람

隊列(대열)　隊長(대장)　部隊(부대)

준4급

[寸 13, 총16획]

이끌, 길잡이 **도**　　영 guide 중 导 dǎo 일 ドウ(みちびく)

導水路(도수로) 물을 끌어들이기 위하여 만든 수로

導入(도입)　導水(도수)　導出(도출)

준4급

[毋 4, 총8획]

독 **독**　　　　영 poison, evil 중 毒 dú 일 ドク(どく)

毒舌(독설) 남을 사납게 비방하거나 매도하여 해치는 말

毒藥(독약)　毒草(독초)　毒蟲(독충)

준4급

[目 8, 총13획]

살펴볼 **독**　　영 supervise 중 督 dū 일 トク(みる·ただす)

督勵(독려) 감독하며 격려함

督促(독촉)　督戰(독전)　監督(감독)

준4급

[金 6, 총14획]

구리 **동**　　　영 copper 중 铜 tóng 일 ドウ(あかがね)

銅鑛(동광) 구리를 캐는 광산

銅錢(동전)　銅像(동상)　銅線(동선)

준4급

[斗 0, 총4획]

말, 구기 **두**　　　　영measure 중斗 dǒu 일ト(ます)

斗極(두극) 북극성

斗起(두기) 斗頓(두돈) 斗量(두량)

준4급

[豆 0, 총7획]

콩 **두**　　　　영bean 중豆 dòu 일ゴ(さとる)

豆腐(두부) 콩으로 만든 식품의 한가지

大豆(대두) 豆類(두류) 豆油(두유)

준4급

[彳 8, 총11획]

얻을, 만족할 **득**(↔失)　　　　영get 중得 dé 일トク(える)

得男(득남) 아들을 낳음

得道(득도) 得勢(득세) 得票(득표)

준4급

[火 12, 총16획]

등불, 등잔 **등**　　　　영lamp 중灯 dēng 일トウ(ひ)

燈下不明(등하불명) 등잔 밑이 어둡다는 뜻

燈臺(등대) 燈油(등유) 燈盞(등잔)

준4급

[网 14, 총19획]

그물 **라(나)**　　　　영net 중罗 luó 일ラ

羅網(나망) 새 잡는 그물

羅城(나성) 新羅(신라) 網羅(망라)

준4급

[鹿 8, 총19획]

고울, 꾀꼬리 **려(여)**　　영beautiful 중丽 lì 일レイ(うるわしい)

麗句(여구) 아름다운 글귀

麗代(여대) 華麗(화려) 高麗(고려)

준4급

[辵 7, 총11획]

이을 련(연) (=絡)　영 connect 중 连 lián 일 レン(つらなる)

連帶(연대) 서로 연결함
連累(연루)　連結(연결)　連絡(연락)

준4급

列
[刀 4, 총6획]

벌일, 차례 렬(열)　영 display 중 列 liè 일 レツ(つらねる)

列國(열국) 여러 나라
列島(열도)　列擧(열거)　列車(열차)

준4급

[金 8, 총16획]

기록할, 베낄 록(녹)　영 record 중 录 lù 일 ロク(しるす)

記錄(기록) 써서 남김
目錄(목록)　錄音(녹음)　錄畵(녹화)

준4급

[言 8, 총15획]

의논할, 정할 론(논) (=議)　영 discuss 중 论 lùn 일 ロン

論據(논거) 논의 또는 논설의 근거
論難(논란)　論理(논리)　論說(논설)

준4급

[田 5, 총10획]

머무를 류(유) (=停)　영 stay 중 留 liú 일 リュウ·ル(とめる)

留念(유념) 마음에 새기고 생각함
留任(유임)　留意(유의)　留學(유학)

준4급

[彳 6, 총9획]

법, 정도, 음률 률(율)　영 law 중 律 lǜ 일 りつ·りち

律客(율객) 음률에 밝은 사람
律師(율사)　律法(율법)　律動(율동)

준4급 기초한자 | **141**

준4급

[水 11, 총14획]

찰, 만주 만 (↔干)   영 full 중 满 mǎn 일 満 マン(みちる)

滿朔(만삭) 아이 낳을 달이 참
滿山(만산) 滿開(만개) 滿喫(만끽)

준4급

[肉 6, 총10획]

맥, 줄기 맥   영 pulse 중 脉 mài 일 ミャク(すじ)

脈絡(맥락) 혈관
脈搏(맥박) 血脈(혈맥) 文脈(문맥)

준4급

[毛 0, 총4획]

털, 약간 모 (=髮)   영 hair 중 毛 máo 일 モウ(け)

毛孔(모공) 털구멍
毛髮(모발) 毛根(모근) 毛織(모직)

준4급

[牛 4, 총8획]

칠, 다스릴 목   영 pasture 중 牧 mù 일 ボク(まき)

牧民(목민) 백성을 다스림
牧者(목자) 牧草(목초) 牧師(목사)

준4급

[止 4, 총8획]

호반, 병기 무 (↔文)   영 military 중 武 wǔ 일 ブ・ム(たけしい)

武術(무술) 무도의 기술
武勇(무용) 武功(무공) 武器(무기)

준4급

[力 9, 총11획]

힘, 직분 무   영 exert 중 务 wù 일 ム(つとめる)

務望(무망) 간절히 바람
務實力行(무실역행) 服務(복무) 業務(업무)

1-step

준4급

[木 1, 총5획]

아닐, 미래 **미**　　　영 not 중 未 wèi 일 ミ·ビ(いまだ)

未納(미납) 아직 바치지 아니하거나 못함

未備(미비) **未開**(미개) **未達**(미달)

준4급

[口 5, 총8획]

맛 **미**　　　영 taste 중 味 wèi 일 ミ(あじ)

味覺(미각) 맛을 아는 감각

味盲(미맹) **嘗味**(상미) **興味**(흥미)

준4급

[宀 8, 총11획]

빽빽할 **밀**　　　영 dense 중 密 mì 일 ミツ(ひそか)

密使(밀사) 은밀하게 보내는 밀사

密室(밀실) **密告**(밀고) **密林**(밀림)

준4급

[十 10, 총12획]

넓을, 도박 **박**　　　영 extensive 중 博 bó 일 ハク(ひろい)

博覽(박람) 널리 견문함

博識(박식) **博士**(박사) **賭博**(도박)

준4급

[言 4, 총11획]

찾을, 물을 **방**　　　영 visit 중 访 fǎng 일 ホウ(とう)

訪問(방문) 찾아봄

探訪(탐방) **訪韓**(방한) **巡訪**(순방)

준4급

[阜 4, 총7획]

둑, 울타리 **방**(↔攻)　영 block 중 防 fáng 일 ボウ(ふせぐ)

防空(방공) 공중으로 오는 적을 막아냄

防犯(방범) **防水**(방수) **防禦**(방어)

준4급 기초한자 | **143**

준4급

房
[戶 4, 총8획]

방, 집, 아내 **방** 영 room 중 房 fáng 일 ボウ(へや)

房宿(방수) 28수의 하나로 남쪽에 있는 별자리

房帳(방장) 房門(방문) 庫房(고방)

준4급

拜
[手 5, 총9획]

절, 벼슬을 내릴 **배** 영 bow 중 拜 bài 일 拜 ハイ(おがむ)

拜見(배견) 귀인을 뵘

拜金(배금) 拜禮(배례) 拜上(배상)

준4급

背
[肉 5, 총9획]

등, 배반할 **배** 영 back 중 背 bèi 일 ハイ(そむく)

背景(배경) 뒷면의 경치. 또는 뒤에서 도와주는 사람이나 세력

背信(배신) 背反(배반) 背囊(배낭)

준4급

配
[酉 3, 총10획]

짝, 거느릴 **배** (↔集) 영 couple 중 配 pèi 일 ハイ(くばる)

配慮(배려) 관심을 기울여 살핌

配所(배소) 配達(배달) 配匹(배필)

준4급

伐
[人 4, 총6획]

칠, 벨 **벌** (=討) 영 attack 중 伐 fá 일 バツ(うつ)

伐木(벌목) 나무를 벰

伐採(벌채) 伐草(벌초) 征伐(정벌)

준4급

罰
[网 9, 총14획]

벌, 벌할 **벌** (↔賞) 영 punish 중 罚 fá 일 バツ(つみ)

罰金(벌금) 벌로 내는 돈

罰酒(벌주) 罰則(벌칙) 處罰(처벌)

壁
준4급
[土 13, 총16획]

벽 **벽**   영 wall 중 壁 bì 일 ヘキ(かべ)

壁壘(벽루) 성채

壁欌(벽장) 壁報(벽보) 壁紙(벽지)

邊
준4급
[辵 15, 총19획]

가, 변방 **변**   영 border 중 边 biān 일 辺 ヘン(ほとり)

邊利(변리) 이자

邊方(변방) 邊境(변경) 周邊(주변)

保
준4급
[人 7, 총9획]

보전할 **보** (=守)   영 keep·protect 중 保 bǎo 일 ホウ·ホ(たもつ)

保姆(보모) 탁아 시설 등에서 어린이를 돌보는 여자

保身(보신) 保健(보건) 保管(보관)

步
준4급
[止 3, 총7획]

걸을, 길이의 단위 **보**   영 walk 중 步 bù 일 ホ·ブ(あるく)

步道(보도) 사람이 걸어 다니는 인도

步兵(보병) 步調(보조) 步行(보행)

寶
준4급
[宀 17, 총20획]

보배, 돈 **보** (=珍)   영 treasure 중 宝 bǎo 일 宝 ホウ(たから)

寶鑑(보감) 훌륭한 거울

寶輦(보련) 寶物(보물) 寶石(보석)

報
준4급
[土 9, 총12획]

갚을, 알릴 **보** (=告)   영 repay 중 报 bào 일 ホウ(むくいる)

報國(보국) 나라를 위해 충성함

報恩(보은) 報告(보고) 報答(보답)

준4급

[刀 9, 총11획]

버금, 도울 부 (=次) 영 second 중 副 fù 일 フク(そう·わける)

副應(부응) 무엇에 쫓아서 응함

副官(부관) 副木(부목) 副業(부업)

준4급

[彳 9, 총12획]

다시 부 / 회복할 복 (↔往) 영 restore 중 复 fù 일 フク(かえる)

復歸(복귀) 본래 대로 돌아감

復讐(복수) 復古(복고) 復舊(복구)

준4급

[广 5, 총8획]

곳집, 도성 부 영 warehouse 중 府 fǔ 일 フ(くら·やくしょ)

府庫(부고) 문서나 재화·기물 등을 넣어두는 곳

府君堂(부군당) 府君(부군) 府使(부사)

준4급

[女 8, 총11획]

며느리, 아내 부 (↔夫) 영 wife 중 妇 fù 일 フ(おんな)

婦女(부녀) 부인과 여자. 부녀자라고도 함

婦德(부덕) 婦人(부인) 子婦(자부)

준4급

[宀 9, 총12획]

가멸, 부할 부 (↔貧) 영 rich 중 富 fù 일 フウ·フ(とみ)

富國(부국) 재물이 풍부한 나라

富者(부자) 富强(부강) 富農(부농)

준4급

[人 5, 총7획]

부처, 불교 불 (=寺) 영 buddha 중 佛 fó 일 仏 フ·ブツ(ほとけ)

佛經(불경) 불교의 경전

佛書(불서) 佛家(불가) 佛像(불상)

1단계

준4급

[飛 0, 총9획]

날 **비**　　　영 fly 중 飞 fēi 일 ヒ(とぶ)

飛閣(비각) 높은 누각

飛報(비보)　飛上(비상)　飛躍(비약)

준4급

[非 0, 총8획]

아닐, 비방할 **비** (↔是)　　영 not 중 非 fēi 일 ヒ(あらず)

非經濟(비경제) 경제적이 아님

非番(비번)　非難(비난)　非理(비리)

준4급

[人 10, 총12획]

갖출, 모두 **비** (=具)　　영 prepare 중 备 bèi 일 ビ(そなえる)

備忘錄(비망록) 잊지 않기 위하여 적어두는 기록

備置(비치)　備蓄(비축)　備品(비품)

준4급

[心 8, 총12획]

슬플, 자비 **비** (↔喜)　　영 sad 중 悲 bēi 일 ヒ(かなしい)

悲歌(비가) 슬픈 노래

悲感(비감)　悲觀(비관)　悲劇(비극)

준4급

[貝 4, 총11획]

가난할 **빈** (↔富 =窮)　　영 poor 중 贫 pín 일 ヒン(まずしい)

貧者(빈자) 가난한 사람

貧弱(빈약)　貧困(빈곤)　貧國(빈국)

준4급

[巾 7, 총10획]

스승 **사** (↔弟)　　영 teacher 중 师 shī 일 シ(せんせい)

師母(사모) 스승의 부인

師事(사사)　師道(사도)　師範(사범)

준4급 기초한자 | **147**

준4급

[言 10, 총17획]

사례할, 사과할 **사**   영thank 중谢 xiè 일シャ(あやまる)

謝恩(사은) 은혜에 사례함
謝禮(사례) 謝過(사과) 謝意(사의)

준4급

[舌 2, 총8획]

집, 둘 **사** (=屋 =宅)   영house 중舍 shě 일シャ

舍兄(사형) 편지 등에서 형이 아우에게 이르는 말
舍叔(사숙) 舍監(사감) 舍利(사리)

준4급

[心 9, 총13획]

생각 **상** (=思 =念)   영think 중想 xiǎng 일ソウ(おもう)

想起(상기) 지난 일을 생각해냄
想思(상사) 想念(상념) 想定(상정)

준4급

[广 4, 총7획]

상, 소반 **상**   영bed 중床 chuáng 일ショウ(とこ・ゆか)

床褓(상보) 상을 덮는 보자기
床石(상석) 冊床(책상) 溫床(온상)

준4급

[巾 8, 총11획]

항상, 법 **상** (↔班)   영always 중常 cháng 일ジョウ(とこ)

常客(상객) 늘 찾아오는 손님. 단골손님
常途(상도) 常勤(상근) 常習(상습)

준4급

[犬 4, 총8획]

형상 **상** / 문서 **장**   영shape 중状 zhuàng 일ジョウ

狀貌(상모) 얼굴의 생김새
狀態(상태) 狀啓(장계) 症狀(증상)

준4급

[言 4, 총11획]

베풀, 설령 설 (=施) 영 establish 중 设 shè 일 セツ(もうける)
設令(설령) 그렇다 하더라도
設置(설치) 設計(설계) 設備(설비)

준4급

[土 7, 총10획]

성 성　　　영 castle 중 城 chéng 일 ジョウ(しろ)
城砦(성채) 성과 진지
城址(성지) 城郭(성곽) 城內(성내)

준4급

[皿 6, 총11획]

담을, 성할 성 영 prosperous·thriving 중 盛 shèng 일 セイ(さかり)
盛年(성년) 원기가 왕성한 젊은 나이
盛大(성대) 盛業(성업) 盛行(성행)

준4급

[耳 7, 총13획]

성스러울, 성인 성　　　영 saint 중 圣 shèng 일 セイ(ひじり)
聖君(성군) 거룩한 임금
聖上(성상) 聖歌(성가) 聖經(성경)

준4급

[耳 11, 총17획]

소리, 명예 성 (=音) 영 voice 중 声 shēng 일 声 セイ(こえ)
聲價(성가) 명성과 평가
聲量(성량) 聲樂(성악) 聲優(성우)

준4급

[言 7, 총14획]

정성 성 (=精)　　　영 sincerity 중 诚 chéng 일 セイ(まこと)
誠金(성금) 정성으로 내는 돈
誠心(성심) 誠實(성실) 誠意(성의)

준4급 기초한자 | **149**

준4급

星

[日 5, 총9획]

별, 세월 성

영star 중星 xīng 일セイ·ツョウ(ほし)

星群(성군) 별무리

星霜(성상) 星雲(성운) 晨星(신성)

준4급

稅

[禾 7, 총12획]

구실, 추복입을 세

영tax 중税 shuì 일ゼイ

稅金(세금) 조세로 바치는 돈

稅政(세정) 稅入(세입) 租稅(조세)

준4급

細

[糸 5, 총11획]

가늘, 작을, 잘 세

영thin 중细 xì 일サイ(ほそい)

細菌(세균) 박테리아

細密(세밀) 細工(세공) 細胞(세포)

준4급

勢

[力 11, 총13획]

기세, 세력 세

영force 중势 shì 일セイ(いきおい)

勢道家(세도가) 권세가 있는 집안

勢力(세력) 勢道(세도) 攻勢(공세)

준4급

笑

[竹 4, 총10획]

웃을, 꽃이 필 소

영laugh 중笑 xiào 일ショウ(わらう)

笑劇(소극) 크게 웃어댐

笑問(소문) 冷笑(냉소) 微笑(미소)

준4급

素

[糸 4, 총10획]

흴, 무늬없는 피륙 소(=朴)

영white 중素 sù 일ソ(しろい)

素飯(소반) 고기 없는 밥

素扇(소선) 素望(소망) 素描(소묘)

준4급

쓸, 버릴 **소** 　　　　　영sweep 중扫 sǎo 일ソウ(はく)

[手 8, 총11획]

掃萬(소만) 모든 일을 제쳐놓음

掃除(소제) 掃蕩(소탕) 掃滅(소멸)

준4급

績

이을 **속**(↔斷 =繼) 　　영continue 중续 xù 일続 ゾク(つづく)

[糸 15, 총21획]

續續(속속) 잇닿는 모양

續出(속출) 續開(속개) 續報(속보)

준4급

풍속, 세상 **속** 　　　　　영custom 중俗 sú 일ゾク

[人 7, 총9획]

俗界(속계) 속인들이 사는 세상

俗名(속명) 俗談(속담) 俗物(속물)

준4급

보낼 **송**(↔迎) 　　　　영send 중送 sòng 일ソウ(おくる)

[辵 6, 총10획]

送金(송금) 돈을 보냄

送年(송년) 送別(송별) 送信(송신)

준4급

덜 **쇄** / 죽일 **살** 　　　영kill 중杀 shā 일サツ·サイ(ころす)

[殳 7, 총11획]

殺菌(살균) 병균을 죽임

殺人(살인) 殺氣(살기) 殺伐(살벌)

준4급

받을, 당할 **수**(↔授) 　　영receive 중受 shòu 일ジュ(うける)

[又 6, 총8획]

受難(수난) 어려움을 당함

受納(수납) 受講(수강) 受諾(수락)

준4급

[支 2, 총6획]

거둘 **수** (↔支)　영 gather　중 收 shōu　일 収 シュウ(おさめる)

收監(수감) 옥에 가둠
收支(수지)　收去(수거)　收金(수금)

준4급

[人 8, 총10획]

닦을 **수**　영 cultivate　중 修 xiū　일 修 シュウ(おさめる)

修德(수덕) 덕을 닦음
修道(수도)　修交(수교)　修女(수녀)

준4급

[手 8, 총11획]

줄, 가르칠 **수** (↔受)　영 give　중 授 shòu　일 ジュ(さずける)

授賞(수상) 상을 받음
授業(수업)　授賞(수상)　授受(수수)

준4급

[宀 3, 총6획]

지킬 **수** (↔攻 =保)　영 keep　중 守 shǒu　일 シユ(まもる)

守舊(수구) 종래의 관습이나 노선을 지킴
守身(수신)　守令(수령)　守備(수비)

준4급

[糸 4, 총10획]

생사 **순** (=潔)　영 pure　중 純 chún　일 ジュン(きいと)

純潔(순결) 마음에 더러움이 없이 깨끗함
純金(순금)　純粹(순수)　純眞(순진)

준4급

承
[手 4, 총8획]

이을 **승**　영 support·inherit　중 承 shéng　일 ショウ(うける)

承繼(승계) 뒤를 이음
承命(승명)　承諾(승낙)　承服(승복)

준4급

[言 6, 총13획]

시험할 **시** (=驗)   영 examine·test 중 试 shì 일 シ(こころみる)

試圖(시도) 시험 삼아 일을 도모함

試掘(시굴) 試食(시식) 試驗(시험)

준4급

[寸 3, 총6획]

절, 내시 **시** (=佛)   영 temple 중 寺 sì 일 ジ(てら)

寺內(사내) 절 안

寺刹(사찰) 寺院(사원) 寺址(사지)

준4급
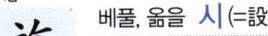
[方 5, 총9획]

베풀, 옮을 **시** (=設)   영 give 중 施 shī 일 セ·シ(ほどこす)

施工(시공) 공사를 착수하여 시행함

施賞(시상) 施設(시설) 施政(시정)

준4급

[見 5, 총12획]

볼, 대우할 **시** (=監)   영 look at 중 视 shì 일 シ(みる)

視力(시력) 눈으로 물체를 보는 힘

視察(시찰) 視界(시계) 視線(시선)

준4급

[日 5, 총9획]

옳을 **시** (↔非)   영 right 중 是 shì 일 ゼ シ(ただしい·これ)

是非(시비) 옳고 그름

是是非非(시시비비) 是正(시정) 是認(시인)

준4급

[言 6, 총13획]

시 **시**   영 poetry 중 诗 shī 일 シ(からうた)

詩歌(시가) 시와 노래

詩伯(시백) 詩想(시상) 詩心(시심)

준4급 기초한자 | **153**

준4급

[心 6, 총10획]

숨쉴, 번식할 **식**　　　영 breath 중 息 xī 일 ソク(いき)

息鄙(식비) 남에게 자기 딸을 이르는 말

息肩(식견)　子息(자식)　休息(휴식)

준4급

[田 0, 총5획]

납, 펼 **신** (=告)　　　영 tell 중 申 shēn 일 シン(さる)

申時(신시) 12시의 아홉째. 오후 3시에서 5시 사이

申告(신고)　申請(신청)　追申(추신)

준4급

[水 8, 총11획]

깊을, 깊게 **심**　　　영 deep 중 深 shēn 일 シン(ふかい)

深刻(심각) 아주 깊고 절실함

深海(심해)　深度(심도)　深夜(심야)

준4급

[目 6, 총11획]

눈, 볼 **안** (=目)　　　영 eye 중 眼 yǎn 일 ガン(め)

眼鏡(안경) 눈을 보호하거나 시력을 돕는 기구

眼球(안구)　眼科(안과)　眼藥(안약)

준4급

[日 9, 총13획]

어두울 **암** (↔明)　　　영 dark 중 暗 àn 일 アン(くらい)

暗君(암군) 무도하고 어리석은 군주

暗算(암산)　暗記(암기)　暗澹(암담)

준4급

[土 14, 총17획]

누를 **압**　　　영 press 중 壓 yā 일 圧 アツ(おさえる)

壓卷(압권) 여럿 가운데 으뜸이 감

壓力(압력)　壓勝(압승)　壓倒(압도)

1단계

준4급

[水 8, 총11획]

진 **액**　　　　영liquid 중液 ye 일エキ(しる)

液晶(액정) 액체와 고체의 중간적인 성질을 가진 물질
液體(액체)　液化(액화)　液晶板(액정판)

준4급

[羊 0, 총6획]

양 **양**　　　　영sheep 중羊 yáng 일ヨウ(つじ)

羊毛(양모) 양털
羊腸(양장)　羊肉(양육)　山羊(산양)

준4급

[食 7, 총16획]

남을, 나머지 **여**　　영remain 중余 yú 일余 ヨ(あまる)

餘念(여념) 나머지 생각
餘力(여력)　餘談(여담)　餘恨(여한)

준4급

[辵 6, 총10획]

거스를 **역**(↔順)　　영disobey 중逆 nì 일ギャク(さか)

逆流(역류) 물이 거슬러 흐름
逆謀(역모)　逆境(역경)　逆風(역풍)

준4급

[石 6, 총11획]

갈, 벼루 **연**(=究)　　영whet 중研 yán 일ケン(みがく)

研修(연수) 연구하고 수련함
研磨(연마)　研究(연구)　研修(연수)

준4급

[火 9, 총13획]

연기, 그을음 **연**　　영smoke 중烟 yān 일エン(けむり)

煙景(연경) 봄 경치
煙霧(연무)　煙氣(연기)　禁煙(금연)

준4급

[水 11, 총14획]

흐를, 펼, 통할 **연**　　영 extend 중 演 yǎn 일 エン(のべる)

演技(연기) 배우가 무대에서 연출하여 보이는 말이나 행동

演說(연설) 演劇(연극) 演奏(연주)

준4급

[木 10, 총14획]

영화, 명예 **영**　　영 glory 중 荣 róng 일 栄 エイ(さかえる)

榮轉(영전) 예전보다 더 높은 자리에 오름

榮進(영진) 榮光(영광) 榮達(영달)

준4급

[艸 15, 총19획]

재주, 심을 **예** (=技)　　영 art 중 艺 yì 일 芸 ゲイ(わざ)

藝人(예인) 배우처럼 기예를 업으로 하는 사람

藝能(예능) 藝名(예명) 藝術(예술)

준4급

[言 7, 총14획]

그릇할 **오** (↔正 =過)　　영 mistake 중 误 wù 일 ゴ(あやまる)

誤信(오신) 잘못 믿음

誤謬(오류) 誤答(오답) 誤解(오해)

준4급

[玉 0, 총5획]

구슬 **옥** (↔石)　　영 jade·gem 중 玉 yù 일 ギョク(たま)

玉門(옥문) 옥으로 장식한 문

玉色(옥색) 玉體(옥체) 玉篇(옥편)

준4급

[彳 5, 총8획]

갈, 보낼 **왕** (↔來 ↔復)　　영 go 중 往 wǎng 일 オウ(ゆく)

往年(왕년) 지나간 해

往事(왕사) 往來(왕래) 往診(왕진)

준4급

[言 10, 총17획]

노래, 소문 **요**(=歌)   영song 중谣 yáo 일ク(くぎり)

謠言(요언) 뜬 소문

謠俗(요속) **童謠**(동요) **民謠**(민요)

준4급

[邑 8, 총11획]

역참, 우편 **우**   영post 중邮 yóu 일ユウ

郵票(우표) 편지에 붙이는 증표

郵政(우정) **郵遞**(우체) **軍郵**(군우)

준4급

[口 10, 총13획]

둥글, 동그라미 **원**   영round 중圆 yuán 일圓 エン(まる)

圓柱(원주) 둥근 기둥

圓卓(원탁) **圓滿**(원만) **圓心**(원심)

준4급

[口 7, 총10획]

수효, 동구라미 **원**   영official 중员 yuán 일イン

員役(원역) 지방 관아의 이속

員數(원수) **議員**(의원) **職員**(직원)

준4급

[爪 8, 총12획]

할, 위할 **위**   영for 중为 wéi/wèi 일爲 イ(なす·ため)

爲國(위국) 나라를 위함

爲己(위기) **爲民**(위민) **爲始**(위시)

준4급

[行 10, 총16획]

지킬, 막을 **위**   영keep 중卫 wèi 일ユイ(まもる·ふせぐ)

衛兵(위병) 호위병

衛星(위성) **衛生**(위생) **衛兵**(위병)

준4급

[肉 0, 총6획]

고기 육 (=身)　　　　영 meat 중 肉 ròu 일 ニク(しし)

育成(육성) 길러서 자라게 함

育兒(육아) 肉感(육감) 肉類(육류)

준4급

恩

[心 6, 총10획]

은혜, 인정 은 (↔怨 =惠)　　영 favor 중 恩 ēn 일 オン

恩功(은공) 은혜와 공

恩師(은사) 恩德(은덕) 恩人(은인)

준4급

[阜 8, 총11획]

응달, 가릴 음 (↔陽)　　영 shade 중 阴 yīn 일 陰 イン(かげ)

陰氣(음기) 음랭한 기운

陰冷(음랭) 陰散(음산) 陰地(음지)

준4급

[心 13, 총17획]

응할 응　　영 reply 중 应 yīng/yìng 일 応 オウ(こたえる)

應急(응급) 급한 일에 응함

感應(감응) 應諾(응낙) 應試(응시)

준4급

[言 13, 총20획]

의논할, 토론할 의 (=論)　　영 discuss 중 议 yì 일 ギ(はかる)

議事(의사) 일을 의논함

議案(의안) 議論(의논) 議席(의석)

준4급

[羊 7, 총13획]

옳을, 의 의　　영 rightous 중 义 yì 일 ギ(よし)

義擧(의거) 정의를 위해 일으키는 일. 의로운 거사

義理(의리) 義兵(의병) 義人(의인)

준4급

[禾 6, 총11획]

옮길, 바꿀 이 　　　　영 remove 중 移 yí 일 イ(うつす)

移管(이관) 관할을 옮김

移植(이식) 移動(이동) 移民(이민)

준4급

[皿 5, 총10획]

더할, 보탬 익(↔損) 　영 increase 중 益 yì 일 エキ・ヤク(ます)

益友(익우) 사귀어 도움이 되는 친구

益鳥(익조) 公益(공익) 利益(이익)

준4급

[弓 1, 총4획]

당길, 가슴걸이, 끌 인 　영 pull 중 引 yǐn 일 イン(ひく)

引見(인견) 아랫사람을 불러들여 만나봄

引渡(인도) 引上(인상) 引下(인하)

준4급

[言 7, 총14획]

알, 허가할 인 　　　영 recognize 중 认 rèn 일 ニン(みとめる)

認可(인가) 인정하여 허가함

認容(인용) 認知(인지) 認准(인준)

준4급

[卩 4, 총6획]

도장, 찍을 인 　　　　영 seal 중 印 yìn 일 イン(しるし)

印象(인상) 사물을 보고들을 때에 마음에 와 닿는 느낌

印紙(인지) 印章(인장) 印朱(인주)

준4급

[寸 8, 총11획]

장수 장(↔兵 ↔卒) 　영 general 중 将 jiàng 일 ショウ(はた)

將官(장관) 원수

將器(장기) 將校(장교) 將軍(장군)

준4급 기초한자 | **159**

준4급

[阜 11, 총14획]

막을 **장**   영 obstruct 중 障 zhàng 일 ショウ(さわる)

障碍(장애) 자꾸만 가로막고 거치적거림

障壁(장벽) 障害(장해) 保障(보장)

준4급

[人 5, 총7획]

낮을, 숙일 **저**(↔高)   영 low 중 低 dī 일 テイ(ひくい)

低價(저가) 싼값. 낮은 가격

低級(저급) 低音(저음) 低溫(저온)

준4급

[攴 11, 총15획]

원수, 상대 **적**   영 enemy 중 敌 dí 일 テキ(あいて)

敵愾心(적개심) 적을 미워하여 싸우려는 마음

敵魁(적괴) 敵國(적국) 敵軍(적군)

준4급

[田 0, 총5획]

밭, 심을 **전**   영 field 중 田 tián 일 デン(た)

田結(전결) 논밭의 조세

田獵(전렵) 田畓(전답) 田園(전원)

준4급

[糸 6, 총12획]

끊을, 뛰어날 **절**(=斷)   영 cut 중 绝 jué 일 ゼツ(たえる)

絶景(절경) 아주 훌륭한 정치

絶交(절교) 絶壁(절벽) 絶筆(절필)

준4급

接

[手 8, 총11획]

사귈 **접**   영 associate 중 接 jiē 일 セツ(まじわる)

接口(접구) 음식을 조금 먹음

接近(접근) 接見(접견) 接骨(접골)

준4급
精
[米 8, 총14획]

정미로울, 찧을 **정** (=誠)　　영 minute 중 精 jīng 일 セイ

精潔(정결) 깨끗하고 조촐함

精勤(정근)　精巧(정교)　精氣(정기)

준4급
政
[攴 5, 총9획]

정사, 바를 **정**　　영 politice 중 政 zhèng 일 セイ(まつりごと)

政權(정권) 정치를 행하는 권력

政令(정령)　政見(정견)　政府(정부)

준4급
程
[禾 7, 총12획]

법, 길이의 단위 **정**　　영 consider 중 程 chéng 일 テイ(ほど)

程度(정도) 알맞은 한도

程式(정식)　過程(과정)　日程(일정)

준4급
制
[刀 6, 총8획]

마를, 누를 **제**　　영 restrain 중 制 zhì 일 セイ

制度(제도) 제정된 법규

制令(제령)　制服(제복)　制止(제지)

준4급
祭
[示 6, 총11획]

제사, 제사지낼 **제**　　영 sacrifice 중 祭 jì 일 サイ(まつり)

祭物(제물)제수(祭需)

祭文(제문)　祭壇(제단)　祭禮(제례)

준4급
提
[手 9, 총12획]

끌, 내어걸, 도울 **제**　　영 draw 중 提 tí 일 テイ(ひっさげる)

提高(제고) 높임, 끌어올림

提起(제기)　提案(제안)　提出(제출)

준4급 기초한자 | **161**

준4급

[阜 11, 총14획]

사이, 만날 **제**　　영border 중际 jì 일サイ(きわ)

際限(제한) 끝이 되는 부분

際涯(제애) 交際(교제) 國際(국제)

준4급

[衣 8, 총14획]

지을, 만들 **제** (=作 =造)　영make 중制 zhì 일セイ(つくる)

製糖(제당) 설탕을 만듦

製本(제본) 製菓(제과) 製造(제조)

준4급

[阜 7, 총10획]

덜, 사월 **제**　　영subtract·lessen 중除 chú 일ジョ(のぞく)

除名(제명) 명단에서 이름을 뺌

除去(제거) 除毒(제독) 外(제외)

준4급

[水 14, 총17획]

건널, 많고 성할 **제** (=救)　영cross 중济 jì 일済 サイ(すます)

濟度(제도) 물을 건넘

濟衆(제중) 經濟(경제) 救濟(구제)

준4급

[辵 7, 총11획]

지을, 이룰 **조** (=製)　영make 중造 zào 일ソウ(つくる)

造林(조림) 나무를 심어 숲을 만듦

造作(조작) 造景(조경) 造花(조화)

준4급
鳥
[鳥 0, 총11획]

새 **조**　　영bird 중鸟 niǎo 일ショウ(かね)

鳥瞰圖(조감도) 높은 곳에서 아래를 내려다보듯 그린 그림

鳥媒(조매) 鳥獸(조수) 吉鳥(길조)

• 1단계

준4급

[日 2, 총6획]

일찍, 이를 **조** 영 early 중 早 zǎo 일 ソウ・サツ(はやい)

早急(조급) 아주 서두름

早起(조기) 早稻(조도) 早退(조퇴)

준4급

[力 5, 총7획]

도울 **조** 영 help 중 助 zhù 일 ジョ(たすける)

助言(조언) 말로 거듦. 다른 사람에게 도움이 되는 말을 해주는 것

助手(조수) 助長(조장) 補助(보조)

준4급

[寸 9, 총12획]

높을 **존** / 술통 **준** (=重) 영 high 중 尊 zūn 일 ソン(みこと)

尊敬(존경) 받들어 공경함

尊嚴(존엄) 尊貴(존귀) 尊重(존중)

준4급

[子 3, 총6획]

있을 **존** (↔亡 =在) 영 preserve 중 存 cún 일 ゾン(ある)

存亡(존망) 생존과 멸망

存否(존부) 存立(존립) 存在(존재)

준4급

[宀 5, 총8획]

마루, 사당 **종** 영 ancestral 중 宗 zōng 일 ソウ(むね)

宗統(종통) 본가의 계통

宗兄(종형) 宗家(종가) 宗團(종단)

준4급

[走 0, 총7획]

달릴, 갈 **주** 영 run 중 走 zǒu 일 ソウ(はしる)

走狗(주구) 사냥개

走力(주력) 走行(주행) 走力(주력)

준4급 기초한자 | **163**

준4급

대, 피리 죽　　　영 bamboo 중 竹 zhú 일 チク(たけ)

竹木(죽목) 대나무와 나무

[竹 0, 총6획]　　竹簡(죽간) 竹刀(죽도) 竹筍(죽순)

준4급

수준기, 콧마루 준　　　영 level 중 准 zhǔn 일 ジュン(みずもり)

準據(준거) 표준으로 삼음

[水 10, 총13획]　　準備(준비) 準用(준용) 準則(준칙)

준4급

무리 중　　　영 multitude 중 众 zhòng 일 シュウ(むれ)

衆寡(중과) 많음과 적음

[血 6, 총12획]　　衆口(중구) 衆生(중생) 觀衆(관중)

준4급

더할 증 (↔減 =加)　　영 increase 중 增 zēng 일 増 ゾウ(ます)

增强(증강) 늘이어 강하게 함

[土 12, 총15획]　　增員(증원) 增加(증가) 增車(증차)

준4급

손가락, 가리킬 지　　　영 finger 중 指 zhǐ 일 シ(ゆび)

指南車(지남차) 방향을 가리키는 기계를 단 수레

[手 6, 총9획]　　指導(지도) 指令(지령) 指向(지향)

준4급

가를, 버틸 지　　　영 support·branch 중 支 zhī 일 シ(ささえる)

支離(지리) 이리저리 흩어짐

[支 0, 총4획]　　支拂(지불) 支局(지국) 支配(지배)

준4급

至
[至 0, 총6획]

이룰, 극진할 **지**(=極) 영reach 중至 zhì 일シ(いたる)

至極(지극) 극진할 때까지 이름

至急(지급) 至毒(지독) 至尊(지존)

준4급

志
[心 3, 총7획]

뜻, 의를 지킬 **지**(=意) 영intention 중志 zhì 일シ(こころす)

志略(지략) 뜻

志願(지원) 志望(지망) 志士(지사)

준4급

職
[耳 12, 총18획]

벼슬, 일, 맡을 **직** 영position 중职 zhí 일ショク(つかさどる)

職分(직분) 직무상의 본분

職位(직위) 職責(직책) 職場(직장)

준4급

[目 5, 총10획]

참 **진**(↔假) 영true 중真 zhēn 일真 シン(まこと)

眞價(진가) 참된 값어치

眞談(진담) 眞骨(진골) 眞理(진리)

준4급

[辵 8, 총12획]

나아갈 **진**(↔退=就) 영advance 중进 jìn 일シン(すすむ)

進擊(진격) 나아가서 적을 침

進路(진로) 進軍(진군) 進級(진급)

준4급

[欠 2, 총6획]

버금, 차례 **차**(=副) 영next 중次 cì 일ジ·シ(つぎ)

次期(차기) 다음 시기

次男(차남) 次官(차관) 次例(차례)

준4급 기초한자 | **165**

준4급

[言 19, 총26획]

기릴 **찬** (=稱)　　영 praise 중 赞 zàn 일 讚 サン(たたえる)

讚頌歌(찬송가) 찬송하는 노래

讚美(찬미) 讚辭(찬사) 讚揚(찬양)

준4급

[宀 11, 총14획]

살필, 드러날 **찰**　　영 watch 중 察 chá 일 サツ

察色(찰색) 혈색을 살펴서 병을 진찰함. 안색으로 상대의 기분을 알아차림

察知(찰지) 監察(감찰) 考察(고찰)

준4급

[刀 10, 총12획]

비롯할 **창**　　영 begin 중 创 chuàng 일 ソウ(はじめる)

創立(창립) 처음으로 세움

創建(창건) 創軍(창군) 創成(창성)

준4급

[虍 5, 총11획]

머무를, 곳 **처** (=所)　　영 place 중 处 chù 일 処 ショ(おる)

處決(처결) 결정하여 처분함

處事(처사) 處女(처녀) 處理(처리)

준4급

[言 8, 총15획]

청할, 맡을 **청**　　영 request 중 请 qǐng 일 セイ(こう)

請暇(청가) 휴가를 청함

請負(청부) 請求(청구) 請約(청약)

준4급

[糸 11, 총17획]

거느릴, 모일 **총**　　영 control 중 总 zǒng 일 総 ソウ(ふさ)

總角(총각) 아직 결혼하지 아니한 남자

總意(총의) 總販(총판) 總務(총무)

준4급

[金 6, 총14획]

총 총　　　　　　　　　영 gun 중 铳 chòng 일 ジュウ

銃彈(총탄) 총알

長銃(장총)　銃口(총구)　銃器(총기)

준4급

[艹 10, 총14획]

쌓을 축 (=積=貯)　　　영 store 중 蓄 xù 일 チク(たくわえる)

蓄膿症(축농증) 콧속에 고름이 괴는 병

蓄財(축재)　蓄積(축적)　蓄電(축전)

준4급

[虫 12, 총18획]

벌레 충　　　　　　　영 insect 중 虫 chóng 일 虫 チュウ(むし)

幼蟲(유충) 애벌레

蟲齒(충치)　昆蟲(곤충)　寄生蟲(기생충)

준4급

[心 4, 총8획]

충성 충　　　　　　　영 loyalty 중 忠 zhōng 일 チュウ(まごころ)

忠良(충량) 충성스럽고 선량함

忠臣(충신)　忠犬(충견)　忠僕(충복)

준4급

[又 6, 총8획]

취할, 장가들 취　　　 영 take 중 取 qǔ 일 シュ(とる)

取得(취득) 손에 넣음

取妻(취처)　取捨(취사)　取材(취재)

준4급

[水 9, 총12획]

잴, 알 측　　　　　　영 measure 중 测 cè 일 ソク(はかる)

測量(측량) 다른 사람의 마음을 헤아림

測雨器(측우기)　測定(측정)　推測(추측)

준4급

[水 5, 총8획]

다스릴, 평정할 **치** (=政) 영govern 중治 zhì 일ジ(おさめる)

治世(치세) 세상을 다스림

治亂(치란) 治療(치료) 治山(치산)

준4급

[网 8, 총13획]

둘, 베풀 **치** 영place 중置 zhì 일チ(おく)

置簿(치부) 금전의 출납을 적어놓은 장부

置簿(치부) 置重(치중) 措置(조치)

준4급

[人 7, 총9획]

침범할, 번질 **침** 영invade 중侵 qīn 일シン(おかす)

侵攻(침공) 침입하여 공격함

侵犯(침범) 侵入(침입) 侵蝕(침식)

준4급

[心 4, 총7획]

쾌할, 빠를 **쾌** 영cheerful 중快 kuài 일カイ(こころよい)

快感(쾌감) 상쾌한 느낌

快刀(쾌도) 快擧(쾌거) 快擲(쾌척)

준4급

[心 10, 총14획]

모양 **태** 영attitude 중态 dài 일タイ(さま)

態度(태도) 몸가짐

樣態(양태) 態勢(태세) 狀態(상태)

준4급

[糸 6, 총12획]

거느릴, 혈통 **통** 영command 중统 tǒng 일トウ(すべる)

統括(통괄) 낱낱이 한데 묶음

統帥(통수) 統監(통감) 統計(통계)

1단계

준4급
退
[辵 6, 총10획]

물러날 **퇴** (↔進=去)   영retreat 중退 tuì 일タイ(しりぞく)

退却(퇴각) 뒤로 물러남
退社(퇴사) **退去**(퇴거) **退勤**(퇴근)

준4급
波
[水 5, 총8획]

물결, 눈빛 **파**   영ware 중波 bō 일ハ(なみ)

波紋(파문) 수면에 이는 잔 물결
波動(파동) **波高**(파고) **波及**(파급)

준4급
破
[石 5, 총10획]

깨뜨릴, 다할 **파**   영break 중破 pò 일ハ(やぶる)

破鏡(파경) 깨어진 거울. 부부 사이가 금이 간 상태
破産(파산) **破壞**(파괴) **破損**(파손)

준4급
布
[巾 2, 총5획]

베, 돈, 펼 **포**   영hemp 중布 bù 일フ・ホ(ぬの)

布告(포고) 일반인에게 널리 알림
布敎(포교) **布袋**(포대) **布石**(포석)

준4급
包
[勹 3, 총5획]

쌀 **포**   영wrap 중包 bāo 일ホウ(つつむ)

包括(포괄) 여러 사물을 한데 묶음
包攝(포섭) **包含**(포함) **包袋**(포대)

준4급
砲
[石 5, 총10획]

돌쇠뇌 **포**   영heavy gun 중炮 pào 일ホウ(おおつつ)

砲擊(포격) 대포를 쏘다
砲兵(포병) **砲彈**(포탄) **砲火**(포화)

준4급 기초한자 | **169**

준4급

暴
[日 11, 총15획]

사나울 포 / 폭   영 wild 중 暴 bào 일 ボウ(あばれる)

暴虐(포학) 횡포하고 잔악함

暴君(포군) 暴擧(폭거) 暴動(폭동)

준4급

票
[示 6, 총11획]

불똥, 쪽지 표   영 ticket 중 票 piào 일 ヒョウ

票決(표결) 투표로 결정함

票禽(표금) 改票(개표) 投票(투표)

준4급

[豆 11, 총18획]

넉넉할 풍 (↔凶)   영 abundant 중 丰 fēng 일 豊 ホウ(ゆたか)

豊年(풍년) 농사가 잘된 해

豊滿(풍만) 豊美(풍미) 物豊(물풍)

준4급

[阜 6, 총9획]

한정, 기한 한   영 limit 중 限 xiàn 일 ゲン(きり·かぎる)

限界(한계) 땅의 경계

限度(한도) 限定(한정) 制限(제한)

준4급

[水 9, 총12획]

항구, 뱃길 항   영 port 중 港 gǎng 일 コウ(みなと)

港口(항구) 배가 드나드는 곳

港都(항도) 空港(공항) 出港(출항)

준4급

[舟 4, 총10획]

건널, 하늘을 항   영 across 중 航 háng 일 コウ(わたる)

航空(항공) 비행기나 비행선으로 공중을 비행함

航海(항해) 航速(항속) 航路(항로)

준4급

解

[角 6, 총13획]

풀, 흩어질 해　　영 solve 중 解 jiě 일 解 カイ(とく)

解毒(해독) 독기를 풀어 없앰

解答(해답) 解明(해명) 解職(해직)

준4급

[邑 10, 총13획]

시골 향　　영 country 중 乡 xiāng 일 郷 キョウ(さと·ふるさと)

鄕里(향리) 시골. 또는 고향

他鄕(타향) 鄕歌(향가) 鄕愁(향수)

준4급

香

[香 0, 총9획]

향기 향　　영 fragrant 중 香 xiāng 일 ユウ(か)

香氣(향기) 향기로운 냄새

香水(향수) 香爐(향로) 香臭(향취)

준4급

[虍 6, 총12획]

빌 허 (↔實 =空)　　영 empty 중 虚 xū 일 虛 キョ(むなしい)

虛空(허공) 공중

虛誕(허탄) 虛構(허구) 虛脫(허탈)

준4급

[馬 13, 총23획]

증험할, 시험 험 (=試)　　영 try 중 验 yàn 일 験 ケン(しるし)

驗決(험결) 조사하여 결정함

驗力(험력) 經驗(경험) 試驗(시험)

준4급

[貝 8, 총15획]

어질, 어진 사람 현　　영 wis 중 贤 xián 일 ケン(かしこい)

賢良(현량) 어질고 착함

賢明(현명) 賢人(현인) 賢淑(현숙)

준4급

血
[血 0, 총6획]

피, 골육 **혈**　　영 blood 중 血 xuè/xuě 일 ケツ(ち)

血管(혈관) 핏줄
血氣(혈기) 血淚(혈루) 血鬪(혈투)

준4급

協
[十 6, 총8획]

합할 **협**(=和)　　영 harmony 중 协 xié 일 キョウ(かなう)

協同(협동) 여럿이 마음과 힘을 합하여 어떤 일을 함
協力(협력) 協助(협조) 協商(협상)

준4급

惠
[心 8, 총12획]

은혜, 착할 **혜**(=恩)　　영 favor 중 惠 huì 일 ケイ·エ(めぐむ)

惠聲(혜성) 인자하다는 소문
惠示(혜시) 惠澤(혜택) 惠存(혜존)

준4급

[言 14, 총21획]

보호할, 지킬 **호**　　영 protect 중 护 hù 일 ゴ(まもる)

護國(호국) 나라를 다른 나라의 침략으로부터 지킴
護身術(호신술) 護送(호송) 護衛(호위)

준4급

[口 5, 총8획]

부를, 숨을 내쉴 **호**　　영 call 중 呼 hū 일 コ(よぶ)

呼戚(호척) 인척간의 척의(戚誼)를 대어 항렬을 찾아 부름
呼應(호응) 呼價(호가) 呼客(호객)

준4급

[戶 0, 총4획]

지게, 출입구 **호**　　영 door 중 户 hù 일 コ(と)

戶口(호구) 호수와 인구
戶別(호별) 戶當(호당) 戶主(호주)

준4급

混 [水 8, 총11획]

섞을, 흐릴 **혼**　　영 mix 중 混 hùn 일 コン(まぜる)

混用(혼용) 섞여서 씀
混合(혼합) 混沌(혼돈) 混亂(혼란)

준4급

貨 [貝 4, 총11획]

재화, 물품 **화** (=財)　영 goods 중 货 huò 일 カ(たから·かね)

貨幣(화폐) 지불 수단으로 사용되는 매개체
貨物(화물) 貨主(화주) 貨車(화차)

준4급

確 [石 10, 총15획]

굳을, 강할 **확**　　영 true 중 确 què 일 カク(たしか)

確答(확답) 확실한 대답
確實(확실) 確保(확보) 確定(확정)

준4급

回 [口 3, 총6획]

돌, 돌릴 **회**　　영 return 중 回 huí 일 囘 カイ·エ(めぐる)

回甲(회갑) 나이 61세
回顧錄(회고록) 回軍(회군) 回答(회답)

준4급

獲 [犬 14, 총17획]

얻을, 계집종 **획**　　영 gain 중 获 huò 일 カク(える)

獲得(획득) 잡아들임
獲利(획리) 捕獲(포획) 生獲(생획)

준4급

吸 [口 4, 총7획]

숨을, 흡, 끌 **흡**　　영 breath 중 吸 xī 일 キュウ(すう)

吸着(흡착) 달라붙음
吸血鬼(흡혈귀) 吸煙(흡연) 吸入(흡입)

준4급 기초한자 | **173**

준4급

[臼 10, 총16획]

일, 흥취 흥 (↔亡)　영 flourish 중 兴 xīng 일 コウ(おこる)

興國(흥국) 나라를 흥하게 함

興起(흥기)　興亡(흥망)　興味(흥미)

준4급

[巾 4, 총7획]

바랄 희 (=望 =願)　영 hope 중 希 xī 일 キ(ねがう)

希求(희구) 원하고 바람

希望(희망)　希願(희원)　希冀(희기)

Part II

3-step
2단계

필수한자

3-step 2단계

3급

[木 5, 총9획]

시렁, 건너지를 **가**   영 shelf 중 架 jià 일 カ(かかる)

架空(가공) 근거가 없음

架槽(가조) 架橋(가교) 架臺(가대)

3급

[卩 5, 총7획]

물리칠, 도리어 **각**   영 reject 중 却 què 일 キャク(しりぞける)

却望(각망) 뒤를 돌아다 봄

却說(각설) 却走(각주) 却下(각하)

3급

[女 6, 총9획]

간사할, 간음할 **간**   영 adultery 중 奸 jiān 일 カン(よこしま)

姦夫(간부) 간통한 사내

姦通(간통) 姦婦(간부) 姦淫(간음)

3급

[水 9, 총12획]

목마를, 갈증 **갈**   영 thirsty 중 渴 kě 일 カツ(かわく)

渴求(갈구) 애써 구함

渴症(갈증) 渴急(갈급) 渴望(갈망)

3급

[金 8, 총16획]

강철, 강할 **강**   영 steel 중 钢 gāng 일 コウ(はがね)

鋼板(강판) 강철판

鋼鐵(강철) 鋼管(강관) 鋼線(강선)

2단계

3급
慨
[心 11, 총14획]

분개할, 슬퍼할 **개**   영 lament 중 慨 kǎi 일 ガイ(なげく)

慨嘆(개탄) 의분이 복받쳐 오름

慨然(개연) 慨世(개세) 慷慨(강개)

3급
蓋
[艸 10, 총14획]

덮을 **개**   영 cover 중 盖 gài 일 ガイ(おおう)

蓋世(개세) 떨치는 힘이 세상(世上)을 뒤엎음

蓋瓦(개와) 蓋棺(개관) 蓋覆(개복)

3급
皆
[白 4, 총9획]

다, 나란할 **개**   영 all 중 皆 jiē 일 カイ(みな)

皆無(개무) 전혀 없음

皆兵(개병) 皆納(개납) 皆勤(개근)

3급
憩
[心 12, 총16획]

쉴 **게**   영 rest 중 息 xī 일 ケイ(いこい)

休憩室(휴게실) 잠깐 들러 쉬게 베풀어 놓은 방(房)

憩潮(게조) 休憩(휴게) 流憩(유게)

3급
肩
[肉 4, 총8획]

어깨, 이겨낼 **견**   영 shoulder 중 肩 jiān 일 ケン(かた)

肩胛(견갑) 어깨뼈가 있는 자리

肩骨(견골) 肩頭(견두) 肩章(견장)

3급
遣
[辵 10, 총14획]

보낼, 심부름꾼 **견**   영 send 중 遣 qiǎn 일 ケン(つかわす)

派遣(파견) 일정한 임무를 주어 사람을 내보냄

遣唐使(견당사) 遣懷(견회) 發遣(발견)

3급

명주, 생명주 **견**　　영 silk 중 绢 juàn 일 ケン(きぬ)

絹本(견본) 서화를 그리는 데 쓰는 비단 천

[糸 7, 총13획] **絹絲**(견사) **絹毛**(견모) **絹紡**(견방)

3급

굳을, 강할 **경**　　영 hard 중 硬 yìng 일 コウ(かたい)

硬度(경도) 물체의 단단함 정도

[石 7, 총12획] **硬性**(경성) **硬直**(경직) **硬質**(경질)

3급

마칠, 지경 **경**　　영 finish 중 竟 jìng 일 キョウ(ついに)

畢竟(필경) 마침내

[立 6, 총11획] **竟夕**(경석) **竟夜**(경야) **究竟**(구경)

3급

지름길, 건널 **경**　　영 short cut 중 径 jìng 일 徑 ケイ(てみち)

捷徑(첩경) 지름길

[彳 7, 총10획] **徑情直行**(경정직행) **徑行**(경행)

3급

일곱째천간 **경**　　영 celestial stem 중 庚 gēng 일 コウ(かのえ)

庚方(경방) 24방위의 하나

[广 5, 총8획] **庚帖**(경첩) **庚伏**(경복) **庚時**(경시)

3급

벼슬, 귀족 **경**　　영 sir 중 卿 qīng 일 ケイ(くげ)

樞機卿(추기경) 로마 교황(敎皇)의 (最高) 고문(顧問)

[卩 10, 총12획] **上卿**(상경) **卿相**(경상) **公卿**(공경)

3급

[癶 4, 총9획]

북방, 열째천간 **계**   영 north 중 癸 guǐ 일 キ(みづのと)

癸方(계방) 24 방위의 하나

癸酉(계유) 癸未字(계미자) 癸方(계방)

3급

[木 6, 총10획]

계수나무 **계**   영 cassia 중 桂 guì 일 ケイ(かつら)

桂樹(계수) 계수나무

桂皮(계피) 桂林(계림) 官桂(관계)

3급

[頁 12, 총21획]

돌아볼, 생각할 **고**   영 look after 중 顾 gù 일 コ(かえりみる)

顧忌(고기) 뒷일을 염려하고 꺼림

顧慮(고려) 顧客(고객) 顧見(고견)

3급

[木 5, 총9획]

마를, 죽을 **고**   영 wither 중 枯 kū 일 コ(からす)

枯葉(고엽) 시든 잎, 마른 잎

枯骨(고골) 枯渴(고갈) 枯木(고목)

3급

[土 5, 총8획]

곤괘, 황후, 땅 **곤**   영 earth 중 坤 kūn 일 コン(つち)

坤位(곤위) 왕후의 지위

坤育(곤육) 坤卦(곤괘) 坤宮(곤궁)

3급

[瓜 0, 총5획]

오이 **과**   영 cucumber 중 瓜 guā 일 カ(り)

瓜時(과시) 관직을 바꾸거나 임기가 끝나는 시기

瓜年(과년) 瓜葛(과갈) 木瓜(모과)

3급
郭
[邑 8, 총11획]

성곽, 둘레 곽 　영 outer wall 중 郭 guō 일 カク(くるみ)

外廓(외곽) 내성(內城) 과 외성(外城) 을 일컫는 말

郭公(곽공) 輪郭(윤곽) 城郭(성곽)

3급
掛
[手 8, 총11획]

걸, 달 괘 　영 hang 중 挂 guà 일 ケ·カイ(かける)

掛念(괘념) 마음에 두고 잊지를 아니함

掛燈(괘등) 掛冠(괘관) 掛圖(괘도)

3급
愧
[心 10, 총13획]

부끄러워할, 창피줄 괴 　영 bashful 중 愧 kuì 일 ゲ(はじる)

自愧(자괴) 스스로 부끄러워 함

愧色(괴색) 愧赧(괴란) 愧死(괴사)

3급
塊
[土 10, 총13획]

흙덩이 괴 　영 lump 중 块 kuài 일 カイ(つちくれ)

塊狀(괴상) 덩이 모양

塊莖(괴경) 塊根(괴근) 塊金(괴금)

3급
壞
[土 16, 총19획]

무너질, 무너뜨릴 괴 영 collapse 중 坏 huài 일 カイ(やぶれる)

壞滅(괴멸) 파괴되어 멸망함

壞死(괴사) 壞落(괴락) 崩壞(붕괴)

3급
巧
[工 2, 총5획]

공교할, 기교 교 　영 skillful 중 巧 qiǎo 일 コウ(たくみ)

巧妙(교묘) 썩 잘 되고 묘함

巧言(교언) 巧技(교기) 巧妙(교묘)

2단계

3급
郊
[邑 6, 총9획]

성밖, 들 교 　　영 suburb 중 郊 jiāo 일 コウ(はずれ)

近郊(근교) 도시에 가까운 주변
郊祀(교사) 郊迎(교영) 遠郊(원교)

3급
矯
[矢 12, 총17획]

바로잡을 교 　　영 reform 중 矯 jiǎo 일 キョウ(ためる·なおす)

矯正(교정) 바로잡음
矯導(교도) 矯角(교각) 奇矯(기교)

3급
懼
[心 18, 총21획]

두려워할 구 　　영 fear 중 惧 jù 일 ク·グ(おそれる)

疑懼心(의구심) 의심하고 두려워하는 마음
懼然(구연) 兢懼(긍구) 恐懼(공구)

3급
苟
[艸 5, 총9획]

구차할, 진실로, 혹은 구 　　영 poor 중 苟 gǒu 일 コウ(いやしくも)

苟且(구차) 일시적으로 미봉하는 것
苟免(구면) 苟生(구생) 苟安(구안)

3급
狗
[犬 5, 총8획]

개, 역(易)의 간(艮) 구 　　영 dog 중 狗 gǒu 일 ク(いぬ)

狗盜(구도) 작은 도둑(좀도둑)
狗肉(구육) 狗寶(구보) 狗蒸(구증)

3급
俱
[人 8, 총10획]

함께, 갖출 구 　　영 together 중 俱 jù 일 グ(ともに)

俱歿(구몰) 부모가 모두 죽음
俱發(구발) 俱存(구존) 俱現(구현)

3급

驅
[馬 11, 총21획]

몰 **구**

영 drive 중 驱 qū 일 駆 ク(かける)

驅迫(구박) 못 견디게 학대함

驅步(구보)　苟免(구면)　苟生(구생)

3급

丘
[一 4, 총5획]

언덕, 동산, 마을 **구**

영 hill 중 丘 qiū 일 キュウ(おか)

丘陵(구릉) 언덕, 나직한 산(山)

丘木(구목)　丘壟(구롱)　三丘(삼구)

3급

鷗
[鳥 11, 총22획]

갈매기 **구**

영 sea gull 중 鸥 ōu 일 없음

鷗鷺(구로) 갈매기와 해오라기

鷗汀(구정)　江鷗(강구)　色鷗(색구)

3급

厥
[厂 10, 총12획]

그, 오랑캐이름 **궐**

영 that 중 厥 jué 일 ケツ(それ)

厥角(궐각) 이마를 땅에 대고 절을 함

厥女(궐녀)　厥冷(궐랭)　厥者(궐자)

3급

龜
[龜 0, 총16획]

거북 **귀** / 터질 **균**

영 tortoise 중 龟 guī 일 亀 キ(かめ)

龜鑑(귀감) 사물의 본보기

龜玆(구자)　龜頭(귀두)　龜裂(균열)

3급

叫
[口 2, 총5획]

부르짖을, 울 **규**

영 cry 중 叫 jiào 일 キュウ(さけぶ)

絶叫(절규) 힘을 다하여 부르짖음

叫呼(규호)　叫喚(규환)　叫聲(규성)

閨
[門 6, 총14획] 3급

도장방, 소녀, 부인 **규**   영 boudoir 중 闺 guī 일 ケイ(ねや)

閨房(규방) 침실, 또는 안방

閨裏(규리)　閨秀(규수)　寒閨(한규)

菌
[艸 8, 총12획] 3급

버섯, 균 **균**   영 mushroom 중 菌 jūn 일 キン(きのこ)

病菌(병균) 병의 원인이 되는 균

菌絲(균사)　菌毒(균독)　菌傘(균산)

斤
[斤 0, 총4획] 3급

도끼 **근**   영 pound, axe 중 斤 jīn 일 キン(おの)

斤兩(근량) 무게의 단위인 근과 냥을 아울러 이르는 말

斤量(근량)　斤數(근수)　斤重(근중)

僅
[人 11, 총13획] 3급

겨우 **근**   영 barely 중 仅 jǐn 일 キン(わずか)

僅僅(근근) 매우 힘들고 어렵사리

僅少(근소)　僅僅扶持(근근부지)

謹
[言 11, 총18획] 3급

삼갈 **근**   영 respectful 중 谨 jǐn 일 キン(つつしむ)

謹嚴(근엄) 삼가고 엄숙함

謹愼(근신)　謹弔(근조)　謹呈(근정)

肯
[肉 4, 총8획] 3급

즐길, 옳게 여길 **긍**   영 enjoy 중 肯 kěn 일 コウ(うなずく)

肯諾(긍락) 기꺼이 승낙함

肯定(긍정)　肯志(긍지)　首肯(수긍)

3급

[豆 3, 총10획]

어찌 **기** / 즐길 **개** 영how 중qǐ 일キ(あに)

豈不(기불) 어찌 ~않으랴
豈敢(기감) 豈豫(기불) 豈弟(개제)

3급

[馬 8, 총18획]

말탈, 기병 **기** 영ride (on) a horse 중骑 qí 일キ

騎馬(기마) 말을 탐
騎兵(기병) 騎士(기사) 騎手(기수)

3급

[食 2, 총11획]

주릴, 흉년 **기** 영hunger 중饥 jī 일キ(うえる)

虛飢(허기) 몹시 배고픈 느낌
飢餓(기아) 飢饉(기근) 飢渴(기갈)

3급

[木 8, 총12획]

버릴, 되돌릴 **기** 영abandon 중弃 qì 일キ(すてる)

棄權(기권) 권리를 포기함
棄世(기세) 棄却(기각) 遺棄(유기)

3급

[幺 9, 총12획]

기미, 몇 **기** 영some 중几 jī 일キ(いくばく)

幾回(기회) 몇 번
幾微(기미) 幾何(기하) 萬幾(만기)

3급

[欠 8, 총12획]

속일, 거짓 **기** 영cheat 중欺 qī 일ギ(あざむく)

欺弄(기롱) 상대를 속이고 놀리는 것
欺瞞(기만) 欺罔(기망) 欺心(기심)

2단계

3급

[心 3, 총7획]

꺼릴, 질투할 기

영 avoid 중 忌 jì 일 キ(いむ)

忌日(기일) 어버이가 죽은 날
忌故(기고) 忌中(기중) 忌避(기피)

3급

[无 7, 총11획]

이미 기

영 already 중 既 jì 일 既 キ(すでに)

既刊(기간) 이미 출간함
既決(기결) 既述(기술) 既約(기약)

3급

[邑 4, 총7획]

어찌, 무엇 나

영 how 중 那 nà 일 ナ

支那(지나) 중국
那邊(나변) 那間(나간) 那落(나락)

3급

[大 5, 총8획]

나락 나 / 어찌 내

영 how 중 奈 nài 일 ナ(いかん)

奈何(내하) 어찌함, 어떻게
奈落(나락) 奈翁(나옹) 奈率(내솔)

3급

[女 7, 총10획]

아가씨 낭

영 girl 중 娘 niáng 일 ロウ(むすめ)

娘子(낭자) 처녀, 궁녀, 처녀, 어머니
娘子(낭자) 娘娘(낭낭) 令娘(영랑)

3급

[水 13, 총16획]

짙을, 두터울 농

영 thick 중 浓 nóng 일 ノウ(こい)

濃霧(농무) 짙은 안개
濃湯(농탕) 濃度(농도) 濃密(농밀)

3급
[心 9, 총12획]

괴로워할, 괴로움 **뇌** 　　　영 vexed 중 恼 nǎo 일 ノウ(なやむ)

惱心(뇌심) 마음으로 괴로워함

惱殺(뇌쇄) 惱亂(뇌란) 惱神(뇌신)

3급
[水 5, 총8획]

진흙, 약할 **니** 　　　영 mud 중 泥 ní 일 デイ(どろ)

泥工(이공) 흙을 바르는 사람

泥金(이금) 泥丘(이구) 泥水(이수)

3급
[水 12, 총15획]

깊을, 소, 물가 **담** 　　　영 pool 중 潭 tán 일 タン(ふち)

潭府(담부) 깊은 못

潭水(담수) 潭潭(담담) 潭思(담사)

3급
[田 4, 총9획]

논 **답** 　　　영 rice field 중 畓 duō 일 デン

畓穀(답곡) 밭에서 나는 곡식

畓農(답농) 畓穀(답곡) 畓土(답토)

3급
[米 10, 총16획]

사탕, 엿 **당** 　　　영 sugar 중 糖 táng 일 トウ

糖尿病(당뇨병) 당뇨가 오래 계속되는 병(病) 糖分(당분)

糖蜜(당밀) 果糖(과당)

3급
[貝 5, 총12획]

빌릴 **대** 　　　영 lend 중 贷 dài 일 タイ(かす)

貸家(대가) 셋집

貸付(대부) 貸與(대여) 貸出(대출)

2단계

跳 3급 [足 6, 총13획]
뛸 도 영 jump 중 跳 tiào 일 チョウ(はねる)
跳躍(도약) 몸을 위로 솟구쳐 뛰는 것
跳梁(도량) 跳開橋(도개교) 高跳(고도)

挑 3급 [手 6, 총9획]
돋을 도 영 incite 중 挑 tiāo 일 チョウ(いどむ)
挑發(도발) 싸움을 걺
挑戰(도전) 挑燈(도등) 挑出(도출)

渡 3급 [水 9, 총12획]
건널, 나루터 도 영 cross over 중 渡 dù 일 ト(わたる)
渡日(도일) 일본으로 감
渡船(도선) 渡江(도강) 渡來(도래)

桃 3급 [木 6, 총10획]
복숭아나무 도 영 peach 중 桃 táo 일 トウ(もも)
桃仁(도인) 복숭아씨
桃花粉(도화분) 桃園(도원) 桃花(도화)

倒 3급 [人 8, 총10획]
넘어질, 거꾸로 도 영 fall 중 倒 dǎo 일 トウ(たおれる)
倒閣(도각) 내각을 거꾸러뜨림
倒立(도립) 倒産(도산) 倒錯(도착)

稻 3급 [禾 10, 총15획]
벼 도 영 rice plant 중 稻 dào 일 トウ(いね)
稻植(도식) 볏모를 심음
稻作(도작) 稻稷(도직) 水稻(수도)

3급

[犬 13, 총16획]

홀로, 홀몸 독 (=孤)   영 alone 중 独 dú 일 独 ドク

獨立(독립) 혼자 섬

獨房(독방) 獨斷(독단) 獨島(독도)

3급

[竹 10, 총16획]

도타울 독   영 generous 중 笃 dǔ 일 トク(あつい)

篤老(독로) 매우 늙음

篤信(독신) 篤實(독실) 篤志(독지)

3급

[豕 4, 총11획]

돼지, 돼지고기 돈   영 pig 중 豚 tún 일 トン(ぶた)

豚肉(돈육) 돼지고기

豚犬(돈견) 豚舍(돈사) 迷豚(미돈)

3급

[攴 8, 총12획]

도타울, 힘쓸 돈   영 cordial 중 敦 dūn 일 トン(あつい)

敦篤(돈독) 인정이 두터움

敦諭(돈유) 敦厚(돈후) 重厚(중후)

3급

[木 6, 총10획]

오동나무 동   영 paulownia 중 桐 dòng 일 トウ(ほら)

桐梓(동재) 오동나무와 가래나무

桐油(동유) 絲桐(사동) 油桐(유동)

3급

[冫 8, 총10획]

얼, 추울 동   영 freeze 중 冻 dòng 일 トウ(こおる)

凍結(동결) 얼어붙음

凍死(동사) 凍傷(동상) 凍太(동태)

2단계

3급
鈍
[金 4, 총12획]

무딜, 완고할 **둔** 영dull 중钝 dùn 일ドン(にぶい)

鈍感(둔감) 감각이 무딤
鈍器(둔기) 鈍才(둔재) 鈍濁(둔탁)

3급
爛
[火 17, 총21획]

문드러질 **란** 영be sore 중烂 làn 일ラン(ただれる)

能爛(능란) 익숙하고 솜씨 있음
爛漫(난만) 爛發(난발) 粲爛(찬란)

3급
藍
[艹 14, 총18획]

쪽, 누더기 **람** 영indigo 중蓝 lán 일ラン(あい)

藍縷(남루) 누더기
藍靑(남청) 藍碧(남벽) 藍色(남색)

3급
濫
[水 14, 총17획]

퍼질, 어지럽힐 **람** 영over flow 중滥 làn 일ラン(あふれ)

濫用(남용) 함부로 마구 씀
濫作(남작) 濫發(남발) 濫觴(남상)

3급
掠
[手 8, 총11획]

노략질할 **략** 영plunder 중掠 luè 일リャク(かすめる)

掠取(약취) 노략질하여 가짐
掠奪(약탈) 侵掠(침략) 擄掠(노략)

3급
諒
[言 8, 총15획]

믿을, 어질 **량(양)** 영credible 중谅 liàng 일リョウ(あきらか)

諒知(양지) 살펴 앎
諒察(양찰) 體諒(체량) 深諒(심량)

3급

[木 7, 총11획]

들보, 징검다리 **량(양)** 영 beam 중 梁 liáng 일 リョウ(はり)

跳梁(도량) 함부로 날뜀

橋梁(교량) 木梁(목량) 退梁(퇴량)

3급

[心 12, 총15획]

불쌍히 여길 **련(연)** 영 pity 중 怜 lián 일 レン(あわれむ)

相憐(상련) 서로 가엾게 여겨 동정함

憐憫(연민) 哀憐(애련) 可憐(가련)

3급

[艸 11, 총15획]

연밥, 연 **련(연)** 영 lotus 중 莲 lián 일 レン(はす)

蓮實(연실) 연밥

蓮座(연좌) 蓮根(연근) 蓮塘(연당)

3급

[力 4, 총6획]

못날, 어리석을 **렬** 영 inferior 중 劣 liè 일 レツ(おとる)

劣等(열등) 낮은 등급

劣性(열성) 劣勢(열세) 劣惡(열악)

3급

[衣 6, 총12획]

찢을, 깨질 **렬** 영 split 중 裂 liè 일 レツ(さく)

決裂(결렬) 여러 갈래로 찢어짐

分裂(분열) 裂傷(열상) 滅裂(멸렬)

3급

[广 10, 총13획]

검소할, 곧을 **렴** 영 upright 중 廉 lián 일 レン(かど)

廉價(염가) 싼값

廉夫(염부) 廉恥(염치) 廉探(염탐)

3급

[雨 5, 총13획]

조용히 오는 비 **령(영)** 영 drizzle 중 零 líng 일 レイ(こぼれる)

零細(영세) 매우 적음

零細民(영세민) 丁零(정령) 凋零(조령)

3급

[示 8, 총13획]

복, 녹을 줄 **록** 영 fortune 중 禄 lù 일 ロク(さいわい)

國祿(국록) 나라에서 주는 급료

祿俸(녹봉) 俸祿(봉록) 祿米(녹미)

3급

[鹿 0, 총11획]

사슴, 곳집 **록** 영 deer 중 鹿 lù 일 ロク(しか)

鹿角(녹각) 수사슴 뿔

鹿皮(녹비) 鹿茸(녹용) 鹿苑(녹원)

3급

[亅 1, 총2획]

마칠, 깨달을 **료(요)** 영 finish 중 了 le 일 リョウ(おわる)

修了(수료) 학업을 마침

終了(종료) 了結(요결) 滿了(만료)

3급

[水 8, 총11획]

눈물, 눈물 질 **루(누)** 영 tears 중 泪 lèi 일 ルイ(なみだ)

落淚(낙루) 눈물이 방울방울 떨어짐

淚痕(누흔) 垂淚(수루) 鬼淚(귀루)

3급

[糸 5, 총11획]

묶을, 포갤 **루(누)** 영 tie 중 累 lèi 일 ルイ(かさなる)

連累(연루) 남이 저지른 죄(罪)에 관련(關聯)되는 것

累卵(누란) 累代(누대) 緣累(연루)

3급

[尸 11, 총14획]

여러, 번거로울 **루(누)** 영 frequently 중 屢 lǚ 일 ル(しばしば)

屢空(누공) 언제나 가난함

屢年(누년) 屢世(누세) 屢次(누차)

3급

[水 11, 총14획]

샐, 구멍, 물시계 **루(누)** 영 leak 중 漏 lòu 일 ロ(もらす)

漏刻(누각) 물시계

漏電(누전) 脫漏(탈루) 刻漏(각루)

3급

[木 7, 총11획]

배나무, 연극계 **리** 영 pear 중 梨 lí 일 リ(なし)

梨園(이원) 배나무 밭

梨花(이화) 棠梨(당리) 靑梨(청리)

3급

[阜 12, 총15획]

이웃, 닳을 **린(인)** 영 neighbor 중 隣 lín 일 リン(となる)

隣家(인가) 이웃집

隣近(인근) 隣接(인접) 隣徵(인징)

3급

[石 11, 총16획]

갈, 숫돌에 갈 **마** 영 whet 중 磨 mó 일 マ(みがく)

磨滅(마멸) 갈리어서 닳아 없어짐

磨石(마석) 磨耗(마모) 硏磨(연마)

3급

[麻 0, 총11획]

삼 **마** 영 hemp 중 麻 má 일 マ(あさ)

麻藥(마약) 마취약

麻絲(마사) 麻雀(마작) 麻布(마포)

2단계

3급
蠻
[虫 19, 총25획]

오랑캐 **만** 영 barbarian 중 蛮 mán 일 蛮 バン

蠻勇(만용) 야만적인 용사

蠻行(만행) 蠻族(만족) 野蠻(야만)

3급
慢
[心 11, 총14획]

게으를 **만** 영 idlle 중 慢 màn 일 マン(あなどる)

驕慢(교만) 잘난 체하고 뽐냄

慢遊(만유) 慢葉(만엽) 傲慢(오만)

3급
漫
[水 11, 총14획]

질펀할, 멋대로 **만** 영 flood 중 漫 màn 일 マン(そぞろ)

漫漫(만만) 물이 넓고 끝없이 흐르는 모양

漫筆(만필) 漫談(만담) 漫畵(만화)

3급
晚
[日 7, 총11획]

저물, 늦을 **만** 영 late 중 晚 wǎn 일 バン(おくれる)

晚年(만년) 노후

晚學(만학) 晚秋(만추) 晚霜(만상)

3급
忙
[心 3, 총6획]

바쁠, 조급할 **망** 영 busy 중 忙 máng 일 ボウ(いそがしい)

忙殺(망쇄) 아주 바쁨

忙月(망월) 多忙(다망) 奔忙(분망)

3급
忘
[心 3, 총7획]

잊을, 건망증 **망** 영 forget 중 忘 wàng 일 ボウ(わすれる)

忘却(망각) 잊음

健忘症(건망증) 忘恩(망은) 忘德(망덕)

3급 필수한자 | **193**

3급

罔

[网 3, 총8획]

그물, 없을, 속일 **망**   영net   중罔 wǎng   일ホウ·モウ(なし)

罔罟(망고) 새와 짐승을 잡는 망과 그물

罔極(망극) 罔測(망측) 誣罔(무망)

3급

埋

[土 7, 총10획]

묻을, 묻힐 **매**   영bury   중埋 mái   일マイ(うずめる)

埋沒(매몰) 파묻음

埋立(매립) 埋伏(매복) 生埋(생매)

3급

媒

[女 9, 총12획]

중매 **매**   영match-making   중媒 méi   일バイ(なかだち)

媒子(매자) 중매인

媒婆(매파) 媒體(매체) 仲媒(중매)

3급

麥

[麥 0, 총11획]

보리, 묻을 **맥**   영barley   중麦 mài   일麦 バク(むぎ)

麥麴(맥국) 보리 기름

麥農(맥농) 麥芽(맥아) 麥酒(맥주)

3급

免

[儿 5, 총7획]

벗어날, 허락할 **면**   영avoid   중免 miǎn   일メン(まぬかれる)

免喪(면상) 부모의 3년 상을 벗음

免除(면제) 免稅(면세) 免役(면역)

3급

冥

[冖 8, 총10획]

어두울, 깊숙할 **명**   영dark   중冥 míng   일メイ(くらい)

冥冥(명명) 어두운 모양

冥途(명도) 冥福(명복) 冥想(명상)

2단계

3급
暮
[日 11, 총15획]

저물 **모** 　　　　　영 get dark 중 暮 mù 일 ボ(くれる)

暮景(모경) 저녁 무렵의 경치
暮年(모년) **暮色**(모색) **旦暮**(단모)

3급
募
[力 11, 총13획]

모을, 부를 **모** 　　　　　영 collect 중 募 mù 일 ボ(つのる)

募集(모집) 사람을 모음
募金(모금) **募兵**(모병) **募集**(모집)

3급

矛
[矛 0, 총5획]

창, 자루긴창 **모** 　　　　　영 spear 중 矛 máo 일 ム(ほこ)

矛盾(모순) 창과 방패
矛戟(모극) **戈矛**(과모) **霜矛**(상모)

3급

某
[木 5, 총9획]

아무, 어느 **모** 　　　　　영 someone 중 某 mǒu 일 ボウ(それがし)

某年(모년) 어느 해
某某(모모) **某處**(모처) **某側**(모측)

3급
侮
[人 7, 총9획]

업신여길 **모** 　　　　　영 despice 중 侮 wǔ 일 ブ(あなどる)

侮視(모시) 남을 업신여기거나 하찮게 여겨 무시함
侮蔑(모멸) **侮辱**(모욕) **受侮**(수모)

3급
沐
[水 4, 총7획]

머리감을 **목** 　　　　　영 wash 중 沐 mù 일 モク

沐浴(목욕) 머리를 감고 몸을 씻음
沐澡(목조) **沐間**(목간) **冥沐**(명목)

3급

[卩 3, 총5획]

토끼, 넷째지지 **묘**   영 rabbit 중 卯 mǎo 일 ボウ(う)

卯生(묘생) 묘년(妙年)에 태어난 사람

卯日(묘일) 卯時(묘시) 卯酒(묘주)

3급

[广 12, 총15획]

사당, 위패 **묘**   영 shrine 중 庙 miào 일 ビョウ(たまや)

廟堂(묘당) 종묘

廟室(묘실) 太廟(태묘) 廟廷(묘정)

3급

[艹 5, 총9획]

모, 싹, 후손 **묘**   영 sprout 중 苗 miáo 일 ビョウ(なえ)

苗木(묘목) 나무 모종

苗裔(묘예) 苗床(묘상) 苗板(묘판)

3급

[雨 11, 총19획]

안개, 어두울 **무**   영 fog 중 雾 wù 일 ム·ブ(きり)

濃舞(농무) 짙은 안개

霧散(무산) 霧帶(무대) 雲霧(운무)

3급

[戈 1, 총5획]

다섯째천간 **무**   영 celestial stem 중 戊 wù 일 ボ(つちのえ)

戊夜(무야) 새벽 3시부터 5시 사이

戊戌酒(무술주) 戊辰(무진) 戊戌(무술)

3급

[土 12, 총15획]

먹, 검을 **묵**   영 ink 중 墨 mò 일 ボク(すみ)

墨家(묵가) 묵적의 학파

墨池(묵지) 墨客(묵객) 墨香(묵향)

3급
[辵 6, 총10획]

미혹할 미   영confused 중迷 mí 일メイ(まよう)

迷宮(미궁) 쉽게 출구를 찾을 수 없음
迷路(미로) 迷兒(미아) 迷惑(미혹)

3급
[尸 4, 총7획]

꼬리, 별이름 미(=末)   영tail 중尾 wěi 일ビ(お)

尾骨(미골) 꽁지 뼈
尾行(미행) 後尾(후미) 尾宿(미수)

3급
[目 4, 총9획]

눈썹, 노인 미   영eyebrow 중眉 méi 일ビ・ミ(まゆ)

眉間(미간) 두 눈썹 사이
眉目秀麗(미목수려) 眉目(미목)

3급
[攴 7, 총11획]

재빠를, 힘쓸, 총명할 민   영quick 중敏 mǐn 일ビン(さとい)

敏活(민활) 재능이 날카롭고 매우 잘 돌아감
敏感(민감) 敏捷(민첩) 英敏(영민)

3급
[心 12, 총15획]

근심할, 불쌍히 여길 민   영pity 중悯 mǐn 일ビン(あわれむ)

憫忙(민망) 답답하고 딱하게 여김
憐憫(연민) 憫情(민정) 不憫(불민)

3급
[虫 8, 총14획]

꿀 밀   영honey 중蜜 mì 일ミツ(みつ)

蜜柑(밀감) 귤나무
蜜蠟(밀랍) 蜜語(밀어) 蜜丸(밀환)

3급

배댈, 잔물결 **박**　　영 anchor 중 泊 bó 일 ハク(とまる)

[水 5, 총8획]

宿泊(숙박) 머물러 쉼
碇泊(정박)　民泊(민박)　落泊(낙박)

3급

배반할 **반**　　영 rebel 중 叛 pàn 일 ハン(そむく)

[又 7, 총9획]

叛軍(반군) 반란군
叛旗(반기)　叛徒(반도)　叛亂(반란)

3급

소반, 반석 **반**　　영 tray 중 盘 pán 일 バン(さら)

[皿 10, 총15획]

盤據(반거) 근거로 하여 지킴
盤溪曲徑(반계곡경)　盤石(반석)

3급

돌아올, 돌려줄 **반**　　영 return 중 返 fǎn 일 ヘン・ハン(かえす)

[辵 4, 총8획]

返還(반환) 되돌려 보냄
返納(반납)　返送(반송)　返品(반품)

3급

밥, 먹일 **반**　　영 boiled rice 중 饭 fàn 일 ハン(めし)

[食 4, 총13획]

飯床器(반상기) 밥상 하나를 차리는 데 필요한 한 벌의 그릇
飯顆(반과)　飯床(반상)　飯酒(반주)

3급

뺄, 빼어날, 칠 **발**　　영 pull out 중 拔 bá 일 バシ(ぬく)

[手 5, 총8획]

拔群(발군) 여럿 가운데서 뛰어남
拔本(발본)　拔萃(발췌)　拔擢(발탁)

2단계

3급 芳 [艸 4, 총8획]
꽃다울, 향기 **방** 　영 flowery 중 芳 fāng 일 ホウ(かんばしい)
芳年(방년) 여자(女子)의 20세 전후의 꽃다운 나이
芳樹(방수)　芳名錄(방명록)　芳香(방향)

3급 邦 [邑 4, 총7획]
나라 **방** 　영 nation 중 邦 bāng 일 ホウ(くに)
異邦(이방) 다른 지방
邦畵(방화)　邦交(방교)　盟邦(맹방)

3급 傍 [人 10, 총12획]
곁, 방 **방** 　영 beside 중 傍 páng 일 ボウ(かたわら)
傍系(방계) 직계에서 갈라진 친척 부치
傍若無人(방약무인)　傍觀(방관)　傍證(방증)

3급 倣 [人 8, 총10획]
본받을, 준거할 **방** 　영 imitate 중 仿 fǎng 일 ホウ(ならう)
模倣(모방) 흉내를 냄
倣似(방사)　倣刻(방각)　倣效(방효)

3급 杯 [木 4, 총8획]
잔 **배** 　영 cup 중 杯 bēi 일 ハイ(さかずき)
杯觴(배상) 나무 술잔
乾杯(건배)　苦杯(고배)　杯狀(배상)

3급 柏 [木 5, 총9획]
측백나무, 잣나무 **백** 　영 thuja 중 柏 bǎi
柏子(백자) 잣
冬柏(동백)　柏木(백목)　柏子木(백자목)

3급 필수한자 | **199**

3급

[火 9, 총13획]

괴로워할 번   영troublesome 중烦 fán 일ハン(わずらわす)

煩雜(번잡) 번거롭고 어수선함

煩惱(번뇌) 煩熱(번열) 煩燥(번조)

3급

[水 3, 총6획]

뜰, 널리, 넓을 범   영float 중汎 fàn 일ハン(ひろい)

汎愛(범애) 널리 사랑함

泛濫(범람) 汎論(범론) 汎汎(범범)

3급

[辛 9, 총16획]

분별할 변   영distinguish 중辨 biàn 일ベン(わきまえる)

辨理(변리) 판별하여 변리함

辨濟(변제) 辨明(변명) 辨償(변상)

3급

[立 5, 총10획]

아우를 병   영parallel 중竝 bìng 일並 ヘイ(ならべる)

竝立(병립) 나란히 섬

竝發(병발) 竝列(병렬) 竝設(병설)

3급

[尸 8, 총11획]

병풍, 물리칠 병   영screen 중屏 píng 일ヘイ(へい)

屏去(병거) 물러남

屏居(병거) 屏風(병풍) 屏氣(병기)

3급

譜
[言 13, 총20획]

족보, 악보 보   영genealogy 중谱 pǔ 일フ(しるす)

年譜(연보) 해마다 일어난 일들을 적어놓은 책

系譜(계보) 譜錄(보록) 譜牒(보첩)

2단계

3급

[卜 0, 총2획]

점, 점쟁이 **복**　　영divination 중卜 bǔ 일ボク(うらなう)

卜居(복거) 살 곳을 정함

卜居(복거)　卜馬(복마)　卜債(복채)

3급

[虫 7, 총13획]

벌 **봉**　　영bee 중蜂 fēng 일ホウ(はち)

蜂起(봉기) 벌떼처럼 일어남

蜂針(봉침)　蜂蝶(봉접)　養蜂(양봉)

3급

[鳥 3, 총14획]

봉새 **봉**　　영phoenix 중凤 fèng 일ホウ

鳳凰(봉황) 예로부터 중국(中國)의 전설에 나오는 상상(想像)의 새

鳳輦(봉련)　鳳車(봉차)　丹鳳(단봉)

3급

[走 2, 총9획]

나아갈, 부고 **부**　　영get to 중赴 fù 일フ(おもむく)

赴告(부고) 달려가 알림

赴役(부역)　赴任(부임)　赴援(부원)

3급

[肉 8, 총14획]

썩을 **부**　　영rotten 중腐 fǔ 일フ(くさる)

腐爛(부란) 썩어 문드러짐

腐心(부심)　腐植(부식)　腐蝕(부식)

3급

[肉 11, 총15획]

살갗, 고기, 얕을 **부**　　영skin 중肤 fū 일フ

氷膚(빙부) 얼음 같이 맑고 깨끗한 살결

膚淺(부천)　膚受(부수)　皮膚(피부)

3급

[貝 8, 총15획]

구실, 부역 부

영 taxes 중 赋 fù 일 フ(みつぎ)

賦課(부과) 세금 등을 매김

賦金(부금) 賦與(부여) 賦役(부역)

3급

[土 13, 총16획]

봉분, 클 분

영 mound 중 坟 fén 일 フン(はか)

古墳(고분) 옛 무덤

墳墓(분묘) 墳上(분상) 墳塋(분영)

3급

[手 5, 총8획]

떨, 먼지털이 불

영 remove 중 拂 fú 일 払 フツ(はらう)

拂拭(불식) 떨고 훔침

拂逆(불역) 拂下(불하) 拂去(불거)

3급

[弓 2, 총5획]

아닐, 근심할 불

영 not 중 弗 fú 일 フツ(あらず)

弗素(불소) 할로겐 원소의 하나

弗豫(불예) 弗貨(불화) 政府弗(정부불)

3급

[月 4, 총8획]

벗, 무리 붕

영 friend 중 朋 péng 일 ホウ(とも)

朋友(붕우) 친구

朋執(붕집) 朋黨(붕당) 面朋(면붕)

3급

崩

[山 8, 총11획]

무너질, 죽을 붕

영 collapse 중 崩 bēng 일 ホウ(くずれる)

崩御(붕어) 임금이 세상(世上)을 떠나는 것

崩頹(붕퇴) 崩落(붕락) 天崩(천붕)

2단계

3급
頻
[頁 7, 총16획]

자주, 물가 **빈**　영 frequently 중 频 pín 일 ヒン(しきりに)

頻度(빈도) 여러 번. 잦은 도수

頻蓄(빈축) 頻發(빈발) 頻繁(빈번)

3급
賓
[貝 7, 총14획]

손, 존경할 **빈**　영 guest 중 宾 bīn 일 ヒン(まらうど)

賓客(빈객) 신분이 높은 지체 있는 손님

賓廳(빈청) 國賓(국빈) 貴賓(귀빈)

3급
聘
[耳 7, 총13획]

부를, 장가들, 찾을 **빙**　영 invite 중 聘 pìn 일 ヘイ(めす)

聘母(빙모) 장모

聘丈(빙장) 聘家(빙가) 招聘(초빙)

3급
斯
[斤 8, 총12획]

이, 쪼갤, 잠깐 **사**　영 this 중 斯 sī 일 シ(この)

斯界(사계) 이 방면

斯文(사문) 斯民(사민) 如斯(여사)

3급
斜
[斗 7, 총11획]

비낄, 굽을 **사**　영 inclined 중 斜 xié 일 シャ(ななめ)

斜徑(사경) 비탈길

斜面(사면) 斜線(사선) 斜陽(사양)

3급
捨
[手 8, 총11획]

버릴, 베풀 **사**　영 throw 중 舍 shě 일 シャ(すてる)

用捨(용사) 취하여 씀과 내어버림

捨身(사신) 取捨(취사) 捨象(사상)

3급 필수한자 | **203**

3급

[貝 8, 총15획]

줄, 은덕 **사**   영bestow 중赐 cì 일シ(たまわる)

賜藥(사약) 죄인에게 독약을 내려 죽게 함

賜姓(사성) 賜給(사급) 膳賜(선사)

3급

[言 5, 총12획]

속일 **사**   영deceive 중诈 zhà 일サ(いつわる)

詐計(사계) 남을 속이려는 간사(奸邪) 한 꾀

詐術(사술) 詐僞(사위) 巧詐(교사)

3급

[虫 5, 총11획]

뱀 **사**   영snake 중蛇 shé 일ジャ(へび)

蛇蠍(사갈) 뱀과 전갈

毒蛇(독사) 蛇足(사족) 蛇尾(사미)

3급

[人 5, 총7획]

같을, 비슷할 **사**   영same 중似 sì 일シ·ジ(にる)

近似(근사) 가까움

類似(유사) 似而非(사이비) 近似値(근사치)

3급

[刀 7, 총9획]

깎을 **삭** / 칼집 **초**   영cut 중削 xiāo 일サク(けずる)

削減(삭감) 깎아서 줄임

削減(삭감) 削髮(삭발) 削除(삭제)

3급

초하루, 북쪽 **삭**   영north 중朔 shuò 일サク(ついたち)

朔望(삭망) 초하루와 보름

[月 6, 총10획] 朔方(삭방) 朔祭(삭제) 朔風(삭풍)

2단계

3급

索
[糸 4, 총10획]

동아줄 삭 / 찾을 색　영 large rope 중 索 suǒ 일 サク(なわ)

索居(삭거) 무리와 떨어져 쓸쓸히 있음

索道(삭도)　索引(색인)　索出(색출)

3급

酸
[酉 7, 총14획]

초, 고통스러울 산　영 acid 중 酸 suān 일 サン(す)

酸性(산성) 산이 가지는 성질

酸度(산도)　酸素(산소)　酸化(산화)

3급

桑
[木 6, 총10획]

뽕나무 상　영 mulberry 중 桑 sāng 일 ソウ(くわ)

桑葉(상엽) 뽕나무 잎

桑梓(상재)　桑碧(상벽)　扶桑(부상)

3급

償
[人 15, 총17획]

갚을, 보상 상　영 repay 중 偿 cháng 일 ショウ(つぐなう)

償復(상복) 물어서 갚아 줌

償債(상채)　償還(상환)　補償(보상)

3급

祥
[示 6, 총11획]

상서로울, 좋을 상　영 lucky 중 祥 xiáng 일 ショウ(めでたい)

祥草(상초) 상서로운 풀

祥兆(상조)　尙存(상존)　祥瑞(상서)

3급

嘗
[口 11, 총14획]

맛볼, 일찍 상　영 taste 중 尝 cháng 일 ショウ(なめる・かつて)

嘗味(상미) 맛을 봄

嘗試(상시)　嘗藥(상약)　奉嘗(봉상)

3급

[土 10, 총13획]

변방 **새** / 막을 **색**　영block 중塞 sài 일サイ(とりで)

塞外(새외) 성채의 바깥
邊塞(변새) **要塞**(요새) **壅塞**(옹색)

3급

[日 9, 총13획]

더울, 여름 **서**　영hot 중暑 shǔ 일ショ(あつい)

暑氣(서기) 더운 기운
暑月(서월) **暴暑**(폭서) **避暑地**(피서지)

3급

[广 8, 총10획]

뭇, 많을, 거의 **서**　영multitude 중庶 shù 일ショ(もろもろ)

庶幾(서기) 희망함
庶母(서모) **庶民**(서민) **庶子**(서자)

3급

[攴 7, 총11획]

차례, 펼 **서**　영order 중敍 xù 일敍 ジユツ(のべる)

敍論(서론) 순서를 따라 논함
敍任(서임) **敍述**(서술) **敍勳**(서훈)

3급

[木 4, 총8획]

가를, 나누어질 **석**　영divided 중析 xī 일セキ(わける)

析出(석출) 분석(分析) 하여 냄
析別(석별) **解析**(해석) **蕩析**(탕석)

3급

[日 4, 총8획]

예 **석** / 섞일 **착**　영past·ancient 중昔 xī 일セキ(むかし)

昔人(석인) 옛 사람
昔日(석일) **昔年**(석년) **今昔**(금석)

2단계

3급

禪
고요할, 봉선 **선** 영silent 중禅 chán 일ゼン(ゆずる)

[示 12, 총17획]

禪家(선가) 참선하는 사람
禪僧(선승) 禪房(선방) 禪師(선사)

3급

涉
건널, 겪을 **섭** 영cross 중涉 shè 일ショウ(わたる)

[水 7, 총10획]

渡涉(도섭) 일을 보기 위해 건넘
涉獵(섭렵) 涉外(섭외) 干涉(간섭)

3급

召
부를 **소** / 대추 **조** 영call 중召 zhào 일ショウ(めす)

[口 2, 총5획]

召命(소명) 어떤 일을 처리하도록 특별한 부름을 받음
召命(소명) 召集(소집) 召喚(소환)

3급

騷
떠들, 쓸 **소** 영noisy 중骚 sāo 일ソウ(さわぐ)

[馬 10, 총20획]

騷客(소객) 시인, 또는 글을 쓰는 사람
騷動(소동) 騷亂(소란) 騷擾(소요)

3급

蔬
나물, 거칠 **소** 영vegetable 중蔬 shū 일ソ(あおもの)

[艸 12, 총16획]

蔬飯(소반) 변변치 못한 음식
蔬食(소식) 菜蔬(채소) 香蔬(향소)

3급

疏
트일, 채소 **소** 영open 중疏 shū 일コツ(たちまち)

[疋 7, 총12획]

疏食(소사) 채식과 곡식
疏惡(소악) 疏開(소개) 疏遠(소원)

3급
[日 5, 총9획]

밝을, 나타날 **소**　　　영 bright 중 昭 zhāo 일 ショウ

昭昭(소소) 사리(事理)가 환하고 뚜렷함
昭格署(소격서)　昭明(소명)　昭詳(소상)

3급
[火 12, 총16획]

사를, 탈 **소**　　　영 burn 중 烧 shāo 일 ショウ(やく)

燒却(소각) 태워버림
燒殺(소살)　燒失(소실)　燒酒(소주)

3급
[米 6, 총12획]

조 **속**　　　영 millet 중 粟 sù 일 ゾク(あわ)

粟米(속미) 조와 쌀
粟膚(속부)　粟殼(속각)　粟粒(속립)

3급
[言 7, 총14획]

욀 **송**　　　영 recite 중 诵 sòng 일 ショウ(そらんずる)

誦經(송경) 불교의 경전을 욈
誦讀(송독)　誦呪(송주)　誦唱(송창)

3급
訟
[言 4, 총11획]

송사할 **송**　　　영 sue 중 讼 sòng 일 ショウ

訟辭(송사) 소송하는 것
獄訟(옥송)　訴訟(소송)　訟庭(송정)

3급
[金 10, 총18획]

쇠사슬, 잠글 **쇄**　　　영 chain 중 锁 suǒ 일 サ(くさり)

連鎖(연쇄) 두 쪽을 맞걸어서 매는 사슬
鎖國(쇄국)　鎖陽(쇄양)　封鎖(봉쇄)

3급

睡

[目 8, 총13획]

졸, 잠 수   영sleep 중睡 shuì 일スイ(ねむる)

寢睡(침수) 수면(睡眠)을 높이어 이르는 말

睡眠(수면) 睡寢(수침) 睡魔(수마)

3급

雖

[隹 9, 총17획]

비록, 만일 수   영even if 중虽 suī 일スイ(いえども)

雖然(수연) 그렇지만, 비록 ~라 하더라도

雖設(수설) 雖曰不可(수왈불가)

3급

[辵 9, 총13획]

드디어, 이룰 수   영at last 중遂 suì 일スイ(とげる)

未遂(미수) 아직 완성하지 못함

完遂(완수) 遂成(수성) 遂行(수행)

3급

[言 8, 총15획]

누구, 옛날 수   영who 중谁 shéi 일スイ(だれ)

誰昔(수석) 옛날

誰某(수모) 誰何(수하) 誰怨誰咎(수원수구)

3급

[囗 2, 총5획]

가둘, 죄인 수   영imprison 중囚 qiú 일シュウ(とらわれる)

囚徒(수도) 징역에 처한 죄인

囚役(수역) 囚衣(수의) 囚人(수인)

3급

[頁 3, 총12획]

모름지기, 수염 수   영should 중须 xū 일シュ(すべからく)

必須(필수) 꼭 필요로 함

須髮(수발) 須髥(수발) 須菩提(수보리)

3급

누구 숙　　　　　　　영 who 중 孰 shú 일 ジユク(いずれ)

孰哉(숙재) 누구이겠느냐?

[子 8, 총11획]　孰若(숙약) 孰能禦之(숙능어지) 孰知(숙지)

3급

좇을, 돌 순　　　　　　영 round 중 循 xún 일 シュン(めぐる)

循俗(순속) 풍속을 좇음

[彳 9, 총12획]　循行(순행) 循吏(순리) 循次(순차)

3급

입술 순　　　　　　　영 lips 중 脣 chún 일 シユン

口脣(구순) 입과 입술

[肉 7, 총11획]　脣音(순음) 丹脣(단순) 脣亡齒寒(순망치한)

3급

방패, 피할 순　　　　　영 shield 중 盾 dùm 일 ジユン(たて)

矛盾(모순) 창과 방패

[目 4, 총9획]　盾戈(순과) 戟盾(극순) 戈盾(과순)

3급

따라죽을 순 영 self immolation 중 殉 xùn 일 ジユン(したがう)

殉敎(순교) 자신이 믿는 종교를 위하여 목숨을 바침

[歹 6, 총10획]　殉死(순사) 殉節(순절) 殉職(순직)

3급

개 술　　　　　　　　영 dog 중 戌 xū 일 ジユツ(いぬ)

戌年(술년) 태세의 지지가 술(戌) 이 되는 해

[戈 2, 총6획]　戌時(술시) 戌正(술정) 庚戌(경술)

2단계

3급
濕
[水 14, 총17획]

축축할, 우로 **습** 영 wet 중 湿 shī 일 湿 シツ(しめる)

濕氣(습기) 축축한 기운

濕疹(습진) 濕度(습도) 濕性(습성)

3급
升
[十 2, 총4획]

되, 승패 **승** 영 measure 중 升 shēng 일 ショウ(ます)

升鑑(승감) 편지에 받는 사람 이름 아래에 쓰는 존칭어

升斗(승두) 升堂入室(승당입실)

3급
矢
[矢 0, 총5획]

화살, 맹세할 **시** 영 arrow 중 矢 shǐ 일 シ(や)

矢言(시언) 맹세하는 말

矢心(시심) 矢石(시석) 嚆矢(효시)

3급
伸
[人 5, 총7획]

펼 **신** 영 extend 중 伸 shēn 일 シン(のびる)

追伸(추신) 편지의 말미에 덧붙여 쓰는 말

伸縮(신축) 伸長(신장) 伸寃(신원)

3급
辛
[辛 0, 총7획]

매울, 고생할 **신** 영 hot 중 辛 xīn 일 シン(かのと·からい)

辛苦(신고) 맵고 씀

辛味(신미) 辛勝(신승) 辛辣(신랄)

3급
晨
[日 7, 총11획]

새벽 **신** 영 daybreak 중 晨 chén 일 シン(あした)

晨起(신기) 아침에 일어남

晨省(신성) 晨風(신풍) 淸晨(청신)

3급

[寸 9, 총12획]

찾을, 쓸 **심**

영search 중寻 xún 일ジン(ひろ)

尋訪(심방) 찾아봄
尋常(심상) 尋問(심문) 推尋(추심)

3급

[食 7, 총16획]

주릴 **아**

영hungry 중饿 è 일ガ(うえる)

餓倒(아도) 배고파 쓰러짐
餓死(아사) 餓鬼(아귀) 飢餓(기아)

3급

[艸 4, 총8획]

싹, 처음 **아**

영sprout 중芽 yá 일ガ(め)

發芽(발아) 싹이 남
萌芽(맹아) 芽椄(아접) 胚芽(배아)

3급

[牙 0, 총4획]

어금니, 송곳니 **아**

영molar 중牙 yá 일ガ(きば)

牙器(아기) 상아로 만든 그릇
牙彫(아조) 牙城(아성) 牙箏(아쟁)

3급

[山 5, 총8획]

큰 **악**

영great 중岳 yuè 일ガク(おか)

岳母(악모) 장모
岳父(악부) 岳公(악공) 山岳(산악)

3급

[鳥 4, 총15획]

기러기 **안**

영wild goose 중雁 yàn 일ガン(かり)

鴈毛(안모) 기러기털
鴈行(안행) 家鴈(가안) 鴈門紫塞(안문자색)

2단계

3급
謁
[言 9, 총16획]

볼 **알**   영 visit 중 谒 yè 일 エツ(まみえる)

謁見(알현) 귀인이나 군왕을 찾아 뵙는 일
謁廟(알묘) 謁告(알고) 拜謁(배알)

3급
涯
[水 8, 총11획]

물가, 끝 **애**   영 shore 중 涯 yá 일 ガイ(はて)

生涯(생애) 일평생
際涯(제애) 涯角(애각) 境涯(경애)

3급
厄
[厂 2, 총4획]

재앙 **액**   영 calamity 중 厄 è 일 ユウ(うれえる)

厄年(액년) 운수가 사나운 해
厄運(액운) 厄難(액난) 災厄(재액)

3급
也
[乙 2, 총3획]

잇기, 또 **야**   영 also 중 也 yě 일 ヤ(なり)

焉哉乎也(언재호야) 천자문의 맨 끝 귀
及其也(급기야) 言則是也(언즉시야)

3급
耶
[耳 3, 총9획]

어조사, 아버지를 부르는, 말 **야**   영 particle 중 耶 yē 일 ヤ

間或(간혹) 어쩌다가, 가끔
耶孃(야양) 耶蘇(야소) 或也(혹야)

3급
楊
[木 9, 총13획]

버드나무 **양**   영 willow 중 杨 yáng 일 ヨウ(やなぎ)

楊枝(양지) 버들가지, 또는 이쑤시개
楊梅瘡(양매창) 楊柳(양류) 楊州(양주)

3급
[方 4, 총8획]

어조사 **어** / 탄식할 **오**　　영 particle　중 於 yú　일 オ(おいて)

於焉間(어언간) 어느덧

於中間(어중간)　於焉間(어언간)　於焉(어언)

3급
[火 7, 총11획]

어찌, 이에 **언**　　영 why　중 焉 yān　일 エン(いずくんぞ)

焉敢(언감) 어찌 감히 하지 못함을 뜻함

於焉(어언)　於赤(어적)　於半(어반)

3급
[車 10, 총17획]

수레, 가마 **여**　　영 palankeen　중 与 yú　일 ヨ(こし)

輿論(여론) 여러 사람의 공통된 의견

輿馬(여마)　輿駕(여가)　輿望(여망)

3급
[水 3, 총6획]

너 **여**　　영 you　중 汝 rǔ　일 ジョ(なんじ)

汝等(여등) 너희

汝曹(여조)　汝輩(여배)　爾汝(이여)

3급
[人 5, 총7획]

나, 남을 **여**　　영 more　중 余 yú　일 ヨ(われ·あまり)

余等(여등) 우리들

余輩(여배)　余月(여월)　宜寧余(의령여)

3급
[亅 3, 총4획]

나, 줄 **여**　　영 give　중 予 yǔ　일 ヨ(われ)

予奪(여탈) 주는 것과 빼앗는 것

予曰(여왈)　欲取先予(욕취선여)　分予(분여)

3급

疫
[疒 4, 총9획]

염병 **역**　　영 pestilence 중 疫 yì 일 エキ(はやりやみ)

疫鬼(역귀) 전염병을 퍼뜨리는 귀신

疫病(역병) 疫疾(역질) 免疫(면역)

3급

硯
[石 7, 총12획]

벼루 **연**　　영 ink slab 중 砚 yàn 일 ケン(すずり)

硯滴(연적) 벼룻물을 담는 조그만 용기

筆硯(필연) 紙筆硯墨(지필연묵) 同硯(동연)

3급

燕
[火 12, 총16획]

제비, 나라이름 **연**　영 swallow 중 燕 yàn 일 エン(つばめ)

燕息(연식) 하는 일없이 집에 한가히 있음

燕尾服(연미복) 燕賀(연하) 毛燕(모연)

3급

炎
[火 4, 총8획]

불꽃, 불탈 **염**　　영 flame 중 炎 yán 일 エン(やむ·もえる)

炎上(염상) 불꽃이 타오름

炎暑(염서) 肝炎(간염) 庚炎(경염)

3급

鹽
[鹵 13, 총24획]

소금, 절일 **염**　　영 salt 중 盐 yán 일 塩 エン(しお)

鹽分(염분) 소금기

鹽水(염수) 鹽拂(염불) 鹽藏(염장)

3급

泳
[水 5, 총8획]

헤엄칠 **영**　　영 swim 중 泳 yǒng 일 エイ(およぐ)

遊泳(유영) 헤엄 치고 돌아다님

水泳(수영) 泳法(영법) 泳脚(영각)

3급
[言 5, 총12획]

읊을, 시가를 지을 **영** 영recite 중咏 yǒng 일エイ(よむ)

詠嘆(영탄) 소리를 길게 끌며 탄식함
詠詩(영시) 詠唱(영창) 吟詠(음영)

3급
[金 7, 총15획]

날카로울, 똑똑할 **예** 영sharp 중锐 ruì 일エイ(するどい)

銳利(예리) 날카로움
銳角(예각) 銳敏(예민) 銳鋒(예봉)

3급
[人 11, 총13획]

거만할, 놀 **오** 영haughty 중傲 ào 일ゴウ(おごる)

傲氣(오기) 오만스러운 분기
傲慢(오만) 傲然(오연) 簡傲(간오)

3급
[女 7, 총10획]

즐길 **오** 영amuse 중娱 yú 일ゴ(たのしむ)

娛樂(오락) 놀이를 즐김
娛遊(오유) 戲娛(희오) 歡娛(환오)

3급
[口 10, 총13획]

탄식소리, 새 소리 **오** 영alas 중呜 wū 일オウ(ああ)

嗚咽(오열) 목이 메어 욺
嗚呼(오호) 嗚泣(오읍) 噫嗚(희오)

3급
[水 3, 총6획]

더러울, 씻을 **오** 영dirty 중污 wū 일オ(けがす・よごす)

污物(오물) 더럽고 지저분한 물건
污染(오염) 污辱(오욕) 污點(오점)

3급
吾 나, 우리 오 영 I 중 吾 wú 일 ゴ(われ)

吾等(오등) 우리들

吾家(오가) 吾人(오인) 枝吾(지오)

[口 4, 총7획]

3급
梧 벽오동나무 오 영 paulownia 중 梧 wú 일 ゴ(あおぎり)

梧桐(오동) 벽오동나무

梧月(오월) 梧下(오하) 支梧(지오)

[木 7, 총11획]

3급
翁 늙은이, 아버지 옹 영 old man 중 翁 wēng 일 オウ(おきな)

翁嫗(옹구) 늙은 남녀

翁主(옹주) 翁壻(옹서) 家翁(가옹)

[羽 4, 총10획]

3급
瓦 기와 와 영 roof tile 중 瓦 wǎ 일 ガ(かわら)

瓦家(와가) 기와집

瓦片(와편) 瓦當(와당) 瓦解(와해)

[瓦 0, 총5획]

3급
臥 누울 와 영 lie 중 臥 wò 일 ガ(ふす)

臥龍(와룡) 엎드려 있는 용

臥病(와병) 臥床(와상) 臥瓜(와과)

[臣 2, 총8획]

3급
緩 느릴, 늦출 완 영 slow 중 缓 huǎn 일 カン(ゆるい)

緩急(완급) 느려짐과 바쁨

緩慢(완만) 緩衝(완충) 緩和(완화)

[糸 9, 총15획]

3급
日 [日 0, 총4획]

가로 **왈** 영 speak 중 日 yuē 일 エツ(いわく)

日可日否(왈가왈부) 어떤 일에 대하여 옳으니 그르니 함
日若(왈약) 日牌(왈패) 或日(혹왈)

3급
畏 [田 4, 총9획]

두려워할, 으를 **외** 영 fear 중 畏 wèi 일 イ(おそれる)

畏敬(외경) 어려워하고 공경함
畏懼(외구) 畏友(외우) 畏兄(외형)

3급
腰 [肉 9, 총13획]

허리, 허리에 띨 **요** 영 waist 중 腰 yāo 일 ヨウ(こし)

腰劍(요검) 검을 허리에 참
腰刀(요도) 腰帶(요대) 腰折(요절)

3급
 [辵 10, 총14획]

멀, 서성거릴 **요** 영 distant 중 遥 yáo 일 ヨウ(はるか)

遙遠(요원) 아득히 멂
遙望(요망) 遙昔(요석) 逍遙(소요)

3급
 [手 10, 총13획]

흔들릴, 오를, 흔들 **요** 영 shake 중 摇 yáo 일 ヨウ(ゆる)

搖動(요동) 흔들림
搖鈴(요령) 搖亂(요란) 搖籃(요람)

3급
 [广 8, 총11획]

쓸, 애쓸 **용** 영 use·employ 중 庸 yōng 일 ヨウ(つね·もちいる)

庸劣(용렬) 어리석고 둔함
庸人(용인) 庸言(용언) 中庸(중용)

3급

尤
[尢 1, 총4획]

더욱, 탓할 **우** 　　　영 more over 중 尤 yóu 일 ユウ(もっとも)

尤妙(우묘) 아주 이상함

尤甚(우심)　尤物(우물)　尤妙(우묘)

3급

又
[又 0, 총2획]

거듭, 또 **우** 　　　영 and·again 중 又 yòu 일 ユウ(また)

又重之(우중지) 더욱이

又況(우황)　又賴(우뢰)　一又(일우)

3급

[二 1, 총3획]

어조사, 탄식할 **우** 　　　영 particle 중 千 yú 일 ウ

于今(우금) 지금까지

于歸(우귀)　于先(우선)　單于(선우)

3급

[羽 0, 총6획]

깃, 새 **우** 　　　영 wing 중 宇 yǔ 일 ウ(はね·は)

雨士(우사) 도사

羽毛(우모)　羽扇(우선)　羽翼(우익)

3급

[二 2, 총4획]

이를, 어조사 **운** 　　　영 say 중 云 yún 일 ウン(いう)

或云(혹운) 어떠한 사람이 말하는 바

云爲(운위)　云云(운운)　紛云(분운)

3급

[肉 5, 총9획]

밥통, 마음 **위** 　　　영 stomach 중 胃 wèi 일 イ(いぶくろ)

胃液(위액) 위에서 분비되는 소화액

胃腸(위장)　胃壁(위벽)　胃炎(위염)

3급

[糸 9, 총15획]

씨 위　　　　　영 woof 중 纬 wěi 일 イ(よこいと)

緯度(위도) 씨줄
緯線(위선)　緯兵(위병)　經緯(경위)

3급

[人 12, 총14획]

거짓, 속일 위　　　영 false 중 伪 wěi 일 ギ(いつわる)

僞善(위선) 본심이 아닌 거짓으로 하는 선행
僞作(위작)　僞裝(위장)　僞造(위조)

3급

[辵 9, 총13획]

어길, 다를 위　　　영 violate 중 违 wéi 일 イ(ちがえる)

違法(위법) 법을 어김
違約(위약)　違憲(위헌)　違和(위화)

3급

[心 9, 총13획]

나을, 즐거울 유　　영 be better 중 愈 yù 일 ユ(いよいよ)

愈愈(유유) 자꾸 더해 가는 모습
韓愈(한유)　愈出愈怪(유출유괴)　痊愈(전유)

3급

[心 8, 총11획]

생각할, 오직 유　　영 consider·think 중 惟 wéi 일 イ·ユイ

思惟(사유) 마음으로 생각함
惟獨(유독)　惟靜(유정)　恭惟(공유)

3급

[酉 0, 총7획]

닭, 열째 지지(地支) 유　　영 cock 중 酉 yǒu 일 ユウ(とり)

酉時(유시) 하오 5시부터 7시까지의 시각
酉方(유방)　酉年(유년)　乙酉(을유)

3급

[口 8, 총11획]

오직, 대답할 유　　　영only 중唯 wéi 일イ·ユイ(ただ)

唯物(유물) 물질만이 존재한다고 보는 일

唯唯(유유)　唯一(유일)　諾唯(낙유)

3급

[門 4, 총12획]

윤달 윤　　　영leap month 중闰 rùn 일ジュン(うるう)

閏年(윤년) 윤달이 드는 해

閏位(윤위)　閏月(윤월)　閏朔(윤삭)

3급

[水 8, 총11획]

음란할 음　　　영obscene 중淫 yín 일イン(みだる)

淫樂(음락) 음란한 쾌락

淫慾(음욕)　淫貪(음탐)　淫蕩(음탕)

3급

[口 4, 총7획]

읊을, 신음할 음　　　영recite 중吟 yín 일ギン(くちずさむ)

吟味(음미) 시나 노래를 읊어 그 맛을 봄

吟諷(음풍)　吟唱(음창)　呻吟(신음)

3급

[水 5, 총8획]

울, 눈물 읍　　　영weep 중泣 qì 일リユウ(なく)

泣諫(읍간) 울면서 간함

泣訴(읍소)　感泣(감읍)　哭泣(곡읍)

3급

[宀 5, 총8획]

마땅할, 마땅히 의　　　영suitable 중宜 yí 일ギ

宜當(의당) 마땅히

宜當事(의당사)　宜合(의합)　便宜(편의)

3급

[矢 2, 총7획]

어조사 의

영 particle 중 矣 yǐ 일 イ(じとじ)

萬事休矣(만사휴의) 모든 것이 끝이 남

六矣廛(육의전) 矣乎(의호) 矣夫(의부)

3급

[大 3, 총6획]

오랑캐 이

영 barbarian 중 夷 yí 일 イ(えびす)

夷滅(이멸) 멸망시킴

夷狄(이적) 夷則(이칙) 東夷(동이)

3급

[己 0, 총3획]

이미, 그칠, 매우 이

영 already 중 己 yǐ 일 イ(すでに)

已甚(이심) 아주 심함

已往(이왕) 已發之矢(이발지시)

3급

[而 0, 총6획]

말이을, 너 이

영 and 중 而 ér 일 ジ(しかして)

而今以後(이금이후) 앞으로 이후

而立(이립) 似而非(사이비) 博而不精(박이부정)

3급

[貝 5, 총12획]

두, 두 마음 이

영 two 중 貳 èr 일 弐 ニ(ふたつ)

貳車(이거) 여벌로 따르는 수레

貳心(이심) 貳師(이사) 携貳(휴이)

3급

[宀 8, 총11획]

동북, 셋째지지 인

영 eastern 중 寅 yín 일 イン(とら)

寅時(인시) 새벽 3시부터 5시 사이

寅念(인념) 寅年(인년) 寅生(인생)

2단계

姻
3급
[女 6, 총9획]

혼인 **인**　　　영 marriage 중 姻 yīn 일 イン(よめいり)

姻婭(인아) 일가
姻戚(인척)　姻叔(인숙)　婚姻(혼인)

刃
3급
[刀 1, 총3획]

칼날, 병기 **인**　　　영 blade 중 刃 rèn 일 ジン(は)

霜刃(상인) 서릿발같은 칼날
兵刃(병인)　刃創(인창)　凶刃(흉인)

壹
3급
[士 9, 총12획]

한, 모두 **일**　　　영 one 중 壹 yī 일 壱 イチ(ひとつ)

壹是(일시) 모두
均壹(균일)　壹用之(일용지)　壹意(일의)

賃
3급
[貝 6, 총13획]

품팔이 **임**　　　영 wage 중 赁 lìn 일 チン(やとう)

賃貸(임대) 삯을 받고 빌려줌
賃借(임차)　賃金(임금)　勞賃(노임)

刺
3급
[刀 6, 총8획]

찌를 **자** / 나무랄 **체**　　　영 pierce 중 刺 cì 일 シ・セキ(さす)

刺戟(자극) 정신을 흥분시키는 일
刺殺(자살)　刺繡(자수)　刺殺(척살)

雌
3급
[隹 5, 총13획]

암컷, 약할 **자**　　　영 female 중 雌 cí 일 シ(めす)

雌伏(자복) 복종하고 따름
雌雄(자웅)　雌性(자성)　雄雌(웅자)

3급 필수한자 | **223**

3급

[心 6, 총10획]

방자할 **자**　　　영 arrogant 중 恣 zì 일 シ(ほしいまま)

恣意(자의) 멋대로 함

恣行(자행) 恣女(자녀) 忌恣(기자)

3급

[糸 5, 총11획]

자주빛 **자**　　　영 purple 중 紫 zǐ 일 シ(むらさき)

紫色(자색) 보라색

紫水晶(자수정) 紫桃(자도) 紫朱(자주)

3급

[玄 5, 총10획]

이, 흐릴 **자**　　　영 this 중 茲 zī 일 シ·ジ(ここ)

來茲(내자) 올해의 바로 다음 해

今茲(금자) 龜茲(구자) 茲宮(자궁)

3급

[爪 14, 총18획]

잔, 작위 **작**　　　영 wine cup 중 爵 jué 일 シャク

爵祿(작록) 작위와 봉록

爵帖(작첩) 爵位(작위) 爵名(작명)

3급

[酉 3, 총10획]

따를, 짐작할 **작**　　　영 pour (out) 중 酌 zhuó 일 シャク(くむ)

酌婦(작부) 술집에서 술을 따르며 생활하는 여인

獨酌(독작) 酌處(작처) 酌定(작정)

3급

[虫 18, 총24획]

누에, 누에칠 **잠**　　　영 silkworm 중 蚕 cán 일 サン(かいこ)

蠶桑(잠상) 뽕나무를 재배하고 누에를 침

蠶食(잠식) 蠶箔(잠박) 蠶絲(잠사)

3급
墻 담장 **장** 영 wall 중 墙 qiáng
[土 13, 총16획]
木板墻(목판장) 널빤지로 둘러친 울타리
墻壁(장벽) 岩墻(암장) 板墻(판장)

3급
牆 담, 경계 **장** 영 wall 중 墙 qiáng 일 ショウ
[爿 13, 총17획]
牆內(장내) 담 안
牆外漢(장외한) 牆籬(장리) 肩牆(견장)

3급

哉 어조사, 비로소 **재** 영 oh!·particle 중 哉 zāi 일 サイ(かな)
[口 6, 총9획]
哉生明(재생명) 음력 초사흘
善哉(선재) 快哉(쾌재) 嗚呼痛哉(오호통재)

3급

滴 물방울 **적** 영 drop 중 滴 dī 일 テキ(したたり)
[水 11, 총14획]
滴水(적수) 물방울
滴瀝(적력) 硯滴(연적) 滴定(적정)

3급

蝶 나비 **접** 영 butterfly 중 蝶 dié 일 チョウ
[虫 9, 총15획]
胡蝶(호접) 나비
蝶夢(접몽) 蝶泳(접영) 蝶兒(접아)

3급

訂 바로잡을 **정** 영 correction 중 订 dìng 일 テイ
[言 2, 총9획]
訂正(정정) 바로 잡음
校訂(교정) 訂約(정약) 改訂(개정)

3급 堤
[土 9, 총12획]

방죽, 제방 **제**   영dike 중堤 dī 일テイ(つつみ)

堤防(제방) 수해 예방을 위해 토석으로 쌓은 둑
堤塘(제당) 堤堰(제언) 堰堤(언제)

3급 弔
[弓 1, 총4획]

조상할, 이를 **조**   영condole 중吊 diào 일吊 チョウ(とむらう)

弔客(조객) 조상하는 사람
弔意(조의) 弔旗(조기) 弔喪(조상)

3급 租
[禾 5, 총10획]

구실, 세듣다 **조**   영tribute 중租 zū 일ソ(みっぎ)

租庸調(조용조) 옛날 조세(租稅) 제도의 하나
租稅(조세) 租界(조계) 賭租(도조)

3급 燥
[火 13, 총17획]

마를, 말릴 **조**   영dry 중燥 zào 일ソウ(かわく)

燥急(조급) 초조(焦燥) 하고 급함
燥渴(조갈) 燥涸(조학) 乾燥(건조)

3급
[手 5, 총8획]

못날, 운이 나쁠 **졸**   영stupid 중拙 zhuō 일ソツ(まずい)

拙稿(졸고) 졸렬하게 쓴 원고
拙工(졸공) 拙劣(졸렬) 拙速(졸속)

3급
[人 5, 총7획]

도울, 도움 **좌**   영assist 중佐 zuǒ 일サ(たすける)

輔佐官(보좌관) 곁에서 돕는 관리
佐平(좌평) 輔佐(보좌) 反佐(반좌)

2단계

3급

[工 2, 총5획]

왼, 낮출, 증거 **좌**　　　영 left 중 左 zuǒ 일 サ(ひだり)

左記(좌기) 왼쪽에 적음

左邊(좌변) 左傾(좌경) 左右(좌우)

3급

酒

[酉 3, 총10획]

술 **주**　　　영 wine 중 酒 jiǔ 일 シユ(さけ)

酒色(주색) 술과 여색. 얼굴에 나타난 술기운

酒肴(주효) 酒幕(주막) 酒店(주점)

3급

[木 6, 총10획]

그루, 주식 **주**　　　영 stump 중 株 zhū 일 シユ(かぶ)

株金(주금) 주식에 대한 출자금

株價(주가) 株券(주권) 株式(주식)

3급

[舟 0, 총6획]

배, 전하다 **주**　　　영 ship 중 舟 zhōu 일 シユウ(ふね)

舟遊(주유) 뱃놀이

方舟(방주) 舟梁(주량) 舟子(주자)

3급

俊

[人 7, 총9획]

준걸, 클 **준**　　　영 superior 중 俊 jùn 일 シユン(さといも)

俊德(준덕) 덕이 높은 선비

俊傑(준걸) 俊秀(준수) 俊才(준재)

3급

[辵 12, 총16획]

좇을, 거느릴 **준**　　　영 follow 중 遵 zūn 일 ジユン

遵守(준수) 좇아 지킴

遵法(준법) 遵行(준행) 恪遵(각준)

3급
仲 버금, 가운데 **중** 영 next 중 仲 zhòng 일 チュウ(なか)
[人 4, 총6획]
仲介(중개) 두 사람 사이에서 일을 추진하는 것
仲秋(중추) 仲裁(중재) 伯仲(백중)

3급
贈 보낼, 선물 **증** 영 send 중 赠 zèng 일 ゾウ(おくる)
[貝 12, 총19획]
贈與(증여) 거저 남에게 줌
贈呈(증정) 寄贈(기증) 贈進(증진)

3급
遲 늦을, 기다릴 **지** 영 late 중 迟 chí 일 チ(おくれる)
[辵 12, 총16획]
遲滯(지체) 꾸물거리고 늦음
遲刻(지각) 遲延(지연) 遲鈍(지둔)

3급
只 다만 **지** 영 only 중 只 zhǐ 일 シ(ただ)
[口 2, 총5획]
只今(지금) 이제, 시방
但只(단지) 只管(지관) 唐只(당지)

3급
枝 가지, 버틸 **지** 영 branch 중 枝 zhī 일 シ(えだ)
[木 4, 총8획]
枝道(지도) 갈림길
枝吾(지오) 枝葉(지엽) 枝指(지지)

3급
姪 조카 **질** 영 niece 중 姪 zhí 일 テツ(めい、おい)
[女 6, 총9획]
姪女(질녀) 조카딸
姪婦(질부) 姪孫(질손) 妻姪(처질)

2단계

3급

[心 15, 총19획]

혼날, 징계 **징**　영 punish　중 惩 chéng　일 チョウ(こらす)

懲罰(징벌) 징계하고 벌함
懲惡(징악) 懲戒(징계) 懲役(징역)

3급

[一 4, 총5획]

또, 우선, 만일 **차**　영 also　중 且 qiě　일 シャ(かつ)

且問且答(차문차답) 한편 묻고 한편 대답함
且說(차설) 重且大(중차대) 苟且(구차)

3급

[人 8, 총10획]

빌, 가령 **차**　영 borrow　중 借 jiè　일 シャク(かりる)

借款(차관) 외국에서 돈을 빌림
借問(차문) 借名(차명) 借入(차입)

3급

[金 8, 총16획]

어긋날 **착** / 둘 **조**　영 error　중 错 cuò　일 サク・ソ(まじる)

錯誤(착오) 착각으로 인한 잘못
錯雜(착잡) 錯覺(착각) 錯亂(착란)

3급

[手 7, 총10획]

잡을, 붙잡을 **착**　영 seize　중 捉 zhuō　일 ソク・サク(とらえる)

捕捉(포착) 잡아냄
捉送(착송) 捉囚(착수) 活捉(활착)

3급

[心 11, 총14획]

참혹할 **참**　영 misery　중 惨 cǎn　일 サン(いたむ)

慘劇(참극) 참혹하게 벌어진 일
慘憺(참담) 慘變(참변) 慘事(참사)

3급

[心 11, 총14획]

부끄러울 **참**　　　영 shame 중 惭 cán 일 ザン(はじる)

無慚(무참) 말할 수 없이 부끄러움

慚愧(참괴) 駭慚(해참)

3급

[心 11, 총15획]

부끄러울 **참**　　　영 shame 중 慙 cán

慙悔(참회) 부끄러워서 뉘우침

慙愧(참괴) 慙羞(참수) 慙作(참작)

3급

[日 10, 총14획]

펼, 자랄 **창**　　　영 bright 중 畅 chàng 일 チョウ(のびる)

和暢(화창) 날씨가 바람이 온화하고 맑음

暢達(창달) 暢懷(창회) 暢樂(창락)

3급

[水 10, 총13획]

찰, 물빛, 바다 **창**　　　영 blue 중 沧 cāng 일 ソウ

滄海(창해) 넓고 큰 바다

滄波(창파) 滄茫(창망) 滄浪(창랑)

3급

[人 11, 총13획]

빚 **채**　　　영 debt 중 债 zhài 일 サイ(かり)

負債(부채) 갚아야 할 빚

債務(채무) 債務者(채무자) 債券(채권)

3급

[心 8, 총11획]

슬퍼할 **처**　　　영 sad 중 悽 qī 일 セイ(いたむ)

悽然(처연) 슬퍼하는 모습

悽慘(처참) 悽絶(처절) 悽悽(처처)

2단계

3급
斥 물리칠, 엿볼 **척** 영 refuse 중 斥 chì 일 セキ(しりぞける)
[斤 1, 총5획]
斥候(척후) 몰래 적의 형편(形便)을 살핌
斥邪(척사) 斥黜(척출) 斥和(척화)

3급
薦 천거할 **천** 영 recommend 중 荐 jiàn 일 セン(すすめる)
[艸 13, 총17획]
薦擧(천거) 사람을 추천함
薦望(천망) 自薦(자천) 公薦(공천)

3급
 옮길 **천** 영 move 중 迁 qiān 일 セン(うつる)
[辵 12, 총16획]
遷都(천도) 도읍을 옮김
遷動(천동) 遷延(천연) 遷職(천직)

3급
 더할, 맛 더할 **첨** 영 add 중 尖 tiān 일 テン(そえる)
[水 8, 총11획]
添加(첨가) 덧붙임
添附(첨부) 添削(첨삭) 添盞(첨잔)

3급
 뾰족할, 끝 **첨** 영 sharp 중 尖 jiān 일 セン(とがる)
[小 3, 총6획]
尖端(첨단) 물건의 뾰족한 끝
尖利(첨리) 尖兵(첨병) 尖銳(첨예)

3급
 첩 **첩** 영 concubine 중 妾 qiè 일 ショウ(めかけ)
[女 5, 총8획]
妾子(첩자) 첩의 자식(子息)
妾室(첩실) 妾子(첩자) 愛妾(애첩)

3급
晴 갤 **청** 영clear 중晴 qíng 일セイ(はれる)

晴明(청명) 하늘이 개어 맑음

晴雨(청우) 晴曇(청담) 快晴(쾌청)

[日 8, 총12획]

3급
替 바꿀 **체** 영change 중替 tì 일タイ(かえる)

替番(체번) 순번의 차례로 갈아듦

替送(체송) 替直(체직) 交替(교체)

[日 8, 총12획]

3급
 갈마들 **체** 영replace 중递 dì 일テイ(かける)

遞信(체신) 우편이나 전신, 전화 등의 일을 통틀어 이르는 말

遞減(체감) 遞增(체증) 遞信部(체신부)

[辵 10, 총14획]

3급
 뽑을, 베낄 **초** 영copy out 중抄 chāo 일ショウ

抄掠(초략) 억지로 빼앗음

抄錄(초록) 抄本(초본) 抄譯(초역)

[手 4, 총7획]

3급
 촛불, 초 **촉** 영candle 중烛 zhú 일ショク(ともしび)

燭光(촉광) 등불빛

燭察(촉찰) 燭臺(촉대) 燭數(촉수)

[火 13, 총17획]

3급
 총명할, 귀 **총** 영clever 중聪 cōng 일ソウ(さとい)

聰明(총명) 귀가 잘 들리고 눈이 잘 보임

聰敏(총민) 聰氣(총기) 聰敏(총민)

[耳 11, 총17획]

3급

醜

[酉 10, 총17획]

더러울 추   영ugly 중丑 chǒu 일シュウ(みにくい)

醜女(추녀) 얼굴이 못생긴 여자

醜惡(추악) 醜聞(추문) 醜雜(추잡)

3급

抽

[手 5, 총8획]

뺄, 당길 추   영abstract 중抽 chōu 일チュウ(ぬく)

抽出(추출) 뽑아냄

抽籤(추첨) 抽象(추상) 抽身(추신)

3급

丑

[一 3, 총4획]

소, 이름 추   영cattle 중丑 chǒu 일チュウ(うし)

丑年(축년) 태세의 지지가 축(丑)으로 시작되는 해

丑時(축시) 丑方(축방) 癸丑(계축)

3급

畜

[田 5, 총10획]

가축, 쌓을 축   영cattle 중畜 chù 일チク(たくわえる)

畜舍(축사) 가축을 기르는 건물

畜産(축산) 畜生(축생) 家畜(가축)

3급

逐

[辵 7, 총11획]

쫓을, 다툴 축   영expel 중逐 zhú 일チク(おう)

逐鬼(축귀) 귀신을 쫓음

逐客(축객) 逐條(축조) 逐出(축출)

3급

臭

[自 4, 총10획]

냄새, 냄새날 취   영stinking 중臭 chòu 일シュウ(くさい)

臭氣(취기) 고약한 냄새

臭味(취미) 家畜(가축) 牧畜(목축)

3급

則
[刀 7, 총9획]

곧, 법, 본받을 **칙** / 곧 **즉** 영 rule 중 则 zé 일 ソク(のり)

原則(원칙) 정해놓은 기준

則效(칙효) 校則(교칙) 規則(규칙)

3급

漆
[水 11, 총14획]

옻, 옻칠할 **칠** 영 lacguer 중 漆 qī 일 シツ(うるし)

漆夜(칠야) 아주 캄캄한 밤

漆板(칠판) 漆器(칠기) 漆木(칠목)

3급

浸
[水 7, 총10획]

담글, 배어들 **침** 영 soak 중 浸 jìn 일 シン(ひたす)

浸水(침수) 홍수로 인하여 논이나 밭 등이 물에 잠김

浸透(침투) 浸入(침입) 浸漬(침지)

3급

枕
[木 4, 총8획]

베개 **침** 영 pillow 중 枕 zhěn 일 チン(まくら)

枕頭(침두) 베갯머리

枕席(침석) 枕木(침목) 衾枕(금침)

3급

墮
[土 12, 총15획]

떨어질, 깨뜨릴 **타** 영 fall 중 堕 duò 일 ダ(おちる)

墮落(타락) 생활을 망침. 떨어짐

解墮(해타) 墮漏(타루) 失墮(실타)

3급

琢
[玉 8, 총12획]

쫄 **탁** 영 chisel 중 琢 zhuó 일 タク(みがく)

切磋琢磨(절차탁마) 학문이나 덕행을 갈고 닦음

琢磨(절차탁마) 琢美(탁미) 磨琢(마탁)

3급
濯
[水 14, 총17획]

씻을, 클 **탁** 　영 wash 중 濯 zhuó 일 タク(すすぐ)

洗濯(세탁) 옷가지 등속을 빠는 것

洗濯所(세탁소) 濯足(탁족) 濯靈(탁령)

3급
托
[手 3, 총6획]

밀, 받침, 맡길 **탁** 　영 push 중 托 tuō 일 タク(よる)

囑託(촉탁) 어떤 일을 처리하기 위하여 위임함

托故(탁고) 托鉢(탁발) 托子(탁자)

3급

[水 13, 총16획]

흐릴, 더러워질 **탁** 　영 cloudy 중 浊 zhuó 일 ダク(にごる)

濁音(탁음) 흐린 소리

濁水(탁수) 濁酒(탁주) 濁流(탁류)

3급

[大 11, 총14획]

빼앗을 **탈** (↔與) 　영 rob 중 夺 duó 일 ダツ(うばう)

奪氣(탈기) 기운을 빼앗음

奪還(탈환) 奪取(탈취) 奪回(탈회)

3급

[貝 4, 총11획]

탐할 **탐** 　영 covet 중 贪 tān 일 タン(むさぼる)

貪官汚吏(탐관오리) 욕심이 많은 부정한 관리

貪民(탐민) 貪慾(탐욕) 貪政(탐정)

3급

[水 9, 총12획]

끓일, 목욕할 **탕** 　영 hot water 중 汤 tāng 일 トウ(ゆ)

冷湯(냉탕) 찬물이 있는 곳

藥湯器(약탕기) 湯藥(탕약) 湯劑(탕제)

3급

[心 5, 총9획]

게으를, 그만 둘 태   영lazy 중怠 dài 일タイ(おこたる)

怠慢(태만) 일을 게을리 함

怠慢(태만) 怠業(태업) 倦怠(권태)

3급

吐

[口 3, 총6획]

토할 토   영vomit 중吐 tǔ 일ト(はく)

吐氣(토기) 억눌린 기분을 토해냄

吐露(토로) 吐絲(토사) 吐逆(토역)

3급

[辶 7, 총11획]

통할, 뚫 투   영transparent 중透 tòu 일トウ(すく)

透明(투명) 속까지 훤히 보임

透視(투시) 透寫(투사) 明透(명투)

3급

[手 12, 총15획]

뿌릴, 퍼뜨릴, 베풀 파   영sow 중播 bō 일ハ(たねまき)

播多(파다) 소문이 널리 퍼짐

種播(종파) 播種(파종) 播遷(파천)

3급

[頁 5, 총14획]

자못, 치우칠 파   영partial 중頗 pō 일ハ(すこぶる)

偏頗(편파) 한쪽으로 치우침

頗多(파다) 阿諛偏頗(아유편파)

3급

[网 10, 총15획]

그만둘, 고달플 파   영cease 중罢 bà 일ヒ(やめる)

罷免(파면) 직무를 해면함

罷業(파업) 罷場(파장) 罷職(파직)

2단계

3급
販
팔, 장사 **판** 　　영 sell 중 販 fàn 일 ハン(うる)

販賣(판매) 물건을 팖

[貝 4, 총11획]　販禁(판금) 販路(판로) 販促(판촉)

3급
貝
조개, 돈 **패** 　　영 shell 중 贝 bèi 일 ハイ

貝殼(패각) 조개 껍데기

[貝 0, 총7획]　貝物(패물) 貝類(패류) 貝塚(패총)

3급
幣
비단, 화폐 **폐** 　　영 silk 중 币 bì 일 ヘイ(おりもの·ぜに)

幣物(폐물) 선사하는 물건

[巾 12, 총15획]　幣邦(폐방) 幣帛(폐백) 貨幣(화폐)

3급
編
엮을 **편** / 땋을 **변** 　　영 weave 중 编 biān 일 ヘン(あむ)

編物(편물) 뜨개질로 만든 물건

[糸 9, 총15획]　編成(편성) 編纂(편찬) 編綴(편철)

3급
遍
두루 **편** 　　영 all over 중 遍 biàn 일 ヘン(あまねく)

遍在(편재) 두루 존재함

[辵 9, 총13획]　遍歷(편력) 遍觀(편관) 一遍(일편)

3급
廢
폐할 **폐** 　　영 abandon 중 废 fèi 일 廃 ハイ(やめる·すたれる)

廢家(폐가) 사람이 살지 않고 버린 집

[广 12, 총15획]　廢棄(폐기) 廢水(폐수) 廢車(폐차)

3급

[艹 12, 총16획]

가림, 가릴 **폐**　　영 cover 중 蔽 bì 일 ヘイ(おおう)

蔽塞(폐색) 다른 사람의 눈을 가림

隱蔽(은폐) 蔽目(폐목) 蔽身(폐신)

3급

[食 5, 총14획]

배부를, 물리게할 **포**　　영 satiated 중 饱 bǎo 일 ホウ(あきる)

飽滿(포만) 음식을 먹어 배가 부른 모습

飽聞(포문) 飽食(포식) 飽和(포화)

3급

[手 5, 총8획]

안을, 지킬 **포**　　영 embrace 중 抱 bào 일 ホウ(かかえる)

抱負(포부) 안고 업고 하는 것

抱卵(포란) 抱擁(포옹) 抱主(포주)

3급

[手 7, 총10획]

잡을, 구할 **포**　　영 catch 중 捕 bǔ 일 ホ(とらえる)

捕盜(포도) 도둑을 잡음

捕殺(포살) 捕捉(포착) 捕獲(포획)

3급

[巾 9, 총12획]

폭, 넓이 **폭**　　영 width 중 幅 fú 일 フク(はば)

幅廣(폭광) 한 폭의 너비

幅跳(폭도) 幅員(폭원) 路幅(노폭)

3급

漂

[水 11, 총14획]

떠돌, 빨래할 **표**　　영 wander 중 漂 piāo 일 ヒョウ(ただよう)

漂流(표류) 마냥 물에 떠내려감

漂母(표모) 漂白(표백) 漂泊(표박)

2단계

3급
匹
[匚 2, 총4획]

짝, 상대, 필 **필**   영partner 중匹 pǐ 일ヒツ(ひき·たぐい)

匹馬(필마) 한 필의 말
匹敵(필적) 匹夫(필부) 配匹(배필)

3급
荷
[艹 7, 총11획]

멜, 짐 **하**   영load 중荷 hé 일カ(はす)

荷役(하역) 짐을 싣고 내림
荷電(하전) 荷重(하중) 荷物(하물)

3급
旱
[日 3, 총7획]

가물 **한**   영drought 중旱 hàn 일カン(ひでり)

旱害(한해) 가뭄으로 인한 재앙
旱害地(한해지) 旱魃(한발) 旱災(한재)

3급
汗
[水 3, 총6획]

땀, 현이름 **한**   영sweat 중汗 hàn 일カン(あせ)

汗衫(한삼) 땀받이 옷
汗蒸(한증) 汗馬(한마) 發汗(발한)

3급
咸
[口 6, 총9획]

다, 같을 **함**   영all 중咸 xián 일カン(みな)

咸服(함복) 모두 복종함
咸營(함영) 咸池(함지) 阮咸(완함)

3급
巷
[己 6, 총9획]

거리, 마을 **항**   영street 중巷 xiàng 일コウ(ちまた)

巷謠(항요) 거리에서 유행하는 노래
巷談(항담) 巷間(항간) 巷說(항설)

3급

돼지 **해** 영 pig 중 亥 hài 일 ガイ(い)
[亠 4, 총6획]
亥年(해년) 태세의 지지가 해로 되는 해
亥時(해시) 亥日(해일) 乙亥(을해)

3급

하인, 어찌 **해** 영 slave 중 奚 xī 일 カイ(ともに)
[大 7, 총10획]
奚琴(해금) 악기 이름
奚奴(해노) 奚琴(해금) 殺奚(살해)

3급

갖출, 그 **해** 영 equip 중 该 gāi 일 ガイ(あたる)
[言 6, 총13획]
該敏(해민) 영리함
該博(해박) 該當(해당) 該洞(해동)

3급

누릴, 대접할 **향** 영 enjoy 중 享 xiǎng 일 キョウ
[亠 6, 총8획]
享年(향년) 한평생 누린 나이
享樂(향락) 享有(향유) 宴享(연향)

3급

처마, 수레 **헌** 영 eaves 중 轩 xuān 일 ケン(のき)
[車 3, 총10획]
軒號(헌호) 남의 당호를 높이어 일컫는 말
軒擧(헌거) 東軒(동헌) 軒軒丈夫(헌헌장부)

3급

악기줄, 현악기를 탈 **현** 영 string 중 弦 xián 일 ゲン
[糸 5, 총11획]
絃琴(현금) 거문고
絃樂(현악) 絃樂器(현악기) 絶絃(절현)

2단계

3급

縣
[糸 10, 총16획]

골, 달 **현**   영 town 중 县 xiàn 일 ケン(あがた)

州縣(주현) 주와 현

郡縣(군현) 縣監(현감) 縣官(현관)

3급

弦
[弓 5, 총8획]

활시위, 반달 **현**   영 string 중 弦 xián 일 ゲン(つるいと)

弦管(현관) 거문고와 피리

弦矢(현시) 弦月(현월) 弦壺(현호)

3급

[穴 0, 총5획]

구멍 **혈**   영 hole 중 穴 xué 일 ケツ(あな)

穴居(혈거) 흙이나 바위의 굴 속에서 삶

穴深(혈심) 穴見(혈견) 經穴(경혈)

3급

[亠 5, 총7획]

형통할 **형**   영 go well 중 亨 hēng 일 キョウ(とおる)

亨通(형통) 온갖 일이 뜻과 같이 잘 되어 감

亨通(형통) 亨運(형운) 亨熟(형숙)

3급

[虫 10, 총16획]

개똥벌레 **형**   영 firefly 중 萤 yíng 일 蛍 ケイ(ほたる)

螢光(형광) 반딧불의 불빛

螢石(형석) 螢光燈(형광등) 囊螢(낭형)

3급

[八 2, 총4획]

어조사 **혜**   영 particle 중 兮 xī 일 ケイ

實兮歌(실혜가) 신라(新羅) 가요의 하나

兮也(혜야) 寂兮寥兮(적혜요혜)

3급 필수한자 | **241**

3급

어조사 **호**   영 particle 중 乎 hū 일 コ(か)

確乎(확호) 든든하게

[丿 4, 총5획]   斷乎(단호) 福輕乎羽(복경호우) 嗟乎(차호)

3급

서로, 부를 **호**   영 mutually 중 互 hù 일 ゴ(たがいに)

互先(호선) 같은 자격을 지닌 사람 사이에서 뽑음

[二 2, 총4획]   互讓(호양) 互角(호각) 互稱(호칭)

3급

가는털, 조금 **호**   영 fine hair 중 毫 háo 일 ゴウ

毫端(호단) 붓의 끝

[毛 7, 총11획]   毫髮(호발) 秋毫不犯(추호불범)

3급

어두울, 어지럽힐 **혼**   영 dark 중 昏 hūn 일 コン(くらい)

昏君(혼군) 우매한 군주

[日 4, 총8획]   昏亂(혼란) 昏迷(혼미) 昏睡(혼수)

3급

넓을 **홍**   영 extensive 중 弘 hóng 일 グ·コウ(ひろい)

弘簡(홍간) 도량이 크고 넓음

[弓 2, 총5획]   弘謀(홍모) 弘報(홍보) 弘益(홍익)

3급

鴻

큰기러기 **홍**   영 big goose 중 鴻 hóng 일 コウ

鴻毛(홍모) 기러기 털

[鳥 6, 총17획]   鴻鵠之志(홍곡지지) 鴻雁(홍안) 鴻爪(홍조)

2단계

3급
禾 벼 **화** 영 rice plant 중 禾 hé 일 カ(いね)
[禾 0, 총5획]
禾稈(화간) 볏집
禾苗(화묘) 禾穀(화곡) 禾主(화주)

3급
穫 벼벨, 거둘 **확** 영 harvest 중 获 huò 일 カク(かる)
[禾 14, 총19획]
收穫(수확) 거둬들임
多收穫(다수확) 穫稻(확도) 刈穫(예확)

3급
擴 넓힐 **확** 영 expand 중 扩 kuò 일 拡 カク(ひろげる)
[手 15, 총18획]
擴大(확대) 늘려서 크게 함
擴散(확산) 擴張(확장) 擴充(확충)

3급
丸 알, 둥글 **환** 영 pill 중 丸 wán 일 ガン(たま)
[丶 2, 총3획]
丸藥(환약) 작고 둥글게 빚은 알약
丸劑(환제) 丸衣(환의) 烏丸(오환)

3급
荒 거칠, 황무지 **황** 영 rough 중 荒 huāng 일 コウ(あれる)
[艸 6, 총10획]
荒年(황년) 흉년
荒廢(황폐) 荒凉(황량) 荒野(황야)

3급
曉 새벽, 밝을 **효** 영 dawn 중 晓 xiǎo 일 ギョウ(あかつき)
[日 12, 총16획]
曉星(효성) 새벽에 보이는 별
曉得(효득) 曉習(효습) 曉鐘(효종)

3급 필수한자 | **243**

3급
侯 [人 7, 총9획]

제후, 과녁 **후**   영feudal lord 중侯 hóu 일コウ

侯爵(후작) 고려 때의 벼슬 이름

侯伯(후백) 封侯(봉후) 節侯(절후)

3급
喉 [口 9, 총12획]

목구멍 **후**   영throat 중喉 hóu 일コウ(のど)

喉頭(후두) 목의 위 끝 부분

喉舌(후설) 喉頭炎(후두염) 斥喉(척후)

3급
毁 [殳 9, 총13획]

헐, 비방할 **훼**   영destroy 중毁 huǐ 일キ(やぶれる)

毁慕(훼모) 죽은 사람을 너무 괴로워한 나머지 몸이 몹시 상함

毁謗(훼방) 毁傷(훼상) 毁損(훼손)

3급
輝 [車 8, 총15획]

빛날, 빛 **휘**   영shine 중辉 huī 일キ(かがやく)

輝赫(휘혁) 빛이 남

輝煌(휘황) 輝度(휘도) 明輝(명휘)

3급
 [手 10, 총13획]

끌, 잡을 **휴**   영carry 중携 xié 일ケイ(たずさえる)

携帶(휴대) 손에 들거나 몸에 지님

携帶品(휴대품) 携引(휴인) 提携(제휴)

3급
 [肉 6, 총10획]

가슴, 마음 **흉**   영breast 중胸 xiōng 일キョウ(むね)

胸襟(흉금) 마음속

胸背(흉배) 胸廓(흉곽) 胸部(흉부)

2단계

3급

熙 빛날, 기뻐할 희　　영 shine 중 熙 xī 일 キ(よろこぶ)

[火 10, 총14획]　熙笑(희소) 기쁜 웃음
　　　　　　　康熙字典(강희자전) 熙文(희문) 熙熙(희희)

3급

噫 탄식할 희 / 트림할 애　　영 belch 중 噫 yī

[口 13, 총16획]　噫嗚(희오) 슬피 탄식(歎息)하고 괴로워하는 모양
　　　　　　　噫瘖(희음) 噫氣(애기) 噫噫(희희)

준3급

佳 아름다울, 좋을 가　　영 beautiful 중 佳 jiā 일 カ

[人 6, 총8획]　佳境(가경) 흥미로운 고비. 재미있는 판
　　　　　　　佳人(가인) 佳景(가경) 佳約(가약)

준3급

脚 다리 각　　영 leg 중 脚 jiǎo 일 キャク(あし)

[肉 7, 총11획]　脚光(각광) 조명 장치의 하나
　　　　　　　脚色(각색) 脚本(각본) 脚注(각주)

준3급

閣 문설주, 시렁 각　　영 doorpost 중 阁 gé 일 カク(たかどの)

[門 6, 총14획]　閣道(각도) 다락집의 복도
　　　　　　　閣議(각의) 閣令(각령) 閣僚(각료)

준3급

肝 간 간　　영 liver 중 肝 gān 일 カン(きも)

[肉 3, 총7획]　肝膈(간격) 몸 속 깊이 있는 간장과 가로막
　　　　　　　肝要(간요) 肝膽(간담) 肝癌(간암)

준3급 필수한자 | **245**

준3급

[刀 3, 총5획]

책, 깎을 **간**   영 publish 중 刊 kān 일 カン(きざむ)

刊本(간본) 인쇄된 서책

刊印(간인) 刊刻(간각) 刊印(간인)

준3급

懇

[心 13, 총17획]

정성 **간**   영 sincerity 중 恳 kěn 일 コン(ねんごろ)

懇切(간절) 절실함

懇求(간구) 懇談(간담) 懇切(간절)

준3급

[干 10, 총13획]

줄기 **간**   영 trunk 중 干 gàn 일 カン(みき)

幹部(간부) 조직에서 중심을 이루는 사람

幹枝(간지) 幹能(간릉) 幹部(간부)

준3급

鑑

[金 14, 총22획]

거울 **감**   영 mirror 중 鉴 jiàn 일 カン(かがみ)

鑑別(감별) 감정하여 좋고 나쁨을 가림

鑑賞(감상) 鑑識(감식) 鑑定(감정)

준3급

[刀 8, 총10획]

굳셀, 굳을 **강**   영 firm 중 刚 gāng 일 ゴウ(つよい)

剛性(강성) 굳센 성질

剛直(강직) 剛健(강건) 剛斷(강단)

준3급

[糸 8, 총14획]

줄을 칠, 벼리 **강**   영 outline 중 纲 gāng 일 コウ(つな)

綱領(강령) 일의 큰 줄거리

綱目(강목) 綱常(강상) 綱要(강요)

2단계

준3급
概
[木 11, 총15획]

대개, 평미레 **개** 영 generally 중 概 gài 일 ガイ(おおむね)

概要(개요) 대충 살펴 봄
概括(개괄) 概念(개념) 概況(개황)

준3급
介
[人 2, 총4획]

끼일, 도울, 갑옷 **개** 영 between 중 介 jiè 일 カイ(はさまる)

介殼(개각) 조가비
介甲(개갑) 介馬(개마) 介意(개의)

준3급
距
[足 5, 총12획]

떨어질, 이를 **거** 영 distant 중 距 jù 일 キョ(へだたる)

距骨(거골) 복사뼈
距今(거금) 距離(거리) 距躍(거약)

준3급
乾
[乙 10, 총11획]

하늘, 마를 **건** 영 heaven 중 乾 qián 일 ケン(てん)

乾固(건고) 말라서 굳어짐
乾畓(건답) 乾坤(건곤) 乾期(건기)

준3급
乞
[乙 2, 총3획]

빌 **걸** 영 beg 중 乞 qǐ 일 コツ(こう)

乞士(걸사) 중을 가리키는 말
乞食(걸식) 乞神(걸신) 乞人(걸인)

준3급
劍
[刀 13, 총15획]

칼, 검법 **검** 영 sword 중 剑 jiàn 일 ケン(つるぎ)

劍客(검객) 칼을 쓰는 사람
劍舞(검비) 劍道(검도) 劍舞(검무)

준3급 필수한자 | **247**

준3급

사이뜰 **격**　　　　영 separate 중 隔 gé 일 カク(へだたる)

隔年(격년) 해를 거름

[阜 10, 총13획]　隔世(격세) 隔離(격리) 隔意(격의)

준3급

끌 **견**　　　　영 draw 중 牽 qiān 일 ケン

牽引(견인) 끌어당김

[牛 7, 총11획]　牽制(견제) 牽曳(견예) 自牽(자견)

준3급

이별할 **결**　　　　영 part 중 诀 jue 일 ケツ(わかれる)

秘訣(비결) 남이 알지 못하는, 자기만의 독특하고 효과적인 방법

[言 4, 총11획]

訣別(결별) 訣宴(결연) 訣要(결요)

준3급

겸손할, 공손할 **겸**　영 humble 중 谦 qiān 일 ケン(へりくだる)

謙遜(겸손) 남 앞에서 자신을 낮춤

[言 10, 총17획]　謙讓(겸양) 謙稱(겸칭) 過謙(과겸)

준3급

겸할, 아울러 **겸**　영 combine 중 兼 jiān 일 ケン(かねる)

兼業(겸업) 본업 이외에 하는 사업이나 일

[八 8, 총10획]　兼床(겸상) 兼務(겸무) 兼備(겸비)

준3급

갈, 농사 **경**　　　　영 plough 중 耕 gēng 일 コウ(たがやす)

耕耘(경운) 농사짓는 일

[耒 4, 총10획]　耕者(경자) 耕作(경작) 耕田(경전)

준3급
頃 잠깐 경   영 recently 중 顷 qǐng 일 ケイ(ころ)
[頁 2, 총11획]
頃日(경일) 지나간 날이나 때
頃刻(경각) 頃步(경보) 月頃(월경)

준3급
契 맺을, 애쓸 계   영 bond 중 契 qì 일 ケイ(ちぎる)
[大 6, 총9획]
契機(계기) 어떤 일이 되는 동기
契約(계약) 契員(계원) 契約金(계약금)

준3급
啓 열, 여쭐, 아뢸 계   영 open 중 启 qǐ 일 ケイ(ひらく)
[口 8, 총11획]
啓告(계고) 아룀
啓奏(계주) 啓導(계도) 啓蒙(계몽)

준3급
械 형틀, 기구, 병장기 계   영 machine 중 械 xiè 일 カイ
[木 7, 총11획]
械繫(계계) 죄인에게 형구를 채워 감옥에 집어넣음
器械(기계) 器械體操(기계체조) 兵械(병계)

준3급
溪 시내 계   영 stream 중 溪 xī 일 ケイ(たに)
[水 10, 총13획]
溪谷(계곡) 물이 흐르는 골짜기
深溪(심계) 溪流(계류)) 溪友(계우)

준3급
繫 맬, 끈 계   영 tie 중 系 xì 일 ケイ(つなぐ)
[糸 13, 총19획]
繫累(계루) 이어 묶음
繫留(계류) 繫船(계선) 連繫(연계)

준3급

稿

[禾 10, 총15획]

볏집, 화살대 **고**　　영 straw 중 稿 gǎo 일 コウ(わら·したがき)

稿案(고안) 문서의 초안

稿草(고초) 稿料(고료) 稿本(고본)

준3급

鼓

[鼓 0, 총13획]

북, 북을 **고**　　영 drum 중 鼓 gǔ 일 コ(つづみ)

鼓角(고각) 북을 치고 호각을 붐

鼓舞(고무) 鼓手(고수) 鼓吹(고취)

준3급

姑

[女 5, 총8획]

시어미 **고**　　영 mother in law 중 姑 gū 일 コ(しゆうとめ)

姑母(고모) 아버지의 누이

姑息(고식) 姑母(고모) 姑從(고종)

준3급

哭

[口 7, 총10획]

울, 곡 **곡**　　영 weep 중 哭 kū 일 コク(なく)

哭聲(곡성) 크게 우는소리

哭班(곡반) 哭婢(곡비) 哭泣(곡읍)

준3급

谷

[谷 0, 총7획]

골, 다할 **곡**　　영 valley 중 谷 gǔ 일 コク(たに)

深山幽谷(심산유곡) 깊은 산과 그윽한 골짜기

谷泉(곡천) 谷澗(곡간) 谷水(곡수)

준3급

供

[人 6, 총8획]

이바지할 **공**　　영 offer 중 供 gōng 일 キョウ·ク(そなえる)

供給(공급) 수요에 따라 물건을 대어줌

提供(제공) 供與(공여) 供招(공초)

준3급

[心 6, 총10획]

두려울, 아마 공 영 afraid 중 恐 kǒng 일 キョウ(おそろしい)

恐怖(공포) 두렵고 무서워함
恐喝(공갈) 恐龍(공룡) 恐慌(공황)

준3급

[心 6, 총10획]

공손할 공 영 respectful 중 恭 gōng 일 キョウ(うやうやしい)

恭儉(공검) 공손하고 검소함
恭敬(공경) 恭待(공대) 恭遜(공손)

준3급

[貝 3, 총10획]

바칠, 공물 공 영 tribute 중 贡 gòng 일 コウ·ク(みつぐ)

貢物(공물) 백성이 궁에 바치는 토산물
貢納(공납) 貢緞(공단) 貢獻(공헌)

준3급

[宀 11, 총14획]

적을, 약할 과 영 few 중 寡 guǎ 일 カ(すない)

寡宅(과택) 홀어미
寡少(과소) 寡默(과묵) 寡婦(과부)

준3급

[言 6, 총13획]

자랑할 과 영 pride 중 夸 kuā 일 コ(はこる)

誇矜(과긍) 자랑함
誇示(과시) 誇大(과대) 誇張(과장)

준3급

[宀 12, 총15획]

너그러울 관 영 generous 중 宽 kuān 일 カン

寬大(관대) 너그럽고 도량이 큼
寬容(관용) 寬政(관정) 寬厚(관후)

준3급 필수한자 | **251**

준3급

館

[食 8, 총17획]

객사, 큰건물 **관**　영 lodge　중 馆 guǎn　일 館 カン(たち·たて)

館長(관장) 학관(學館) 또는 도서관의 우두머리

館舍(관사)　館員(관원)　館田(관전)

준3급

冠

[冖 7, 총9획]

갓, 관례 **관**　영 crown　중 冠 guān　일 冠 カン(かんむり)

冠網(관망) 갓과 망건

冠絶(관절)　冠禮(관례)　冠詞(관사)

준3급

慣

[心 11, 총14획]

버릇 **관**　영 accustomed　중 惯 guàn　일 カン(なれる)

慣用(관용) 관습적으로 익음

慣行(관행)　慣例(관례)　慣性(관성)

준3급

貫

[貝 4, 총11획]

꿸, 관직 **관**　영 pierce　중 贯 guàn　일 カン(つらぬく)

貫祿(관록) 인격에 따른 위엄

貫流(관류)　貫穿(관천)　貫徹(관철)

준3급

狂

[犬 4, 총7획]

미칠 **광**　영 mad　중 狂 kuáng　일 キョウ(くるう)

狂氣(광기) 미친 증세

狂信(광신)　狂犬(광견)　狂亂(광란)

준3급

怪

[心 5, 총8획]

기이할, 도깨비 **괴**　영 strange　중 怪 guài　일 カイ(あやしい)

怪奇(괴기) 괴상하고 기이함

怪談(괴담)　怪物(괴물)　怪疾(괴질)

2단계

준3급

[車 6, 총13획]

견줄, 조금, 밝을 **교** 영 compare 중 较 jiào 일 コウ(くらべる)

較略(교략) 대략, 줄거리

較量(교량) **較差**(교차) **較然**(교연)

준3급

[ノ 2, 총3획]

오랠 **구** 영 long time 중 久 jiǔ 일 キュウ(ひさしい)

久遠(구원) 아득하고 오램

持久力(지구력) **久年**(구년) **久痢**(구리)

준3급

[手 5, 총8획]

잡을, 거리낄 **구** 영 catch 중 拘 jū 일 コウ(かかわる)

拘禁(구금) 교도소 등에 잡아 가둠

拘留(구류) **拘束**(구속) **拘礙**(구애)

준3급

[艸 8, 총12획]

국화, 대국 **국** 영 chrysanthemum 중 菊 jú 일 キク(きく)

菊月(국월) 음력 9월의 다른 칭호

菊花(국화) **菊水**(국수) **白菊**(백국)

준3급

[弓 0, 총3획]

활, 궁술 **궁** 영 bow 중 弓 gōng 일 キュウ(ゆみ)

弓弩(궁노) 활과 쇠뇌

弓師(궁사) **弓道**(궁도) **弓矢**(궁시)

준3급

[手 6, 총10획]

주먹 **권** 영 fist 중 拳 quán 일 ケン・ゲン(こぶし)

拳法(권법) 주먹으로 서로 치는 기술

拳術(권술) **拳銃**(권총) **拳鬪**(권투)

준3급 필수한자 | **253**

준3급

[車 2, 총9획]

길 궤

영 track 중 軌 guǐ 일 キ(わだち)

軌道(궤도) 기차나 전동차의 길

軌範(궤범) 軌跡(궤적) 常軌(상궤)

준3급

[鬼 0, 총10획]

귀신, 별이름 귀

영 ghost 중 鬼 guǐ 일 キ(おに)

鬼面(귀면) 귀신의 얼굴을 상상하여 만든 탈

鬼門(귀문) 鬼才(귀재) 鬼神(귀신)

준3급

[糸 2, 총8획]

모을, 꼴 규

영 entangled 중 纠 jiū 일 キユウ(ただす)

糾明(규명) 사리를 따져 밝힘

糾率(규솔) 糾彈(규탄) 糾合(규합)

준3급

[儿 5, 총7획]

이길, 능히 극

영 overcome 중 克 kè 일 コク(かつ)

克明(극명) 속속들이 밝힘

克服(극복) 克己(극기) 克家(극가)

준3급

[金 8, 총16획]

비단, 아름다울 금

영 silk 중 锦 jǐn 일 キン(にしき)

錦繡江山(금수강산) 아름다운 우리나라의 산하

錦上添花(금상첨화) 錦衣(금의) 反錦(반금)

준3급

琴
[玉 8, 총12획]

거문고 금

영 harp 중 琴 qín 일 キン(こと)

心琴(심금) 자극에 따라 미묘하게 움직이는 마음을 거문고

琴線(금선) 琴高(금고) 徽琴(휘금)

준3급

[内 8, 총13획]

날짐승, 짐승 **금**　　　영birds 중禽 qín 일キン(とり)

禽獸(금수) 날짐승과 길짐승의 총칭

禽獲(금획) 禽鳥(금조) 寒禽(한금)

준3급

[又 2, 총4획]

미칠 **급**(↔落)　　　영reach 중及 jí 일キュウ(およぶ)

及其也(급기야) 마침내, 마지막에는

及落(급락) 及第(급제) 言及(언급)

준3급

[人 4, 총6획]

도모할, 발돋음할 **기**　　　영scheme 중企 qǐ 일キ(くわだて)

企待(기대) 발 돋음 하여 기다림

企望(기망) 企圖(기도) 企劃(기획)

준3급

[田 10, 총15획]

경기 **기**　　　영suburb 중畿 jī 일キ

畿檢(기백) 경기도 관찰사의 다른 이름

畿內(기내) 畿甸(기전) 畿湖(기호)

준3급

[八 6, 총8획]

그, 어조사 **기**　　　영it 중其 qí 일キ(その)

其實(기실) 사실은

其間(기간) 其他(기타) 其人(기인)

준3급

[示 4, 총9획]

빌, 구할, 고할 **기**　　　영pray 중祈 qí 일キ(いのる)

祈願(기원) 바라는 일이 이루어지기를 빎

祈願(기원) 祈禱(기도) 祈求(기구)

준3급 필수한자 | **255**

준3급

緊
굳게, 굳게 감을 긴 　영 urgent 　중 紧 jǐn 　일 キン(ひきしめる)

緊急(긴급) 일이 긴하고 급함

[糸 8, 총14획] 　緊迫(긴박) 緊密(긴밀) 緊張(긴장)

준3급

諾
허락할 낙 　영 respond 　중 诺 nuò 　일 ダク(うべなう)

諾從(낙종) 응낙(應諾) 하여 좇음

[言 9, 총16획] 　諾意(낙의) 諾否(낙부) 承諾(승낙)

준3급

納
들일, 보낼 납 (↔出) 　영 receive 　중 纳 nà 　일 ノウ(おさめる)

納吉(납길) 신랑집에서 신부집에 혼인날을 받아 보냄

[糸 4, 총10획] 　納得(납득) 納付(납부) 納入(납입)

준3급

乃
이에, 너 내 　영 namely 　중 乃 nǎi 　일 ナイ(すなはち)

乃父(내부) 너의 아비

[丿 1, 총2획] 　乃者(내자) 乃祖(내조) 乃至(내지)

준3급

견딜, 능할 내 　영 endure 　중 耐 nài 　일 タイ(たえる)

耐久性(내구성) 오래 동안 지속하거나 견디어 낼 수 있는 성질

[而 3, 총9획] 　耐熱(내열) 耐震(내진) 耐乏(내핍)

준3급

편안할 녕(영) 　영 peaceful 　중 宁 níng 　일 ネイ(むしろ)

寧日(영일) 나날이 편안함

[宀 11, 총14획] 　寧察(영찰) 晏寧(안녕) 丁寧(정녕)

준3급

[女 2, 총5획]

종 **노** 　영 servant 중 奴 nú 일 ド(やつこ)

奴婢(노비) 사내종과 계집 종
奴僕(노복)　奴役(노역)　奴隷(노예)

준3급

[肉 9, 총13획]

뇌, 머리 **뇌** 　영 brain 중 脑 nǎo 일 ノウ(のう)

腦裏(뇌리) 머릿속
腦力(뇌력)　腦膜(뇌막)　腦死(뇌사)

준3급

[艸 6, 총10획]

차, 차 **다/차** 　영 tea plant 중 茶 chá 일 チヤ(ちやのき)

茶道(다도) 차를 마시는 예법
茶果(다과)　茶食(다식)　綠茶(녹차)

준3급

[人 5, 총7획]

다만, 오직 **단** 　영 only 중 但 dàn 일 タン・ダン(ただし)

但書(단서) 다만, 겨우, 오직, 한갓
但只(단지)　非但(비단)　但中星(단중성)

준3급

[日 1, 총5획]

아침 **단** 　영 morning 중 旦 dàn 일 タン

旦旦(단단) 공손하고 성실한 모양
旦望(단망)　旦暮(단모)　旦夕(단석)

준3급

[丶 3, 총4획]

붉을, 정성 **단** 　영 red 중 丹 dān 일 タン(あか)

丹粧(단장) 화장. 얼굴을 곱게 꾸밈
丹田(단전)　丹書(단서)　丹心(단심)

준3급

묽을, 싱거울 담　　　영light 중淡 dàn 일タン(あわい)

淡淡(담담) 욕심이 없고 깨끗함

[水 8, 총11획]　淡白(담백) 淡水(담수) 淡紅(담홍)

준3급

밟을, 이어받을 답　　　영tread 중踏 tà 일トウ(ふむ)

踏橋(답교) 다리 밟기

[足 8, 총15획]　踏步(답보) 踏査(답사) 踏襲(답습)

준3급

당나라, 황당할 당　　　영dismay 중唐 táng 일トウ(にわか)

唐麵(당면) 감자 가루로 만든 국수

[口 7, 총10획]　唐材(당재) 唐手(당수) 唐惶(당황)

준3급

대, 조정 대　　　영height 중台 tái 일ダイ(だいうてな)

臺本(대본) 영화나 연극의 각본

[至 8, 총14획]　臺帳(대장) 臺詞(대사) 臺地(대지)

준3급

길 도　　　영road 중途 tú 일ト・ズ(みち)

途上(도상) 길을 가고 있는 동안

[辵 7, 총11획]　途中(도중) 途上(도상) 前途(전도)

준3급

질그릇 도　　　영earthenware 중陶 táo 일トウ(すえやの)

陶器(도기) 질그릇

[阜 8, 총11획]　陶然(도연) 陶藝(도예) 陶醉(도취)

준3급

칼 **도**   영knife 중刀 dāo 일トウ(かたな)

刀劍(도검)

[刀 0, 총2획]   刀工(도공) 刀圭(도규) 刀銘(도명)

준3급

진흙, 칠하다 **도**   영mud 중涂 tú 일ト(ぬる)

塗料(도료) 물감

[土 10, 총13획]   塗褙(도배) 塗裝(도장) 塗飾(도식)

준3급

갑자기, 부딪칠 **돌**   영suddenly 중突 tū 일トツ(つく)

突擊(돌격) 돌진하여 공격함

[穴 4, 총9획]   突發(돌발) 突出(돌출) 突風(돌풍)

준3급

진칠 **둔**   영assemble 중屯 tún 일トン

屯兵(둔병) 주둔한 군대

[屮 1, 총4획]   屯田(둔전) 屯聚(둔취) 屯監(둔감)

준3급

오를 **등**   영ascend 중腾 téng 일トウ

騰貴(등귀) 물건값이 오름

[馬 10, 총20획]   昂騰(앙등) 騰落(등락) 騰空(등공)

준3급

絡

맥락, 그물 **락**(=連)   영connect 중络 luò 일ラク(からまる)

絡車(낙거) 실을 감는 물레

[糸 6, 총12획]   絡絡(낙락) 絡蹄(낙제) 經絡(경락)

준3급

蘭
[艸 17, 총21획]

난초 **란(난)** 영 orchid 중 兰 lán 일 ラン(あららぎ)

蘭草(난초) 난초 과의 여러해살이 풀
蘭秋(난추) 蘭交(난교) 波蘭(파란)

준3급

欄
[木 17, 총21획]

난간, 울 **란(난)** 영 rail 중 栏 lán 일 ラン(てすり)

欄干(난간) 누각의 가장 자리를 일정한 높낮이로 막은 물건
欄外(난외) 交欄(교란) 本欄(본란)

준3급

浪
[水 7, 총10획]

물결 **랑(낭)** 영 wave 중 浪 làng 일 ロウ(なみ)

浪子(낭자) 도락에 빠지거나 방탕한 자
浪人(낭인) 浪漫(낭만) 浪費(낭비)

준3급

廊
[广 10, 총13획]

복도, 행랑 **랑(낭)** 영 corridor 중 廊 láng 일 ロウ(ひさし)

廻廊(회랑) 정당(正堂)의 양 옆으로 있는 기다란 집채
廊屬(낭속) 廊下(낭하) 舍廊(사랑)

준3급

郞
[邑 7, 총10획]

사내, 낭군 **랑(낭)** 영 man 중 郎 láng 일 ロウ(おとこ)

新郞(신랑) 갓 결혼한 남자
郞君(낭군) 郞官(낭관) 兄郞(형랑)

준3급

凉
[水 8, 총11획]

서늘할 **량(양)** 영 cool 중 凉 liáng 일 凉 リョウ(すずしい)

凉德(양덕) 엷은 인덕
凉秋(양추) 凉天(양천) 凉風(양풍)

2단계

준3급

勵
[力 15, 총17획]

힘쓸, 권면할 **려**　　영encourage 중励 lì 일励 レイ(はげむ)

激勵(격려) 말로써 상대를 응원함

勵節(여절)　刻苦勉勵(각고면려)　策勵(책려)

준3급

力
[力 0, 총2획]

힘, 애쓸 **력**　　영strength 중力 lì 일力 リョク·リキ(ちから)

力說(역설) 힘써 말함

力點(역점)　力道(역도)　力士(역사)

준3급

曆
[日 12, 총16획]

책력, 운명 **력**　　영calendar 중历 lì 일レキ(こよみ)

曆數(역수) 책력을 만드는 법

曆年(역년)　曆法(역법)　曆學(역학)

준3급

戀
[心 19, 총23획]

사모할 **련**　　영love 중恋 liàn 일恋 レン(こい)

戀慕(연모) 사랑하고 그리워함

戀情(연정)　戀人(연인)　戀歌(연가)

준3급

聯
[耳 11, 총17획]

잇닿을 **련**　　영abreast 중联 lián 일レン(つらなる)

聯句(연구) 한시에서 짝을 이룬 구

聯立(연립)　頸聯(경련)　關聯(관련)

준3급

鍊
[金 9, 총17획]

불릴, 달굴 **련**　　영temper 중炼 liàn 일レン(ねる)

修鍊(수련) 갈고 닦음

鍊金(연금)　鍊磨(연마)　鍊武(연무)

준3급
獵
[犬 15, 총18획]

사냥 **렵(엽)**   영 hunting 중 猎 liè 일 リョウ(かり)

獵犬(엽견) 사냥개
獵奇(엽기) 獵銃(엽총) 狩獵(수렵)

준3급
靈
[雨 16, 총24획]

신령, 정성 **령**   영 spirit 중 灵 líng 일 霊 レイ(たま)

靈界(영계) 정신 세계
靈柩(영구) 亡靈(망령) 精靈(정령)

준3급

[隶 8, 총16획]

종 **례(예)**   영 slave 중 隶 lì 일 レイ

隷書(예서) 글씨 서체의 하나
宮隷(궁례) 篆隷(전례) 臣隷(신례)

준3급

[雨 12, 총20획]

이슬, 드러날 **로**   영 dew 중 露 lù 일 ロ(つゆ)

露骨(노골) 속마음을 드러냄
露積(노적) 露宿(노숙) 寒露(한로)

준3급

[火 16, 총20획]

화로 **로(노)**   영 fireplace 중 炉 lú 일 炉 ロ(いろり)

茶爐(다로) 차를 달이는 데에 쓰는 화로(火爐)
火爐(화로) 爐邊(노변) 脚爐(각로)

준3급

[足 6, 총13획]

길 **로** (=道)   영 road 중 路 lù 일 ロ(じ)

路面(노면) 길바닥
路邊(노변) 路幅(노폭) 路線(노선)

준3급

弄
[廾 4, 총7획]

희롱할, 노리개 **롱** 영 mock 중 弄 nòng 일 ロウ(もてあそぶ)

弄假成眞(농가성진) 장난 삼아 한 일이 진짜처럼 됨
弄奸(농간) 弄談(농담) 弄調(농조)

준3급

雷
[雨 5, 총13획]

우레 **뢰(뇌)** 영 thunder 중 雷 léi 일 ライ(かみなり)

雷名(뇌명) 남의 이름을 높여 하는 말
雷神(뇌신) 雷聲(뇌성) 地雷(지뢰)

준3급

賴
[貝 9, 총16획]

의지할 **뢰** 영 trust to 중 赖 lài 일 頼 ライ(たのむ)

依賴(의뢰) 의지하고 힘입음
信賴(신뢰) 趨附依賴(추부의뢰) 所賴(소뢰)

준3급

僚
[人 12, 총14획]

동료 **료(요)** 영 comrade 중 僚 liáo 일 リョウ

僚官(요관) 속관, 또는 동료
僚船(요선) 閣僚(각료) 職僚(직료)

준3급
樓
[木 11, 총15획]

다락 **루(누)** 영 attic 중 楼 lóu 일 楼 ロウ(たかどの)

樓臺(누대) 높은 건물
樓上(누상) 樓閣(누각) 望樓(망루)

준3급

倫
[人 8, 총10획]

인륜, 무리 **륜(윤)** 영 morals 중 伦 lún 일 リン(みち·たぐい)

倫理(윤리) 인륜 도덕의 원리
倫次(윤차) 不倫(불륜) 背倫(배륜)

준3급

밤나무 **률(율)** 　　　영chestnut 중栗lì 일リツ(くり)

栗然(율연) 몹시 두려워하는 모양

[木 6, 총10획] 　栗殼(율각) 栗園(율원) 栗谷(율곡)

준3급

클, 높을 **륭(융)** 　　　영eminent 중隆lóng 일リュウ

隆盛(융성) 번영하고 성함

[阜 9, 총12획] 　隆崇(융숭) 隆起(융기) 窪隆(와륭)

준3급

큰 **릉(능)** 　　　영hill 중陵líng 일リョウ(みささぎ)

陵蔑(능멸) 깔봄

[阜 8, 총11획] 　陵碑(능비) 陵谷(능곡) 陵園(능원)

준3급

속, 안 **리(이)** 　　　영inside 중里lǐ 일リ(うら·うち)

裏面(이면) 속이나 안

[衣 7, 총13획] 　裏書(이서) 腦裏(뇌리) 禁裏(금리)

준3급

밟을, 행위, 신 **리(이)** 　　　영step on 중履lǚ 일リ(くつ·ふむ)

履歷(이력) 지금까지의 학업이나 경력

[尸 12, 총15획] 　履修(이수) 履行(이행) 麻履(마리)

준3급

벼슬아치 **리(이)** 　　　영official 중吏lì 일リ(つかさ)

吏道(이도) 관리로서 지켜야할 도리

[口 3, 총6획] 　吏房(이방) 貪官汚吏(탐관오리) 官吏(관리)

준3급

臨
[臣 11, 총17획]

임할, 본뜰 **림(임)**　영confront 중临 lín 일リン(のぞむ)

臨檢(임검) 현장에 나가 조사함

臨迫(임박)　臨時(임시)　臨終(임종)

幕
[巾 11, 총14획]

막, 진영 **막**　영curtain 중幕 mù 일マク

幕間(막간) 연극에서 한 막이 끝나고 다음 막이 시작되기 전까지의 사이

幕僚(막료)　幕舍(막사)　幕後(막후)

漠
[水 11, 총14획]

사막, 쓸쓸할 **막**　영desert 중漠 mò 일バク(ひろい)

漠漠(막막) 소리가 들릴 듯 말 듯 멂

沙漠(사막)　漠然(막연)　索漠(삭막)

茫
[艸 6, 총10획]

아득할 **망**　영remote 중茫 máng 일ボウ(とおい)

茫茫大海(망망대해) 끝없이 펼쳐진 바다

茫漠(망막)　茫然(망연)　滄茫(창망)

妄
[女 3, 총6획]

망령될 **망**　영forget 중妄 wàng 일ボウ(わすれる)

妄動(망동) 함부로 행동함

妄發(망발)　妄信(망신)　妄言(망언)

梅
[木 7, 총11획]

매화나무 **매**　영plum 중梅 méi 일バイ(うめ)

梅雨(매우) 매실이 익을 무렵에 내리는 비

梅漿(매장)　梅實(매실)　梅花(매화)

준3급 필수한자 | **265**

준3급

伯
[人 5, 총7획]

맏, 길 **맥**　　　영 elder 중 伯 bó 일 ハク

伯父(백부) 큰아버지
伯仲之間(백중지간)　伯母(백모)　伯仲(백중)

준3급

孟
[子 5, 총8획]

맏, 맹랑할 **맹**　　　영 first 중 孟 mèng 일 モウ(はじめ)

孟冬(맹동) 음력 10월의 별칭
孟夏(맹하)　孔孟(공맹)　孟母(맹모)

준3급

猛
[犬 8, 총11획]

사나울, 맹렬할 **맹**　　　영 fierce 중 猛 měng 일 モウ(たけし)

猛犬(맹견) 사나운 개
猛虎(맹호)　猛烈(맹렬)　猛獸(맹수)

준3급

盲
[目 3, 총8획]

소경 **맹**　　　영 blind 중 盲 máng 일 モウ(めくら)

盲目的(맹목적) 선악의 옳고 그름을 분별하지 못하고 행동하는 것
盲信(맹신)　盲兒(맹아)　盲腸(맹장)

준3급

盟
[皿 8, 총13획]

맹세 **맹**　　　영 oath 중 盟 méng 일 メイ(ちかう)

盟契(맹계) 굳은 언약
盟邦(맹방)　盟約(맹약)　盟兄(맹형)

준3급

綿
[糸 8, 총14획]

솜, 이어질 **면**　　　영 cotton 중 绵 mián 일 メン(わた)

綿綿(면면) 길이 이어진 모양
綿密(면밀)　綿絲(면사)　綿球(면구)

준3급

眠 [目 5, 총10획]
잘, 쉴 **면** — 영 sleep 중 眠 mián 일 ミン(ねむる)
眠睡(면수) 잠을 잠
冬眠(동면) 冬眠(동면) 睡眠(수면)

滅 [水 10, 총13획]
멸망할, 끝 **멸** (=亡) — 영 ruin 중 灭 miè 일 メツ(ほろびる)
滅種(멸종) 종자가 모두 없어짐
滅菌(멸균) 滅亡(멸망) 滅族(멸족)

새길 **명** — 영 engrave 중 铭 míng 일 メイ
[金 6, 총14획]
銘心(명심) 마음에 새김
銘旌(명정) 銘記(명기) 感銘(감명)

무릅쓸 **모** — 영 risk 중 冒 mào 일 ボウ(おかす)
[冂 7, 총9획]
冒瀆(모독) 더럽혀 욕되게 함
冒頭(모두) 冒險(모험) 侵冒(침모)

얼굴 **모** — 영 appearance 중 貌 mào 일 ボウ(かたち)
[豸 7, 총14획]
美貌(미모) 아름다운 얼굴
外貌(외모) 貌樣(모양) 容貌(용모)

없을, 저물 **모** — 영 not 중 莫 mò 일 バク(ない)
[艸 7, 총11획]
莫強(막강) 아주 강함
莫莫(막막) 莫大(막대) 莫論(막론))

준3급

[言 9, 총16획]

꾀할, 모략 **모**   영plot 중谋móu 일ボウ(はかる)

謀免(모면) 꾀를 써서 면함

謀事(모사) 謀議(모의) 謀陷(모함)

준3급

[心 11, 총15획]

그리워할, 높일 **모**   영longing 중慕mù 일ボ(したう)

慕化(모화) 덕을 그리워 함

慕愛(모애) 慕華(모화) 追慕(추모)

준3급

[目 8, 총13획]

화목할, 가까울 **목**   영friendly 중睦mù 일ボク(むつましい)

和睦(화목) 화기애애하여 분위기가 좋음

親睦(친목) 睦族(목족) 敦睦(돈목)

준3급

[水 4, 총7획]

빠질, 다할 **몰**   영sink 중没mò 일ボツ(しずむ·かくれる)

沒却(몰각) 무시해 버림

沒年(몰년) 沒頭(몰두) 沒入(몰입)

준3급

[艸 10, 총14획]

덮개, 입을 **몽**   영cover 중蒙méng 일モウ(こうむる)

蒙古(몽고) 중국의 북쪽과 시베리아 사이에 있는 국가

蒙死(몽사) 蒙利(몽리) 啓蒙(계몽)

준3급

[夕 11, 총14획]

꿈, 어둘 **몽**   영dream 중梦mèng 일ム(ゆめ)

夢寐(몽매) 꿈을 꾸는 동안

夢想(몽상) 蒙利(몽리) 蒙塵(몽진)

준3급
茂
[艹 5, 총9획]

우거질, 왕성할 **무**　영 flourishing　중 茂 mào　일 モ(しげる)

茂盛(무성) 초목이 아주 잘 자라나 잎이 무성한 것을 나타냄
茂勳(무훈)　茂林(무림)　茂盛(무성)

준3급
貿
[貝 5, 총12획]

바꿀, 장사할 **무**　영 trade　중 贸 mào　일 ボウ(あきなう)

貿穀(무곡) 곡물 값이 오를 것으로 보고 곡식을 잔뜩 사들이는 사람
貿易(무역)　加貿(가무)　加工(가공)

준3급
默
[黑 4, 총16획]

잠잠할 **묵**　영 quiet, still　중 默 mò　일 モク(しずか)

啞默(아묵) 입을 다물고 조용히 있음
默契(묵계)　默念(묵념)　默殺(묵살)

준3급

[糸 4, 총10획]

무늬 **문**　영 pattern　중 纹 wén　일 モン(しわ)

波紋(파문) 어떠한 일이 다른 데에 미치는 영향을 비유적으로
이르는 말　紋樣(문양)　紋章(문장)　龍紋(용문)

준3급

[勹 2, 총4획]

말, 아닐 **물**　영 stop　중 勿 wù　일 モツ·モチ(なかれ)

勿忘草(물망초) 지칫과에 딸린 여러해살이풀
勿失好機(물실호기)　勿論(물론)　(물경)

준3급

[彳 10, 총13획]

작을, 숨길 **미**　영 tiny　중 微 wēi　일 ビ(かすか)

微功(미공) 작은 공로
微官(미관)　微動(미동)　微妙(미묘)

준3급

[辵 5, 총9획]

다그칠, 다급할 **박** 영push 중迫 pò 일ハク(せまる)

迫頭(박두) 가까워짐

迫頭(박두) 迫力(박력) 迫害(박해)

준3급

[艹 13, 총17획]

엷을, 적을 **박** 영thin 중薄 báo 일ハク(うすい)

薄俸(박봉) 적은 봉급

薄酒(박주) 薄待(박대) 薄福(박복)

준3급

[人 5, 총7획]

짝 **반** 영companion 중伴 bàn 일ハン(ともなう)

伴侶(반려) 짝이 되는 친구

伴奏(반주) 伴行(반행) 伴寢(반침)

준3급

[舟 4, 총10획]

돌, 되돌아올 **반** 영turn 중般 bān 일ジョ(ついで)

舟橋(주교) 배다리

舟師(주사) 彼此一般(피차일반)

준3급

[手 8, 총11획]

밀칠, 늘어설 **배** 영reject 중排 pái 일ハイ(おす)

排尿(배뇨) 오줌을 눔

排擊(배격) 排球(배구) 排泄(배설)

준3급

[土 8, 총11획]

북돋을, 손질할 **배** 영nourish 중培 péi 일バイ(つちかう)

培養(배양) 생물의 발육을 위해 북돋아 줌

培養土(배양토) 培植(배식) 栽培(재배)

2단계

준3급

輩
[車 8, 총15획]

무리, 떼지을 **배** 영fellow 중輩 bèi 일ハイ(ともがら)

輩出(배출) 인재를 길러 사회에 내보냄

徒輩(도배) 輩流(배류) 輩行(배행)

준3급

繁
[糸 11, 총17획]

많을, 무성할 **번** 영prosper 중繁 fán 일ハン(しげる)

繁多(번다) 번거롭게 많음

繁榮(번영) 繁盛(번성) 頻繁(빈번)

준3급

凡
[几 1, 총3획]

무릇, 모두 **범** 영common 중凡 fán 일ボン·ハン(およそ)

凡例(범례) 일러두기

凡常(범상) 凡失(범실) 凡人(범인)

준3급

碧
[石 9, 총14획]

푸를, 푸른 옥돌 **벽** 영blue 중碧 bì 일ヘキ(あおい)

碧空(벽공) 푸른 하늘

碧溪(벽계) 碧眼(벽안) 碧海(벽해)

준3급

丙
[一 4, 총5획]

남녘, 셋째, 불 **병** 영south 중丙 bǐng 일ヘイ(ひのえ)

丙寅(병인) 60갑자의 셋째

丙座(병좌) 丙子胡亂(병자호란) 丙科(병과)

준3급

補
[衣 7, 총12획]

기울, 임명할 **보** 영repair 중补 pǔ 일ホ(おぎなう)

補强(보강) 보충하여 더 강하게 함

補缺(보결) 補藥(보약) 補助(보조)

준3급

腹
[肉 9, 총13획]

배 복   영 belly 중 腹 fù 일 フク(はら)

腹稿(복고) 시문의 초고를 마음속으로 짜는 일
腹部(복부) 腹案(복안) 腹中(복중)

준3급

覆
[襾 12, 총18획]

뒤집을복 복   영 overturn 중 覆 fù 일 フク(おおう)

覆啓(복계) 회답을 올림
覆面(복면) 覆蓋(복개) 顚覆(전복)

준3급

逢
[辵 7, 총11획]

만날 봉   영 meet 중 逢 féng 일 ホウ(あう)

逢着(봉착) 만남
逢變(봉변) 逢迎(봉영) 相逢(상봉)

준3급

峯
[山 7, 총10획]

봉우리 봉   영 peak 중 峰 fēng 일 ホウ(はち)

高峯(고봉) 높은 봉우리
峯巒(봉만) 峯嶂(봉장) 峯崖(봉애)

준3급

封
[寸 6, 총9획]

봉할, 봉지 봉   영 seal up 중 封 fēng 일 ホウ・フウ(ほおずる)

封祿(봉록) 제후가 받는 봉미
封土(봉토) 封蠟(봉랍) 封墳(봉분)

준3급

付
[人 3, 총5획]

줄, 부칠 부   영 give 중 付 fù 일 フ(つける)

付壁(부벽) 벽에 부치는 글씨나 그림
付與(부여) 付託(부탁) 納付(납부)

준3급

장부, 홀 **부**   영ledger 중簿bù 일ボ(ちょうめん)

簿記(부기) 장부에 적음

[竹 13, 총19획]   名簿(명부) 簿錄(부록) 帳簿(장부)

준3급

부신, 상서, 수결 **부**   영tally 중符fú 일フ

符書(부서) 뒷세상에 나타날 일을 미리 적어놓은 글

[竹 5, 총11획]   符合(부합) 符籍(부적) 符合(부합)

준3급

뜰, 불안정할 **부**   영float 중浮fú 일フ(うかぶ)

浮袋(부대) 물고기의 장 부근에 있는 공기 주머니

[水 7, 총10획]   浮說(부설) 浮橋(부교) 浮動(부동)

준3급

붙을, 알깔 **부**   영attach 중附fù 일フ(つく)

附加(부가) 덧붙임

[阜 5, 총8획]   附錄(부록) 赴役(부역) 赴任(부임)

준3급

도울, 호위할 **부**   영assist 중扶fú 일フ(たすける)

扶養(부양) 혼자 살아갈 능력이 없는 사람의 생활을 돌봄

[扌 4, 총7획]   扶助(부조) 扶支(부지) 挾扶(협부)

준3급

어지러울 **분**   영dizzy 중紛fēn 일フン(まぎれる)

紛糾(분규) 문란하여 뒤엉킴

[糸 4, 총10획]   紛亂(분란) 紛失(분실) 紛爭(분쟁)

준3급

[大 13, 총16획]

떨칠 **분**

영 rouse 중 奋 fèn 일 フン(ふるう)

奮激(분격) 세차게 발분함

奮起(분기) **奮發**(분발) **奮然**(분연)

준3급

[大 5, 총8획]

달릴, 패주할 **분**

영 run away 중 奔 bēn 일 ホン(はしる)

奔忙(분망) 매우 부산하게 바쁨

奔走(분주) **奔散**(분산) **狂奔**(광분)

준3급

[女 8, 총11획]

여종, 첩 **비**

영 maid 중 婢 bì 일 ヒ(はしため)

婢僕(비복) 여자와 남종

婢夫(비부) **婢女**(비녀) **從婢**(종비)

준3급

[十 6, 총8획]

낮을, 천할 **비**

영 mean 중 卑 bēi 일 ヒ(いやしい)

卑怯(비겁) 용기가 없음. 겁이 많음

卑近(비근) **卑屈**(비굴) **卑劣**(비열)

준3급

[肉 4, 총8획]

살찔, 거름 **비**

영 fat 중 肥 féi 일 ヒ(こえる)

肥鈍(비둔) 너무 살이 쪄 행동이 굼뜸

肥大(비대) **肥滿**(비만) **肥沃**(비옥)

준3급

[女 3, 총6획]

왕비 **비**

영 queen 중 妃 fēi 일 キ(きさき)

王妃(왕비) 왕의 부인

妃嬪(비빈) **妃殿下**(비전하) **后妃**(후비)

2단계

준3급

[水 4, 총7획]

모래, 사막, 물가 **사** 영 sand 중 沙 shā 일 サ(すな)

沙器(사기) 사기 그릇

沙鉢(사발) 工(사공) 沙果(사과)

준3급

[示 3, 총8획]

제사, 제사지낼 **사** 영 sacrifice 중 祀 sì 일 シ(まつる)

祀孫(사손) 조상의 제사를 받드는 자손

祀天(사천) 祀中(사중) 告祀(고사)

준3급

[己 0, 총3획]

뱀, 여섯 번째지지 **사** 영 snake 중 巳 sì 일 シ(み)

巳年(사년) 태세(太歲)의 지지가 사(巳)인 해. 이른바 뱀해를 뜻함

巳座(사좌) 巳時佛供(사시불공) 巳正(사정)

준3급

[言 5, 총12획]

말, 글 **사** 영 word 중 词 cí 일 シ(ことば)

詞章(사장) 시가와 문장

詞伯(사백) 詞兄(사형) 詞緣(사연)

준3급

[邑 4, 총7획]

간사할 **사** 영 malicious 중 邪 xié 일 ジャ(よこしま)

破邪(파사) 사를 무찌름

邪敎(사교) 邪念(사념) 邪心(사심)

준3급

[口 2, 총5획]

맡을 **사** 영 manage 중 司 sī 일 シ

司徒(사도) 주(周) 나라 때에 6경의 하나로 교육을 맡음

司直(사직) 司牧(사목) 司書(사서)

준3급 필수한자 | **275**

준3급

[木 8, 총12획]

나무 삼   영forest 중森 sēn 일シン(もり)

森嚴(삼엄) 조용하고 엄숙한 모양

森列(삼렬) 森林(삼림) 陰森(음삼)

준3급

[雨 9, 총17획]

서리, 해 상   영frost 중霜 shuāng 일ソウ(しも)

霜菊(상국) 서리가 내릴 때 피는 국화

霜降(상강) 霜雪(상설) 秋霜(추상)

준3급

[人 12, 총14획]

형상, 닮을 상   영figure 중像 xiàng 일ゾウ(かたち)

像形(상형) 어떤 물건의 모양을 본뜸

臥像(와상) 像膜(상막) 畫像(화상)

준3급

[言 6, 총13획]

자세할 상   영detail 중详 xiáng 일ショウ(くわしい)

詳報(상보) 상세하게 알림

詳述(상술) 詳細(상세) 未詳(미상)

준3급

[口 9, 총12획]

복, 잃을 상   영mourning 중丧 sàng 일ソウ(うしなう)

喪家(상가) 초상집

喪失(상실) 喪輿(상여) 喪主(상주)

준3급

[小 5, 총8획]

오히려, 더할 상   영rather 중尚 shuāng 일ショウ(なお)

尙今(상금) 이제까지

尙武(상무) 嘉尙(가상) 尙存(상존)

2단계

준3급

[衣 8, 총14획]

치마 **상** 영 skirt 중 裳 shang 일 ショウ(も)

衣裳(의상) 옷, 모든 옷

紅裳(홍상) 衣裳(의상) 黃裳(황상)

준3급

[糸 9, 총15획]

실마리, 나머지 **서** 영 clue 중 绪 xù 일 ショ(お)

緖論(서론) 본론에 들어가기 전의 서두에 펴는 논설

緖言(서언) 緖戰(서전) 緖風(서풍)

준3급

[彳 7, 총10획]

천천할, 평온할 **서** 영 slow 중 徐 xú 일 ジョ(おもむろ)

徐來(서래) 천천히 옴

徐徐(서서) 徐行(서행) 安徐(안서)

준3급

[心 6, 총10획]

용서할, 어질 **서** 영 pardon 중 恕 shù 일 ジョ(ゆるす)

容恕(용서) 허물을 이해하고 헤아려 줌

恕宥(서유) 恕容(서용) 憐恕(연서)

준3급

[网 9, 총14획]

마을 관청, 나눌 **서** 영 office 중 署 shǔ 일 ショ

署押(서압) 서명 날인

署員(서원) 署名(서명) 署長(서장)

준3급

[言 7, 총14획]

맹세할 **서** 영 oath 중 誓 shì 일 セイ(ちかう)

誓約(서약) 맹세하여 약속함

誓言(서언) 誓願(서원) 誓文(서문)

준3급

逝

[辵 7, 총11획]

갈 서

영 pass away 중 逝 shì 일 セイ(ゆく)

逝去(서거) 세상을 떠남

急逝(급서) 連繫(연계) 逝去(서거)

준3급

釋

[釆 13, 총20획]

풀 석

영 release 중 释 shì 일 釈 シャク

釋門(석문)

불문釋放(석방) 釋迦(석가) 解釋(해석)

준3급

惜

[心 8, 총11획]

아낄 석

영 prize 중 惜 xī 일 セキ(おしむ)

惜命(석명) 목숨을 아낌

惜別(석별) 惜敗(석패) 哀惜(애석)

준3급

旋

[方 7, 총11획]

돌, 주선할 선

영 round 중 旋 xuán 일 セン(めぐる)

旋流(선류) 빙 돌아서 흐름

旋毛(선모) 旋律(선율) 旋風(선풍)

준3급

攝

[手 18, 총21획]

당길 섭

영 pull 중 摄 shè 일 セツ(とる)

攝生(섭생) 음식과 운동을 조절하여 건강관리를 잘함

攝政(섭정) 攝理(섭리) 攝氏(섭씨)

준3급

蘇

[艸 16, 총20획]

깨어날, 차조기 소

영 revive 중 苏 sū 일 ソ・ス(よみがえる)

蘇復(소복) 오랜 병상에서 일어나 예전처럼 원기가 회복됨

蘇子(소자) 蘇生(소생) 蘇鐵(소철)

2단계

준3급

訴
[言 5, 총12획]

하소연할, 송사할 **소**　영 appeal　중 诉 sù　일 ソ(うったえる)

訴訟(소송) 송사
訴冤(소원) 訴狀(소장) 訴追(소추)

준3급

率
[玄 6, 총11획]

거느릴, 비율 **솔**　영 have　중 率 shuài　일 リツ(ひきいる)

率先(솔선) 남보다 앞장을 섬
率家(솔가) 率丁(솔정) 統率(통솔)

준3급

刷
[刀 6, 총8획]

인쇄할 **쇄**　영 print　중 刷 shuā　일 サツ(する)

印刷所(인쇄소) 인쇄 설비를 갖추고 인쇄를 하는 곳
刷新(쇄신) 刷子(쇄자) 刷掃(쇄소)

준3급

衰
[衣 4, 총10획]

쇠할 **쇠**　영 decline　중 衰 shuāi　일 スイ(おとろえる)

衰亡(쇠망) 쇠하여 망함
衰落(쇠락) 衰弱(쇠약) 衰殘(쇠잔)

준3급

需
[雨 6, 총14획]

구할, 부드러울 **수**　영 demand　중 需 xū　일 ジュ

需給(수급) 수요와 공급
需要(수요) 需用(수용) 特需(특수)

준3급

帥
[巾 6, 총9획]

장수, 거느릴 **수**　영 general　중 帅 shuài　일 スイ(ひきいる)

統帥權(통수권) 병력을 지휘 감독할 수 있는 권리
帥旗(수기) 總帥(총수) 銳帥(예수)

준3급 필수한자 | **279**

준3급

[歹 6, 총10획]

다를, 뛰어날 **수** 영 different 중 殊 shū 일 シュ(ことに)

殊常(수상) 보통과 다름

殊勝(수승) 殊勳(수훈) 殊鄕(수향)

준3급

[犬 15, 총19획]

짐승, 포 **수** 영 beast 중 兽 shòu 일 ジュウ(けもの)

獸心(수심) 짐승의 마음

獸醫(수의) 禽獸(금수) 猛獸(맹수)

준3급

[阜 13, 총16획]

따를, 거느릴 **수** 영 follow 중 随 suí 일 ズイ(したがう)

隨伴(수반) 따름

隨時(수시) 隨筆(수필) 隨行(수행)

준3급

[心 9, 총13획]

시름, 슬퍼할 **수** 영 grieve 중 愁 chóu 일 シュウ(うれえる)

愁心(수심) 근심스러운 마음

愁色(수색) 哀愁(애수) 鄕愁(향수)

준3급

[車 9, 총16획]

나를, 질 **수** 영 transport 중 输 shū 일 輸 ユ(いたす)

輸送(수송) 사람이나 물건을 실어보냄

輸出(수출) 輸入(수입) 贏輸(영수)

준3급

[士 11, 총14획]

축수할, 목숨 **수** 영 longevity 중 寿 shòu 일 ジュ(ことぶき)

壽命(수명) 생물의 살아있는 연한

壽筵(수연) 壽宴(수연) 壽石(수석)

준3급

搜
[手 10, 총13획]

찾을 **수** 　　영 search 중 搜 sōu 일 ソウ(さがす)

搜査(수사) 찾아 조사함

搜索(수색)　搜求(수구)　偏搜(변수)

준3급

垂
[土 5, 총8획]

드리울 **수** 　　영 hang down 중 垂 chuí 일 スイ(たれる)

垂成(수성) 일이 거의 이루어짐

垂簾(수렴)　垂楊(수양)　垂直(수직)

준3급

熟
[火 11, 총15획]

익을, 무를 **숙** 　　영 ripe 중 熟 shú 일 ジユク(みのる)

熟客(숙객) 단골 손님

熟卵(숙란)　熟達(숙달)　熟眠(숙면)

준3급

淑
[水 8, 총11획]

착할 **숙** 　　영 pure 중 淑 shū 일 シユク(よし・しとやか)

淑女(숙녀) 선량하고 부덕 있는 여인

淑淸(숙청)　貞淑(정숙)　淑明(숙명)

준3급

旬
[日 2, 총6획]

열흘 **순** 　　영 ten days 중 旬 xún 일 ジュン

旬刊(순간) 열흘에 한 번 간행함

旬年(순년)　旬葬(순장)　旬間(순간)

준3급

巡
[巛 4, 총7획]

돌, 얼만질 **순** 　　영 round 중 巡 xún 일 ジュン(めぐる)

巡檢(순검) 순회하여 점검함

巡警(순경)　巡訪(순방)　巡査(순사)

준3급

[目 12, 총17획]

눈깜박일 **순**   영 in a wink 중 瞬 shùn 일 シユン(またたく)

瞬間(순간) 눈깜박할 사이

瞬息間(순식간) 一瞬(일순) 轉瞬(전순)

준3급

[辵 5, 총9획]

지을, 말할 **술**   영 write 중 述 shù 일 ジョ(のべる)

著述(저술) 글을 지음

述懷(술회) 述部(술부) 陳述(진술)

준3급

[ノ 9, 총10획]

탈, 대, 셈할 **승**   영 ride 중 乘 chéng 일 乗 ジョウ(のる)

乘機(승기) 기회를 탐

乘馬(승마) 乘客(승객) 乘車券(승차권)

준3급

[日 4, 총8획]

오를 **승**   영 rise 중 升 shēng 일 ショウ(のぼる)

昇天(승천) 하늘에 오름

昇格(승격) 昇段(승단) 昇進(승진)

준3급

[人 12, 총14획]

중 **승**   영 mook 중 僧 sēng 일 ソウ·ゾウ(ばうず)

僧伽(승가) 많은 중

僧軍(승군) 僧侶(승려) 僧舞(승무)

준3급

[人 6, 총8획]

모실, 드는 사람 **시**   영 serve 중 侍 shì 일 シ·ジ(はべる)

侍醫(시의) 궁 안에 있으면서 임금의 시중을 드는 의원

侍童(시동) 侍女(시녀) 侍郞(시랑)

2단계

2급

[尸 0, 총3획]

주검 시   영corpse 중尸 shī 일シ

三尸(삼시) 사람의 몸 안에 있다는 게 세 마리의 벌레

尸毘王(시비왕) 傳尸(전시) 尸子(시자)

준3급

[食 5, 총14획]

꾸밀, 꾸밈 식   영decorate 중饰 shì 일ソウ(よそおう)

修飾語(수식어) 꾸미는 말

粧飾(장식) 室內裝飾(실내장식) 飾言(식언)

준3급

[心 10, 총13획]

삼갈, 훈계할 신   영careful 중慎 shèn 일シン(つつしむ)

愼重(신중) 경솔하지 않음

愼攝(신섭) 愼重(신중) 愼人(신인)

준3급

[宀 12, 총15획]

살필 심   영study 중审 shěn 일シン(つまびらか)

審美(심미) 미와 추를 살펴 미의 본질을 규명함

審問(심문) 審査(심사) 審判(심판)

준3급

[甘 4, 총9획]

심할, 깊을 심   영severe 중甚 shèn 일ジン(はなはだ)

甚難(심난) 매우 어려움

甚深(심심) 激甚(격심) 極甚(극심)

준3급

[手 6, 총9획]

주울, 열 습/십   영pick up 중拾 shí 일シュウ(ひろう)

拾得(습득) 주움

拾遺(습유) 收拾(수습) 拾萬(십만)

준3급 필수한자 | 283

준3급

[隹 10, 총18획]

쌍, 견줄 **쌍** 　　　영 pair 중 双 shuāng 일 双(ふた)

雙肩(쌍견) 좌우 어깨

雙方(쌍방) **雙劍**(쌍검) **雙龍**(쌍룡)

준3급

[阜 5, 총8획]

언덕 **아** / 호칭 **옥** 　　　영 hill 중 阿 ē 일 ア(おか)

阿膠(아교) 갖풀

阿丘(아구) **阿附**(아부) **阿諂**(아첨)

준3급

[戈 3, 총7획]

나, 나의 **아** 　　　영 I·we 중 我 wǒ 일 ガ(わ·われ)

我國(아국) 우리 나라

我輩(아배) **我軍**(아군) **我執**(아집)

준3급

[隹 4, 총12획]

바를, 떼까마귀 **아** 　　　영 straight 중 雅 yǎ 일 ガ(みやびやか)

雅淡(아담) 우아하고 산뜻함

雅量(아량) **雅語**(아어) **雅趣**(아취)

준3급

亞
[二 6, 총8획]

버금 **아** 　　　영 next 중 亚 yà 일 亜 ア

亞聖(아성) 성인의 다음 가는 대현인

亞流(아류) **亞鉛**(아연) **東南亞**(동남아)

준3급

[頁 9, 총18획]

얼굴, 채색 **안** 　　　영 face 중 颜 yán 일 ガン(かお)

顔面(안면) 얼굴

顔色(안색) **強顔**(강안) **顔色**(안색)

2단계

준3급

[山 5, 총8획]

언덕, 층계 **안**   영hill 중岸 àn 일アン(つくえ)

海岸(해안) 바닷가

沿岸(연안) 岸畔(안반) 岸壁(안벽)

준3급

[山 20, 총23획]

바위, 가파를 **암**   영rock 중岩 yán 일岩 ガン(いわ)

巖穴(암혈) 바위굴

巖盤(암반) 巖壁(암벽) 巖山(암산)

준3급

[手 5, 총8획]

누를 **압**   영press 중押 yā 일オウ(おす)

押捺(압날) 도장을 찍음

押釘(압정) 押留(압류) 押送(압송)

준3급

[人 4, 총6획]

우러를, 마실 **앙**   영respect 중仰 yǎng 일ギョウ(あおぐ)

仰望(앙망) 우러러 바란다는 의미

仰慕(앙모) 仰祝(앙축) 崇仰(숭앙)

준3급

[大 2, 총5획]

가운데 **앙**   영center 중央 yāng 일オウ(なかば)

中央(중앙) 한가운데

未央宮(미앙궁) 震央(진앙) 中央部(중앙부)

준3급

[口 6, 총9획]

슬플 **애**   영sad 중哀 āi 일アイ(あわれ)

哀憐(애련) 가엾고 애처롭게 여김

哀惜(애석) 哀悼(애도) 哀痛(애통)

준3급 필수한자 | **285**

준3급

[艸 5, 총9획]

같을, 땅이름 **야**   영 like 중 若 ruò 일 ジャク(なんじ)

若干(약간) 얼마 되지 아니함

般若(반야) 萬若(만약) 若何(약하)

준3급

[足 14, 총21획]

뛸 **약**   영 run 중 跃 yuè 일 ヤク(おどる)

跳躍(도약) 뛰어오름

躍進(약진) 躍動(약동) 活躍(활약)

준3급

[手 9, 총12획]

오를, 날 **양**   영 raise 중 扬 yáng 일 ヨウ(あがる)

揚名(양명) 이름을 드날림

揚揚(양양) 浮揚(부양) 抑揚(억양)

준3급

[言 17, 총24획]

사양할 **양**   영 concede 중 让 ràng 일 譲 ジョウ(ゆずる)

讓渡(양도) 권리 등을 다른 사람에게 넘겨 줌

讓與(양여) 讓步(양보) 謙讓(겸양)

준3급

[土 17, 총20획]

흙, 땅, 토지 **양**   영 soil 중 壤 yǎng 일 ジョウ(つち)

土壤(토양) 땅

壤土(양토) 平壤(평양) 擊壤(격양)

준3급

[彳 8, 총11획]

어거할, 막을 **어**   영 drive 중 御 yù 일 ゴ(お)

御駕(어가) 임금이 타는 수레

御命(어명) 御殿(어전) 御宮(어궁)

2단계

준3급

抑
[手 4, 총7획]

누를, 굽힐 **억**　　　영 restrain 중 抑 yì 일 ヨク(おさえる)

抑留(억류) 억지로 머무르게 함

抑壓(억압) 抑揚(억양) 抑止(억지)

준3급

憶
[心 13, 총16획]

생각할 **억**　　　영 recall 중 忆 yì 일 オク(おもう)

追憶(추억) 지난 일을 생각함

憶昔(억석) 記憶(기억) 憶測(억측)

준3급

驛
[馬 13, 총23획]

역참 **역**　　　영 station 중 驿 yì 일 駅 エキ(うまや)

驛馬(역마) 역참에서 쓰는 말

驛館(역관) 驛舍(역사) 驛前(역전)

준3급

役
[彳 4, 총7획]

부릴, 병사 **역**　　　영 handle 중 役 yì 일 役 エキ・ヤク(つかう)

役夫夢(역부몽) 낮에는 노동을 하는 인부가 밤에는 왕후가 된다는 뜻

役軍(역군) 役割(역할) 懲役(징역)

준3급

譯
[言 13, 총20획]

통변할, 뜻 **역**　　　영 interpret 중 译 yì 일 訳 ヤク(わけ)

譯者(역자) 필자

譯註(역주) 譯官(역관) 飜譯(번역)

준3급

亦
[亠 4, 총6획]

또 **역**　　　영 also 중 亦 yì 일 エキ・ヤク(また)

亦是(역시) 마찬가지로

此亦(차역) 亦然(역연) 亦可(역가)

준3급 필수한자 | **287**

준3급

[水 5, 총8획]

따를, 내이름 **연**   영 fellow 중 沿 yán 일 エン(そう)

沿線(연선) 철도 선로에 준한 곳

沿海(연해) 沿道(연도) 沿邊(연변)

준3급

[宀 7, 총10획]

잔치, 즐길 **연**   영 banquet 중 宴 yàn 일 エン(うたげ)

宴席(연석) 연회를 베푼 자리

宴息(연식) 宴會(연회) 宴享(연향)

준3급

[車 4, 총11획]

연할, 연약할 **연**   영 soft 중 软 ruǎn 일 ナン(やわらかい)

軟骨(연골) 물렁뼈

軟性(연성) 軟柿(연시) 軟弱(연약)

준3급

[心 7, 총10획]

기쁠 **열**   영 joyful·pleased 중 悦 yuè 일 エツ(よろこぶ)

喜悅(희열) 기쁨

悅樂(열락) 悅樂(열락) 法悅(법열)

준3급

[門 7, 총15획]

검열할 **열**   영 inspect 중 阅 yuè 일 エツ

閱覽(열람) 살펴서 봄

檢閱(검열) 閱兵(열병) 敎閱(교열)

준3급

染
[木 5, 총9획]

물들일, 바를 **염**   영 dye 중 染 rǎn 일 セン(そめる)

染色(염색) 천 등에 물을 들임

染料(염료) 汚染(오염) 傳染(전염)

2단계

준3급 **影**
[彡 12, 총15획]

그림자, 모양 **영**   영 shadow 중 影 yǐng 일 エイ(かげ)

影國(영국) 그림자처럼 붙어 있는 나라. 속국
影像(영상) 影幀(영정) 影響(영향)

준3급 **譽**
[言 14, 총21획]

기릴, 영예 **예**   영 fame 중 誉 yù 일 ヨ(ほまれ)

榮譽(영예) 자랑스러움
譽聞(예문) 榮譽(영예) 出藍之譽(출람지예)

준3급 **悟**
[心 7, 총10획]

깨달을, 깨우칠 **오**   영 awake 중 悟 wù 일 ゴ(さとる)

大悟(대오) 크게 깨달음
悟道(오도) 悟入(오입) 覺悟(각오)

준3급 **烏**
[火 6, 총10획]

까마귀, 검을 **오**   영 crow 중 乌 wū 일 ウ(からす)

烏骨鷄(오골계) 살, 가죽, 뼈가 모두 암자색이며, 산란수가 적은 동남아시아 원산의 닭
烏飛梨落(오비이락) 烏梅(오매) 織烏(직오)

준3급 **獄**
[犬 10, 총14획]

옥, 소송할 **옥**   영 prison 중 狱 yù 일 ゴク(ひとや)

獄中書信(옥중서신) 감옥에서 쓴 편지
獄苦(옥고) 獄舍(옥사) 獄死(옥사)

준3급 **擁**
[手 13, 총16획]

안을 **옹**   영 embrace 중 拥 yōng 일 ヨウ

擁立(옹립) 돌보아 제구실을 하게 함
擁壁(옹벽) 擁衛(옹위) 擁護(옹호)

준3급 필수한자 | **289**

준3급

[辰 3, 총10획]

욕될, 수치 욕　　영disgrace 중辱rǔ 일ジョク(はずかしめる)

辱說(욕설) 상스러운 말

侮辱(모욕)　汚辱(오욕)　意欲(의욕)

준3급

[欠 7, 총11획]

하고자할, 욕심 욕　　영desire 중欲yù 일ヨク(ほっする)

欲界(욕계) 욕심이 많은 세계

欲求(욕구)　欲情(욕정)　欲巧反拙(욕교반졸)

준3급

[水 7, 총10획]

목욕할, 미역 욕　　영bathe 중浴yù 일ヨク(あびる)

浴室(욕실) 목욕을 하는 시설이 되어 있는 방

浴湯(욕탕)　浴槽(욕조)　沐浴(목욕)

준3급

[心 11, 총15획]

욕심 욕　　영greed 중欲yù 일ヨク(むさぼる)

慾念(욕념) 욕심이 가득한 생각

慾望(욕망)　慾心(욕심)　貪慾(탐욕)

준3급

[宀 7, 총10획]

얼굴, 꾸밀 용　　영face 중容róng 일ヨウ(いれる)

容共(용공) 공산주의, 공산세력의 정책을 받아들이는 일

容量(용량)　容恕(용서)　寬容(관용)

준3급

[宀 3, 총6획]

집, 처마, 하늘 우　　영house 중宇yǔ 일ウ(いえ)

宇宙(우주) 온 세계를 둘러싸고 있는 공간

宇宙論(우주론)　宇宙船(우주선)　器宇(기우)

준3급

근심, 병 **우**   영 anxiety 중 忧 yōu 일 ユウ(うい)

憂國(우국) 나라를 걱정함

[心 11, 총15획]   憂慮(우려)   憂鬱(우울)   憂患(우환)

준3급

偶

짝, 인형 **우**   영 couple 중 偶 ǒu 일 グウ(たまたま)

偶發的(우발적) 우연히

[人 9, 총11획]   偶發(우발)   偶像(우상)   偶然(우연)

준3급

어리석을, 바보 **우**   영 foolish 중 愚 yú 일 グ(おろか)

愚見(우견) 자신의 생각을 겸손하게 나타내는 말

[心 9, 총13획]   愚鈍(우둔)   暗愚(암우)   凡愚(범우)

준3급

운, 울림 **운**   영 rhyme 중 韵 yùn 일 イン(ひびき)

韻律(운율) 시문의 음성적 형식

[音 10, 총19획]   韻致(운치)   韻文(운문)   韻律(운율)

준3급

넘을 **월**   영 overpass 중 越 yuè 일 エツ(こす)

越權(월권) 자기 직권의 범위를 넘는 것

[走 5, 총12획]   越等(월등)   越南(월남)   越冬(월동)

준3급

이를, 생각할 **위**   영 tell 중 谓 wèi 일 ゴ(あやまる)

所謂(소위) 그래서, 그런 까닭으로

[言 9, 총16획]   可謂(가위)   或謂(혹위)   云謂(운위)

준3급

[糸 8, 총14획]

밧줄, 생각할 유   영 tie 중 维 wéi 일 イ(つなぐ)

維新(유신) 세상일이 바뀌어 새로워짐

維舟(유주) 維持(유지) 纖維(섬유)

준3급

[心 7, 총11획]

멀, 한가로울 유   영 distant 중 悠 yōu 일 ユウ(とおい)

悠久(유구) 아득하고 오램

悠長(유장) 悠然(유연) 悠忽(유홀)

준3급

[衣 7, 총12획]

넉넉할 유   영 enough 중 裕 yù 일 ユウ

裕寬(유관) 너그러움

裕福(유복) 富裕(부유) 豊裕(풍유)

준3급

[幺 6, 총9획]

그윽할, 멀 유   영 secluded 중 幽 yōu 일 ユウ

幽界(유계) 저승

幽昧(유매) 幽谷(유곡) 幽靈(유령)

준3급

[言 7, 총14획]

꾈 유   영 tempt 중 诱 yòu 일 ユウ(さそう)

誘拐(유괴) 꾀어냄

誘導(유도) 誘引(유인) 誘惑(유혹)

준3급

[犬 9, 총12획]

오히려, 같을 유   영 rather 중 犹 yóu 일 ユウ(なお)

猶與(유여) 의심하고 망설임

猶爲(유위) 猶豫(유예) 猶鬪(유투)

준3급

[幺 2, 총5획]

어릴, 작을 유 영infont·infant 중幼 yòu 일ヨウ(おさない)

幼年(유년) 나이가 어림

幼主(유주) 幼兒(유아) 幼蟲(유충)

준3급

[木 5, 총9획]

부드러울, 사랑할 유 영soft 중柔 róu 일ジュウ(やわらか)

柔順(유순) 성질이 부드럽고 온순함

柔軟(유연) 柔道(유도) 柔順(유순)

준3급

[水 12, 총15획]

윤택할, 젖을 윤 영enrich 중润 rùn 일ジュン(うるおう)

潤色(윤색) 이미 다된 물건에 광택을 냄

潤氣(윤기) 潤文(윤문) 潤澤(윤택)

준3급

[乙 0, 총1획]

새 을 영bird 중乙 yǐ 일オツ(きのと)

乙科(을과) 성적에 따라 나눈 둘째

乙種(을종) 甲男乙女(갑남을녀)

준3급

[冫 14, 총16획]

엉길 응 영congeal 중凝 níng 일エツ(けみする)

凝結(응결) 엉기어 뭉침

凝固(응고) 凝視(응시) 凝縮(응축)

준3급

[羽 11, 총17획]

날개, 다음날 익 영wing 중翼 yì 일ヨク(つばさ)

翼戴(익대) 곁에서 도와줌

翼室(익실) 翼果(익과) 比翼(비익)

준3급

[心 3, 총7획]

참을, 질길 **인** 영 bear 중 忍 rěn 일 ニン(しのぶ)

忍苦(인고) 고통을 참음

不忍(불인) 忍耐(인내) 忍受(인수)

준3급

[辶 8, 총12획]

숨을, 벗어날 **일** 영 lose 중 逸 yì 일 イツ(はやる)

逸脫(일탈) 벗어남

逸話(일화) 逸走(일주) 逸品(일품)

준3급

[土 1, 총4획]

북방, 아홉번째 **임** 영 north 중 壬 rén 일 ジン·ニン(みずのえ)

壬方(임방) 서쪽에서 약간 북쪽에 가까운 방위

壬申(임신) 壬辰倭亂(임진왜란) 壬年(임년)

준3급

[心 9, 총13획]

사랑, 어머니 **자** 영 mercy 중 慈 cí 일 ジ(いつくしむ)

慈堂(자당) 남의 어머니에 대한 높임말

慈悲(자비) 慈善(자선) 慈愛(자애)

준3급

[水 12, 총15획]

잠길, 몰래 **잠** 영 sink 중 潜 qián 일 潜 セン(ひそむ)

潛伏(잠복) 드러나지 않게 숨어 있음

潛水(잠수) 潛影(잠영) 潛入(잠입)

준3급

[日 11, 총15획]

잠깐 **잠** 영 moment 중 暂 zàn 일 ザン(しばらく)

暫時(잠시) 잠깐 동안

暫定的(잠정적) 暫時(잠시) 暫許(잠허)

2단계

준3급

葬
[艹 9, 총13획]

장사지낼 **장** 영 hold a funeral 중 葬 zàng 일 ソウ(ほうむる)

高麗葬(고려장) 나이든 노인을 다른 지역이나 나라에 버려두고 오는 일 葬禮(장례) 葬事(장사) 葬地(장지)

준3급

藏
[艹 14, 총18획]

감출, 곳집 **장** 영 conceal 중 藏 cáng 일 ソウ(くら)

藏書(장서) 책을 간직해 둠

藏府(장부) 藏置(장치) 藏書(장서)

준3급

莊
[艹 7, 총11획]

엄숙할 **장** 영 solemn 중 庄 zhuāng 일 庄 ソウ(おごそか)

莊園(장원) 별장과 거기에 딸린 동산

莊園(장원) 莊重(장중) 莊園(장원)

준3급

粧
[米 6, 총12획]

단장할 **장** 영 adorn 중 粧 zhuāng 일 ショウ(よそおう)

粧鏡(장경) 화장용 거울

粧刀(장도) 粧飾(장식) 粧曆(장력)

준3급

臟
[肉 18, 총22획]

오장 **장** 영 viscera 중 脏 zàng 일 ゾウ

臟器(장기) 내장의 여러 기관

臟腑(장부) 臟法(장법) 心臟(심장)

준3급

丈
[一 2, 총3획]

어른, 존칭 **장** 영 elder 중 丈 zhàng 일 ジョウ(たけ)

丈夫(장부) 성인 남자

丈人(장인) 丈母(장모) 丈夫(장부)

준3급 필수한자 | **295**

준3급

[手 8, 총12획]

손바닥 **장**　　　영palm 중掌 zhǎng 일ショウ(たなごころ)

掌骨(장골) 손바닥을 형성하는 다섯 가지의 뼈
掌上(장상) 掌匣(장갑) 掌握(장악)

준3급

[車 6, 총13획]

실을, 해 **재**　　　영load 중载 zǎi 일サイ(のせる)

記載(기재) 기록함
揭載(게재) 載貨(재화) 揭載(게재)

준3급

[衣 6, 총12획]

마를, 결단할 **재**　　　영cut off 중裁 cái 일サイ(さばく)

裁可(재가) 안건을 재량하여 승인함
裁斷(재단) 裁量(재량) 裁判(재판)

준3급

[木 6, 총10획]

심을, 묘목 **재**　　　영plant 중栽 zāi 일サイ

栽培(재배) 심어서 가꿈
栽植(재식) 盆栽(분재) 植栽(식재)

준3급

[宀 7, 총10획]

벼슬아치 **재**　　　영prime minister 중宰 zǎi 일ヨウ(いだく)

宰夫(재부) 재상
宰殺(재살) 宰相(재상) 名宰(명재)

준3급

[手 5, 총8획]

거스를, 이를 **저**　　　영resist 중抵 dǐ 일テイ

抵當(저당) 채무의 담보물
抵死(저사) 抵觸(저촉) 抵抗(저항)

준3급

著
[艹 9, 총13획]

드러날, 붙일 **저**   영write 중著 zhù 일チョ(あらわす)

著名(저명) 이름이 남

著書(저서) 著述(저술) 著者(저자)

준3급

諸
[言 9, 총16획]

모든, 모든 **제**   영all 중诸 zhū 일ショ(もろもろ)

諸具(제구) 여러 도구

諸君(제군) 諸般(제반) 諸子(제자)

준3급

寂
[宀 8, 총11획]

고요할, 편안할 **적**   영quiet 중寂 jì 일セキ(さびしい)

寂滅(적멸) 사라져 없어짐

寂靜(적정) 寂寞(적막) 寂然(적연)

준3급

[足 6, 총13획]

자취, 뒤를 밟을 **적**   영trace 중跡 jì 일セキ(あと)

足跡(족적) 어떤 여정을 지나온 흔적

史跡(사적) 潛跡(잠적) 足球(족구)

준3급

[足 11, 총18획]

자취 **적**   영trace 중迹 jì 일セキ

筆蹟(필적) 필체의 자취

奇蹟(기적) 史蹟(사적) 舊蹟(구적)

준3급

[手 11, 총14획]

딸, 들추어낼 **적**   영pick 중摘 zhāi 일テキ(つむ)

摘句(적구) 중요한 글귀를 뽑아냄

摘發(적발) 敵軍(적군) 敵意(적의)

준3급
笛 [竹 5, 총11획]

피리, 취악기 **적** 영 flute 중 笛 dí 일 テキ(ふえ)

玉笛(옥적) 옥으로 만든 피리

鼓笛隊(고적대) 笛聲(적성) 胡笛(호적)

준3급
殿 [殳 9, 총13획]

대궐 **전** 영 palace 중 殿 diàn 일 デン(との)

殿閣(전각) 임금이 사는 집

大雄殿(대웅전) 殿堂(전당) 殿下(전하)

준3급
竊 [穴 17, 총22획]

훔칠 **절** 영 steal 중 窃 qiè 일 セツ(ひそか)

竊念(절념) 몰래 혼자 생각함

竊盜(절도) 竊取(절취) 竊發(절발)

준3급
漸 [水 11, 총14획]

점점, 적실 **점** 영 gradually 중 漸 jiàn 일 ゼン

漸移(점이) 서서히 옮겨감

漸次(점차) 漸減(점감) 漸漸(점점)

준3급
廷 [廴 4, 총7획]

조정 **정** 영 court 중 廷 tíng 일 テイ(やくしょ)

廷論(정론) 조정의 논의

廷臣(정신) 開廷(개정) 廷爭(정쟁)

준3급

[亠 7, 총9획]

정자, 주막집 **정** 영 arbor 중 亭 tíng 일 テイ(あずまや)

亭子(정자) 산수가 좋은 곳에 지은 아담한 건물

江亭(강정) 亭子(정자) 亭育(정육)

준3급

征
[彳 5, 총8획]

칠, 갈 **정**   영 attack 중 征 zhēng 일 セイ(うつ·ゆく)

征途(정도) 여행을 하는 길

征服(정복) 征討(정토) 征夫(정부)

준3급

井
[二 2, 총4획]

우물, 점괘 **정**   영 well 중 井 jǐng 일 セイ(いど)

井然(정연) 구획이 반듯하게 정돈된 모습

井間(정간) 井華水(정화수) 井田(정전)

준3급

貞
[貝 2, 총9획]

곧을, 정조 **정**   영 virtuous 중 贞 zhēn 일 テイ(ただしい)

貞淑(정숙) 여자로서 행실이 곧고 고움

貞潔(정결) 貞節(정절) 貞操(정조)

준3급

[水 8, 총11획]

깨끗할, 맑을 **정**   영 clean 중 净 jìng 일 浄 セイ·ジョウ(きよい)

淨潔(정결) 깨끗함

淨財(정재) 淨化(정화) 不淨(부정)

준3급

[頁 2, 총11획]

정수리, 머리 **정**   영 summit 중 顶 dǐng 일 チョウ(いただき)

頂上(정상) 산꼭대기

頂點(정점) 山頂(산정) 天頂(천정)

준3급

[齊 0, 총14획]

가지런할, 옷자락 **제**   영 arrange 중 齐 qí 일 齐 セイ(ひとしい)

齊家(제가) 집안을 바로 다스리는 일

齊唱(제창) 齊眉(제미) 齊刀(제도)

준3급

兆 [儿 4, 총6획]

조짐 **조**　　영 omen　중 兆 zhào　일 チョウ(きざす)

兆民(조민) 많은 백성
兆域(조역)　吉兆(길조)　亡兆(망조)

준3급

照 [火 9, 총13획]

비출, 의거 **조**　　영 illumine　중 照 zhào　일 ショウ(てる)

照臨(조림) 해와 달이 위에서 사방을 비추는 것
照明(조명)　照準(조준)　照亮(조량)

준3급

縱 [糸 11, 총17획]

세로 **종**　　영 vertical　중 纵 zòng　일 ジュウ(たて)

縱斷(종단) 세로로 자름
縱隊(종대)　縱的(종적)　縱走(종주)

준3급

[土 4, 총7획]

앉을, 자리 **좌**　　영 sit　중 坐 zuò　일 ザ(すわる)

坐像(좌상) 앉아있는 형상
坐禪(좌선)　坐視(좌시)　坐向(좌향)

준3급

[金 14, 총22획]

만들, 쇠 **주**　　영 cast　중 铸 zhù　일 チュウ(いる)

鑄造(주조) 쇠를 녹여 기물을 만듦
鑄貨(주화)　鑄物(주물)　鑄字(주자)

준3급

[玉 6, 총10획]

구슬 **주**　　영 pearl　중 珠 zhū　일 シユ(たま)

珠算(주산) 주판으로 하는 계산
珠玉(주옥)　念珠(염주)　蚌珠(방주)

준3급

[大 6, 총9획]

아뢸 주 영 inform 중 奏 zòu 일 ソウ(かなでる)

奏達(주달) 임금에게 아룀

奏樂(주악) 奏請(주청) 獨奏(독주)

준3급

[木 5, 총9획]

기둥, 기러기발 주 영 pillar 중 柱 zhù 일 チュウ(はしら)

柱石(주석) 기둥과 주춧돌

柱礎(주초) 角柱(각주) 四柱(사주)

준3급

[水 6, 총9획]

섬, 대륙, 물가 주 영 island 중 洲 zhōu 일 ス(す)

亞洲(아주) 아시아 주

三角洲(삼각주) 洲嶼(주서) 滿洲(만주)

준3급

[宀 5, 총8획]

집, 하늘 주 영 house 중 宙 zhòu 일 チュウ

宇宙食(우주식) 우주를 여행할 때 먹는 특별한 음식

宇宙游泳(우주유영) 宇宙船(우주선)

준3급

[卩 7, 총9획]

곧, 가까이할 즉 영 namely 중 即 jí 일 即 ソク

即刻(즉각) 바로 그때

即決(즉결) 即席(즉석) 即位(즉위)

준3급

[日 8, 총12획]

일찍, 곧 증 영 once 중 曾 céng 일 ソウ(かつて)

曾經(증경) 이전에 겪음

曾孫(증손) 曾祖(증조) 未曾有(미증유)

준3급

[艸 10, 총14획]

찔 **증** 영steam 중蒸 zhēng 일ジョウ(むす)

蒸氣(증기) 수증기

蒸發(증발) 蒸發(증발) 蒸溜(증류)

준3급

[疒 5, 총10획]

증세 **증** 영symptom 중症 zhèng 일ショウ(しるし)

症狀(증상) 병을 앓는 모양

痛症(통증) 症勢(증세) 症情(증정)

준3급

[心 12, 총15획]

미워할 **증** 영hate 중憎 zēng 일ゾウ(にくむ)

憎惡(증오) 미워함

愛憎(애증) 憎念(증념) 可憎(가증)

준3급

[水 13, 총6획]

못, 해자 (垓字) **지** 영pond 중池 zhí 일チ(いけ)

池魚(지어) 못에 사는 물고기

池塘(지당) 池魚籠鳥(지어농조) 池上(지상)

준3급

갈, 이 **지** 영go 중之 zhī 일シ(ゆく・これ)

[丿 3, 총4획]

之東之西(지동지서) 동쪽으로 갈까 서쪽으로 갈까를 망설이는 것

江湖之樂(강호지락) 隔世之感(격세지감)

준3급

[手 7, 총10획]

떨칠, 열 **진** 영shake off 중振 zhèn 일シン(ふるう)

振動(진동) 흔들리어 움직임

振貸法(진대법) 振男(진남) 堅振(견진)

2단계

준3급
陳
[阜 8, 총11획]

늘어놓을 **진**   영arrange 중陈 zhén 일チン(つらねる)

陳腐(진부) 오래 되어 □음

陳述(진술) 陳言(진언) 陳列(진열)

준3급
鎭
[金 10, 총18획]

진압할 **진**   영suppress 중镇 zhèn 일チン(しずまる)

鎭山(진산) 도성이나 마을을 진호하는 산

鎭痛(진통) 鎭壓(진압) 鎭定(진정)

준3급
震
[雨 7, 총15획]

벼락 **진**   영thunderbolt 중震 zhèn 일シン(ふるう)

震恐(진공) 무서워함

震懼(진구) 震怒(진노) 震度(진도)

준3급
辰
[辰 0, 총7획]

별 **진**   영star 중辰 chén 일シン(ほしのな)

辰星(진성) 수성을 달리 부르는 말

辰宿(진수) 日辰(일진) 壬辰倭亂(임진왜란)

준3급
秩
[禾 5, 총10획]

차례, 벼슬 **질**   영order 중秩 zhì 일チツ(ついで)

秩祿(질록) 녹봉

秩序(질서) 秩廳(질청) 品秩(품질)

준3급
疾
[疒 5, 총10획]

병, 앓을 **질**   영disease 중疾 jí 일シツ(やまい)

疾苦(질고) 고통스러워함

疾病(질병) 疾視(질시) 疾走(질주)

준3급

[土 8, 총11획]

잡을 **집**

영 catch 중 执 zhí 일 シュウ(とる)

執政(집정) 국정을 집행함

執拗(집요) 執權(집권) 執念(집념)

준3급

[彳 12, 총15획]

부를 **징**

영 levy·call 중 徵 zhēng 일 チョウ(しるし)

徵納(징납) 세금을 거두어 나라에 바침

徵發(징발) 徵兵(징병) 徵收(징수)

준3급

[止 2, 총6획]

이, 이곳, 이에 **차**

영 this 중 此 cǐ 일 シ(これ)

此際(차제) 이때에

此期(차기) 此際(차제) 此後(차후)

준3급

[貝 12, 총19획]

도울, 기릴 **찬**

영 assist 중 赞 zàn 일 サン(ほめる)

贊同(찬동) 다른 사람의 의견에 동의함

贊否(찬부) 贊反(찬반) 贊成(찬성)

준3급

[人 8, 총10획]

곳집 **창**

영 warehouse 중 仓 cāng 일 ソウ(くら)

倉庫(창고) 물건을 저장해 두는 곳

倉卒(창졸) 倉廩(창름) 營倉(영창)

준3급

[艸 10, 총14획]

푸를, 우거질 **창**

영 blue 중 苍 cāng 일 ソウ(あお)

蒼民(창민) 백성

蒼空(창공) 蒼白(창백) 蒼顔(창안)

준3급

창성 **창**　　영 prosper 중 昌 chāng 일 ショウ(さかん)

隆昌(융창) 융성하고 번창함

[日 4, 총8획]

昌盛(창성) 繁昌(번창) 昌王(창왕)

준3급

나물, 반찬 **채**　　영 vegetables 중 菜 cài 일 サイ(な)

菜根(채근) 채소의 뿌리

[艸 8, 총12획]

菜單(채단) 菜蔬(채소) 菜食(채식)

준3급

채색, 모양 **채**　　영 color 중 彩 cǎi 일 サイ(つや·いろどり)

彩料(채료) 물감

[彡 8, 총11획]

彩色(채색) 彩畵(채화) 多彩(다채)

준3급

꾀, 대쪽 **책**　　영 plan 중 策 cè 일 サク(はかりごと)

策動(책동) 은밀히 꾀를 써서 행동함

[竹 6, 총12획]

策命(책명) 策略(책략) 策定(책정)

준3급

아내, 시집보낼 **처**　　영 wife 중 妻 qī 일 サイ(つま)

妻男(처남) 아내의 남자 형제

[女 5, 총8획]

妻山(처산) 妻家(처가) 妻弟(처제)

준3급

친할, 겨레 **척**　　영 relative 중 戚 qī 일 セキ(みうち)

戚黨(척당) 외척과 척족

[戈 7, 총11획]

戚分(척분) 親戚(친척) 戚臣(척신)

준3급

尺
[尸 1, 총4획]

자, 편지 **척** 　　　영 ruler 중 尺 chǐ 일 シャク(ものさし)

尺牘(척독) 편지, 옛날에 짧은 것은 간(簡)이라 하였으며 긴 것을 독(牘)이라 함
尺數(척수)　尺貫法(척관법)　尺度(척도)

준3급

拓
[手 5, 총8획]

넓힐, 박을 **척/탁** 　　　영 widen 중 拓 tuò 일 タク・セキ(ひらく)

拓殖(척식) 땅을 개척하여 백성을 이주시킴
拓地(척지)　開拓(개척)　拓本(탁본)

준3급

[水 8, 총11획]

얕을 **천** 　　　영 shallow 중 浅 qiǎn 일 浅 セン(あさい)

淺紅(천홍) 엷은 분홍
淺薄(천박)　寡聞淺識(과문천식)

준3급

[貝 8, 총15획]

천할, 천히 여길 **천** 　　　영 humble 중 贱 jiàn 일 セン(いやしい)

賤待(천대) 업신여기어 푸대접을 함
賤民(천민)　賤視(천시)　賤職(천직)

준3급

[足 8, 총15획]

밟을 **천** 　　　영 tread 중 践 jiàn 일 セン(ふむ)

實踐(실천) 실행에 옮김
踐祚(천조)　踐履(천리)　句踐(구천)

준3급

[口 7, 총10획]

밝을 **철** 　　　영 wisdom 중 哲 zhé 일 テツ

哲理(철리) 현묘한 이치
哲人(철인)　哲學(철학)　先哲(선철)

준3급

徹

[彳 12, 총15획]

통할, 밝을 철　　영penetrate 중彻 chè 일テツ(とおる)

徹頭徹尾(철두철미) 처음부터 끝까지

徹夜(철야) 徹底(철저) 冷徹(냉철)

준3급

逮

[辶 8, 총12획]

잡을, 미칠 체　　영seize 중逮 dǎi 일タイ

逮捕(체포) 죄인을 뒤쫓아 가서 잡음

逮夜(체야) 逮鞫(체국) 被逮(피체)

준3급

滯

[水 11, 총14획]

막힐 체　　영stuck 중滞 zhì 일タイ(とどこおる)

滯納(체납) 세금이나 요금 등을 기일 안에 못냄

滯留(체류) 滯拂(체불) 滯症(체증)

준3급

秒

[禾 4, 총9획]

시간 초　　영second 중秒 miǎo 일ビョウ

秒針(초침) 시계의 초를 가리키는 바늘

秒速(초속) 秒針(초침) 閏秒(윤초)

준3급

超

[走 5, 총12획]

넘을 초　　영leap 중超 chāo 일チョウ(こえる)

超過(초과) 한도를 넘음

超然(초연) 超越(초월) 超人(초인)

준3급

礎

[石 13, 총18획]

주춧돌 초　　영foundation 중础 chǔ 일ソ(いしずえ)

礎石(초석) 주춧돌

礎業(초업) 基礎(기초) 柱礎(주초)

준3급 필수한자 | **307**

준3급

肖 닮을 **초** / 꺼질 **소**　　영 be like　중 肖 xiāo　일 ショウ(にる)

[肉 3, 총7획]

肖像畵(초상화) 사람의 얼굴을 그림이나 사진 등으로 나타내는 것

肖像(초상)　不肖(불초)　酷肖(혹초)

준3급

觸 닿을 **촉**　　영 touch　중 触 chù　일 触 ショク(ふれる)

[角 13, 총20획]

觸角(촉각) 곤충류의 더듬이

觸診(촉진)　觸感(촉감)　觸發(촉발)

준3급

促 재촉할, 빠를 **촉**　　영 urge　중 促 cù　일 ソク(うながす)

[人 7, 총9획]

促迫(촉박) 약속한 기간 등이 닥쳐 몹시 급함

促數(촉삭)　促求(촉구)　促成(촉성)

준3급

催 재촉할, 모임열 **최**　　영 pressing　중 催 cuī　일 サイ(もよおす)

[人 11, 총13획]

催促(최촉) 재촉하고 서둠

催告(최고)　催眠(최면)　主催(주최)

준3급

追 쫓을, 추모할 **추**　　영 pursue　중 追 zhuī　일 ツイ(おう)

[辵 6, 총10획]

追加(추가) 나중에 더하여 보탬

追念(추념)　追擊(추격)　追放(추방)

준3급

衝 찌를, 사북 **충**　　영 pierce　중 冲 chōng　일 ショウ(つく)

[行 9, 총15획]

衝激(충격) 서로 세차게 부딪침

衝擊(충격)　衝突(충돌)　衝動(충동)

준3급

醉
[酉 8, 총15획]

취할 **취**   영 drunk 중 醉 zuì 일 スイ(よう)

醉客(취객) 술에 취한 사람
醉氣(취기) 醉死(취사) 心醉(심취)

준3급

吹
[口 4, 총7획]

불, 부추길 **취**   영 blow 중 吹 chuī 일 スイ(ふく)

吹毛求疵(취모구자) 흉터를 찾으려고 털을 불어 헤친다는 의미
吹入(취입) 鼓吹(고취) 吹打(취타)

준3급

側
[人 9, 총11획]

곁, 기울 **측**   영 side 중 側 cè 일 ソク(かたはら)

側近(측근) 매우 가까운 곳
側面(측면) 側傍(측방) 南側(남측)

준3급

値
[人 8, 총10획]

값, 가질 **치**   영 value·price 중 值 zhí 일 チ(ね·あたい)

高値(고치) 높은 가격
價値(가치) 値遇(치우) 同値(동치)

준3급

稚
[禾 8, 총13획]

어릴, 어린 벼 **치**   영 young 중 稚 zhì 일 チ(おさない)

稚氣(치기) 어린이 같은 기분이나 감정
稚魚(치어) 稚拙(치졸) 稚心(치심)

준3급

恥
[心 6, 총10획]

부끄러워할 **치**   영 shame 중 耻 chǐ 일 耻 チ(はじ)

恥部(치부) 부끄러운 부분
國恥(국치) 恥事(치사) 恥辱(치욕)

준3급

[水 4, 총7획]

잠길 **침**　　　　　영 sink 중 沈 shēn 일 チン(しずむ)

沈黙(침묵) 말을 하지 아니함

沈淪(침륜) 沈澱(침전) 沈着(침착)

준3급

[女 4, 총7획]

평온할 **타**　　　　　영 serene 중 妥 tuǒ 일 ダ(おだやか)

妥結(타결) 서로가 좋도록 일을 마무리 지음

妥當(타당) 妥協(타협) 妥當(타당)

준3급

[言 7, 총14획]

태어날 **탄**　　　　　영 born 중 诞 dàn 일 タン

誕生(탄생) 태어남

誕辰(탄신) 誕降(탄강) 矜誕(긍탄)

준3급

[土 10, 총13획]

탑, 절 **탑**　　　　　영 tower 중 塔 tǎ 일 トウ(とう)

塔頭(탑두) 탑 머리

寺塔(사탑) 金塔(금탑) 塔誌(탑지)

준3급

[歹 5, 총9획]

위태할, 거의 **태**　　영 danger 중 殆 dài 일 タイ(あやうい)

危殆(위태) 위험에 처함

殆無(태무) 殆半(태반) 不殆(불태)

준3급

[水 5, 총10획]

클, 편안할 **태**　　　영 great 중 泰 tài 일 タイ(やすい)

泰斗(태두) 태산북두의 준말. 어떤 분야에 뛰어난 사람

泰山峻嶺(태산준령) 泰山(태산)

2단계

준3급
澤
[水 13, 총16획]

못, 윤택할 **택**　　　　　영 pond 중 泽 zé 일 沢 タク(さわ)

澤畔(택반) 늪 가

澤雨(택우) 光澤(광택) 澤瀉(택사)

준3급
兔
[儿 4, 총8획]

토끼 **토**　　　　　영 rabbit 중 兔 tù 일 ト(うさぎ)

兔脣(토순) 찢어진 입술

兔影(토영) 兔山高(토산고) 兔死狗烹(토사구팽)

준3급
把
[手 3, 총7획]

잡을 **파**　　　　　영 catch 중 把 bǎ 일 ハ

杷杯(파배) 손잡이가 달린 술잔

把守(파수) 把握(파악) 把持(파지)

준3급
版
[片 4, 총8획]

널, 판목 **판**　　　　　영 block 중 版 bǎn 일 ハン(ふだ)

版局(판국) 벌어진 일의 형편이나 판세

版權(판권) 版畵(판화) 版面(판면)

준3급
偏
[人 9, 총11획]

치우칠 **편**　　　　　영 lean 중 偏 piān 일 ヘン(かたよる)

偏見(편견) 한쪽으로 치우친 공정하지 못한 생각

偏母(편모) 偏僻(편벽) 偏食(편식)

준3급
片
[片 0, 총4획]

조각, 한쪽 **편**　　　　　영 splinter 중 片 piàn 일 ヘン(かた)

片道(편도) 가고 오는 길

片面(편면) 破片(파편) 片紙(편지)

준3급

[肉 4, 총8획]

허파, 마음 **폐**   영 lung 중 肺 fèi 일 ハイ(はい)

肺炎(폐렴) 폐에 염증을 일으키는 병
肺病(폐병) 肺腑(폐부) 鐵肺(철폐)

준3급

[廾 12, 총15획]

해어질 **폐**   영 wear out 중 弊 bì 일 ヘイ

弊家(폐가) 자기 집의 겸칭
弊習(폐습) 弊端(폐단) 弊風(폐풍)

준3급

[水 7, 총10획]

개, 바닷가 **포**   영 seacoast 중 浦 pǔ 일 ホ(うら)

浦口(포구) 갯가
浦田(포전) 浦村(포촌) 浦稅(포세)

준3급

[木 9, 총13획]

단풍나무 **풍**   영 maple 중 枫 fēng 일 フウ(かえで)

楓林(풍림) 단풍나무 숲
楓葉(풍엽) 丹楓(단풍) 楓嶽(풍악)

준3급

[皮 0, 총5획]

가죽, 거죽, 갖옷 **피**   영 skin 중 皮 pí 일 ヒ(かわ)

皮帶(피대) 가죽띠
皮相(피상) 皮革(피혁) 去皮(거피)

준3급

被
[衣 5, 총10획]

이불, 입을 **피**   영 quilt 중 被 bèi 일 ヒ(こうむる)

被擊(피격) 습격을 받음
被衾(피금) 被告(피고) 被拉(피랍)

2단계

준3급

彼
[彳 5, 총8획]

저, 그 **피**   영 that 중 彼 bǐ 일 ヒ(かれ)

彼我(피아) 그와 나

彼我間(피아간) 彼岸(피안) 於此彼(어차피)

준3급

畢
[田 6, 총11획]

마칠, 다할 **필**   영 finish 중 毕 bì 일 ヒツ(おわる)

檢査畢(검사필) 검사를 마침

畢業(필업) 畢竟(필경) 畢生(필생)

준3급

何
[人 5, 총7획]

어찌, 무엇 **하**   영 how 중 何 hé 일 カ·ガ(した)

何故(하고) 어째서, 무슨 연유로

何如間(하여간) 何必(하필) 如何(여하)

준3급

賀
[貝 5, 총12획]

하례할 **하**   영 congratulate·greetings 중 贺 hè 일 ガ(いわう)

賀客(하객) 축하하는 손님

賀正(하정) 賀禮(하례) 賀宴(하연)

준3급

[鳥 10, 총21획]

학, 흰색 **학**   영 crane 중 鹤 hè 일 カク(つる)

鶴髮(학발) 흰머리

鶴首(학수) 鶴帶(학대) 鶴企(학기)

준3급

[刀 10, 총12획]

나눌 **할**   영 divide 중 割 gē 일 カツ(わる)

割據(할거) 땅을 나누어 차지하고 막아 지킴

割當(할당) 割腹(할복) 割愛(할애)

준3급

陷
[阜 8, 총11획]

빠질, 빠뜨릴 함　　영 fall 중 陷 xiàn 일 カン(おちいる)

陷穽(함정) 짐승 등을 잡기 위해 파놓은 구덩이
陷落(함락)　陷沒(함몰)　陷中(함중)

준3급

含
[口 4, 총7획]

머금을 함　　영 contain 중 含 hán 일 ガン(ふくめる)

含笑(함소) 웃음을 머금음
含垢(함구)　含量(함량)　含有(함유)

준3급

恒
[心 6, 총9획]

항상 항 / 뻗칠 긍　　영 constant 중 恒 héng 일 コウ(つね)

恒久(항구) 변함없이 오램
恒常(항상)　恒星(항성)　永恒(영항)

준3급

項
[頁 3, 총12획]

목, 항목 항　　영 nape 중 项 xiàng 일 ケツ(ページ)

項領(항령) 큰 목
項目(항목)　項鎖(항쇄)　事項(사항)

준3급

響
[音 13, 총22획]

울림, 소식 향　　영 echo 중 响 xiǎng 일 キョウ(ひびく)

響箭(향전) 우는 화살
響應(향응)　響巖(향암)　音響(음향)

준3급

獻
[犬 16, 총20획]

바칠, 현인 헌　　영 dedicate 중 献 xiàn 일 献 ケン(たてまつる)

獻物(헌물) 물건을 바침
獻金(헌금)　獻血(헌혈)　獻花(헌화)

준3급

[心 16, 총20획]

매달, 걸 현 　　　영 hang 중 悬 xuán 일 ケ·ケン(かかる)

懸隔(현격) 동떨어짐
懸燈(현등)　懸案(현안)　懸板(현판)

준3급

[玄 0, 총5획]

검을 현 　　　영 black 중 玄 xuán 일 ゲン

玄琴(현금) 거문고
玄妙(현묘)　玄關(현관)　玄米(현미)

준3급

[女 10, 총13획]

싫어할 혐 　　　영 dislike 중 嫌 xián 일 ハ(とる)

嫌忌(혐기) 꺼리며 싫어함
嫌惡(혐오)　嫌疑(혐의)　嫌惡(혐오)

준3급

[肉 6, 총10획]

겨드랑이 협 　　　영 armpit 중 胁 xié 일 キョウ(おどかす)

脅迫(협박) 으르면서 몹시 위협함
脅杖(협장)　威脅(위협)　脅威(협위)

준3급

[行 10, 총16획]

저울대 형 　　　영 scale beam 중 衡 héng 일 コウ(はかり)

衡平(형평) 평균
銓衡(전형)　衡陽(형양)　均衡(균형)

준3급

[水 7, 총10획]

넓을, 풍부할 호 　　　영 wide 중 浩 hào 일 コウ(ひろい)

浩浩湯湯(호호탕탕) 넓고 큰 모양
浩瀚(호한)　浩氣(호기)　浩然(호연)

준3급

[虍 2, 총8획]

범 호　　　　　　　　　영 tiger 중 虎hǔ 일 コ(とら)

虎尾(호미) 호랑이의 꼬리

虎皮(호피) 虎口(호구) 虎叱(호질)

준3급

[豕 7, 총14획]

호걸, 사치 호　　영 hero 중 豪háo 일 ゴウ(つよい・おおきい)

豪民(호민) 세력이 있는 백성

豪言(호언) 豪傑(호걸) 豪氣(호기)

준3급

[肉 5, 총9획]

오랑캐, 장수할 호　　영 savage 중 胡hú 일 コ・ウ・ゴ(えびす)

胡亂(호란) 오랑캐들이 일으킨 난리

胡壽(호수) 胡桃(호도) 東胡(동호)

준3급

[心 8, 총12획]

미혹할 혹　　　　　　영 bewitch 중 惑huò 일 ワク(まどう)

惑世誣民(혹세무민) 세상을 어지럽게 함

惑星(혹성) 惑道(혹도) 不惑(불혹)

준3급

[鬼 4, 총14획]

넋, 마음 혼　　　　　영 soul 중 魂hún 일 コン(たましい)

魂怯(혼겁) 혼이 빠지게 겁을 냄

魂膽(혼담) 魂靈(혼령) 魂殿(혼전)

준3급

[心 4, 총8획]

문득, 다할 홀　　　　영 suddenly 중 忽hū 일 ソ(うとし)

忽待(홀대) 소홀히 하는 대접

忽視(홀시) 忽然(홀연) 疎忽(소홀)

2단계

준3급
洪
[水 6, 총9획]

큰물, 클 **홍** 　영broad 중洪 hóng 일コウ(おおみず)

洪福(홍복) 큰 복

洪水(홍수) 洪魚(홍어) 洪範(홍범)

준3급
禍
[示 9, 총14획]

재난, 화근이 될 **화** 　영disaster 중祸 huò 일カ(わざわい)

禍源(화원) 재앙의 근원

禍福(화복) 禍根(화근) 禍難(화난)

준3급
還
[辵 13, 총17획]

돌아올 **환** 　영return 중还 huán 일カン(かえる)

還鄕(환향) 고향으로 되돌아감

還元(환원) 還都(환도) 還生(환생)

준3급
換
[手 9, 총12획]

바꿀, 고칠, 바뀔 **환** 　영exchange 중换 huàn 일カン(とりかえる)

換率(환율) 두 나라 화폐간의 교환 비율

換氣(환기) 換物(환물) 換錢(환전)

준3급
皇
[白 4, 총9획]

임금, 클 **황** (=帝) 　영emperor 중皇 kuáng 일コウ·オウ(きみ)

皇考(황고) 돌아간 아버지의 존칭

皇恩(황은) 皇妃(황비) 皇室(황실)

준3급
悔
[心 7, 총10획]

뉘우칠 **회** 　영regret 중悔 huǐ 일カイ(くやむ)

悔改(회개) 예전의 잘못을 뉘우침

悔心(회심) 悔恨(회한) 痛悔(통회)

준3급

[心 16, 총19획]

품을, 마음 회   영 cherish 중 怀 huái 일 カイ(なつかしい)

懷古談(회고담) 옛일을 돌이켜 말을 함

懷柔(회유) 懷疑(회의) 懷抱(회포)

준3급

[刀 12, 총14획]

그을, 한자의 획   영 draw 중 划 huà 일 カク·カツ

劃期的(획기적) 한 시기를 그을만함

劃然(획연) 劃數(획수) 劃策(획책)

준3급

[木 12, 총16획]

가로, 방자할 횡   영 width 중 橫 héng 일 オウ(よこ)

橫斷(횡단) 가로 끊음

橫隊(횡대) 橫領(횡령) 橫步(횡보)

준3급

[戈 13, 총17획]

놀, 아하 희   영 raillery 중 戏 xì 일 戯 ギ(たわむれる)

戲曲(희곡) 연극 대본

戲弄(희롱) 戲劇(희극) 遊戲(유희)

준3급

[禾 7, 총12획]

드물 희   영 rare 중 稀 xī 일 キ(まれ)

稀宴(희연) 일흔 살이 되는 해의 생일잔치

稀貴(희귀) 稀微(희미) 稀薄(희박)

Part III

3-step
3단계

핵심한자

3-step 3단계

2급
伽
[人 5, 총7획]

절 **가**　　영 temple　중 伽 gā　일 カ(てら)

伽藍(가람)　伽陀(가타)　伽倻琴(가야금)

2급
柯
[木 5, 총9획]

가지 **가**　　영 branch　중 柯 kē　일 カ(えだ)

南柯一夢(남가일몽)　斧柯(부가)　爛柯(난가)

2급
軻
[車 5, 총12획]

수레 **가**　　영 shaft　중 軻 kē　일 カ(じく)

軻峨(가아)　坎軻(감가)　孟軻(맹가)

2급
迦
[辵 5, 총9획]

부처이름 **가**　　영 Buddha's name　중 迦 jiā　일 カ

釋迦牟尼(석가모니)　釋迦塔(석가탑)

2급
賈
[貝 6, 총13획]

값 **가** / 장사 **고**　　영 commerce　중 贾 gǔ　일 コ(あきなう)

賈人(고인)　多錢善賈(다전선고)

2급
珏
[玉 4, 총9획]

쌍옥 **각**　　영 double gem　중 珏 jué　일 カク(ついたま)

宋珏(송각)　刘珏(유각)

3단계

2급
杆
[木 3, 총7획]

몽둥이 **간**   영 pole 중 杆 gān 일 カン(ぼう)

杆棒(간봉) 杆城(간성) 杆太(간태)

2급
艮
[艮 0, 총6획]

괘이름 **간**   영 limit 중 艮 gěn 일 コン(かぎる)

艮卦(간괘) 艮時(간시) 艮方(간방)

2급
葛
[艸 9, 총13획]

칡 **갈**   영 arrowroot 중 葛 gě 일 カツ(くず)

葛根(갈근) 葛藤(갈등) 葛粉(갈분)

2급
鞨
[革 9, 총18획]

말갈 **갈**   영 a horse's mane 중 鞨 hé 일 カツ

靺鞨(말갈) 靺鞨式(말갈식)

2급
憾
[心 13, 총16획]

섭섭할 **감**   영 sorry 중 憾 hàn 일 カン(うらむ)

憾情(감정) 憾悔(감회) 遺憾(유감)

2급
岬
[山 5, 총8획]

곶 **갑**   영 cape 중 岬 jiǎ 일 コウ(みさき)

岬角(갑각) 沙岬(사갑) 長鬐岬(장기갑)

2급
鉀
[金 5, 총13획]

갑옷 **갑**   영 suit of an armour 중 鉀 jiǎ 일 コウ(よろい)

南宮鉀(남궁갑) 破鉀榴彈(파갑유탄)

2급 핵심한자 | **321**

2급

姜 [女 6, 총9획]

성 강　　영 family name　중 姜 jiāng　일 キョウ(うじのな)

姜太公(강태공) 同福姜(동복강)

2급

岡 [山 5, 총8획]

산등성이 강　　영 mountain ridge　중 冈 gāng　일 コウ(おか)

岡曲(강곡) 岡巒(강만) 丘岡(구강)

2급

崗 [山 8, 총11획]

언덕 강　　영 slope　중 岗 gǎng　일 がん(きし)

花崗巖(화강암) 花崗石(화강석)

2급

彊 [弓 13, 총16획]

굳셀 강　　영 firm　중 彊 jiāng　일 キョウ(つよい)

彊求(강구) 彊記(강기) 彊禦(강어)

2급

疆 [田 14, 총19획]

지경 강　　영 boundary　중 疆 jiāng　일 キョウ(さかい)

疆界(강계) 疆域(강역) 疆土(강토)

2급

价 [人 4, 총6획]

클 개　　영 good　중 价 jià　일 カイ(よい)

价人(개인) 价川(개천) 价川線(개천선)

2급

塏 [土 10, 총13획]

높은땅 개　　영 cool place　중 塏 kǎi　일 カク(たかだい)

塏塏(개개) 勝塏(승개) 李塏(이개) 塽塏(상개)

3단계

2급
坑
[土 4, 총7획]

구덩이 **갱** 　　　　　　영 pit 중 坑 kēng 일 コウ(あな)

坑内(갱내) 坑道(갱도) 坑木(갱목)

2급
鍵
[金 9, 총17획]

열쇠 **건** 　　　　　　영 key 중 鍵 jiàn 일 ケン(かぎ)

鍵盤(건반) 鍵盤樂器(건반악기)

2급
杰
[木 4, 총8획]

뛰어날 **걸** 　　　　　　영 excellent 중 杰 jié 일 ケツ(すぐれる)

杰作(걸작) 杰出(걸출) 豪杰(호걸)

2급
桀
[木 6, 총10획]

하왕이름 **걸** 　　　　　　영 rost 중 桀 jié 일 ケツ(とまりき)

桀紂(걸주) 桀犬吠堯(걸견폐요) 桀傲(걸오)

2급
揭
[手 9, 총12획]

들 **게** 　　　　　　영 hoist 중 揭 Jiē 일 ケイ(あげる)

揭記(게기) 揭榜(게방) 揭載(게재)

2급
甄
[瓦 9, 총14획]

질그릇 **견** 　　　　　　영 earthen ware 중 甄 zhēn 일 シン(すえもの)

甄陶(견도) 甄萱(견훤) 甄擢(견탁)

2급
儆
[人 13, 총15획]

경계할 **경** 　　　　　　영 warn 중 儆 jǐng 일 ケイ, いましめる)

儆戒(경계) 儆備(경비)

2급 핵심한자 | **323**

2급

[火 4, 총8획]

빛날 **경**   영 shine 중 炅 jiǒng 일 ケイ(ひかる)

寒炅(한경) 병을 앓을 때 한기와 열기가 번갈아 일어남

2급

環
[玉 12, 총16획]

옥빛 **경**   영 gem 중 環 jǐng 일 ケイ(ひかり)

宋環(송경) 송나라 사람

2급

[玉 15, 총19획]

구슬 **경**   영 reddish gem 중 瓊 qióng 일 ケイ(あかたま)

瓊團(경단)   瓊玉(경옥)   瓊瑤窟(경요굴)

2급

[白 6, 총11획]

언덕 **고**   영 hill 중 皐 gāo 일 コウ(きし)

皐皐(고고)   皐陶(고도)   皐比(고비)

2급

[隹 4, 총12획]

품살 **고**   영 employ 중 雇 gù 일 コ(やとう)

雇用(고용)   雇傭(고용)   解雇(해고)

2급

[戈 10, 총4획]

창 **과**   영 spear 중 戈 ge 일 カ(ほこ)

戈劍(과검)   戈兵(과병)   戈(과모)

2급

菓
[艸 8, 총12획]

과자 **과**   영 cookie 중 菓 guǒ 일 カ(くだもの)

菓子(과자)   茶菓(다과)   製菓(제과)

3단계

2급
款
[欠 8, 총12획]

정성 관 　　영 sincere 　중 款 kuǎn 　일 カン(まこと)

款談(관담)　款待(관대)　款誠(관성)

2급
琯
[玉 8, 총12획]

옥피리 관 　　영 jade clarinet 　중 琯 guǎn 　일 カン(ふえ)

尹承琯(윤승관)

2급
串
[丨 6, 총7획]

익숙할 관, 꿰미 천 　　영 familiar 　중 串 chuàn 　일 カン(くし)

串柿(관시)　串之島(관지도)　親串(친관)

2급
傀
[人 10, 총12획]

허수아비 괴 　영 scarecrow 　중 傀 kuǐ 　일 クワイ(あやにんぎょう)

傀儡(괴뢰)　傀懼(괴구)　傀奇(괴기)

2급
槐
[木 10, 총14획]

홰나무 괴 　　영 pagoda-tree 　중 槐 huái 　일 カイ(えんじゅ)

槐木(괴목)　槐實(괴실)　槐鼎(괴정)

2급
僑
[人 12, 총14획]

우거할 교 　　영 temporary abode 　중 侨 qiáo 　일 キョウ(かりずまい)

僑民(교민)　僑胞(교포)　僑人(교인)

2급
絞
[糸 6, 총12획]

목맬 교 　　영 hang 　중 絞 jiǎo 　일 コウ(くびる)

絞死(교사)　絞殺(교살)　絞首刑(교수형)

2급 핵심한자 | 325

2급

膠
[肉 11, 총15획]

아교 교   영glue 중胶 jiāo 일コウ(にかわ)

膠匣(교갑) 膠沙(교사) 膠着(교착)

2급

歐
[欠 11, 총15획]

구라파 구   영vomit 중欧 ōu 일オウ(はく)

歐文(구문) 歐美(구미) 歐羅巴(구라파)

2급

玖
[玉 3, 총7획]

옥돌 구   영black gem 중玖 jiǔ 일キュウ(くろたま)

王玖(왕구) 玖璇(구선)

2급

購
[貝 10, 총17획]

살 구   영purchase 중购 gòu 일コウ(あがなう)

購讀(구독) 購買(구매) 購入(구입)

2급

邱
[邑 5, 총8획]

땅이름 구   영hill 중邱 qiū 일キュウ(おか)

首邱初心(수구초심) 靑邱(청구)

2급

鞠
[革 8, 총17획]

국문할 국   영inquisition 중鞠 jū 일キク(やしなう)

鞠躬(국궁) 鞠問(국문) 鞠廳(국청)

2급

掘
[手 8, 총11획]

팔 굴   영dig 중掘 jué 일クツ(ほる)

掘進(굴진) 掘鑿(굴착) 掘冢(굴총)

3단계

2급
窟
[穴 8, 총13획]

굴 굴 　　　　　영 cave 중 窟 kū 일 クツ(あな)

石窟寺院(석굴사원) 洞窟(동굴)

2급
圈
[囗 8, 총11획]

우리 권 　　　　　영 cage 중 圈 quān 일 ケン(おり)

圈內(권내) 圈域(권역) 圈外(권외)

2급
闕
[門 10, 총18획]

대궐 궐 　　　　　영 palace 중 阙 què 일 ケツ(ごもん)

闕內(궐내) 闕門(궐문) 闕席(궐석)

2급
圭
[土 3, 총6획]

서옥 규 　　　　　영 gem 중 圭 guī 일 ケイ(たま)

圭角(규각) 圭田(규전) 圭瓚(규찬)

2급
奎
[大 6, 총9획]

별이름 규 　　　　　영 star 중 奎 kuí 일 ケイ(ほくし)

奎文(규문) 奎章閣(규장각) 奎章院(규장원)

2급
揆
[手 9, 총12획]

헤아릴 규 　　　　　영 calculate 중 揆 kuí 일 キ(はかる)

一揆(일규) 端揆(단규) 百揆(백규)

2급
珪
[玉 6, 총10획]

홀 규 　　　　　영 jade mace 중 珪 guī 일 ケイ(しるしたま)

珪化(규화) 珪化木(규화목) 珪化物(규화물)

2급 핵심한자 | **327**

2급

槿 [木 11, 총15획]

무궁화 **근**　　영 rose of sharon　중 槿 jǐn　일 キン(むくげ)

槿域(근역)　槿花(근화)　槿花鄕(근화향)

2급

瑾 [玉 11, 총15획]

붉은옥 **근**　　영 red jade　중 瑾 jǐn　일 キン(あかたま)

瑾瑜匿瑕(근유익하)　細瑾(세근)

2급

兢 [儿 12, 총14획]

삼갈 **긍**　　영 caution　중 兢 jīng　일 キョウ(つつしむ)

兢懼(긍구)　兢兢業業(긍긍업업)

2급

冀 [八 14, 총16획]

바랄 **기**　　영 expect　중 冀 jì　일 キ(こいねがう)

冀求(기구)　冀圖(기도)　冀望(기망)

2급

岐 [山 4, 총7획]

갈림길 **기**　　영 rugged　중 岐 qí　일 キ(えだみち)

岐路(기로)　多岐(다기)　各岐(각기)

2급

棋 [木 8, 총12획]

바둑 **기**　　영 game of chess　중 棋 qí　일 キ(ゴ(こいし))

棋局(기국)　奕棋(혁기)　棋石(기석)

2급

沂 [水 4, 총7획]

물이름 **기**　　영 river　중 沂 yí　일 キ(かわ)

蔡得沂(채득기)　浴沂之樂(욕기지락)

2급
淇
[水 8, 총11획]

강이름 **기** 영river 중淇 qí 일キ(かわ)

淇園長(기원장) 淇水(기수)

2급
琦
[玉 8, 총12획]

옥이름 **기** 영jade 중琦 qí 일キ(たま)

琦行(기행) 田琦(전기) 宋相琦(송상기)

2급
琪
[玉 8, 총12획]

옥 **기** 영jade 중琪 qí 일キ(たま)

琪花瑤草(기화요초) 琪樹(기수) 琪花(기화)

2급
璣
[玉 12, 총16획]

구슬 **기** 영fine jade 중玑 jī 일キ(たま)

天璣(천기) 璇璣玉衡(선기옥형)

2급
箕
[竹 8, 총14획]

키 **기** 영winnow 중箕 jī 일キ(み(ちりとり))

箕裘之業(기구지업) 箕子朝鮮(기자조선)

2급

[老 4, 총10획]

늙은이 **기** 영old man 중耆 qí 일キ(としより)

耆老(기로) 宿耆(숙기) 耆叟(기수)

2급

[馬 8, 총18획]

털총이 **기** 영spotted horse 중骐 qí 일キ(くろみどり)

騏驎(기린) 騏驥(기기) 騏驎竭(기린갈)

驥
2급
천리마 **기**　　영 swift horse　중 骥 jì　일 キ(すぐれうま)

渴驥奔泉(갈기분천) 保驥(보기)

[馬 17, 총27획]

麒
2급
기린 **기**　　영 giraffe　중 麒 qí　일 キ(きりん)

麒麟(기린) 麒麟兒(기린아) 麒麟旗(기린기)

[鹿 8, 총19획]

尿
2급
오줌 **뇨**　　영 urine　중 尿 niào　일 ニョウ(しょうべん)

尿道(요도) 尿血(요혈) 糞尿(분뇨)

[尸 4, 총7획]

尼
2급
중 **니**　　영 nun　중 尼 ní　일 ジ(あま)

釋迦牟尼(석가모니) 印尼(인니)

[尸 2, 총5획]

溺
2급
빠질 **닉**　　영 drown　중 溺 nì　일 ニョウ(おぼれる)

溺死(익사) 血溺(혈뇨) 饑溺(기닉)

[水 10, 총13획]

湍
2급
여울 **단**　　영 swift current　중 湍 tuān　일 タン(はやせ)

湍流(단류) 懸湍(현단) 飛湍(비단)

[水 9, 총12획]

鍛
2급
쇠불릴 **단**　　영 temper　중 锻 duàn　일 タン(きたえる)

鍛工(단공) 鍛鍊(단련) 鍛鐵(단철)

[金 9, 총17획]

2급

膽 쓸개 담　영gall-bladder 중胆 dǎn 일タン(きも)
[肉 13, 총17획]
膽囊(담낭) 膽大(담대) 膽力(담력)

2급

塘 못 당　영pond 중塘 táng 일トウ(いけ)
[土 10, 총13획]
塘報(당보) 堤塘(제당) 水塘(수당)

2급

垈 터 대　영site 중垈 dài 일タイ
[土 8, 총8획]
垈田(대전) 垈地(대지) 水苗垈(수묘대)

2급

戴 일 대　영wear 중戴 dài 일タイ(いただく)
[戈 13, 총17획]
戴盆望天(대분망천) 戴星之行(대성지행)

2급

悳 큰 덕　영virtue 중德 dé 일トク
[心 8, 총12획]
龐悳(방덕) 七悳歌(칠덕가)

2급

悼 슬퍼할 도　영mourn 중悼 dào 일トウ(あわれむ)
[心 8, 총11획]
悼惜(도석) 哀悼(애도) 謹悼(근도)

2급

燾 비출 도　영cover 중焘 dào 일トウ(おおう)
[火 14, 총18획]
燾育(도육) 李丙燾(이병도)

2급

[心 8, 총11획]

도타울 돈　　　영 warm hearted 중 惇 dūn 일 ジュン(あつい)

惇厚(돈후) 惇德(돈덕) 惇信(돈신)

2급

[火 12, 총16획]

불빛 돈　　　영 flaming 중 炖 dùn 일 トン(さかんなり)

燉火盛貌(돈화성예) 燉火色(돈화색)

2급

[頁 4, 총13획]

조아릴 돈　　　영 bow the head 중 顿 dùn 일 トン(ぬかずく)

頓首再拜(돈수재배) 整頓(정돈) 査頓(사돈)

2급

[乙 5, 총6획]

돌, 아이 돌　　　영 stone 중 乭 shí 일 トツ

孫乭風(손돌풍) 申乭石(신돌석)

2급

[艸 9, 총13획]

바를 동　　　영 superintend 중 董 dǒng 일 トウ(ただす)

董狐之筆(동호지필) 骨董(골동)

2급

[木 8 총12획]

용마루 동　　　영 pillar 중 栋 dòng 일 トウ(むね)

棟梁之材(동량지재) 棟折榱崩(동절최붕)

2급

[木 3, 총7획]

막을, 산사나무 두　　　영 hawthorn 중 杜 dù 일 ト(やまなし)

杜鵑(두견) 杜絶(두절) 杜撰(두찬)

2급

藤 등나무 등 영 rattan 중 藤 téng 일 トウ(ふじ)
[艸 15, 총19획]
藤椅子(등의자) 藤葛(등갈) 常春藤(상춘등)

2급

謄 베낄 등 영 copy 중 誊 téng 일 トウ(うつす)
[言 10, 총17획]
謄本(등본) 謄寫(등사) 謄抄(등초)

2급

鄧 나라이름 등 영 name of country 중 邓 dèng 일 トウ
[邑 12, 총15획]
鄧小平(등소평) 盟于鄧(맹우등)

2급

裸 벗을 라 영 strip 중 裸 luǒ 일 ラ(はだか)
[衣 8, 총13획]
裸麥(나맥) 裸婦(나부) 裸體(나체)

2급

拉 끌고갈 랍 영 break 중 拉 lā 일 ロウ(くじく)
[手 5, 총8획]
拉北(납북) 拉致(납치) 被拉(피랍)

2급

萊 명아주 래 영 mug wort 중 莱 lái 일 ライ(あかざ)
[艸 8, 총12획]
草萊(초래) 蓬萊山(봉래산) 萊蕪(내무)

2급

亮 밝을 량 영 light 중 亮 liàng 일 リョウ(あきらか)
[亠 7, 총9획]
亮明(양명) 亮察(양찰) 亮許(양허)

2급

樑 대들보 량 영 girder 중 樑 liáng 일 リョウ(はり)

棟樑(동량) 續樑(속량) 樑奉(양봉)

[木 11, 총15획]

2급

輛 수레 량 영 number of waggon 중 辆 liàng 일 リョウ(くるまのかず)

車輛(차량) 車輛稅(차량세) 車輛(거량)

[車 8, 총15획]

2급

呂 법칙 려 영 vertebra 중 吕 lǚ 일 リョ(せぼね)

呂宋煙(여송연) 律呂(율려) 陰呂(음려)

[口 4, 총7획]

2급

廬 오두막집 려 영 farmer's hut 중 庐 lú 일 リョ(かりや)

草廬(초려) 廬幕(여막) 出廬(출려)

[广 16, 총19획]

2급

礪 숫돌 려 영 whetstone 중 砺 lì 일 レイ(といし)

砥礪(지려) 淬礪(쉬려) 礪石(여석)

[石 15, 총20획]

2급

驪 검은말 려 영 dapplegray 중 骊 lí 일 リ

驪龍(여룡) 高句驪(고구려) 高驪葬(고려장)

[馬 19, 총29획]

2급

漣 잔물결 련 영 ripple 중 涟 lián 일 レン(さざなみ)

漣漪(연의) 細漣(세련) 清漣(청련)

[水 11, 총14획]

3단계

2급

[火 9, 총13획]

불릴 **련**   영refine 중炼 liàn 일レン(ねる)

煉瓦(연와) 煉肉(연육) 煉炭(연탄)

2급

[水 13, 총16획]

경박할, 물이름 **렴**   영flippant 중濂 lián 일レン(かるい)

濂溪學派(염계학파) 周濂溪集(주렴계집)

2급

[玉 5, 총9획]

옥소리 **령**   영chink 중玲 líng 일レイ

玲瓏(영롱) 五彩玲瓏(오채영롱) 玲瓏墻(영롱장)

2급

醴

[酉 13, 총20획]

단술 **례**   영a sweet drink 중醴 lǐ 일レイ(うまい)

醴泉(예천) 甘醴(감례) 酒醴(주례) 醇醴(순례)

2급

[皿 11, 총16획]

성씨 **로**   영family name 중卢 lú 일ロ(さかば)

新盧(신로) 盧弓盧矢(노궁노시) 蒲盧(포로)

2급

[艸 16, 총20획]

갈대 **로**   영reed 중芦 lú 일ロ(あし)

蘆場(노장) 苦壺蘆(고호로) 長蘆(장로)

2급

[魚 4, 총15획]

미련할 **로**   영bovine 중鲁 lǔ 일ロ(うとい)

魯鈍(노둔) 去魯歌(거로가) 奧魯(오로)

2급

鷺
[鳥 12, 총23획]

백로 **로**   영 aigret 중 鹭 lù 일 ロ(さぎ)

烏鷺之爭(오로지쟁) 紫鷺(자로) 鴉鷺(아로)

2급

籠
[竹 16, 총22획]

대그릇 **롱**   영 bambooware 중 笼 lóng 일 ロウ(かご)

籠球(농구) 籠絡(농락) 籠城(농성)

2급

療
[疒 12, 총17획]

병고칠 **료**   영 heal treat 중 疗 liáo 일 リョウ(いやす)

療飢(요기) 療法(요법) 療養(요양)

2급

遼
[辵 9, 총16획]

멀 **료**   영 distant 중 辽 liáo 일 リョウ

遼遠(요원) 遼東之豕(요동지시) 通遼(통료)

2급

劉
[刀 13, 총15획]

죽일 **류**   영 overcome 중 刘 liú 일 リュウ(かつ)

一人冕執劉(일인면집류)

2급

硫
[石 7, 총12획]

유황 **류**   영 sulphur 중 硫 liú 일 リュウ(ゆおう)

硫黃(유황) 脫硫(탈류) 稀硫山(희류산)

2급

謬
[言 11, 총18획]

그릇될 **류**   영 mistake 중 谬 miù 일 ビュウ(あやまる)

謬例(유례) 誤謬(오류) 過謬(과류)

3단계

2급

[山 8, 총11획]

산이름 륜　　　영 name of a mountain　중 侖 lún　일 ロン(

崑崙山(곤륜산)　拿破崙(나파륜)

2급

楞

[木 9, 총13획]

모 릉　　　영 angle　중 楞 léng　일 リョウ(か)

楞嚴經(능엄경)　楞伽經(능가경)

2급

[鹿 14, 총25획]

기린 린　　　영 giraffe　중 麟 lín　일 リン(ジラフ)

(기린아)　玉麟夢(옥린몽)

2급

摩

[手 11, 총15획]

문지를 마　　　영 polish　중 摩 mó　일 マ(する)

摩擦(마찰)　摩擦力(마찰력)　按摩(안마)

2급

[疒 8, 총13획]

저릴 마　　　영 paralysis　중 麻 má　일 マ(しびれる)

痲痺(마비)　痲藥(마약)　痲醉(마취)

2급

[鬼 11, 총21획]

마귀 마　　　영 devil(demon)　중 魔 mó　일 マ(まもの)

魔女(마녀)　魔力(마력)　魔法(마법)

2급

[肉 11, 총15획]

꺼풀 막　　　영 membrane　중 膜 mó　일 マク(うすかわ)

殼膜(각막)　鼓膜(고막)　粘膜(점막)

2급 핵심한자 | **337**

2급

娩
[女 7, 총10획]

해산할 **만**　　영 bear　중 娩 miǎn　일 ベン(うむ)

分娩(분만)　解娩(해만)　擬娩(의만)

2급

灣
[水 22, 총25획]

물굽을 **만**　　영 bathwater　중 湾 wān　일 ワン(わんない)

灣入(만입)　臺灣(대만)　港灣(항만)

2급

蠻
[虫 19, 총25획]

오랑캐 **만**　　영 southen savage　중 蛮 mán　일 バン(えびす)

蠻勇(만용)　蠻行(만행)　野蠻(야만)

2급

靺
[革 5, 총14획]

말갈 **말**　　영 Mohe people　중 靺 mò　일 マツ(あかひも)

靺鞨(말갈)　靺鞨式(말갈식)

2급

網
[糸 8, 총14획]

그물 **망**　　영 net　중 网 wǎng　일 ボウ(あみ)

網巾(망건)　網羅(망라)　網膜(망막)

2급

枚
[木 4, 총8획]

낱 **매**　　영 piece　중 枚 méi　일 マイ(かぞえる)

枚擧(매거)　枚數(매수)　二枚貝(이매패)

2급

魅
[鬼 5, 총15획]

도깨비 **매**　　영 ghost　중 魅 mèi　일 ビ(もののけ)

魅力(매력)　魅了(매료)　魅惑(매혹)

3단계

2급
貊
[豸 6, 총13획]

오랑캐 **맥**   영 savage 중 貊 hé 일 バク(えびす)

貊弓(맥궁) 濊貊(예맥) 小水貊(소수맥)

2급
覓
[見 4, 총11획]

찾을 **멱**   영 search for 중 觅 mì 일 ベキ(もとめる)

吹毛覓疵(취모멱자) 木覓山(목멱산)

2급
冕
[冂 9, 총11획]

면류관 **면**   영 crown 중 冕 miǎn 일 ベン(かんむり)

冕旒冠(면류관) 冠冕(관면) 掛冕(괘면)

2급
沔
[水 4, 총7획]

물이름 **면**   영 flood 중 沔 miǎn 일 メン(ながれる)

沔川面(면천면) 沔沔(면면)

2급
俛
[人 7, 총9획]

힘쓸 **면**   영 strive 중 俛 miǎn 일 ベン(うつむく)

俛焉(면언) 俛仰亭(면앙정) 俛首(면수)

2급
蔑
[艸 11, 총15획]

업신여길 **멸**   영 despise 중 蔑 miè 일 ベツ(かろんずる)

蔑視(멸시) 凌蔑(능멸) 輕蔑(경멸)

2급
帽
[巾 9, 총12획]

모자 **모**   영 hat 중 帽 mào 일 ボウ(かぶりもの)

帽子(모자) 着帽(착모) 紗帽(사모)

2급 핵심한자 | **339**

2급

[牛 2, 총6획]

보리 모   영bavley 중牟 mù 일ボウ(とる)

牟麥(모맥) 健牟羅(건모라) 釋迦牟尼(석가모니)

2급

[艸 5, 총9획]

띠 모   영cogon 중茅 máo 일ボウ(かや)

茅根(모근) 茅沙(모사) 茅簷(모첨)

2급

[言 11, 총18획]

꾀 모   영plan 중谟 mó 일ボ(はかりごと)

與狐謨皮(여호모피) 嘉謨(가모)

2급

[禾 11, 총16획]

화목할 목   영harmony 중穆 mù 일ボク(やわらぐ)

穆然(목연) 穆祖(목조) 穆宗(목종)

2급

[日 5, 총9획]

별자리 묘   영asterism 중昴 mǎo 일ボウ(すばる)

昴星(묘성) 昴星旗(묘성기)

2급

[水 4, 총7획]

내이름, 욕될 문   영disgrace 중汶 wèn 일ブン(はずかしい)

汶山(문산) 汶山里(문산리)

2급

[糸 4, 총10획]

어지러울 문   영disorder 중紊 wěn 일ブン(みだれる)

紊亂(문란) 風紀紊亂(풍기문란)

3단계

2급
彌 [弓 14, 총17획]
두루 미 영 all around 중 弥 mí 일 ミ(あまねし)
彌滿(미만) 彌縫(미봉) 彌勒佛(미륵불)

2급
旻 [日 4, 총8획]
하늘 민 영 sky 중 旻 mín 일 ミン(あきぞら)
旻天(민천) 九旻(구민) 蒼旻(창민)

2급
旼 [日 4, 총8획]
화할 민 영 mild 중 旼 mín 일 ビン(やわらぐ)
李義旼(이의민) 洪吉旼(홍길민)

2급
玟 [玉 4, 총8획]
옥돌 민 영 precious stone 중 玟 mín 일 ビン(あやいし)
玟坏釉(민배유)

2급
珉 [玉 5, 총9획]
옥돌 민 영 precious stone 중 珉 mín 일 ビン(たまいし)
貞珉(정민) 단단하고 아름다운 돌

2급
閔 [門 4, 총12획]
성씨 민 영 family name 중 闵 mǐn 일 ビン(やむ)
閔慰(민위) 閔妃(민비) 閔哀王(민애왕)

2급
舶 [舟 5, 총11획]
큰배 박 영 big ship 중 舶 bó 일 ハク(おおぶね)
舶載(박재) 舶來品(박래품) 船舶(선박)

2급
搬
[手 10, 총13획]

옮길 **반**　　　영transport　중搬 bān　일ハン(はこぶ)

搬入(반입)　搬出(반출)　搬送(반송)

2급
潘
[水 12, 총15획]

쌀뜨물 **반**　　　영water washed rice　중潘 pān　일ハン(しろみず)

潘楊之好(반양지호)

2급
磻
[石 12, 총17획]

반계 **반**　　　영arrow-head of stone　중磻 pán　일ハン(やのね)

磻溪隧錄(반계수록)　磻溪(반계)

2급
渤
[水 9, 총12획]

바다이름 **발**　　　영foggy　중渤 bó　일ホツ(きりかかる)

渤海(발해)　渤海考(발해고)

2급
鉢
[金 5, 총13획]

바리때 **발**　　　영brass bowl　중鉢 bō　일ハツ(はち)

沙鉢通文(사발통문)　鉢盂(발우)

2급
旁
[方 6, 총10획]

곁 **방**　　　영side　중旁 páng　일ボウ(かたおら)

旁求(방구)　旁通(방통)　旁觀(방관)

2급

[糸 4, 총10획]

자을 **방**　　　영spin　중紡 fǎng　일ボウ(つむぐ)

紡毛(방모)　紡績(방적)　紡織(방직)

2급

龐
[龍 3, 총19획]

성씨 **방**　영confused 중龐 páng 일ロウ(みだれる)

龐眉皓髮(방미호발) 溫陽龐(온양방)

2급

俳
[人 8, 총10획]

배우 **배**　영player 중俳 pái 일ハイ(わざおぎ)

俳優(배우) 嘉俳日(가배일) 俳優(배우)

2급

裵
[衣 8, 총14획]

성 **배**　영family name 중裵 péi 일ハイ(ながころも)

裵裨將傳(배비장전) 星州星山裵(성주성산배)

2급

賠
[貝 8, 총15획]

물어줄 **배**　영compensate 중賠 péi 일バイ(つぐなう)

賠償(배상) 賠償金(배상금) 賠償(배상)

2급

筏
[竹 6, 총12획]

뗏목 **벌**　영raft 중筏 fá 일バツ(いかだ)

筏橋(벌교) 筏流(벌류) 筏舫(벌방)

2급

閥
[門 6, 총14획]

문벌 **벌**　영lineage 중閥 fá 일バツ(いえがら)

族閥政治(족벌정치) 門閥(문벌) 黨閥(당벌)

2급

范
[艸 5, 총9획]

벌, 풀이름 **범**　영bee 중范 fàn 일ハン

范鎔(범용) 錦城范(금성범) 安州范(안주범)

2급

[人 13, 총15획]

궁벽할 벽   영 eccentricity 중 僻 pì 일 ヘキ(かたよる)

僻字(벽자) 僻地(벽지) 僻村(벽촌)

2급

[卜 2, 총4획]

성급한 변   영 hasty temper 중 卞 biàn 일 ベン(かるがるしい)

卞急(변급) 抗卞(항변) 卞正(변정)

2급

[廾 2, 총5획]

고깔 변   영 crown 중 弁 biàn 일 ベン(かん)

弁冕(변면) 弁辰(변진) 弁辰韓(변진한)

2급

[人 6, 총8획]

아우를 병   영 abreast 중 倂 bìng 일 ヘイ(ならぶ)

倂記(병기) 倂殺(병살) 倂吞(병탄)

2급

昞
[日 5, 총9획]

밝을 병   영 bright 중 昞 bǐng 일 ヘイ(あきらか)

2급

[日 5, 총9획]

밝을 병   영 bright 중 昺 bǐng 일 ヘイ(あかるい)

林昺黙(임병묵)

2급

[木 5, 총9획]

자루 병   영 handle 중 柄 bǐng 일 ヘイ(とって)

權柄(권병) 有柄(유병) 有柄(유병)

3단계

炳 [火 5, 총9획] — 불꽃 **병** — 영 bright 중 炳 bǐng 일 ヘイ(あきらか)
炳燭(병촉) 炳然(병연) 時節炳(시절병)

秉 [禾 3, 총8획] — 잡을 **병** — 영 grasp 중 秉 bǐng 일 ヘイ(たば)
秉權(병권) 秉燭(병촉) 秉權(병권)

潽 [水 12, 총15획] — 물이름 **보** — 영 waters 중 潽 pū 일 フ(かわのな)

甫 [用 2, 총7획] — 클 **보** — 영 great 중 甫 fǔ 일 ホ(おおきい)
甫田(보전) 杜甫(두보) 濁甫(탁보)

輔 [車 7, 총14획] — 도울 **보** — 영 help 중 輔 fǔ 일 ホ(ほおぼね)
輔佐(보좌) 輔弼(보필) 輔車相依(보거상의)

馥 [香 9, 총18획] — 향기 **복** — 영 fragrance 중 馥 fù 일 フク(かおり)
馥郁(복욱) 郁馥(욱복) 郁馥(욱복)

俸 [人 8, 총10획] — 녹 **봉** — 영 salary 중 俸 fèng 일 ホウ(ふち)
俸給(봉급) 減俸(감봉) 薄俸(박봉)

2급

縫
[糸 11, 총17획]
꿰멜 **봉** 영sew 중縫 féng 일ホウ(ぬう)
縫製(봉제) 縫合(봉합) 縫合(봉합)

2급 蓬
[艹 11, 총15획]
쑥 **봉** 영mugwort 중蓬 péng 일ホウ(よもぎ)
蓬頭亂髮(봉두난발) 蓬蓽生輝(봉필생휘)

2급 傅
[人 10, 총12획]
스승 **부** 영teacher 중傅 fù 일フ(たすける)
師傅(사부) 傅說(부열) 賈傅(가부)

2급 敷
[攴 11, 총15획]
펼 **부** 영disclose 중敷 fū 일フ(しく)
敷設(부설) 敷衍(부연) 敷地(부지)

2급 釜
[金 2, 총10획]
가마솥 **부** 영cauldron 중釜 fǔ 일フ(かま)
釜中生魚(부중생어) 釜中之魚(부중지어)

2급 阜
[阜 0, 총8획]
언덕 **부** 영hill 중阜 fù 일フウ(おか)
阜陵(부릉) 丘阜(구부) 丘阜(구부)

2급 芬
[艹 4, 총8획]
향기 **분** 영fragrant 중芬 fēn 일ソン(かおり)
芬芬(분분) 芬皇寺(분황사) 芬皇宗(분황종)

3단계

2급

鵬
[鳥 8, 총19획]

붕새 **붕** 영roc 중鹏 péng 일ホウ(おおとり)

鵬程萬里(붕정만리) 鵬鳥(붕조) 鵬圖(붕도)

2급

丕
[一 4, 총5획]

클 **비** 영big 중丕 pī 일ヒ(おおきい)

丕基(비기) 曹丕(조비) 丕訓(비훈)

2급

怭
[比 5, 총9획]

삼갈 **비** 영take care 중怭 bì 일ヒ(つつしむ)

怭涌(비용) 懲怭錄(징비록)

2급

毗
[比 5, 총9획]

도울 **비** 영help 중毗 pí 일ヒ(すくう)

茶毗(다비) 尸毗王(시비왕) 金毗羅(금비라)

2급

彬
[彡 8, 총11획]

빛날 **빈** 영bright 중彬 bīn 일ヒン(あきらか)

彬彬(빈빈) 達城彬(달성빈) 潭陽彬(담양빈)

2급

唆
[口 7, 총10획]

부추길 **사** 영tempt 중唆 suō 일サ(そそのかす)

敎唆(교사) 示唆(시사) 唆囑(사촉)

2급

泗
[水 5, 총8획]

콧물, 내이름 **사** 영snivel 중泗 sì 일シ(はなしる)

泗上弟子(사상제자) 泗沘城(사비성) 泗水夢遊錄(사수몽유록)

2급

[赤 4, 총11획]

용서할 **사**   영 forgive 중 赦 shè 일 シャ

赦免(사면) 赦罪(사죄) 赦典(사전)

2급

[食 5, 총14획]

먹일 **사**   영 raise 중 饲 sì 일 シ(やしなう)

飼料(사료) 飼育(사육) 飼育場(사육장)

2급

[人 10, 총12획]

우산 **산**   영 umbrella 중 伞 sǎn 일 サン(かさ)

傘下(산하) 傘伐(산벌) 傘狀(산상)

2급

[艸 11, 총15획]

인삼 **삼**   영 ginseng 중 参 shēn 일 サン(にんじん)

蔘圃(삼포) 蔘毒(삼독) 蔘熱(삼열)

2급

[手 9, 총12획]

꽂을 **삽**   영 insert 중 插 chā 일 ソウ(さしはさむ)

插木(삽목) 插匙(삽시) 插入(삽입)

2급

[广 6, 총9획]

학교 **상**   영 school in a locality 중 庠 xiáng 일 ショウ(まなびや)

庠序(상서) 庠校(상교) 庠謝禮(상사례)

2급

상자 **상**   영 box 중 箱 xiāng 일 ソウ(はこ)

箱子(상자) 風箱(풍상) 霧箱(무상)

[竹 9, 총15획]

3단계

2급

瑞 상서로울 서　영happy 중瑞 ruì 일ズイ(めでたい)
[玉 9, 총13획]
瑞光(서광) 瑞氣(서기) 瑞星(서성)

2급

舒 펼 서　영unfold 중舒 shū 일ジョ(のびる)
[舌 6, 총12획]
舒懷(서회) 舒川(서천) 舒暢(서창)

2급

奭 쌍백 석　영prosperous 중奭 shì 일セキ(さかん)
[大 12, 총15획]
金奭準(김석준)

2급

晳 밝을 석　영discriminate 중晳 xī 일セキ(あきらか)
[日 8, 총12획]
明晳判明(명석판명)

2급

碩 클 석　영great 중硕 shuò 일セキ(おおきい)
[石 9, 총14획]
碩士(석사) 碩學(석학) 碩果不食(석과불식)

2급

錫 주석 석　영scapolite 중锡 xī 일セキ(すず)
[金 8, 총16획]
錫杖(석장) 錫觜(석취) 錫賚(석뢰)

2급

瑄 도리옥 선　영ornamental gem 중瑄 xuān 일セン(たま)
[玉 9, 총13획]
薛瑄(설선)

2급 핵심한자 | **349**

2급
璇
[玉 11, 총15획]

옥 **선**   영 gem   중 璇 xuán   일 セン(たま)

璇璣(선기) 璇室(선실) 璇碧(선벽)

2급
璿
[玉 14, 총18획]

구슬 **선**   영 precious jade   중 璇 xuán   일 セン(たま)

璿宮(선궁) 璿源錄(선원록) 璿派子孫(선파자손)

2급
繕
[糸 12, 총18획]

기울 **선**   영 sen   중 缮 shàn   일 セン(つくろう)

繕補(선보) 繕匠(선장) 修繕(수선)

2급
卨
[卜 9, 총11획]

사람이름 **설**   중 卨 xiè   일 セツ

慶州卨(경주설) 李相卨(이상설)

2급
薛
[艸 13, 총17획]

성 **설**   영 mug wort   중 薛 xuē   일 セツ(よもぎ)

薛緯(설위) 薛仁貴傳(설인귀전) 薛炙(설적)

2급
暹
[日 12, 총16획]

해돋을 **섬**   영 the rising sun   중 暹 xiān   일 セン

暹羅(섬라)

2급
纖
[糸 17, 총23획]

가늘 **섬**   영 delicate   중 纤 xiān   일 セン(ほそい)

纖細(섬세) 纖柔(섬유) 纖維(섬유)

• 3단계

2급

[虫 13, 총19획]

두꺼비 섬　　영 toad 중 蟾 chán 일 セン(ひきがえる)

蟾蜍(섬여)　蟾兔(섬토)　蟾灰(섬회)

2급

[火 13, 총17획]

화할 섭　　영 harmonize 중 燮 xiè 일 ショウ(やわらぐ)

燮理(섭리)　燮和(섭화)

2급

[日 7, 총11획]

밝을 성　　영 bright 중 晟 shèng 일 セイ(あきらか)

大晟樂(대성악)

2급

[貝 5, 총12획]

세낼 세　　영 hire 중 貰 shì 일 セイ(かりる)

貰家(세가)　貰冊(세책)　貰錢(세전)

2급

[巛 8, 총11획]

새집 소　　영 nest 중 巢 cháo 일 ソウ(す)

巢窟(소굴)　巢毁卵破(소훼난파)

2급

[水 5, 총8획]

늪 소　　영 marsh 중 沼 zhǎo 일 ショウ(ぬま)

沼畔(소반)　沼地(소지)　沼湖(소호)

2급

[糸 5, 총11획]

이을 소　　영 introduce 중 紹 shào 일 ショウ(とりもつ)

紹介(소개)　紹介狀(소개장)　紹介書(소개서)

邵
[邑 5, 총8획]
2급

땅이름 소 영town name 중邵 zhāo 일ショウ(あきらか)

邵康節(소강절) 邵齡(소령)

宋
[宀 4, 총7획]
2급

송나라 송 영Song 중宋 sòng 일ソウ)

宋襄之仁(송양지인)

洙
[水 6, 총9획]
2급

물이름 수 영beach 중洙 zhū 일シュ(ほとり)

洙泗學(수사학) 李光洙(이광수) 泗洙(사수)

銖
[金 6, 총14획]
2급

저울눈 수 영measure of a beam 중铢 zhū 일シュ(はかりめ)

銖鈍(수둔) 銖兩(수량) 錙銖(치수)

隋
[阜 9, 총12획]
2급

수나라 수 영Sui Dynasty 중隋 suí 일ダ(おちる)

隋珠(수주) 隋書(수서) 隋寇(수구)

洵
[水 6, 총9획]
2급

진실할 순 영truly 중洵 xún 일ジュン(まこと)

洵涕(순체) 소리없이 눈물을 흘리며 욺

淳
[水 8, 총11획]
2급

순박할 순 영pure 중淳 chún 일ジュン(すなお)

淳朴(순박) 淳厚(순후) 淳風(순풍)

3단계

珣 [玉 6, 총10획]
2급
옥이름 순　　영 jade vessel　중 珣 xún　일 シュン(たまうつわ)

舜 [舛 6, 총12획]
2급
순임금 순　　영 Shun　중 舜 shùn　일 シュン(일 むくげ)
舜花(순화)　舜民(순민)　堯舜(요순)

荀 [艸 6, 총10획]
2급
풀이름 순　　영 herb　중 荀 xún　일 ジュン(くさ)
荀子(순자)　荀卿(순경)　荀況(순황)

瑟 [玉 9, 총13획]
2급
거문고 슬　　영 Korean-harp　중 瑟 sè　일 シツ(おおごと)
琴瑟之樂(금슬지락)　膠瑟(교슬)　雅瑟(아슬)

繩 [糸 13, 총19획]
2급
노끈 승　　영 rope　중 绳 shéng　일 ジョウ(なわ)
自繩自縛(자승자박)　繩戱(승희)　繩技(승기)

屍 [尸 6, 총9획]
2급
주검 시　　영 dead body　중 尸 shī　일 シ(かばね)
屍身(시신)　屍山血海(시산혈해)

柴 [木 5, 총9획]
2급
섶 시　　영 brushwood　중 柴 chái　일 シ(しば)
柴糧(시량)　柴木(시목)　柴草(시초)

2급 핵심한자 | 353

2급

[歹 8, 총12획]

번성할 식   영 plant 중 植 zhí 일 ショク(うえる)

養殖場(양식장) 殖利(식리) 殖耕(식경)

2급

[水 9, 총12획]

맑을 식   영 clear 중 湜 shí 일 ショク(きよい)

淸湜(청식) 金廷湜(김정식)

2급

[車 6, 총13획]

수레앞 식 영 stretcher in a sendanchair 중 軾 shì 일 シキ(しょく)

金富軾(김부식) 消息(소식)

2급

[糸 5, 총11획]

큰띠 신   영 girdle 중 紳 shēn 일 シン(おおおび)

紳士(신사) 紳士服(신사복) 紳商(신상)

2급

[水 15, 총18획]

즙 심   영 deep 중 瀋 shēn 일 シン(ふかい)

瀋陽(심양) 瀋脣(심순) 瀋陽八包(심양 팔포)

2급

握
[手 9, 총12획]

쥘 악   영 grasp 중 握 wò 일 アク(にぎる)

握手(악수) 握力(악력) 握髮(악발)

2급

[門 8, 총16획]

막을 알   영 block 중 阏 è 일 エン(ふさぐ)

閼塞(알색) 閼伽水(알가수) 遏迦(알가)

3단계

2급

[疒 12, 총17획]

암 **암**　　영 cancer　중 癌 ái　일 ガン(がん)

癌細胞(암세포)　癌性(암성)　癌腫(암종)

2급

[鳥 5, 총16획]

오리 **압**　　영 duck　중 鴨 yā　일 オウ(あひる)

鴨脚樹(압각수)　鴨尿草(압뇨초)　鴨綠江(압록강)

2급

[土 7, 총10획]

티끌 **애**　　영 dust　중 埃 āi　일 アイ(ほこり)

埃及(애급)　埃滅(애멸)　塵埃(진애)

2급

艾

[艸 2, 총6획]

쑥 **애**　　영 mug wort　중 艾 ài　일 ガイ(よもぎ)

艾石(애석)　艾蒿(애호)　艾草(애초)

2급

[石 14, 총19획]

꺼리낄 **애**　　영 disturb　중 碍 ài　일 ガイ(さえぎる)

無障無礙(무장무애)　礙滯(애체)　礙眼(애안)

2급

[人 9, 총11획]

땅이름 **야**　　중 倻 yē　일 ヤ

伽倻琴(가야금)　大伽倻(대가야)　金官伽倻(금관가야)

2급

[心 9, 총13획]

이끌 **야**　　영 lead　중 惹 rě　일 ジャ(ひく)

惹起(야기)　惹端(야단)　惹鬧(야료)

2급

襄
[衣 11, 총17획]

도울 **양**   영 rise 중 襄 xiāng 일 ジョウ(のぼる)

宋襄之仁(송양지인) 襄陽(양양) 襄奉(양봉)

2급

彦
[彡 6, 총9획]

선비 **언**   영 classical scholar 중 彦 yàn 일 ゲン(ひこ)

彦士(언사) 俊彦(준언) 英彦(영언)

2급

姸
[女 6, 총9획]

예쁠 **연**   영 pretty 중 姸 yán 일 ケン(うつくしい)

姸艷(연염) 姸蚩(연치) 姸醜(연추)

2급

淵
[水 9, 총12획]

못 **연**   영 pond 중 渊 yuān 일 エ(ふち)

淵源(연원) 淵叢(연총) 淵客(연객)

2급

衍
[行 3, 총9획]

넘칠 **연**   영 overflow 중 衍 yǎn 일 エン(あふれる)

衍義(연의) 蕃衍(번연) 紛衍(분연)

2급

厭
[厂 12, 총14획]

싫을 **염**   영 unwilling 중 厌 yàn 일 エン(あきる)

厭症(염증) 厭世的(염세적) 厭惡(염오)

2급

閻
[門 8, 총16획]

마을 **염**   영 commoner's residential quarters 중 阎 yán 일 エン(ちまた)

閻羅大王(염라대왕) 閻王(염왕) 閻浮(염부)

3단계

2급

[火 12, 총16획]

빛날 **엽**　　　영 flaming 중 烨 yè 일 ヨウ(かがやく)

燁然(엽연) 빛나는 모양

2급

[玉 9, 총13획]

옥빛 **영**　　　영 crystal 중 瑛 yīng 일 エイ(すいしょう)

瑛瑤(영요)　金瑛(김영)　赤瑛(적영)

2급

[皿 4, 총9획]

찰 **영**　　　영 full 중 盈 yíng 일 エイ(みちる)

盈月(영월)　盈車(영차)　盈溢(영일)

2급

[日 9, 총13획]

비칠 **영**　　　영 reflect 중 暎 yìng 일 エイ(うつす)

暎發(영발)　暎畵幕(영화막)　暎湖亭(영호정)

2급

[玉 11, 총15획]

옥돌, 밝을 **영 / 형**　　　영 bright 중 莹 yíng 일 エイ

瑩鏡(영경)　未瑩(미형)

2급

[水 13, 총16획]

깊을 **예**　　　영 deep 중 濊 huì 일 ワイ(ふかい)

濊貊(예맥)　濊國(예국)　東濊(동예)

2급

[目 9, 총14획]

슬기 **예**　　　영 wisdom 중 睿 ruì 일 エイ(さとい)

睿哲(예철)　睿旨(예지)　睿宗(예종)

2급 핵심한자 | **357**

2급
芮
[艸 4, 총8획]

성 **예**   영shore 중芮 ruì 일ゼイ(みずぎわ)

芮芮(예예) 酋芮(무예)

2급
預
[頁 4, 총13획]

미리 **예**   영beforehand 중预 yù 일ヨ(あらかじめ)

預金(예금) 預言(예언) 預置(예치)

2급
吳
[口 4, 총7획]

성 **오**   영family name 중吴 wú 일ゴ(くれ)

吳越同舟(오월동주) 吳牛喘月(오우천월)

2급
墺
[土 13, 총16획]

물가 **오/욱**   영beach 중墺 ào 일オウ(きし)

墺地利(오지리) 普墺戰爭(보오 전쟁)

2급
沃
[水 4, 총7획]

기름질 **옥**   영fertile 중沃 wò 일ヨク(こえる)

沃畓(옥답) 沃土(옥토) 沃壤(옥양)

2급
鈺
[金 5, 총13획]

보배, 단단한 쇠 **옥**   영jewel 중钰 yù 일キョク(たから)

崔鈺(최옥)

2급
穩
[禾 14, 총19획]

평안할 **온**   영quiet 중稳 wěn 일オン(おだやか)

穩健(온건) 穩當(온당) 穩全(온전)

3단계

2급

甕
[瓦 13, 총18획]

항아리 **옹**　　영 earthen jar　중 瓮 wèng　일 オウ(もたい)

甕器(옹기)　甕算畵餠(옹산화병)　甕棺(옹관)

2급

邕
[邑 3, 총10획]

막힐 **옹**　　영 be blocked　중 邕 yōng　일 ヨウ(ふさがる)

邕穆(옹목)　邕州(옹주)

2급

雍
[隹 5, 총13획]

화목할 **옹**　　영 harmony　중 雍 yōng　일 ヨウ(やわらぐ)

雍和(옹화)　雍和(옹화)　雍齒(옹추)

2급

莞
[艸 7, 총11획]

왕골 **완**　　영 great water rush　중 莞 guǎn　일 カン(まるがま)

莞席(완석)　莞爾(완이)　莞草(완초)

2급

旺
[日 4, 총8획]

왕성할 **왕**　　영 prosper　중 旺 wàng　일 オウ(さかん)

旺盛(왕성)　旺盛(왕성)　旺氣(왕기)

2급

汪
[水 4, 총7획]

넓을 **왕**　　영 deep and wide　중 汪 wāng　일 オウ(ひろい)

汪茫(왕망)　汪洋(왕양)

2급

倭
[人 8, 총10획]

왜국 **왜**　　영 japan　중 倭 wō　일 イ(やまと)

倭寇(왜구)　倭國(왜국)　倭風(왜풍)

2급 핵심한자 | **359**

2급

歪
[止 5, 총9획]

비뚤 왜   영 aslant   중 歪 wāi   일 ワイ(ゆがむ)

歪曲(왜곡) 歪力(왜력) 歪像鏡(왜상경)

2급

堯
[土 9, 총12획]

요임금 요   영 Emperor Yao   중 尧 yáo   일 ギョウ(たかくとおい)

桀犬吠堯(걸견폐요) 唐堯(당요)

2급

妖
[女 4, 총7획]

요사할 요   영 strange   중 妖 yāo   일 ヨウ(あやしい)

妖物(요물) 妖術(요술) 妖艶(요염)

2급

姚
[女 6, 총9획]

예쁠 요   영 pretty   중 姚 yáo   일 ヨウ

姚冶(요야) 姚秦(요진) 姚江學(요강학)

2급

耀
[羽 14, 총20획]

빛날 요   영 bright   중 耀 yào   일 ヨウ(かがやく)

耀耀(요요) 光耀(광요) 榮耀(영요)

2급

傭
[人 11, 총13획]

傭兵(용병) 傭船(용선) 傭錢(용전)

2급

溶
[水 10, 총13획]

녹을 용   영 melt   중 溶 róng   일 ヨウ(とける)

溶媒(용매) 溶液(용액) 溶解(용해)

3단계

2급 熔 [火 10, 총14획]
녹을 용 — 영 melt 중 熔 róng 일 ヨウ(とかす)
熔巖(용암) 熔球(용구) 熔鍊(용련)

2급 瑢 [玉 10, 총14획]
패옥소리 용 — 영 voice 중 瑢 róng 일 ヨウ

2급 鏞 [金 11, 총19획]
쇠북 용 — 영 large bell 중 鏞 yōng 일 ヨウ(おおがね)
鏞鼓(용고) 큰 북을 치다

2급 佑 [人 5, 총7획]
도울 우 — 영 help 중 佑 yòu 일 ユウ(たすける)
天佑神助(천우신조) 佑命(우명) 佑啓(우계)

2급 祐 [示 5, 총10획]
복 우 — 영 god's help 중 祐 yòu 일 ユウ(たすける)
祐助(우조) 幸祐(행우) 默祐(묵우)

2급 禹 [内 4, 총9획]
성 우 — 영 family name 중 禹 yǔ 일 ウ(ゆるむ)
禹池洞(우지동)

2급 旭 [日 2, 총6획]
아침해 욱 — 영 bright 중 旭 xù 일 キョク(あきらか)
禹域(우역) 禹跡(우적)

2급

昱
[日 5, 총9획]

햇빛밝을 **욱**   영bright 중昱 yù 일イク(あきらか)

昱耀(욱요)

2급

煜
[火 9, 총13획]

빛날 **욱**   영blaze of fire 중煜 yù 일イク(ひかる)

煜灼(욱작)

2급

郁
[邑 6, 총9획]

성할 **욱**   영prosperous 중郁 yù 일イク(さかん)

馥郁(복욱) 郁金香(욱금향) 郁李(욱리)

2급

頊
[頁 4, 총13획]

삼갈 **욱**   영cringe 중頊 xū 일ギョク(つつしむ)

頊頊(욱욱) 顓頊(전욱)

2급

芸
[艸 4, 총8획]

향풀 **운**   영fragrant grass 중芸 yún 일ウン(くさのかおり)

芸香(운향) 芸草(운초) 芸館(운관)

2급

蔚
[艸 11, 총15획]

고을이름 **울**   영grow thick 중蔚 wèi 일イ(くさむら)

蔚薈(울회) 蔚山(울산) 蔚州(울주)

2급

鬱
[鬯 19, 총29획]

막힐 **울**   영thick 중郁 yù 일ウツ(むらがりしける)

鬱憤(울분) 鬱寂(울적) 鬱蒼(울창)

3단계

2급

熊 곰 **웅**　　영 bear　중 熊 xióng　일 ユウ(くま)
[火 10, 총14획]
熊膽(웅담) 熊膽(웅담) 熊蜂(웅봉)

2급

媛 예쁠 **원**　　영 beautiful woman　중 媛 yuán　일 エン(みめよい)
[女 9, 총12획]
才媛(재원) 令媛(영원) 才媛(재원)

2급

爰 이에 **원**　　영 therefore　중 爰 yuán　일 エン(ここに)
[爪 5, 총9획]
爰書(원서) 爰襄國(원양국) 爰歷篇(원력편)

2급

瑗 구슬 **원**　　영 large round jade　중 瑗 yuàn　일 エン(たま)
[玉 9, 총13획]

2급

苑 동산 **원**　　영 garden　중 苑 yuàn　일 エン(その)
[艹 5, 총9획]
秘苑(비원) 後苑(후원) 宮苑(궁원)

2급

袁 성 **원**　　영 family name　중 袁 yuán　일 エン(ながいころも)
[衣 4, 총10획]
袁紹(원소) 袁世凱(원세개) 袁天綱(원천강)

2급

尉 벼슬 **위**　　영 comfort　중 尉 wèi　일 イ(やすんじる)
[寸 8, 총11획]
尉官(위관) 尉官(위관) 尉繚子(울요자)

2급 핵심한자 | **363**

2급

渭
[水 9, 총12획]

물이름 위   영 river 중 渭 wèi 일 イ(かわ)

涇渭(경위) 渭城柳(위성류) 渭川(위천)

2급

韋
[韋 0, 총9획]

가죽 위   영 tanned leather 중 韦 wéi 일 イ(なめしがわ)

韋編三絕(위편삼절) 韋太天(위태천) 韋陀天(위타천)

2급

魏
[鬼 8, 총18획]

높을 위   영 lofty 중 魏 wèi 일 ギ(たかい)

魏闕(위궐) 魏志(위지) 魏書(위서)

2급

俞
[入 7, 총9획]

그러할 유   영 such 중 俞 yú 일 ユ(しかり)

俞然(유연) 允俞(윤유) 都俞(도유)

2급

庾
[广 9, 총12획]

노적가리 유   영 stack of grain 중 庾 yǔ 일 ユ(くら)

庾積(유적) 庾倉(유창) 庾廩(유름)

2급

榆
[木 9, 총13획]

느릅나무 유   영 elm tree 중 榆 yú 일 ユ(にれ)

榆塞(유새) 枌榆(분유) 山榆(산유)

2급

踰
[足 9, 총16획]

넘을 유   영 overpass 중 踰 yú 일 ユ(こえる)

踰年(유년) 逾月(유월) 踰年(유년)

3단계

2급

允
[儿 2, 총4획]

진실로 윤   영reliable 중允 yǔn 일イン(まこと)

允許(윤허) 允可(윤가) 允俞(윤유)

2급

尹
[尸 1, 총4획]

성 윤   영govern 중尹 yǐn 일イン(おさめる)

尹司(윤사) 尹善道(윤선도) 尹奉吉(윤봉길)

2급

胤
[肉 5, 총9획]

자손 윤   영descendant 중胤 yìn 일イン(たね)

胤文(윤문) 胤嗣(윤사) 胤子(윤자)

2급

鈗
[金 4, 총12획]

병기 윤   영spear 중鈗 ruì 일イン(やり)

2급

融
[虫 10, 총16획]

화할 융   영melting 중融 róng 일ユウ(やわらぐ)

融資(융자) 融合(융합) 融和(융화)

2급

垠
[土 6, 총9획]

벼랑, 지경 은   영hill 중垠 yín 일ギン(きし)

垠崖(은애) 垠際(은제) 九垠(구은)

2급

殷
[殳 6, 총10획]

은나라 은   영abundant 중殷 yǐn 일イン(さかん)

殷鑑不遠(은감불원) 殷墟(은허) 殷正月(은정월)

2급
誾 화평할 은 　영 peace and joy 중 誾 yín 일 ギン(やわらぐ)
[言 8, 총15획]
誾誾(은은) 화평하게 이야기하는 모양

2급
鷹 매 응 　영 hawk 중 鹰 yīng 일 ヨウ(たか)
[鳥 13, 총24획]
鷹鸇志(응전지) 鷹準(응절) 鷹峰(응봉)

2급
伊 저 이 　영 this 중 伊 yī 일 イ(これ)
[人 4, 총6획]
伊太利(이태리) 伊湌(이찬)

2급
怡 기쁠 이 　영 be pleased 중 怡 yí 일 イ(よろこぶ)
[心 5, 총8획]
怡色(이색) 怡悅(이열) 怡愉(이유)

2급
珥 귀고리 이 　영 ear ornaments 중 珥 ěr 일 ジ(みみたま)
[玉 6, 총10획]
珥筓(이계) 玉珥(옥이) 李珥(이이)

2급
翊 도울 익 　영 help 중 翊 yì 일 ヨク(たすける)
[羽 5, 총11획]
翊成(익성) 翊贊(익찬) 翊衛司(익위사)

2급
佾 춤출 일 　영 dance 중 佾 yì 일 ニチ
[人 6, 총8획]
佾舞(일무) 八佾舞(팔일무)

2급

중량 **일**   영gold coin 중镒 yì 일イツ)

二十兩爲鎰(이십량위일)

[金 10, 총18획]

2급

아이밸 **임**   영pregnancy 중妊 rèn 일ジン(はらむ)

妊娠(임신) 妊娠嘔吐(임신구토) 不妊(불임)

[女 4, 총7획]

2급

불을 **자**   영nourish 중滋 zī 일シ(おおい)

滋養(자양) 滋味(재미) 滋養分(자양분)

[水 9, 총12획]

2급

자석 **자**   영magnet 중磁 cí 일ジ(じしゃく)

磁極(자극) 磁氣(자기) 磁石(자석)

[石 9, 총14획]

2급

諮

물을 **자**   영consult 중资 zī 일シ(はかる)

諮問(자문) 諮問委(자문위) 諮諏(자추)

[言 9, 총16획]

2급

농막 **장**   영farmhouse 중庄 zhuāng 일ソウ(むらさと)

鄙庄(비장) 村庄(촌장) 外庄(외장)

[广 3, 총6획]

2급

노루 **장**   영deer 중獐 zhāng 일ショウ(のろ)

獐角(장각) 獐血(장혈) 獐茸(장용)

[犬 11, 총14획]

2급 璋
[玉 11, 총15획]

반쪽홀 **장** 　　영 half 중 璋 zhāng 일 チョウ

弄璋之慶(농장지경)　弄璋(농장)　朱元璋(주원장)

2급 蔣
[艸 11, 총15획]

줄 **장** 　　영 water-oats 중 蒋 jiǎng 일 ショウ(まこも)

蔣經國(장경국)　蔣英實(장영실)　蔣介石(장개석)

2급 沮
[水 5, 총8획]

막을 **저** 　　영 stop 중 沮 jǔ 일 ソ(はばむ)

沮止(저지)　沮害(저해)　沮止線(저지선)

2급 甸
[田 2, 총7획]

경기 **전** 　　영 area 중 甸 diàn 일 テン(さかい)

畿甸(기전)　畿甸(기전)　羅甸(나전)

2급 偵
[人 9, 총11획]

정탐할 **정** 　　영 detective 중 侦 zhēn 일 テイ(うかがう)

偵察(정찰)　偵探(정탐)　偵吏(정리)

2급 呈
[口 4, 총7획]

드릴 **정** 　　영 give 중 呈 chéng 일 テイ

謹呈(근정)　呈訴(정소)　呈狀(정장)

2급 旌
[方 7, 총11획]

깃발 **정** 　　영 flag 중 旌 jīng 일 セイ(はた)

旌閭(정려)　旌門(정문)　旌表(정표)

3단계

2급
晶
[日 8, 총12획]

맑을 정 　　영 crystal　중 晶 jīng　일 ショウ(すいしょう)
結晶(결정)　晶質(정질)　晶析(정석)

2급
楨
[木 9, 총13획]

광나무 정 　　영 privet　중 桢 zhēn　일 テイ(ねずみもち)
楨幹(정간)　女楨木(여정목)

2급
汀
[水 2, 총5획]

물가 정 　　영 beach　중 汀 tīng　일 テイ(なぎさ)
汀線(정선)　汀洲(정주)　汀岸(정안)

2급
珽
[玉 7, 총11획]

옥이름 정 　　영 jade tablet　중 珽 tǐng　일 テイ(たまのしゃく)
玉珽(옥정)　珽水植物(정수식물)

2급
禎
[示 9, 총14획]

상서로울 정 　　영 lucky　중 祯 zhēn　일 テイ(さいわい)
禎瑞(정서)　禎禧(정희)　崇禎(숭정)

2급
艇
[舟 7, 총13획]

거룻배 정 　　영 boat　중 艇 tǐng　일 テイ(こぶね)
艦艇(함정)　艇長(정장)　艇身(정신)

2급
鄭
[邑 12, 총15획]

성씨 정 　　영 family-name　중 郑 zhèng　일 テイ(ジョウ)
鄭重(정중)　鄭瓜亭曲(정과정곡)　鄭瓜亭(정과정)

2급

鼎
[鼎 0, 총13획]

솥 정 　　　영 tripod 중 鼎 dǐng 일 テイ(かなえ)

鼎立(정립) 鼎革(정혁) 鼎廚間(정주간)

2급

劑
[刀 14, 총16획]

약지을 제 　　　영 prepare medicine 중 剂 jì 일 セイ(てがた)

洗劑(세제) 抗痙攣劑(항경련제) 刺戟劑(자극제)

2급

彫
[彡 8, 총11획]

새길 조 　　　영 carve 중 彫 diāo 일 チョウ(きざむ)

彫刻(조각) 彫塑(조소) 彫心鏤骨(조심누골)

2급

措
[手 8, 총11획]

둘 조 　　　영 put 중 措 cuò 일 ソ(おく)

措置(조치) 措手不及(조수불급) 措定(조정)

2급

曹
[日 6, 총10획]

성 조 　　　영 family name 중 曹 cáo 일 チョウ

曹衣描(조의묘) 曹晚植(조만식) 曹奉巖(조봉암)

2급

祚
[示 5, 총10획]

복 조 　　　영 bless 중 祚 zuò 일 ソ(さいわい)

祚胤(조윤) 祚業(조업) 祚命(조명)

2급

趙
[走 7, 총14획]

나라 조 　　　영 Zhao 중 赵 zhào 일 チョウ(さす)

趙子龍(조자룡) 趙大妃(조대비) 趙炳玉(조병옥)

3단계

2급

釣 [金 3, 총11획]

낚시 조 영 fishing with a hook 중 钓 diào 일 チョウ(つる)

釣鉤(조구) 釣而不綱(조이불강) 釣況(조황)

2급

琮 [玉 8, 총12획]

옥홀 종 영 octagonal jade 중 琮 cóng 일 ソウ(しるしたま)

琮琤(종쟁) 琮以發岳(종이발악)

2급

綜 [糸 8, 총14획]

모을 종 영 synthesize 중 综 zōng 일 ソウ(すべる)

綜合(종합) 綜合課稅(종합과세) 綜生簿(종생부)

2급

疇 [田 14, 총19획]

이랑 주 영 arable land 중 畴 chóu 일 チュウ(たはた)

範疇(범주) 疇輩(주배) 疇日(주일)

2급

駐 [馬 5, 총15획]

머무를 주 영 halt 중 驻 zhù 일 チュウ(とどまる)

駐屯(주둔) 駐在(주재) 駐車場(주차장)

2급

准 [冫 8, 총10획]

승인할 준 영 conform to 중 准 zhǔn 일 ジュン(なぞらえる)

准尉(준위) 准將(준장) 准理(준리)

2급

埈 [土 10, 총10획]

높을 준 영 lofty 중 埈 jùn 일 シュン(たかい)

2급

[山 7, 총10획]

높을 준   영steep 중峻 jùn 일シュン(けわしい)

峻嶺(준령) 峻嚴(준엄) 峻下劑(준하제)

2급

[日 7, 총11획]

밝을 준   영bright 중晙 jùn 일シュン(あきらか)

安東晙(안동준)

2급

[水 7, 총10획]

깊게할 준   영deep 중浚 jùn 일シュン(ふかい)

浚渫(준설) 攫浚(확준) 趙浚(조준)

2급

[水 14, 총17획]

깊을 준   영deep 중濬 jùn 일シュン(ふかい)

濬川(준천) 濬哲(준철) 濬池(준지)

2급

[馬 7, 총17획]

준마 준   영swift horse 중骏 jùn 일シュン(すぐれる)

駿馬(준마) 駿足(준족) 駿驄(준총)

2급

[土 7, 총7획]

터 지   영site 중址 zhǐ 일シ(もとい)

址臺(지대) 遺址(유지) 故址(고지)

2급

[日 2, 총6획]

뜻 지(=趣)   영meaning 중旨 zhǐ 일シ(むね)

趣旨(취지) 旨趣(지취) 旨意(지의)

3단계

2급
脂
[肉 6, 총10획]

기름 **지** 영 fat 중 脂 zhī 일 シ(あぶら)

脂肪(지방) 脂肪質(지방질) 脂質(지질)

2급
芝
[艸 4, 총8획]

지초 **지** 영 lingzhi mush room 중 芝 zhī 일 シ(ひじりだけ)

芝蘭之交(지란지교) 芝麻(지마) 芝草(지초)

2급
稙
[禾 8, 총13획]

올벼 **직** 영 early rice 중 稙 zhī 일 チョク(はやまき)

稙禾(직화) 稷壇(직단) 稷愼(직신)

2급
稷
[禾 10, 총15획]

기장 **직** 영 millet 중 稷 jì 일 ショク(きび)

社稷(사직) 稷壇(직단) 稷愼(직신)

2급
晉
[日 6, 총10획]

진나라 **진** 중 晉 jìn 일 晉 シン(すすむ)

晉三線(진삼선) 晉卦(진괘) 晉城(진성)

2급
津
[水 6, 총9획]

나루 **진** 영 ferry 중 津 jīn 일 シン(わたしば)

津液(진액) 津梁(진량) 津頭(진두)

2급
秦
[禾 5, 총10획]

나라이름 **진** 영 Qin 중 秦 qín 일 シン)

秦鏡高懸(진경고현) 秦龜(진귀) 秦火(진화)

2급

診 볼 진 　영examine 중诊 zhěn 일シン(みる)
[言 5, 총12획]

診斷(진단) 診療(진료) 診脈(진맥)

2급

窒 막힐 질 　영shut 중窒 zhì 일チツ(ふさがる)
[穴 6, 총11획]

窒素(질소) 窒塞(질색) 窒息(질식)

2급

輯 모을 집 　영gather 중辑 jí 일シュウ(あつまる)
[車 9, 총16획]

輯要(집요) 輯睦(집목) 輯載(집재)

2급

遮 막을 차 　영intercept 중遮 zhē 일シャ(さえぎる)
[辵 8, 총15획]

遮燈(차등) 遮陽(차양) 遮斷機(차단기)

2급

燦 빛날 찬 　영clear 중灿 càn 일サン(きよい)
[火 13, 총17획]

燦爛(찬란) 燦然(찬연) 燦燦(찬찬)

2급

璨 옥빛 찬 　영lustrous 중璨 càn 일サン(ひかる)
[玉 13, 총17획]

璨瑳(찬차) 옥빛이 희고 깨끗하다

2급

瓚 옥잔 찬 　영ladle of jade 중瓒 zàn 일サン(たまのさかづき)
[玉 19, 총23획]

圭瓚(규찬) 玉瓚(옥찬)

3단계

2급

鑽
[金 19, 총27획]

뚫을 찬   영drill 중钻 zuān 일サン(たがね)

鑽石(찬석) 鑽鐵(찬철) 鑽井(찬정)

2급

刹
[刀 6, 총8획]

절 찰   영Buddhist temple 중刹 chà 일サツ(てら)

刹那(찰나) 刹竿(찰간) 刹土(찰토)

2급

札
[木 1, 총5획]

패 찰   영letter 중札 zhá 일サツ(ふだ)

名札(명찰) 札駐(찰주) 札甲(찰갑)

2급

斬
[斤 7, 총11획]

벨 참   영cut 중斬 zhǎn 일ザン(きる)

斬殺(참살) 斬首(참수) 斬刑(참형)

2급

彰
[彡 11, 총14획]

밝을 창   영bright 중彰 zhāng 일ショウ(あきらか)

表彰狀(표창장) 彰顯(창현) 彰功(창공)

2급

敞
[攴 8, 총12획]

높을 창   영vast 중敞 chǎng 일ショウ(ひろい)

高敞(고창) 敞然(창연) 敞衣(창의)

2급

昶
[日 5, 총9획]

밝을 창   영bright 중昶 chǎng 일ショウ(ながい)

和昶(화창) 온화하고 환함

2급
蔡
[艸 11, 총15획]

나라이름 **채**　　영 big tortoise　중 蔡 cài　일 サイ(おおかめ)

蔡萬植(채만식)　蔡倫(채륜)　蔡同知(채동지)

2급
埰
[土 8, 총11획]

무덤, 영지 **채**　　　　영 tomb　중 埰 cài　일 サイ

2급
采
[采 1, 총8획]

풍채 **채**　　영 colouring　중 采 cài　일 サイ(いろどり)

采緞(채단)　采禮(채례)　采女(채녀)

2급
陟
[阜 7, 총10획]

오를 **척**　　영 rise(ascend)　중 陟 zhì　일 チョク(のぼる)

陟罰(척벌)　陟方(척방)　陟釐(척리)

2급
釧
[金 3, 총11획]

팔찌 **천**　　영 blacelet　중 钏 chuàn　일 セン(うでわ)

釧臂(천비)　腕釧(완천)　銀釧(은천)

2급
喆
[口 9, 총12획]

밝을 **철**　　영 bright　중 喆 zhé　일 テツ(あきらか)

金尙喆(김상철)

2급
撤
[手 12, 총15획]

거둘 **철**　　영 vacate　중 撤 chè　일 テツ(のぞく)

撤去(철거)　撤收(철수)　撤市(철시)

3단계

2급

澈 [水 12, 총15획]

맑을 **철** 영 clear 중 澈 chè 일 テツ(すむ)

澈底(철저) 瑩澈(형철) 澄澈(징철)

2급

瞻 [目 13, 총18획]

볼 **첨** 영 look up 중 瞻 zhān 일 セン(みる)

瞻望(첨망) 瞻星臺(첨성대) 瞻聆(첨령)

2급

諜 [言 9, 총16획]

염탐할 **첩** 영 spy 중 谍 dié 일 チョウ(しのび)

諜報(첩보) 諜者(첩자) 諜呈(첩정)

2급

締 [糸 9, 총15획]

맺을 **체** 영 fasten 중 缔 dì 일 テイ(むすぶ)

締結(체결) 締結權(체결권) 締約金(체약금)

2급

哨 [口 7, 총10획]

망볼 **초** 영 picket 중 哨 shào 일 ショウ(みはり)

哨戒(초계) 哨兵(초병) 哨所(초소)

2급

楚 [木 9, 총13획]

초나라 **초** 영 Chu 중 楚 chǔ 일 ソ(むち)

楚材晉用(초재진용) 楚撻(초달) 楚歌(초가)

2급

焦 [火 8, 총12획]

그을릴 **초** 영 scorch 중 焦 jiāo 일 ショウ(こがす)

焦點(초점) 焦燥(초조) 焦土(초토)

2급

蜀 [虫 7, 총13획]

나라이름 촉   영Shu 중蜀 shǔ 일ショク(あおむし)

得隴望蜀(득롱망촉) 蜀魄(촉백) 蜀魂(촉혼)

2급

崔 [山 8, 총11획]

높을 최   영aloft 중崔 cuī 일サイ(たかい)

崔嵬(최외) 崔南善(최남선) 崔漢綺(최한기)

2급

楸 [木 9, 총13획]

가래 추   영spade 중楸 qiū 일シュウ(ひさぎ)

楸木(추목) 楸枰(추평) 楸鄕(추향)

2급

趨 [走 10, 총17획]

달릴 추   영run 중趋 qū 일シュ(おもむく)

趨勢(추세) 趨附依賴(추부의뢰) 趨性(추성)

2급

鄒 [邑 10, 총13획]

나라이름 추   영Zou(state) 중邹 zōu 일スウ

鄒魯之鄕(추로지향) 鄒魯(추로) 鄒魯學(추로학)

2급

蹴 [足 12, 총19획]

찰 축   영kick 중蹴 cù 일シュク(ける)

蹴球(축구) 蹴鞠(축국) 蹴球團(축구단)

2급

軸 [車 5, 총12획]

굴대 축   영axle 중轴 zhóu 일ジク(よこがみ)

地軸(지축) 軸索(축색) 軸上(축상)

3단계

椿 [木 9, 총13획] 2급
참죽나무 춘　영Camellia japonica　중椿 chūn　일チュン(たまつばき)
椿府丈(춘부장) 椿事(춘사) 椿壽(춘수)

冲 [水 4, 총7획] 2급
화할 충　영melting　중冲 chōng　일チュウ(ふかい)
冲積(충적) 冲積層(충적층) 冲積錐(충적추)

衷 [衣 4, 총10획] 2급
정성 충　영sincerity　중衷 zhōng　일チュウ(まごころ)
衷心(충심) 衷情(충정) 衷曲(충곡)

炊 [火 4, 총8획] 2급
불땔 취　영cook　중炊 chuī　일スイ(かしぐ)
炊事(취사) 炊事兵(취사병) 炊飯(취반)

聚 [耳 8, 총14획] 2급
모일 취　영collect gather　중聚 cuì　일シュ(あつまる)
聚土(취토) 聚合(취합) 聚蚊成雷(취문성뢰)

峙 [山 6, 총9획] 2급
언덕 치　영aloft　중峙 shì　일ジ(そばだつ)
峙積(치적) 對峙(대치) 鼎峙(정치)

雉 [隹 5, 총13획] 2급
꿩 치　영pheasant　중雉 zhì　일チ(きじ)
春雉自鳴(춘치자명) 雉城(치성) 雉堞(치첩)

2급 託
[言 3, 총10획]

부탁할 **탁** 영 request 중 托 tuō 일 タク(たのみ)

託送(탁송) 託治(탁치) 託身(탁신)

2급 灘
[水 19, 총22획]

여울 **탄** 영 swift current 중 灘 tān 일 タン(はやせ)

灘聲(탄성) 涒灘(군탄) 險灘(험탄)

2급 耽
[耳 4, 총10획]

즐길 **탐** 영 pleasure 중 耽 dān 일 タン(たのしむ)

耽溺(탐닉) 耽讀(탐독) 耽美的(탐미적)

2급 兌
[儿 5, 총7획]

바꿀 **태** 영 change 중 兑 duì 일 タイ(よろこぶ)

兌換(태환) 兌卦(태괘) 兌換券(태환권)

2급 胎
[肉 5, 총9획]

아이밸 **태** 영 conceive 중 胎 tāi 일 タイ(はらむ)

胎動(태동) 胎夢(태몽) 胎生(태생)

2급 颱
[風 5, 총14획]

태풍 **태** 영 typhoon 중 颱 tái 일 タイ(たいふう)

颱風(태풍) 颱風目(태풍목) 颱風眼(태풍안)

2급 台
[口 2, 총5획]

별이름 **태** / 나 **이** 영 my 중 台 tái 일 ダイ(うてな)

台相(태상) 台德(이덕) 台鼎(태정)

3단계

2급
坡
[土 5, 총8획]

언덕 **파**   영hill 중坡 pō 일ハ(ヒ)(さか)

坡岸(파안) 坡陀(파타) 東坡(동파)

2급
阪
[阜 4, 총7획]

비탈 **판**   영slope 중坂 bǎn 일ハン(さか)

阪田(판전) 阪險(판험) 峻阪(준판)

2급
覇
[雨 13, 총21획]

으뜸 **패**   영best 중覇 bà 일ハ

覇權(패권) 覇者(패자) 覇氣滿滿(패기만만)

2급
彭
[彡 9, 총12획]

성 **팽**   영family name 중彭 péng 일ホウ(たて)

彭排(팽배) 彭殤(팽상) 彭排隊長(팽배대장)

2급
扁
[戶 5, 총9획]

작을 **편**   영small 중扁 biǎn 일ヘン(ひらたい)

扁額(편액) 扁柏(편백) 扁竹(편죽)

2급
坪
[土 5, 총8획]

들 **평**   영field 중坪 píng 일ヘイ(たいらか)

坪當(평당) 坪數(평수) 坪刈(평예)

2급
怖
[心 5, 총8획]

두려워할 **포**   영dread 중怖 bu 일フ(おそれる)

怖伏(포복) 怖畏施(포외시) 怖魔(포마)

2급 핵심한자 | **381**

2급

抛 [手 4, 총7획]

던질 **포**   영 throw 중 抛 pāo 일 ホウ(なげうつ)

抛棄(포기) 抛撤(포철) 抛物線(포물선)

2급

葡 [艸 9, 총13획]

포도 **포**   영 grape 중 葡 pú 일 ホ(ぶどう)

葡萄(포도) 葡萄酒(포도주) 葡萄酸(포도산)

2급

鋪 [金 7, 총15획]

펼 **포**   영 pave 중 铺 pū 일 ホ(しく)

鋪裝(포장) 鋪石(포석) 鋪道(포도)

2급

鮑 [魚 5, 총16획]

절인어물 **포**   영 salted fish 중 鲍 bào 일 ホウ(しおづけ)

管鮑之交(관포지교) 鮑尺(포척) 全鮑(전포)

2급

 [木 3, 총7획]

자루 **표** / 구기 **작**   영 small ladle 중 杓 sháo 일 ヒョウ(ひしゃく)

杓端(표단) 杓雲(작운) 漏杓(누표)

2급

馮 [馬 2, 총12획]

성 **풍** / 업신여길 **빙**   영 ride 중 冯 féng 일 ヒョウ(のる)

咆虎馮河(포호빙하) 馮夷(풍이)

2급

弼 [弓 9, 총12획]

도울 **필**   영 help 중 弼 bì 일 ヒツ(たすける)

輔弼(보필) 弼善(필선) 弼成(필성)

3단계

2급
泌
[水 5, 총8획]

물결부딪칠 필 / 샘 비 영 gush forth 중 泌 mì 일 ヒ(いずみ)

泌㵎(필즐) 分泌(분비)

2급
虐
[虍 3, 총9획]

사나울 학 영 cruel 중 虐 nüè 일 ギャク(しいたげる)

虐待(학대) 虐殺(학살) 虐政(학정)

2급
邯
[邑 5, 총8획]

땅이름 한 / 풍성할 함 영 abundant 중 邯 hán 일 カン

邯鄲之夢(한단지몽) 邯鄲之步(한단지보)

2급
艦
[舟 14, 총20획]

싸움배 함 영 warship 중 舰 jiàn 일 カン(いくさぶね)

艦隊(함대) 艦長(함장) 艦艇(함정)

2급
亢
[亠 2, 총4획]

목 항 영 neck 중 亢 kàng 일 コウ(くび)

亢羅(항라) 亢龍有悔(항룡유회) 亢宿(항수)

2급
沆
[水 4, 총7획]

넓을 항 영 flow widely 중 沆 hàng 일 コウ(ひろい)

沆漭(항망) 沆瀣(항해)

2급
杏
[木 3, 총7획]

은행나무 행 영 apricot 중 杏 xìng 일 キョウ(あんず)

杏林(행림) 杏餅(행병) 杏花(행화)

2급

爀 불빛 **혁**　　　영 flame　중 爀 hè　일 カク(ひのいろ)

[火 14, 총18획]

權爀(권혁)

2급

赫 붉을 **혁**　　　영 red　중 赫 hè　일 カク(かがやく)

[赤 7, 총14획]

赫赫(혁혁)　赫連(혁련)　赫圖阿拉(혁도아랍)

2급

峴 고개 **현**　　　영 ridge　중 岘 xiàn　일 ケン(とうげ)

[山 7, 총10획]

雄峴(웅현)　葛峴(갈현)　掛冠峴(괘관현)

2급

炫 빛날 **현**　　　영 bright　중 炫 xuàn　일 ゲン(かがやく)

[火 5, 총9획]

炫惑(현혹)　炫煌(현황)

2급

鉉 솥귀 **현**　　　영 ear of a kettle　중 铉 xuàn　일 ゲン(みみづる)

[金 5, 총13획]

鉉席(현석)　三鉉(삼현)

2급

陝 좁을 **협**　　　영 narrow　중 陕 xiá　일 コウ(せまい)

[阜 7, 총10획]

陝坐(협좌)　陝室(협실)

2급

峽 골짜기 **협**　　　영 gorge　중 峡 xiá　일 キョウ(はさま)

[山 7, 총10획]

峽谷(협곡)　峽灣(협만)　峽路(협로)

2급

型
[土 6, 총9획]

본뜰 형   영 type 중 型 xíng 일 ケイ(かた)

模型(모형) 型式(형식) 型紙(형지)

2급

瀅
[水 15, 총18획]

맑을 형   영 clear 중 瀅 yíng 일 エイ(すむ)

洪河左瀅滎(홍하좌형형)

2급

炯
[火 5, 총9획]

빛날 형   영 bright 중 炯 jiǒng 일 ケイ(あきらか)

炯眼(형안) 炯然(형연) 炯心(형심)

2급

邢
[邑 4, 총7획]

나라이름 형 / 땅이름 경   중 邢 xíng 일 セイ

邢臺(형대) 祖乙遷于邢(조을천우형)

2급

馨
[香 11, 총20획]

꽃다울, 향기 형   영 fine scent 중 馨 xīn 일 ケイ(かおる)

馨香(형향) 馨氣(형기) 潔馨(결형)

2급

壕
[土 14, 총17획]

해자 호   영 trench 중 壕 háo 일 ゴウ(ほり)

塹壕(참호) 防空壕(방공호) 交通壕(교통호)

2급

扈
[戶 7, 총11획]

뒤따를 호   영 follow 중 扈 hù 일 コ(したがう)

扈從(호종) 扈衛局(호위국) 扈輦隊(호련대)

2급

昊
[日 4, 총8획]

하늘 호 영sky 중昊hào 일コウ

昊天罔極(호천망극) 蒼昊(창호) 元昊(원호)

2급

晧
[日 7, 총11획]

밝을 호 영shine 중晧hào 일コウ(あきらか)

晧旰(호간) 晧首(호수) 晧白(호백)

2급

滈
[水 12, 총15획]

넓을 호 영large 중滈hào 일コウ

呼和滈特(호화호특)

2급

濠
[水 14, 총17획]

해자 호 영moat 중濠háo 일ゴウ(ほり)

濠洲(호주) 塹濠(참호) 外濠(외호)

2급

皓
[白 7, 총12획]

흴 호 영white 중皓hào 일コウ(あきらか)

丹脣皓齒(단순호치) 皓礬(호반) 皓月(호월)

2급

祜
[示 5, 총10획]

복 호 영happiness 중祜hù 일コ(さいわい)

祜休(호휴) 受天之祜(수천지호)

2급

鎬
[金 10, 총18획]

호경, 빛날 호 영bright 중鎬hào 일コウ(かがやく)

鎬京(호경) 金殷鎬(김은호)

3단계

2급
酷 [酉 7, 총14획]
독할 **혹** 영 severe 중 酷 kù 일 コク(むごい)
酷毒(혹독) 酷暑(혹서) 酷評(혹평)

2급
泓 [水 5, 총8획]
깊을 **홍** 영 deep 중 泓 hóng 일 コウ(ふかい)
泓宏(홍굉) 深泓(심홍) 陶泓(도홍)

2급
嬅 [嬅 12, 총15획]
여자 얼굴 아름다울 **화** 영 attractive 중 嬅 huà 일 カ

2급
樺 [木 12, 총16획]
자작나무 **화** 영 a kind of birch 중 桦 huà 일 カ(かげ)
樺巾(화건) 樺木(화목) 樺榴(화류)

2급
靴 [革 4, 총13획]
신 **화** 영 footgear 중 靴 xuē 일 カ(くつ)
長靴(장화) 靴工(화공) 靴篚(화비)

2급
幻 [幺 1, 총4획]
변할 **환** 영 witchcraft 중 幻 huàn 일 ゲン(まどわす)
幻覺(환각) 幻滅(환멸) 幻影(환영)

2급
桓 [木 6, 총10획]
굳셀 **환** 영 strong 중 桓 huán 일 カン(しるしのき)
盤桓(반환) 桓雄(환웅) 桓儉敎(환검교)

2급 핵심한자 | **387**

2급

煥
[火 9, 총13획]

불꽃 **환**　　영 flaming 중 煥 huàn 일 カン(あきらか)

煥爛(환란) 才氣煥發(재기환발)

2급

滑
[水 10, 총13획]

미끄러울 **활**　　영 slippery 중 滑 huá 일 カツ(なめらか)

滑降(활강) 滑空(활공) 滑走路(활주로)

2급

晃
[日 6, 총10획]

밝을 **황**　　영 bright 중 晃 huǎng 일 コウ(あきらか)

晃朗(황랑) 晃然(황연) 晃然大覺(황연대각)

2급

滉
[水 10, 총13획]

깊을 **황**　영 deep and wide 중 滉 huàng 일 コウ(ふかくひろい)

滉瀁(황양) 李滉(이황)

2급

廻
[廴 6, 총9획]

돌 **회**　　영 come back 중 廻 huí 일 カイ(めぐる)

上廻(상회) 巡廻(순회) 廻施(회시)

2급

檜
[木 13, 총17획]

전나무 **회**　　영 fir 중 桧 guì 일 カイ(ひのき)

檜皮(회피) 檜木(회목) 檜山君傳(회산군전)

2급

淮
[水 8, 총11획]

강이름 **회**　　영 river 중 淮 huái 일 カイ(かわ)

淮烏(회오) 淮陽(회양) 淮水(회수)

2급

后 왕후 후   영empress 중后 hòu 일コウ(きさき)
皇后(황후) 皇太后(황태후) 后稷(후직)
[口 3, 총6획]

2급

勳 공 훈   영services 중勋 xūn 일クン(いさお)
勳章(훈장) 勳戚(훈척) 勳舊(훈구)
[力 14, 총16획]

2급

壎 질나발 훈   영earthen trumpet 중壎 xūn 일ケン(つちぶえ)
朱宗壎(주종훈)
[土 14, 총17획]

2급

熏 불길 훈   영roast 중熏 xùn 일クン(ふすぶる)
熏燎(훈료) 熏煮(훈자) 熏香(훈향)
[火 10, 총14획]

2급

薰 향기 훈   영fragrant grass 중薰 xūn 일クン(かおりぐさ)
薰氣(훈기) 薰煙(훈연) 薰風(훈풍)
[艸 14, 총18획]

2급

徽 아름다울, 표기 휘   영banner 중徽 huī 일キ(はたじるし)
徽章(휘장) 徽旨(휘지) 徽音(휘음)
[彳 14, 총17획]

2급

休 아름다울 휴   영beautiful 중休 xiū 일コウ(うつくしい)
烋烋(휴휴) 아름답고 즐거움
[火 6, 총10획]

2급 핵심한자 | **389**

2급

[勹 4, 총6획]

오랑캐 **흉**　　　영 barbarian　중 匈　일 キョウ(さわぐ)

匈奴(흉노) 匈牙利(흉아리)

2급

[欠 8, 총12획]

공경할 **흠**　　　영 respect　중 钦 qīn　일 キン(つつしむ)

欽慕(흠모) 欽奉(흠봉) 欽愛(흠애)

2급

[女 6, 총9획]

아씨 **희**　　　영 young lady　중 姬 jī　일 キ(ひめ)

舞姬(무희) 姬妾(희첩) 姬蠶(희잠)

2급

[女 12, 총15획]

즐길 **희**　　　영 merry　중 嬉 xī　일 キ(たのしむ)

嬉娛(희오) 嬉笑(희소) 嬉嬉(희희)

2급

[心 12, 총16획]

기뻐할 **희**　　　영 please　중 憙 xǐ　일 キ(よろこぶ)

朱憙(주희) 洪命憙(홍명희)

2급

[火 12, 총16획]

빛날 **희**　　　영 prosperous　중 熹 xī　일 キ(さかん)

熹微(희미) 朱熹(주희)

2급

[示 12, 총17획]

복 **희**　　　영 good　중 禧 xǐ　일 キ(さいわい)

禧年(희년) 禧陵(희릉) 新禧(신희)

2급

[羊 10, 총16획]

숨, 내쉬는 숨 **희**　　　　　영 breathing 중 羲 xī 일 キ

羲和(희화)　羲皇上人(희황상인)　羲陽山(희양산)

1급

[口 5, 총8획]

꾸짖을 **가**　　　　　영 scold 중 呵 hē 일 カ(しかる)

呵凍(가동)　呵責(가책)　呵呵大笑(가가대소)

1급

[口 7, 총10획]

성 **가**　　　　　영 family name 중 哥 gē 일 カ(あに)

金哥(김가)　李哥(이가)　哥哥(가가)

1급

[口 11, 총14획]

아름다울 **가**　　　　　영 beautiful 중 嘉 jiā 일 カ(よい)

嘉味(가미)　嘉尙(가상)　嘉言(가언)

1급

[女 10, 총13획]

시집갈 **가**　　　　　영 marry 중 嫁 jià 일 カ(とつぐ)

嫁期(가기)　嫁資(가자)　嫁娶(가취)

1급

[禾 10, 총15획]

심을 **가**　　　　　영 plant 중 稼 jià 일 カ(うえる)

稼動(가동)　稼得(가득)　稼事(가사)

1급

[艸 5, 총9획]

가혹할 **가**　　　　　영 severe 중 苛 kē 일 カ(きびしい)

苛稅(가세)　苛重(가중)　苛責(가책)

1급
袈 [衣 5, 총11획]

가사 **가**   영kasaya 중袈 jiā 일カ(かさ)

袈裟(가사) 袈裟山(가사산) 袈裟佛事(가사불사)

1급
駕 [馬 5, 총15획]

멍에 **가**   영carriage 중驾 jià 일カ(のりもの)

駕轎(가교) 駕丁(가정) 駕御(가어)

1급
恪 [心 6, 총9획]

삼갈 **각**   영careful 중恪 kè 일カク(つつしむ)

恪勤(각근) 恪別(각별) 恪愼(각신)

1급
殼 [殳 8, 총12획]

껍질 **각**   영zest 중壳 ké 일カク(から)

殼果(각과) 殼斗(각두) 殼膜(각막)

1급
墾 [土 13, 총16획]

개간할 **간**   영cultivation 중垦 kěn 일コン(ひらく)

墾耕(간경) 墾植(간식) 墾田(간전)

1급
奸 [女 3, 총6획]

간사할 **간**   영wicked 중奸 jiān 일カン(よこしま)

奸計(간계) 奸巧(간교) 奸詐(간사)

1급
揀 [手 9, 총12획]

가릴 **간**   영distinguish 중拣 jiǎn 일

揀選(간선) 揀擇(간택) 간택령(揀擇令)

3단계

1급
澗 [水 12, 총15획]
산골물 **간** 영mountain torrent 중洞 jiàn 일カン(たにがわ)
澗水(간수) 澗谷(간곡) 澗底(간저)

1급
癎 [疒 12, 총17획]
간질 **간** 영epilepsy 중痫 xián 일カン(かんびょう)
癎病(간병) 癎疾(간질) 癎症(간증)

1급
竿 [竹 3, 총9획]
장대 **간** 영pole 중竿 gān 일カン(さお)
竿頭(간두) 竿石(간석) 竿竹(간죽)

1급
艱 [艮 11, 총17획]
어려울 **간** 영hard 중艰 jiān 일カン
艱苦(간고) 艱苟(간구) 艱辛(간신)

1급
諫 [言 9, 총16획]
간할 **간** 영advise 중谏 jiàn 일ガ(のる)
諫勸(간권) 諫臣(간신) 諫言(간언)

1급
喝 [口 9, 총12획]
꾸짖을 **갈** 영chide 중喝 hē 일カツ(しかる)
喝采(갈재) 喝取(갈취) 喝破(갈파)

1급
竭 [立 9, 총14획]
다할 **갈** 영exhaust 중竭 jié 일カツ(つきる)
竭力(갈력) 竭盡(갈진) 竭澤而漁(갈택이어)

1급 핵심한자 | **393**

1급
褐 [衣 8, 총14획]

갈색 **갈**   영 brown   중 褐 hè   일 カツ(かおり)

褐色(갈색) 褐炭(갈탄) 褐殭病(갈강병)

1급
勘 [力 9, 총11획]

헤아릴 **감**   영 consider   중 勘 kān   일 カン(かんがえる)

勘校(감교) 勘案(감안) 勘合(감합)

1급
堪 [土 9, 총12획]

견딜 **감**   영 endure   중 堪 kān   일 カン(たえる)

堪耐(감내) 堪能(감능) 堪當(감당)

1급
柑 [木 5, 총9획]

귤 **감**   영 orange   중 柑 gān   일 カン(みかん)

柑橘(감귤) 柑類(감류) 柑子(감자)

1급
疳 [疒 5, 총10획]

감질 **감**   영 ulcer   중 疳 gān   일 カン(ひかん)

疳病(감병) 疳積(감적) 疳疾(감질)

1급
瞰 [目 12, 총17획]

굽어볼 **감**   영 look down   중 瞰 kàn   일 カン(みる)

瞰射(감사) 瞰視(감시) 瞰下(감하)

1급
紺 [糸 5, 총11획]

감색 **감**   영 dark blue   중 绀 gàn   일 カン(こん)

紺碧(감벽) 紺色(감색) 紺靑(감청)

3단계

1급
匣 갑 **갑** 영 case 중 匣 xiá 일 コウ(はこ)
[匚 5, 총7획]
匣作(갑작) 匣中(갑중) 문갑(文匣)

1급
閘 수문 **갑** 영 sluice 중 闸 zhá 일 コウ(ひのくち)
[門 5, 총13획]
閘門(갑문) 閘門港(갑문항) 閘門式運河(갑문식 운하)

1급
慷 슬플 **강** 영 deplore 중 慷 kāng 일 コウ(なげく)
[心 11, 총14획]
慷慨無量(강개무량) 慷慨之士(강개지사)

1급
糠 쌀겨 **강** 영 chaffs 중 糠 kāng 일 コウ(ぬか)
[米 11, 총17획]
糠糜(강미) 糠粃(강비) 糠粥(강죽)

1급
腔 빈속 **강** 영 coeliac 중 腔 qiāng 일 コウ(からわきばら)
[肉 8, 총12획]
腔腸(강장) 腔線(강선) 腔腸動物(강장동물)

1급
薑 생강 **강** 영 ginger 중 姜 jiāng 일 キョウ(たおれる)
[艸 13, 총17획]
薑粉(강분) 薑汁(강즙) 薑板(강판)

1급
凱 개선할 **개** 영 victory 중 凯 kǎi 일 ガイ(かち)
[几 10, 총12획]
凱歌(개가) 凱旋(개선) 凱陣(개진)

1급

[心 10, 총13획]

성낼 **개**

영get angry 중忾 kài 일カイ

敵愾心(적개심) 愾憤(개분) 敵愾(적개)

1급

漑
[水 11, 총14획]

물댈 **개**

영already 중溉 gài 일ガイ

灌漑用水(관개용수) 灌漑農業(관개 농업)

1급

[竹 8, 총14획]

낱 **개**

영piece 중箇 gè 일コ(かず)

箇數(개수) 箇條(개조) 箇中(개중)

1급

[艹 4, 총8획]

겨자 **개**

영mustard 중芥 jiè 일カイ(からしな)

芥子(개자) 芥塵(개진) 芥菜(개채)

1급

[羊 13, 총19획]

국 **갱**

영soup 중羹 gēng 일コウ(あつもの)

羹器(갱기) 羹汁(갱즙) 羹汁(갱즙)

1급

[人 8, 총10획]

거만할 **거**

영arrogance 중倨 jù 일キョ(おごる)

倨氣(거기) 倨慢(거만) 倨傲(거오)

1급

[水 9, 총12획]

개천 **거**

영drain 중渠 qú 일キョ(みぞ)

街渠(가거) 渠首(거수) 汚渠(오거)

3단계

1급

醵 [酉 13, 총20획]

술잔치 **거/갹** 영 contribute jointly 중 醵 jù 일 キャク(さかもり)

醵金(갹금) 醵飲(갹음) 醵出(갹출)

1급

巾 [巾 0, 총3획]

수건 **건** 영 towel 중 巾 jīn 일 キン(ふきん)

巾帶(건대) 巾櫛(건즐) 巾布(건포)

1급

腱 [肉 9, 총13획]

힘줄 **건** 영 tendon 중 腱 jiàn 일 ケン(すじ)

腱膜(건막) 腱索(건삭) 건초(腱鞘)

1급

虔 [虍 4, 총10획]

공경할 **건** 영 sincerity 중 虔 qián 일 ケン(つつしむ)

虔肅(건숙) 건성(虔誠) 건수(虔修)

1급

劫 [力 5, 총7획]

위협할 **겁** 영 plunder 중 劫 jié 일 キョウ(おびやかす)

劫迫(겁박) 劫獄(겁옥) 劫奪(겁탈)

1급

怯 [心 5, 총8획]

겁낼 **겁** 영 dread 중 怯 qiè 일 キョウ(おそれる)

怯懦(겁나) 怯掠(겁략) 怯夫(겁부)

1급

偈 [人 9, 총11획]

쉴 **게** 영 rest 중 偈 jié 일 ケツ(いこう)

偈句(게구) 偈頌(게송) 休偈(휴게)

1급
檄 [木 13, 총17획]
격문 **격** 영manifesto 중檄 xí 일ゲキ(めしぶみ)
檄文(격문) 檄召(격소) 飛檄(비격)

1급
膈 [肉 10, 총14획]
가슴 **격** 영pit of the stomach 중膈 gé 일カク(むねのうち)
膈膜(격막) 胸膈(흉격) 膈痰(격담)

1급
覡 [見 7, 총14획]
박수 **격** 영male diviner 중覡 xí 일ゲキ(かんなぎ)
巫覡(무격) 巫覡信仰(무격신앙)

1급
繭 [糸 13, 총19획]
고치 **견** 영cocoon 중茧 jiǎn 일ケン(まゆ)
繭綿(견면) 繭絲(견사) 繭蠶(견잠)

1급
譴 [言 14, 총21획]
꾸짖을 **견** 영censure 중谴 qiǎn 일ケン(とがめる)
譴告(견고) 譴責(견책) 譴呵(견가)

1급
鵑 [鳥 7, 총18획]
두견새 **견** 영cuckoo 중鹃 juān 일ケン(ほととぎす)
杜鵑(두견) 杜鵑聲(두견성) 杜鵑酒(두견주)

1급
勁 [力 7, 총9획]
굳셀 **경** 영firm 중劲 jìng 일ケイ(つよい)
勁健(경건) 勁弩(경노) 勁草(경초)

憬
1급 [心 12, 총15획]
깨달을 **경** — 영 be awake to 중 憬 jǐng 일 ケイ(さとる)
憧憬(동경) 憧憬心(동경심) 憧憬者(동경자)

梗
1급 [木 7, 총11획]
줄기 **경** — 영 stem 중 梗 gěng 일 コウ(やまにれ)
梗概(경개) 梗塞(경색) 梗直(경직)

痙
1급 [疒 7, 총12획]
경련 **경** — 영 convulsions 중 痉 jìng 일 ケイ(ひきつる)
痙攣(경련) 경축[痙縮] 위경련(胃痙攣)

磬
1급 [石 11, 총16획]
경쇠 **경** — 영 drive 중 磬 qìng 일 ケイ(うちいし)
風磬(풍경) 경판(磬板) 경절(磬折)

脛
1급 [肉 7, 총11획]
정강이 **경** — 영 shin 중 胫 jìng 일 ケイ(はぎ)
脛骨(경골) 경갑(脛甲) 경부(脛部)

莖
1급 [艸 7, 총11획]
줄기 **경** — 영 stem 중 茎 jīng 일 ケイ(くき)
莖葉(경엽) 莖菜類(경채류) 구경(球莖)

頸
1급 [頁 7, 총16획]
목 **경** — 영 neck 중 颈 jǐng 일 ケイ(くび)
頸骨(경골) 頸椎(경추) 경부(頸部)

1급 핵심한자 | **399**

1급

鯨

[魚 8, 총19획]

고래 **경** 　　　　영 whale 중 鲸 jīng 일 ケイ(くじら)

鯨骨(경골) 鯨油(경유) 鯨肉(경육)

1급

悸

[心 8, 총11획]

두근거릴 **계** 　　영 throb 중 悸 jì 일 キ(おののく)

悸心痛(계심통) 계율(悸慄) 경계(驚悸)

1급

叩

[口 2, 총5획]

두드릴 **고** 　　　　영 knock 중 叩 kòu 일 コウ(たたく)

叩頭(고두) 叩門(고문) 叩首(고수)

1급

呱

[口 5, 총8획]

울 **고** 　　　　영 weep 중 呱 gua 일 コ(なく)

呱呱之聲(고고지성) 고고(呱呱) 고고성(呱呱聲)

1급

拷

[手 6, 총9획]

칠 **고** 　　　　영 whip 중 拷 kǎo 일 コウ(たたく)

拷問(고문) 拷打(고타) 고신(拷訊)

1급

敲

[攴 10, 총14획]

두드릴 **고** 　　　영 beat 중 敲 qiāo 일 コウ(たたく)

推敲(퇴고) 고석(敲石) 수고(手敲)

1급

痼

[疒 8, 총13획]

고질병 **고** 　영 chronic disease 중 痼 gù 일 コ(じびょう)

痼癖(고벽) 痼疾病(고질병) 심고(深痼)

3단계

1급

股 [肉 4, 총8획]

넓적다리 고   영 thigh 중 股 gǔ 일 コ(もも)

股肱之臣(고굉지신)   고간(股間)   고굉(股肱)

1급

膏 [肉 10, 총14획]

기름 고   영 fat 중 膏 gāo 일 コウ(あぶら)

膏藥(고약)   膏血(고혈)   膏粱珍味(고량진미)

1급

袴 [衣 5, 총11획]

바지 고   영 trousers 중 裤 kù 일 コ(はかま)

袴衣(고의)   단고(短袴)   단고(單袴)

1급

辜 [辛 5, 총12획]

허물 고   영 fault 중 辜 gū 일 コ(つみ)

無辜(무고)   죄고(罪辜)   辜限(고한)

1급

錮 [金 8, 총16획]

막을 고   영 tinker(mend) 중 锢 gù 일 コ(ふさぐ)

禁錮(금고)   당고(黨錮)   禁錮刑(금고형)

1급

梏 [木 7, 총11획]

수갑 곡 / 클 각   영 handcuffs 중 梏 gù 일 コク(てかせ)

桎梏(질곡)   有梏德行(유곡덕행)

1급

鵠 [鳥 7, 총18획]

고니 곡   영 swan 중 鹄 hú 일 コク(はくちょう)

貴鵠賤鷄(귀곡천계)   鵠的(곡적)   正鵠(정곡)

1급 핵심한자 | **401**

1급
昆
[日 4, 총8획]

형 곤   영 eldest brother   중 昆 kūn   일 コン(あに)

昆孫(곤손) 昆蟲(곤충) 昆布(곤포)

1급
棍
[木 8, 총12획]

몽둥이 곤   영 club   중 棍 gùn   일 コン(たばねる)

棍棒(곤봉) 棍杖(곤장) 雙節棍(쌍절곤)

1급
袞
[衣 5, 총11획]

곤룡포 곤   영 royal robe   중 袞 gǔn   일 コン(こんい)

袞龍袍(곤룡포) 袞馬(곤마) 袞職(곤직)

1급
汨
[水 4, 총7획]

빠질 골 / 내이름 멱   영 confused   중 汨 gǔ   일 ハキ(みたれる)

汨沒(골몰) 汨沒無暇(골몰무가) 汨汨(골골)

1급
拱
[手 6, 총9획]

팔짱낄 공   영 fold one's arms   중 拱 gǒng   일 キョウ(こまぬく)

拱手(공수) 拱木(공목) 拱門(공문)

1급
鞏
[革 6, 총15획]

굳을 공   영 firm   중 巩 gǒng   일 キョウ(かたい)

鞏固(공고) 鞏膜(공막) 鞏皮症(공피증)

1급
顆
[頁 8, 총17획]

낟알 과   영 granule   중 颗 kē   일 カ(つぶ)

顆粒(과립) 飯顆(반과) 顆粒球(과립구)

3단계

1급

[木 11, 총15획]

덧널 **곽** 영 outer coffin 중 椁 guǒ 일 カク(そとひつぎ)

外槨(외곽) 石槨(석곽) 槨室(곽실)

1급
[艸 16, 총20획]

미역 **곽** 영 bean leaves 중 藿 huò 일 カク(まめのは)

藿田(곽전) 藿湯(곽탕) 長藿(장곽)

1급

[广 11, 총14획]

둘레 **곽** / 클 **확** 영 big 중 廓 kuò 일 カク(おおきい)

胸廓(흉곽) 廓淸(확청) 輪廓(윤곽)

1급

[木 8, 총12획]

널 **관** 영 coffin 중 棺 guān 일 カン(ひつぎ)

棺槨(관곽) 棺材(관재) 下棺(하관)

1급

[水 18, 총21획]

물댈 **관** 영 irrigate 중 灌 guàn 일 カン(そそぐ)

灌漑(관개) 灌木(관목) 灌佛(관불)

1급
[刀 6, 총8획]

깎을 **괄** 영 scratch 중 刮 guā 일 カツ(けずる)

刮目(괄목) 刮目相對(괄목상대)

1급

[手 6, 총9획]

묶을 **괄** 영 wrap 중 括 kuò 일 カツ(くくる)

括約(괄약) 括弧(괄호) 總括(총괄)

1급

匡
[匚 4, 총6획]

바를 **광**   영straight 중匡 kuāng 일キョウ(ただす)

匡救(광구) 匡濟(광제) 匡正(광정)

1급

壙
[土 15, 총18획]

구덩이 **광**   영hollow 중圹 kuàng 일コウ(あな)

壙中(광중) 壙誌(광지) 壙穴(광혈)

1급

曠
[日 15, 총19획]

빌 **광**   영vacant 중旷 kuàng 일コウ(むなしい)

曠野(광야) 曠世之才(광세지재) 曠日彌久(광일미구)

1급

胱
[肉 6, 총10획]

오줌통 **광**   영bladder 중胱 guāng 일コウ(ぼうこう)

膀胱炎(방광염) 膀胱狀(방광상)

1급

卦
[卜 6, 총8획]

점괘 **괘**   영divination sign 중卦 gua 일カイ, ケ(うらなう)

卦辭(괘사) 卦象(괘상) 卦爻(괘효)

1급

罫
[网 8, 총13획]

줄 **괘**   영line 중罫 guà 일カイ(すじ)

罫線(괘선) 罫紙(괘지) 罫中(괘중)

1급

乖
[丿 7, 총8획]

어그러질 **괴**   영deviate 중乖 guāi 일カイ(そむく)

乖離(괴리) 乖僻(괴벽) 乖愎(괴팍)

3단계

1급
拐 [手 5, 총8획]
속일 **괴**   영 allure 중 拐 guǎi 일 カイ(さそう)
拐帶(괴대) 誘拐(유괴) 拐引(괴인)

1급
魁 [鬼 4, 총14획]
괴수 **괴**   영 monster 중 魁 kuí 일 カイ(かしら)
魁奇(괴기) 魁首(괴수) 魁傑(괴걸)

1급
宏 [宀 4, 총7획]
클 **굉**   영 vast 중 宏 hóng 일 コウ(ひろい)
宏壯(굉장) 宏闊(굉활) 宏謀(굉모)

1급
肱 [肉 4, 총8획]
팔뚝 **굉**   영 forearm 중 肱 gōng 일 コウ(ひじ)
股肱之臣(고굉지신) 曲肱(곡굉)

1급
轟 [車 14, 총21획]
울릴 **굉**   영 thunderous 중 轰 hōng 일 コウ(とどろく)
轟烈(굉렬) 轟然(굉연) 轟音(굉음)

1급
轎 [車 12, 총19획]
가마 **교**   영 palanquin 중 轿 jiào 일 キョウ(かご)
轎軍(교군) 轎馬(교마) 轎輿(교여)

1급
咬 [口 6, 총9획]
물 **교**   영 bite 중 咬 yǎo 일 コウ(かむ)
咬筋(교근) 咬裂(교열) 咬齒(교치)

1급

喬
[口 9, 총12획]

높을 교　　　　영high 중乔 qiáo 일キョウ(たかい)

喬林(교림) 喬木(교목) 喬嶽(교악)

1급

嬌
[女 12, 총15획]

아리따울 교　　영coquet 중娇 jiāo 일キョウ(なまめかしい)

嬌聲(교성) 嬌態(교태) 嬌言(교언)

1급

攪
[手20, 총23획]

흔들 교　　　　영stir 중搅 jiǎo 일カク(コかきみだす)

攪亂(교란) 攪拌(교반) 攪土(교토)

1급

狡
[犬 6, 총9획]

교활할 교　　　영sly 중狡 jiǎo 일キョウ(わるがしこい)

狡寇(교구) 狡童(교동) 狡智(교지)

1급

皎
[白 6, 총11획]

달빛 교　　　　영moonlight 중皎 jiǎo 일コウ(あきらか)

皎潔(교결) 皎月(교월) 皎朗(교랑)

1급

蛟
[虫 6, 총12획]

교룡 교　　　　영dragon 중蛟 jiāo 일コウ(みずち)

蛟龍旗(교룡기) 蛟龍雲雨(교룡운우)

1급

驕
[馬 12, 총22획]

교만할 교　　　영proud 중骄 jiāo 일キョウ(おごる)

驕氣(교기) 驕童(교동) 驕慢(교만)

3단계

1급
仇
[人 2, 총4획]

원수 **구**   영 enemy 중 仇 chóu 일 キュウ(あだ)

仇隙(구극) 仇怨(구원) 强仇(강구)

1급
嘔
[口 11, 총14획]

토할 **구**   영 vomit 중 呕 ǒu 일 オウ(はく)

嘔逆(구역) 嘔吐(구토) 嘔氣(구기)

1급
垢
[土 6, 총9획]

때 **구**   영 dirt 중 垢 gòu 일 コウ(あか)

純潔無垢(순결무구) 垢面(구면) 垢衣(구의)

1급
寇
[宀 8, 총11획]

도둑 **구**   영 thief 중 寇 kòu 일 コウ(かすめとる)

寇賊(구적) 寇盜(구도) 寇賊(구적)

1급
嶇
[山 11, 총14획]

험할 **구**   영 steep 중 岖 qū 일 ク(けわしい)

崎嶇(기구) 嶇嶔(구금) 崎嶇罔測(기구망측)

1급
廐
[广 11, 총14획]

마구간 **구**   영 stable 중 廐 jiù 일 キュウ(うまや)

馬廐間(마구간) 廐舍(구사) 廐肥(구비)

1급
枸
[木 5, 총9획]

구기자 **구**   영 box thron 중 枸 gǒu 일 ク(まがる)

枸杞子(구기자) 枸木(구목) 枸櫞(구연)

柩
[木 5, 총9획] 1급

널 구   영 coffin   중 柩 jiù   일 キュウ(つぎ)

柩衣(구의) 柩車(구거) 柩車(구차)

毆
[殳 11, 총15획] 1급

때릴 구   영 beat   중 殴 ōu   일 オウ(たたく)

毆打(구타) 毆縛(구박) 毆傷(구상)

溝
[水 10, 총13획] 1급

도랑 구   영 ditch   중 沟 gōu   일 コウ(みぞ)

溝渠(구거) 溝橋(구교) 溝壑(구학)

灸
[火 3, 총7획] 1급

뜸 구   영 cauterize   중 灸 jiǔ   일 キュウ(やいと)

灸治(구치) 灸穴(구혈) 灸甘草(구감초)

矩
[矢 5, 총10획] 1급

모날 구   영 carpenter's square   중 矩 jǔ   일 ク(さしがね)

矩尺(구척) 矩形(구형) 矩度(구도)

臼
[臼 0, 총6획] 1급

절구 구   영 mortar   중 臼 jiù   일 キュウ(うす)

臼狀(구상) 臼狀火山(구상화산)

舅
[臼 7, 총13획] 1급

외숙 구   영 husband's father   중 舅 jiù   일 キュウ(しゆうと)

舅姑(구고) 舅甥(구생) 舅婦間(구부간)

3단계

1급
衢
[行 18, 총24획]

네거리 **구**   영 crossroad 중 衢 qú 일 ク(ちまた)

衢街(구가) 衢路(구로) 廣衢(광구)

1급
謳
[言 11, 총18획]

노래할 **구**   영 recite(song) 중 讴 ōu 일 オウ(うたう)

謳歌(구가) 謳吟(구음)

1급
軀
[身 11, 총18획]

몸 **구**   영 body 중 躯 qū 일 ク(からだ)

軀幹骨(구간골) 體軀(체구) 巨軀(거구)

1급
鉤
[金 5, 총13획]

갈고리 **구**   영 hook 중 钩 gōu 일 コウ(かぎ)

鉤狀(구상) 鉤狀(구상) 鉤引(구인)

1급
駒
[馬 5, 총15획]

망아지 **구**   영 foal 중 驹 jū 일 ク(こま)

白駒過隙(백구과극) 駒馬(구마) 白駒(백구)

1급
鳩
[鳥 2, 총13획]

비둘기 **구**   영 dove 중 鸠 jiū 일 ク(はと)

鳩居鵲巢(구거작소) 鳩首會議(구수회의)

1급
窘
[穴 7, 총12획]

군색할 **군**   영 distressed 중 窘 jiǒng 일 キン(くるしむ)

窘塞(군색) 窘乏(군핍) 窮窘(궁군)

1급 핵심한자 | **409**

1급

穹
[穴 3, 총8획]

하늘 궁 　　　영 sky 중 穹 qióng 일 キュウ(たかい)

穹隆(궁륭)　穹蒼(궁창)　天穹(천궁)

1급

躬
[身 3, 총10획]

몸 궁 　　　영 body 중 躬 gōng 일 キュウ

躬進(궁진)　躬耕(궁경)　躬行(궁행)

1급

倦
[人 8, 총10획]

게으를 권 　　　영 lazy 중 倦 juàn 일 ケン(うむ)

倦怠(권태)　倦勤(권근)　倦客(권객)

1급

捲
[手 8, 총11획]

말 권 　　　영 clench one's fist 중 捲 juǎn 일 ケン(こぶし)

捲土重來(권토중래)　捲線(권선)　捲歸(권귀)

1급

眷
[目 6, 총11획]

돌볼 권 　　　영 look after 중 眷 juàn 일 ケン(かえりみる)

眷戀(권련)　眷庇(권비)　眷率(권솔)

1급

顴
[頁 18, 총27획]

광대뼈 권, 관 　　　영 cheekbone 중 顴 quán 일 ケン(ほおぼね)

顴骨(관궐)　顴角(관각)　下顴(하관)

1급

蹶
[足 12, 총19획]

일어설 궐 　　　영 spring up 중 蹶 jué 일 ケツ(はねおきる)

蹶起(궐기)　蹶躓(궐지)　蹶然(궐연)

3단계

机 1급
[木 2, 총6획]

책상 **궤** 영 desk 중 机 jī 일 キ(つくえ)

机上(궤상) 机下(궤하) 机上肉(궤상육)

櫃 1급
[木 14, 총18획]

함 **궤** 영 wooden box 중 柜 guì 일 キ(ひつ(はこ))

金櫃(금궤) 櫃封(궤봉) 書櫃(서궤)

潰 1급
[水 12, 총15획]

무너질 **궤** 영 destroy 중 溃 kuì 일 カイ(ついえる)

潰亂(궤란) 潰滅(궤멸) 潰瘍(궤양)

詭 1급
[言 6, 총13획]

속일 **궤** 영 deceive 중 诡 guǐ 일 キ(あざむく)

詭計(궤계) 詭辯(궤변) 詭銜竊轡(궤함절비)

几 1급
[几 0, 총2획]

안석 **궤** 영 cushion for the back 중 几 jī 일 キ(おしまずき)

几案(궤안) 几杖(궤장) 几杖宴(궤장연)

硅 1급
[石 6, 총11획]

규소 **규** 영 silicon 중 硅 guī 일 ケイ(けいそ)

硅砂(규사) 硅酸(규산) 硅石(규석)

窺 1급
[穴 13, 총18획]

엿볼 **규** 영 peep 중 窥 kuī 일 キ(うかがう)

窺視(규시) 窺見(규견) 窺知(규지)

1급

葵 [艹 9, 총13획]

해바라기 규 　　명 sunflower 중 葵 kuí 일 キ(あおい)

葵花(규화)　山葵(산규)　冬葵子(동규자)

1급

逵 [辵 8, 총12획]

길거리 규 　　명 cross-road 중 逵 kuí 일 キ(おおどおり)

逵路(규로)　九逵(구규)

1급

橘 [木 12, 총16획]

귤나무 귤 　　명 orange 중 橘 jú 일 キツ(みかん)

橘餠(귤병)　橘皮(귤피)　橘花(귤화)

1급

剋 [刀 7, 총9획]

이길 극 　　명 overcome 중 剋 ke 일 コク(かつ)

下剋上(하극상)　剋減(극감)　相剋(상극)

1급

戟 [戈 8, 총12획]

창 극 　　명 spear 중 戟 jǐ 일 ゲキ(ほこ)

亡戟得矛(망극득모)　刺戟(자극)　戟塵(극진)

1급

棘 [木 8, 총12획]

가시 극 　　명 thorny brambles 중 棘 jí 일 キョク(いばら)

棘毛(극모)　棘皮(극피)　戟架(극가)

1급

隙 [阜 10, 총13획]

틈 극 　　명 gap 중 隙 xì 일 ゲキ(すきま)

隙間(극간)　隙駒(극구)　隙宇(극우)

1급
觀 [見 11, 총18획]
뵐 근
영 audience 중 觀 jìn 일 キン(まみえる)
觀行(근행) 觀親(근친) 觀行(근행)

1급
饉 [食 11, 총20획]
주릴 근
영 famine 중 馑 jǐn 일 キン(うえる)
饑饉(기근) 凶饉(흉근) 飢饉者(기근자)

1급
擒 [手 13, 총16획]
사로잡을 금
영 capture 중 擒 qín 일 キン(とらえる)
擒獲(금획) 擒捉(금착) 擒生(금생)

1급
衾 [衣 4, 총10획]
이불 금
영 coverlet 중 衾 qīn 일 キン(ふすま)
衾枕(금침) 衾具(금구) 衣衾(의금)

1급
襟 [衣 12, 총18획]
옷깃 금
영 gusset 중 襟 jīn 일 キン(えり)
襟度(금도) 襟章(금장) 襟期(금기)

1급
扱 [手 4, 총7획]
미칠 급/ 거둘 흡
영 gather 중 扱 chá 일 キュウ(おさめる)
取扱(취급) 取扱所(취급소) 取扱人(취급인)

1급
汲 [水 4, 총7획]
길을 급
영 draw water 중 汲 jí 일 キュウ(くむ)
汲汲(급급) 汲水(급수) 汲深綆短(급심경단)

1급
矜 [矛 4, 총9획]

자랑할 **긍**   영 brag 중 矜 qín 일 キン(あわれむ)

矜恃(긍시) 矜持(긍지) 矜恤(긍휼)

1급
亙 [二 4, 총6획]

건널 **긍** / 돌 **선**   영 extend 중 亙 gèn 일 コウ(わたる)

亙古(긍고) 棉亙(면긍) 延亙(연긍)

1급
伎 [人 4, 총6획]

재간 **기**   영 talent 중 伎 jì 일 キ(うでまえ)

伎倆(기량) 伎癢(기양) 雜伎(잡기)

1급
嗜 [口 10, 총13획]

즐길 **기**   영 amuse 중 嗜 shì 일 シ(たしなむ)

嗜好(기호) 嗜好品(기호품) 嗜僻(기벽)

1급
妓 [女 4, 총7획]

기생 **기**   영 singing girl 중 妓 jì 일 キ(ギ(うたいめ)

妓女(기녀) 妓生(기생) 名妓(명기)

1급
崎 [山 8, 총11획]

험할 **기**   영 risky 중 崎 qí 일 キ(けわしい)

崎嶇(기구) 崎崟(기음) 崎嶵(기취)

1급
朞 [月 8, 총12획]

돌 **기**   영 full year 중 朞 jī 일 キ(ひとまわり)

朞年服(기년복) 大朞(대기) 一朞(일기)

3단계

1급
杞
[木 3, 총7획]

구기자 **기** 영boxthron 중杞 qǐ 일キ(こぶやなぎ)

杞憂(기우) 杞柳(기류) 拘杞(구기)

1급
畸
[田 8, 총13획]

뙈기밭 **기** 영odd pieces of the land 중畸 jī 일キ(わりのこり)

畸形(기형) 畸形兒(기형아) 畸人(기인)

1급
綺
[糸 8, 총14획]

비단 **기** 영thin silk 중绮 qǐ 일キ(あやぎぬ)

綺羅星(기라성) 綺麗(기려) 綺靡(기미)

1급
羈
[网 19, 총24획]

굴레 **기** 영bridle 중羁 jī 일キ(きずな)

羈絆(기반) 羈束(기속) 羈愁(기수)

1급
肌
[肉 2, 총6획]

살 **기** 영skin 중肌 jī 일キ(はだ)

肌骨(기골) 肌膚(기부) 肌理(기리)

1급
譏
[言 12, 총19획]

비웃을 **기** 영scold 중讥 jī 일キ(そしる)

譏訕(기산) 譏笑(기소) 譏察(기찰)

1급
拮
[手 6, 총9획]

일할 **길** 영work 중拮 jié 일キツ(はたらく)

拮抗(길항) 拮据甸勉(길거민면)

1급 핵심한자 | **415**

1급

喫 [口 9, 총12획]

마실 끽   영eat 중喫 chī 일ケキ(のむ)

喫煙(끽연) 滿喫(만끽) 喫茶(끽다)

1급

儺 [人 19, 총21획]

푸닥거리 나   영exorcism 중儺 nuó 일ダ(おにやらい)

儺禮(나례) 驅儺(구나) 儺禮歌(나례가)

1급

懦 [心 14, 총17획]

나약할 나   영weak 중懦 nuò 일ジュ(よわい)

懦弱(나약) 懦弱性(나약성) 懦夫(나부)

1급

拏 [手 5, 총9획]

붙잡을 나   영haul 중拏 ná 일ナ(ひくとる)

拏捕(나포) 拏戮法(나륙법) 作拏(작나)

1급

拿 [手 6, 총10획]

잡을 나   영hold 중拿 ná 일ダ

拿捕(나포) 拿引(나인) 拿勘(나감)

1급

煖 [火 9, 총13획]

따뜻할 난   영warm 중煖 xuān 일ダン(あたたかな)

煖爐(난로) 煖房(난방) 煖堗(난돌)

1급

捏 [手 7, 총10획]

꾸밀 날   영fabrication 중捏 niē 일ネツ(おさえる)

捏造(날조) 捏造劇(날조극) 捏合(날합)

1급

[手 8, 총11획]

누를 날　　　영 stamp 중 捺 nà 일 ナツ(おす)

捺染(날염) 捺印(날인) 捺章(날장)

1급

衲

[衣 4, 총9획]

기울 납　　　영 patch up 중 衲 nà 일 ノウ(つくろう)

衲衣(납의) 衲子(납자) 衲僧(납승)

1급

[口 19, 총22획]

주머니 낭　　　영 sack 중 囊 náng 일 ノウ(ふくろ)

囊刀(낭도) 囊中之錐(낭중지추) 囊中取物(낭중취물)

1급

撚

[手 12, 총15획]

비틀 년　　　영 trample 중 捻 niǎn 일 ネン(ふむ)

撚絲(연사) 撚紙(연지) 檢撚器(검년기)

1급

[水 7, 총10획]

열반 녈　　　영 nirvana 중 涅 niè 일 ネツ(くろ)

涅槃(열반) 涅槃城(열반성) 涅槃經(열반경)

1급

[弓 5, 총8획]

쇠뇌 노　　　영 big bow 중 弩 nǔ 일 ド(おおゆみ)

弩師(노사) 弩砲(노포) 弩弓(노궁)

1급

[馬 5, 총15획]

둔할 노　　　영 stupid 중 駑 nú 일 ド(にぶい)

駑馬(노마) 駑馬十駕(노마십가) 駑性(노성)

1급
膿 [肉 13, 총17획]

고름 **농**   영 pus   중 脓 lóng   일 ノウ(うみ)

膿潰(농궤) 膿瘍(농양) 膿栓(농전)

1급
撓 [手 12, 총15획]

휠 **뇨**   영 bend   중 挠 náo   일 ニョウ(みだれる)

不撓不屈(불요불굴) 撓折(요절) 撓改(요개)

1급
訥 [言 4, 총11획]

말더듬을 **눌**   영 stammer   중 讷 nè   일 ドツ

訥辯(눌변) 訥言敏行(눌언민행) 訥魚(눌어)

1급
紐 [糸 4, 총10획]

맺을 **뉴**   영 tie a knot   중 纽 niǔ   일 チュウ(ひも)

紐帶(유대) 結紐(결뉴) 革紐(혁뉴)

1급
匿 [匸 9, 총11획]

숨을 **닉**   영 hide   중 匿 nì   일 トク(かくす)

匿名(익명) 隱匿(은닉) 竄匿(찬닉)

1급
簞 [竹 12, 총18획]

소쿠리 **단**   영 bamboo basket   중 箪 dān   일 タン(ひさご)

簞食(단사) 簞食瓢飲(단사표음) 簞匠(단장)

1급
緞 [糸 9, 총15획]

비단 **단**   영 silk   중 缎 duàn   일 ダン(きぬ)

緞子(단자) 緞屬(단속) 緋緞(비단)

3단계

1급

蛋 새알 단　　영 birds'egg 중 蛋 dàn 일 タン(たまご)
[虫 5, 총11획]
蛋白質(단백질) 蛋白尿(단백뇨) 蛋黃(단황)

1급

撻 때릴 달　　영 flog 중 挞 tà 일 タツ(むちうつ)
[手 13, 총16획]
鞭撻(편달) 撻楚(달초) 撻罰(달벌)

1급

疸 황달 달　　영 jaundice 중 疸 dǎn 일 タン(おうたん)
[疒 5, 총10획]
疸症(달증) 疸病(달병) 黃疸(황달)

1급

憺 참담할 담　　영 terrible 중 憺 dàn 일 タン(やすらか)
[心 13, 총16획]
故心慘憺(고심참담) 憺畏(담외) 慘憺(참담)

1급

曇 흐릴 담　　영 cloudy 중 昙 tán 일 タン(ドン(くもる)
[日 12, 총16획]
曇天(담천) 晁曇(비담) 悉曇(실담)

1급

澹 맑을 담　　영 pure 중 澹 tán 일 タン(やますか)
[水 13, 총16획]
澹泊(담박) 暗澹(암담) 雅澹(아담)

1급

痰 가래 담　　영 phlegm sputum 중 痰 tán 일 タン(たん)
[疒 8, 총13획]
痰結(담결) 痰厥(담궐) 痰腫(담종)

1급

譚
[言 12, 총19획]

말씀 **담**　　영 conversation　중 谭 tán　일 タン(はなし)

老生常譚(노생상담)　譚詩(담시)　譚詩曲(담시곡)

1급

遝
[辵 10, 총14획]

뒤섞일 **답**　　영 bustle　중 沓 tà　일 トウ(こみあう)

遝至(답지)　呈券紛遝(정권분답)

1급

撞
[手 12, 총15획]

칠 **당**　　영 pound　중 撞 zhuàng　일 トウ(つく)

撞球(당구)　撞木(당목)　撞着(당착)

1급

棠
[木 8, 총12획]

아가위 **당**　　영 haw　중 棠 táng　일 トウ(やまなし)

棠梨(당리)　棠軒(당헌)　甘棠(감당)

1급

螳
[虫 11, 총17획]

사마귀 **당**　　영 mantis　중 螳 táng　일 トウ(かまきり)

螳螂拒轍(당랑거철)　螳螂在後(당랑재후)

1급

擡
[手 14, 총17획]

들 **대**　　영 raise　중 抬 tái　일 タイ(もたげる)

擡頭(대두)　擡袖(대수)　筵風擡(연풍대)

1급

袋
[衣 5, 총11획]

자루 **대**　　영 bag　중 袋 dài　일 タイ(ふくろ)

酒囊飯袋(주낭반대)　袋綴(대철)　袋鼠(대서)

420 | 3-Step 왕초보 3500한자 – 3단계

3단계

1급

堵
[土 9, 총12획]

담 도   영wall 중堵 dǔ 일ト(かき)

堵列(도열) 堵墻(도장) 安堵(안도)

1급

屠
[尸 9, 총12획]

죽일 도   영butcher 중屠 tú 일ト(ほうる)

屠戮(도륙) 屠殺(도살) 屠畜(도축)

1급

掉
[手 8, 총11획]

흔들 도   영swing 중掉 diào 일ドウ(ふるう)

尾大難掉(미대난도) 掉尾(도미) 掉頭(도두)

1급

搗
[手 10, 총13획]

찧을 도   영pound 중搗 dǎo 일トウ(つく)

搗精(도정) 搗杵(도저) 搗臼(도구)

1급

棹
[木 8, 총12획]

노 도   영oar 중棹 zhào 일トウ(さお(かい)

棹歌(도가) 棹唱(도창) 棹歌(회도)

1급

淘
[水 8, 총11획]

일 도   영scour 중淘 táo 일トウ(ながれる)

淘金(도금) 淘淸(도청) 淘汰(도태)

1급

滔
[水 10, 총13획]

물넘칠 도   영overflow 중滔 tāo 일トウ(はびこる)

滔滔(도도) 滔天(도천) 滔蕩(도탕)

1급

濤
[水 14, 총17획]

물결 도　　　　　　　　　　영 billow 중 涛 tāo 일 トウ(なみ)

疾風怒濤(질풍노도)　濤波(도파)　濤聲(도성)

1급

睹
[目 9, 총14획]

볼 도　　　　　　　　　　영 see 중 睹 dǔ 일 ト(みる)

目睹(목도)　睹聞(도문)　耳聞目睹(이문목도)

1급

禱
[示 14, 총19획]

빌 도　　　　　　　　　　영 pray 중 祷 dǎo 일 トウ(いのる)

黙禱(묵도)　禱堂(도당)　禱爾(도이)

1급

萄
[艸 8, 총12획]

포도 도　　　　　　　　　영 grape 중 萄 táo 일 ドウ(ぶどう)

葡萄(포도)　葡萄酒(포도주)　乾葡萄(건포도)

1급

賭
[貝 9, 총16획]

내기 도　　　　　　　　　영 gambling 중 赌 dǔ 일 ト(かけ)

賭具(도구)　賭博(도박)　賭租(도조)

1급

蹈
[足 10, 총17획]

밟을 도　　　　　　　　　영 tread 중 蹈 dǎo 일

蹈襲(도습)　蹈舞(도무)　蹈海(도해)

1급

鍍
[金 9, 총17획]

도금할 도　　　　　　　　영 gilding 중 镀 dù 일 ト(めっき)

鍍金(도금)　鍍金板(도금판)　鍍金液(도금액)

3단계

1급

瀆
[水 15, 총18획]

도랑 **독**   영 drain 중 渎 dú 일 トク(みぞ)

瀆職(독직) 瀆神(독신) 瀆冒(독모)

1급

禿
[禾 2, 총7획]

대머리 **독**   영 baldhead 중 秃 tū 일 トク(はげ)

禿頭(독두) 禿木(독목) 禿山(독산)

1급

沌
[水 4, 총7획]

엉길 **돈**   영 meander 중 沌 dùn 일 トン(ふさがる)

混沌(혼돈) 渾沌(혼돈) 混沌酒(혼돈주)

1급

憧
[心 12, 총15획]

동경할 **동**   영 aspire for 중 憧 chōng 일 ドウ(あこがれる)

憧憬(동경) 憧憬心(동경심) 憧憬者(동경자)

1급

疼
[疒 5, 총10획]

아플 **동**   영 ache 중 疼 téng 일 トウ(いたみ)

疼痛(동통) 疼痛性(동통성) 骨疼(골동)

1급

瞳
[目 12, 총17획]

눈동자 **동**   영 pupil of the eye 중 瞳 tóng 일 トウ(ひとみ)

瞳孔(동공) 瞳子(동자) 瞳仁(동인)

1급

胴
[肉 6, 총10획]

큰창자 **동**   영 colon 중 胴 dòng 일 トウ(だいちょう)

胴體(동체) 胴衣(동의) 胴部(동부)

1급 핵심한자 | **423**

1급
痘 [疒 7, 총12획]

마마 두   영 small-pox   중 痘 dòu   일 トウ(もがさ)

痘瘡(두창) 痘痕(두흔) 痘神(두신)

1급
兜 [儿 9, 총11획]

투구 두/도   영 helmet   중 兜 dōu   일 トウ(かぶと)

兜率歌(도솔가) 兜率(도솔) 兜鍪(두무)

1급
臀 [肉 13, 총17획]

볼기 둔   영 hip   중 臀 tún   일 トン(しり)

臀部(둔부) 臀位(둔위) 臀癰(둔옹)

1급
遁 [辵 9, 총13획]

숨을 둔   영 escape   중 遁 dùn   일 トン(のがれる)

遁甲(둔갑) 遁辭(둔사) 遁走(둔주)

1급
橙 [木 12, 총16획]

등자나무 등   영 orange tree   중 橙 chéng   일 トウ(だいだい)

橙子(등자) 橙橘(등귤) 橙柑(등감)

1급
螺 [虫 11, 총17획]

소라 라   영 conch   중 螺 luó   일 ラ

螺角(나각) 螺絲(나사) 螺鈿(나전)

1급
懶 [心 16, 총19획]

게으를 라   영 idle   중 懶 lǎn   일 ラン(おこたる)

懶怠(나태) 慵懶(용라)

1급

癩 문둥병 라 영leprosy 중癩 lài 일ライ(らいびょう)
[疒 16, 총21획]
癩菌(나균) 癩病(나병) 癩患者(나환자)

1급

邏 순라 라 영patrol 중逻 luó 일ラ
[辵 19, 총23획]
邏卒(나졸) 警邏(경라) 偵邏(정라)

1급

烙 지질 락 영fry 중烙 lào 일ラク
[火 6, 총10획]
烙印(낙인) 烙畵(낙화) 烙竹(낙죽)

1급

駱 낙타 락 영camel 중骆 luò 일ラク(らくだ)
[馬 6, 총16획]
駱駝(낙타) 駱駝地(낙타지) 駱駝色(낙타색)

1급

酪 유즙 락 영milk 중酪 luò 일ラ(のがも)
[酉 6, 총13획]
酪農(낙농) 駝酪(타락) 乾酪(건락)

1급

瀾 물결 란 영billow 중澜 lán 일ラン(おおなみ)
[水 17, 총20획]
波瀾萬丈(파란만장) 漪瀾(의란) 驚瀾(경란)

1급

鸞 난새 란 영bird 중鸾 luán 일ラン
[鳥 19, 총30획]
鸞駕(난가) 鸞鈴(난령) 迴鸞(회란)

1급

辣 매울 **랄** 영 pungent 중 辣 là 일 ラツ(からい)
[辛 7, 총14획]
辛辣(신랄) 惡辣(악랄) 辣手(날수)

1급

剌 발랄할 **랄** / 수라 **라** 영 deviate 중 剌 la 일 ラツ(もとる)
[刀 7, 총9획]
潑剌(발랄) 水剌床(수라상) 五穀水剌(오곡수라)

1급

籃 바구니 **람** 영 basket 중 篮 lán 일 ラン(かご)
[竹 14, 총20획]
藍輿(남여) 搖籃(요람) 竹籃(죽람)

1급

臘 납향 **랍** 영 year-end 중 腊 là 일 ロウ(くれ)
[肉 15, 총19획]
臘日(납일) 臘享(납향) 臘前三白(납전삼백)

1급

蠟 밀 **랍** 영 candle 중 蜡 là 일 ロウ(みつろう)
[虫 15, 총21획]
蠟燭(납촉) 屍蠟(시랍) 水蠟(수랍)

1급

狼 이리 **랑** 영 wolf 중 狼 láng 일 ロウ(おおかみ)
[犬 7, 총10획]
狼藉(낭자) 狼狽(낭패) 狼子野心(낭자야심)

1급

倆 재주 **량** 영 talent 중 俩 liǎng 일 リョウ(たくみ)
[人 8, 총10획]
技倆(기량) 伎倆(기량)

3단계

1급
梁
[米 7, 총13획]

기장 **량**   영 millet   중 梁 liáng   일 リョウ(おおあわ)

膏梁珍味(고량진미) 黃粱(황량) 玉高粱(옥고량)

1급
侶
[人 7, 총9획]

짝 **려**   영 companion   중 侶 lǚ   일 リョ(ともがら)

伴侶(반려) 鴛侶(원려) 緇侶(치려)

1급
戾
[戶 4, 총8획]

어그러질 **려**   영 deviate   중 戾 lì   일 レイ(もとる)

返戾(반려) 罪戾(죄려) 背戾(배려)

1급
濾
[水 15, 총18획]

거를 **려**   영 strain   중 滤 lǜ   일 リョ(こす)

濾過(여과) 壓濾器(압려기)

1급
閭
[門 7, 총15획]

마을 **려**   영 village   중 闾 lǘ   일 リョ(さと)

閭家(여가) 閭閻(여염) 閭巷人(여항인)

1급
黎
[黍 3, 총15획]

검을 **려**   영 black   중 黎 lí   일 レイ(くろい)

黎明(여명) 黔黎(검려) 閣黎(도려)

1급
瀝
[水 16, 총19획]

스밀 **력**   영 drop   중 沥 lì   일 レキ(したたる)

瀝靑(역청) 披瀝(피력) 餘瀝(여력)

1급

[石 15, 총20획]

조약돌 력　　영pebble 중砾 lì 일レキ(いしころ)

礫石(역석)　礫土(역토)　礫巖(역암)

1급

[車 8, 총15획]

가마 련　　영royal carriage 중辇 niǎn 일レン(てぐるま)

輦輿(연여)　輿輦(여련)　京輦(경련)

1급

[攴 13, 총17획]

거둘 렴　　영gather 중敛 liǎn 일レン

苛斂誅求(가렴주구)　斂散(염산)　斂襋(염금)

1급

簾

[竹 13, 총19획]

발 렴　　영bamboo-blind 중帘 lián 일レン(すすだれ)

簾幕(염막)　珠簾(주렴)　布簾(포렴)

1급

[歹 13, 총17획]

염할 렴　　영shroud 중殓 liàn 일レン

殮襲(염습)　殮布(염포)　殮昏(염혼)

1급

[囗 5, 총8획]

감옥 령　　영prison 중囹 líng 일レイ(ひとや)

囹圄(영어)　囹圄生草(영어생초)

1급

[辵 7, 총11획]

쾌할 령　　영please 중逞 chěng 일テイ(たくましい)

不逞(불령)　逞兵(영병)

3단계

1급

[金 5, 총13획]

방울 **령**   영 bell   중 铃 líng   일 レイ(すず)

瞽馬聞鈴(고마문령) 啞鈴(아령) 搖鈴(요령)

1급

[齒 5, 총20획]

나이 **령**   영 age   중 龄 líng   일 レイ(とし)

高齡(고령) 老齡(노령) 樹齡(수령)

1급

[手 13, 총16획]

노략질할 **로**   영 plunder   중 掳 lǔ   일 ロ(あらす)

擄掠(노략) 侵擄(침노)

1급

[手 12, 총15획]

잡을 **로**   영 scoop up   중 捞 lāo   일 ロウ(とる)

漁撈(어로) 把撈(파로) 板撈(판로)

1급

[虍 6, 총12획]

사로잡을 **로**   영 catch alive   중 虏 lǔ   일 リョ(とりこ)

虜獲(노획) 戰虜(전로) 軍虜(군로)

1급

[石 8, 총13획]

푸른돌 **록**   영 green stone   중 碌 liù   일 ロク(あおいし)

碌靑(녹청) 勞碌(노록) 碌碌(녹록)

1급

麓

[鹿 8, 총19획]

산기슭 **록**   영 foot of a mountain   중 麓 lù   일 ロク(ふもと)

山麓(산록) 南麓(남록) 東麓(동록)

壟
[土 16, 총19획] 1급

언덕 **롱**   영 grave   중 垅 lǒng   일 ロウ(はか)

壟斷(농단) 丘壟(구롱) 先壟(선롱)

瓏
[玉 16, 총20획] 1급

옥소리 **롱**   영 sound of gem   중 珑 lóng   일 ロウ(たまおと)

五色玲瓏(오색영롱) 八面玲瓏(팔면영롱)

聾
[耳 16, 총22획] 1급

귀먹을 **롱**   영 deaf   중 聋 lóng   일 ロウ(つんぼ)

聾啞(농아) 音聾(음롱) 細聾(세롱)

賂
[貝 6, 총13획] 1급

뇌물줄 **뢰**   영 bribe   중 赂 lù   일 ライ(わいろ)

賂物(뇌물) 賂謝(뇌사) 賂遺(뇌유)

儡
[人 15, 총17획] 1급

꼭두각시 **뢰**   영 puppet   중 儡 lěi   일 ライ(でく)

傀儡(괴뢰) 儡子(뇌자) 儡身(뇌신)

牢
[牛 3, 총7획] 1급

우리 **뢰**   영 prison   중 牢 láo   일 ロウ(おり)

亡羊補牢(망양보뢰) 豕牢(시뢰)

磊
[石 10, 총15획] 1급

돌무더기 **뢰**   영 piles of stones   중 磊 lěi   일 ライ(いし)

磊落(뇌락) 磊磊(뇌뢰) 落落磊磊(낙락뇌뢰)

1급

[宀 12, 총15획]

집 료   영villa 중寮 liáo 일リョウ(りょう)

寮舍(요사) 旦過寮(단과료) 學寮(학료)

1급

[火 12, 총16획]

불탈 료   영signal light 중燎 liáo 일リョウ(にわび)

燎原之火(요원지화) 望燎(망료) 庭燎(정료)

1급

[目 12, 총17획]

밝을 료   영clear-sighted 중瞭 liǎo 일リョウ(あきらか)

簡單明瞭(간단명료) 瞭望軍(요망군) 瞭望(요망)

1급
聊
[耳 5, 총11획]

애오라지 료   영somewhat 중聊 liáo 일リョウ(たのむ)

無聊(무료) 聊齋志異(요재지이) 聊賴(요뢰)

1급

[宀 11, 총14획]

쓸쓸할 료   영desolate 중寥 liáo 일リョウ(さびしい)

寥寥無聞(요요무문) 寂寥(적요)

1급

[土 15, 총18획]

보루 루   영camp 중垒 lěi 일ルイ(とりで)

堡壘(보루) 盜壘(도루) 滿壘(만루)

1급

[阜 6, 총9획]

더러울 루   영dirty 중陋 lòu 일ロウ(いやしい)

陋氣(누기) 陋名(누명) 陋醜(누추)

1급
溜 [水 10, 총13획]

물방울 **류** 영 falling from the eaves 중 溜 liù 일 リュウ(したたる)

溜槽(유조) 殘溜(잔류) 乾溜(건류)

1급
瘤 [疒 10, 총15획]

혹 **류** 영 wen 중 瘤 liú 일 リュウ(こぶ)

瘤腫(유종) 瘤胃(유위) 瘤狀物(유상물)

1급
琉 [玉 6, 총10획]

유리 **류** 영 glass 중 琉 liú 일 リュウ(ガラス)

琉璃(유리) 琉璃窓(유리창) 琉璃壁(유리벽)

1급
戮 [戈 11, 총15획]

죽일 **륙** 영 kill 중 戮 lù 일 リク(ころす)

戮屍(육시) 屠戮(도륙) 大戮(대륙)

1급
淪 [水 8, 총11획]

빠질 **륜** 영 sink 중 沦 lún 일 リン(しずむ)

淪落(윤락) 渾淪(혼륜) 沈淪(침륜)

1급
綸 [糸 8, 총14획]

벼리 **륜** 영 green thread 중 纶 lún 일 リン(いと)

經綸(경륜) 綸巾(윤건) 綸旨(윤지)

1급
慄 [心 10, 총13획]

떨릴 **률** 영 shake 중 慄 lì 일 リツ(おののく)

戰慄(전율) 悸慄(계율) 權慄(권율)

3단계

1급
勒
[力 9, 총11획]

굴레 륵   영 bridle   중 勒 lè   일 ロク(くつわ)

彌勒佛(미륵불) 抑勒(억륵) 鉤勒(구륵)

1급
肋
[肉 2, 총6획]

갈빗대 륵 / 힘줄 근   영 rib   중 肋 lèi   일 ロク(あばら)

肋骨(늑골) 肋膜(늑막) 鷄肋(계륵)

1급
凜
[冫 13, 총15획]

찰 름   영 chilly   중 凜 lǐn   일 リン(さむい)

凜凜(늠름) 官凜(관름) 倉凜(창름)

1급
凌
[冫 8, 총10획]

능가할 릉   영 surpass   중 凌 líng   일 リョウ(しのぐ)

凌駕(능가) 凌蔑(능멸) 凌辱(능욕)

1급
稜
[禾 8, 총13획]

모서리 릉   영 edge   중 稜 líng   일 ロウ(かど)

稜線(능선) 三稜(삼릉) 山稜(산릉)

1급
綾
[糸 8, 총14획]

비단 릉   영 figured silk   중 绫 líng   일 リョウ(あやぎぬ)

綾羅(능라) 貢綾(공릉) 羅綾(나릉)

1급
菱
[艸 8, 총12획]

마름 릉   영 water-nut   중 菱 líng   일 リョウ(ひし)

菱形(능형) 鐵菱(철릉)

1급
俚 [人 7, 총9획]

속될 **리**

영vulgar 중俚lǐ 일リ(いやしい)

俚諺(이언) 俚語(이어) 俚謠(이요)

1급
悧 [心 7, 총10획]

영리할 **리**

영smart 중悧lì 일リ(かしこい)

怜悧(영리) 눈치가 빨라 민첩하고 똑똑하다.

1급
痢 [疒 7, 총12획]

이질 **리**

영dysentery 중痢lì 일リ(はらくだり)

痢疾(이질) 赤痢(적리) 下痢(하리)

1급
籬 [竹 19, 총25획]

울타리 **리**

영bamboo fence 중篱lí 일リ(まがき)

籬柵(이책) 籬窺(이규) 藩籬(번리)

1급
罹 [网 11, 총16획]

걸릴 **리**

영be taken 중罹lí 일リ(かかる)

罹災民(이재민) 百罹(백리) 橫罹(횡리)

1급
裡 [衣 7, 총12획]

속 **리**

영inside 중裡lǐ 일リ(うち)

腦裡(뇌리) 內裡(내리) 極祕裡(극비리)

1급
釐 [里 11, 총18획]

다스릴 **리**

영rule 중釐lí 일キ(りん)

釐正(이정) 釐革(이혁) 釐稅(이세)

1급

[火 12, 총16획]

도깨비불 린　　영 ghost's fire　중 燐 lín　일 リン(おにび)

燐光(인광)　燐火(인화)　燐酸肥料(인산비료)

1급

[足 20, 총27획]

짓밟을 린　　영 trample down　중 躙 lìn　일 リン(ふみにじる)

蹂躪(유린)　征躪(정린)　入門蹂躪(입문유린)

1급

[魚 12, 총23획]

비늘 린　　영 scale　중 鱗 lín　일 リン(うろこ)

鱗甲(인갑)　片鱗(편린)　龍鱗(용린)

1급

[口 4, 총7획]

아낄 린　　영 economize　중 吝 lìn　일 リン(おしむ)

吝嗇(인색)　吝嗇漢(인색한)　吝嗇家(인색가)

1급

[水 8, 총11획]

물뿌릴 림　　영 wet drip　중 淋 lín　일 リン(そそぐ)

淋疾(임질)　淋巴腺(임파선)　膿淋(농림)

1급

[竹 5, 총11획]

삿갓 립　　영 bamboo-hot　중 笠 lì　일 リツ(かさ)

草笠童(초립동)　平凉笠(평량립)　新着笠(신착립)

1급

粒

[米 5, 총11획]

알 립　　영 grain　중 粒 lì　일 リュウ(つぶ)

粒子(입자)　粒子線(입자선)　戰笠(전립)

1급 핵심한자 | **435**

1급
寞
[宀 11, 총14획]

쓸쓸할 막

영 solitary 중 寞 mò 일 バク(さびしい)

寂寞(적막) 蕭蕭寞寞(소소막막) 陰陰寂寞(음음적막)

1급
卍
[十 4, 총6획]

만자 만

영 swastika 중 卍 wàn 일 マン

卍字(만자) 卍字窓(만자창) 卍字旗(만자기)

1급
彎
[弓 19, 총22획]

굽을 만

영 bend 중 弯 wān 일 ワン(ひく(まがる)

彎曲(만곡) 彎弓(만궁) 彎月(만월)

1급
挽
[手 7, 총10획]

당길 만

영 draw 중 挽 wǎn 일 バン(ひく)

挽歌(만가) 挽留(만류) 挽回(만회)

1급
瞞
[目 11, 총16획]

속일 만

영 deceive 중 瞒 mán 일 マン(たます)

欺瞞(기만) 瞞報(만보) 瞞官(만관)

1급
蔓
[艸 11, 총15획]

덩굴 만

영 vine 중 蔓 màn 일 マン(つる)

蔓性(만성) 蔓延(만연) 蔓菁(만청)

1급
輓
[車 7, 총14획]

끌 만

영 pull a waggon 중 輓 wǎn 일 バン(ひく)

輓歌(만가) 輓章(만장) 輓馬(만마)

3단계

1급

[食 11, 총20획]

만두 **만**   영dumpling 중饅 mán 일マン(まんじゅう)

饅頭(만두) 饅頭皮(만두피) 饅頭菓(만두과)

1급

[魚 11, 총22획]

뱀장어 **만**   영eel 중鰻 mán 일バン(うなぎ)

鰻鱺魚(만리어) 鰻鱺(만리) 海鰻(해만)

1급

[手 5, 총8획]

지울 **말**   영erase 중抹 mò 일マツ(けす)

抹殺(말살) 抹消(말소) 抹木(말목)

1급

[水 5, 총8획]

거품 **말**   영froth 중沫 mò 일マツ(あわだつ)

泡沫(포말) 水沫(수말) 浮沫(부말)

1급

[衣 15, 총20획]

버선 **말**   영socks 중襪 mò 일バツ(たび)

洋襪(양말) 皮襪(피말) 綿襪(면말)

1급

[艸 3, 총7획]

까끄라기 **망**   영awn 중芒 wǎng 일ボウ(あみ)

芒種(망종) 芒芋(망우) 芒履(망리)

1급

惘
[心 8, 총11획]

멍할 **망**   영confused 중惘 wǎng 일ボウ(あわてる)

惘惘(민망) 悵惘(창망)

1급 핵심한자 | **437**

1급
寐
[宀 9, 총12획]

잠잘 매   영 sleep 중 寐 mèi 일 ビ(ねむる)

夙興夜寐(숙흥야매) 夢寐(몽매) 潛寐(잠매)

1급
昧
[目 4, 총9획]

어두울 매   영 obscure 중 昧 mèi 일 マイ(くらい)

無知蒙昧(무지몽매) 昧旦(매단) 昧爽(매상)

1급
煤
[火 9, 총13획]

그을음 매   영 charcoal 중 煤 méi 일 バイ(すす)

煤煙(매연) 煤炭(매탄) 煤鑛(매광)

1급
罵
[网 10, 총15획]

욕할 매   영 scold 중 骂 mà 일 バ(ののしる)

罵倒(매도) 罵詈(매리) 罵辱(매욕)

1급
邁
[辵 13, 총17획]

갈 매   영 dash forward 중 迈 mài 일 マイ(ゆく)

邁進(매진) 邁德(매덕) 俊邁(준매)

1급
呆
[口 4, 총7획]

어리석을 매   영 foolish 중 呆 dāi 일 ホウ(あきれる)

癡呆(치매) 妄想癡呆(망상치매) 老人癡呆(노인치매)

1급
萌
[艸 8, 총12획]

싹틀 맹   영 shoot of grass 중 萌 méng 일 ボウ(きざす)

萌芽(맹아) 萌動(맹동) 未萌(미맹)

3단계

1급

[木 8, 총12획]

목화 **면**   영 cotton 중 棉 mián 일 メン(わた)

棉實(면실) 棉花(면화) 棉子(면자)

1급

[目 4, 총9획]

애꾸눈 **면**   영 look askance 중 眄 miǎn 일 ベン(みる)

左顧右眄(좌고우면) 仰眄(앙면) 睇眄(제면)

1급

[糸 9, 총15획]

가는실 **면**   영 thread 중 緬 miǎn 일 ベン(はるか)

緬羊(면양) 緬禮(면례) 緬憶(면억)

1급

[麥 9, 총20획]

국수 **면**   영 noodles 중 麵 miàn 일 ベン(むぎこ)

麵類(면류) 麵床(면상) 麵樗(면저)

1급
暝
[日 10, 총14획]

저물 **명**   영 dark 중 暝 míng 일 メイ(くらい)

死不暝目(사불명목) 暝想(명상) 暝目(명목)

1급

[水 10, 총13획]

바다 **명**   영 sea 중 溟 míng 일 メイ(うみ)

溟洲(명주) 溟海(명해) 鴻溟(홍명)

1급

[皿 0, 총5획]

그릇 **명**   영 bowl 중 皿 mǐn 일 ベイ(さら)

器皿(기명) 皿斗(명두) 皿稱(명칭)

1급

螟
[虫 10, 총16획]

멸구 **명**　　영 rice-borer　중 螟 míng　일 メイ(くきむし)

螟蛾(명아)　螟蟲(명충)　螟嗣(명사)

1급

酩
[酉 6, 총13획]

술취할 **명**　　영 be drunk　중 酩 mǐng　일 メイ(よう)

酩酊(명정) 정신을 차릴 수 없을 정도로 술에 몹시 취함

1급

袂
[衣 4, 총9획]

소매 **메**　　영 sleeve　중 袂 mèi　일 ベイ(そで)

袂口(메구)　袂別(메별)　分袂(분메)

1급

摸
[手 11, 총14획]

찾을 **모**　　영 follow　중 摸 mō　일 モ

摸索(모색)　拳摸(권모)　掏摸(도모)

1급

牡
[牛 3, 총7획]

수컷 **모**　　영 male of animals　중 牡 mǔ　일 ボウ(おす)

牡丹(모란)　牡瓦(모와)　牡痔(모치)

1급

耗
[耒 4, 총10획]

소모할 **모**　　영 waste　중 耗 hào　일 モウ(ついやす)

消耗品(소모품)　耗穀(모곡)　耗米(모미)

1급

糢
[米 11, 총17획]

모호할 **모**　　영 vague　중 糢 mó　일 モ(かたどる)

糢糊(모호)　湖沼糢式(호소 모식)

3단계

1급

殁
[歹 4, 총8획]

죽을 **몰**

영 expire 중 殁 mò 일 ボツ(しぬ)

殁後(몰후) 戰殁(전몰) 病殁(병몰)

1급

描
[手 9, 총12획]

그릴 **묘**

영 picture 중 描 miáo 일 ビョウ(えがく)

描寫(묘사) 描畵(묘화) 描出(묘출)

1급

杳
[木 4, 총8획]

아득할 **묘**

영 remote 중 杳 일 ヨウ(はるか)

杳冥(묘명) 杳然(묘연) 巖岫杳冥(암수묘명)

1급

渺
[水 9, 총12획]

아득할 **묘**

영 vast 중 渺 miǎo 일 ビョウ(はるか)

渺然(묘연) 渺滄海之一粟(묘창해지일속) 渺漫(묘만)

1급

猫
[犬 9, 총12획]

고양이 **묘**

영 cat 중 猫 māo 일 ビョウ(ねこ)

猫頭縣鈴(묘두현령) 猫兒卵(묘아란) 猫眼石(묘안석)

1급

巫
[工 4, 총7획]

무당 **무**

영 witch 중 巫 wū 일 フ(みこ)

巫歌(무가) 巫覡(무격) 巫俗(무속)

1급

憮
[心 12, 총15획]

어루만질 **무**

영 appease 중 怃 wǔ 일 ブ(なでる)

憮然(무연) 懷憮(회무)

1급 핵심한자 | **441**

1급
拇 [手 5, 총8획]

손가락 **무**   영 thumb 중 拇 mǔ 일 ボ(おやゆび)

拇印(무인) 拇指(무지) 大拇指(대무지)

1급
撫 [手 12, 총15획]

어루만질 **무**   영 stroke 중 抚 fǔ 일 ブ(なでる)

撫摩(무마) 撫愛(무애) 撫慰(무위)

1급
毋 [毋 0, 총4획]

말 **무**   영 not 중 毋 wú 일 ム(なかれ)

毋望之福(무망지복) 毋忘章(무망장) 毋追(무퇴)

1급
蕪 [艸 12, 총16획]

거칠 **무**   영 barren 중 芜 wú 일 ブ(あれる)

荒蕪地(황무지) 蕪草(무초) 蕪菁(무청)

1급
誣 [言 7, 총14획]

속일 **무**   영 deceive 중 诬 wū 일 ブ

誣告(무고) 誣言(무언) 誣陷(무함)

1급
畝 [田 5, 총10획]

이랑 **무/묘**   영 ridge 중 亩 mǔ 일 ボウ(あぜ)

田畝(전묘) 畝背(묘배) 畝溝(묘구)

1급
蚊 [虫 4, 총10획]

모기 **문**   영 mosquito 중 蚊 wén 일 ブン(か)

蚊帳(문장) 蚊群(문군) 蚊陣(문진)

1급
媚 아첨할 **미**　　　영 flatter　중 媚 mèi　일 ミ(こびる)
[女 9, 총12획]
媚笑(미소)　媚態(미태)　媚諂(미첨)

1급
薇 장미 **미**　　　영 rose　중 薇 wēi　일 ビ(わらび)
[艸 13, 총17획]
薔薇(장미)　薇草(미초)　薇院(미원)

1급
靡 쓰러질 **미**　　　영 sweep over　중 靡 mí　일 ビ(なびく)
[非 11, 총19획]
靡寧(미령)　風靡(풍미)　奢靡(사미)

1급
悶 번민할 **민**　　　영 agonize　중 悶 mēn　일 モン(もだえる)
[心 8, 총12획]
煩悶(번민)　悶死(민사)　悶絶(민절)

1급
謐 고요할 **밀**　　　영 silent　중 謐 mì　일 ヒツ(しずか)
[言 10, 총17획]
靜謐(정밀)　安謐(안밀)　四海靜謐(사해정밀)

1급
剝 벗길 **박**　　　영 peel　중 剝 bāo　일 ハク(はぐ)
[刀 8, 총10획]
剝製(박제)　剝奪(박탈)　剝脫(박탈)

1급
搏 두드릴 **박**　　　영 beat　중 搏 bó　일 ハク(ひろい)
[手 10, 총13획]
搏動(박동)　搏殺(박살)　搏擊(박격)

1급 핵심한자 | **443**

撲
[手 12, 총15획] 1급

칠 **박**   영 strike 중 扑 pū 일 ボク(うつ)

撲滅(박멸) 撲殺(박살) 撲滿(박만)

樸
[木 12, 총16획] 1급

통나무 **박**   영 log 중 朴 pǔ 일 ボク(きじ)

樸直(박직) 樸樕(박속) 樸頭(박두)

珀
[玉 5, 총9획] 1급

호박 **박**   영 amber 중 珀 pò 일 ハク(こはく)

琥珀(호박) 黑琥珀(흑호박) 明珀(명박)

箔
[竹 8, 총14획] 1급

발 **박**   영 bamboo-blind 중 箔 bó 일 ハク(すだれ)

金箔(금박) 蠶箔(잠박) 分箔(분박)

粕
[米 5, 총11획] 1급

지게미 **박**   영 lees 중 粕 pò 일 ハク(かす)

豆粕(두박) 酒粕(주박) 糟粕(조박)

縛
[糸 10, 총16획] 1급

얽을 **박**   영 bind 중 缚 fù 일 バク(しばる)

自繩自縛(자승자박) 縛鐵(박철) 縛繩(박승)

膊
[肉 10, 총14획] 1급

팔뚝 **박**   영 shoulder 중 膊 bó 일 ハク(かた)

上膊(상박) 前膊(전박) 下膊(하박)

1급

[馬 4, 총14획]

논박할 **박**　　영refute 중驳 bó 일ハク(ただす)

甲論乙駁(갑론을박)　駁論(박론)　駁說(박설)

1급

[手 5, 총8획]

버릴 **반**　　영abandon 중拌 bàn 일ハン(すてる)

拌蚌(반방)　攪拌(교반)　電磁氣攪拌(전자기 교반)

1급

[手 15, 총19획]

더위잡을 **반**　　영drag 중攀 pān 일ハン(ひく)

攀緣(반연)　攀龍附鳳(반룡부봉)　攀援(반원)

1급

[文 8, 총12획]

아롱질 **반**　　영spotted 중斑 bān 일ハン(まだら)

斑爛(반란)　斑白(반백)　斑點(반점)

1급

[木 10, 총14획]

쟁반 **반**　　영tray 중盘 pán 일ハン(たらい)

涅槃(열반)　入涅槃(입열반)　雙林涅槃(쌍림열반)

1급

[田 5, 총10획]

밭두둑 **반**　영ridge between fields 중畔 pàn 일ハン(あぜ)

岸畔(안반)　湖畔(호반)　水畔(수반)

1급

礬
[石 15, 총20획]

백반 **반**　　영alum 중矾 fán 일ヘン(みょうばん)

白礬(백반)　礬土(반토)　礬素(반소)

1급 핵심한자 | **445**

1급

[糸 5, 총11획]

줄 **반**　　　영 bridle 중 绊 bàn 일 ハン(きずな)

絆瘡膏(반창고) 絆緣(반연) 脚絆(각반)

1급

[虫 12, 총18획]

서릴 **반**　　　영 coil 중 蟠 pán 일 ハン(わだかまる)

蟠踞(반거) 蟠龍(반룡) 蟠桃(반도)

1급

[頁 4, 총13획]

나눌 **반**　　　영 promulgate 중 颁 bān 일 フン(わける)

頒布(반포) 頒囊(반낭) 頒示(반시)

1급

[力 7, 총9획]

노할 **발**　　　영 spirited 중 勃 bó 일 ボツ(おこる)

勃起(발기) 勃發(발발) 勃興(발흥)

1급

[手 12, 총15획]

다스릴 **발**　　　영 govern 중 拨 bō 일 ハツ(おさめる)

撥軍(발군) 撥軍(발군) 撥便(발편)

1급

[水 12, 총15획]

뿌릴 **발**　　　영 sprinkle 중 泼 pō 일 ハツ(そそぐ)

潑剌(발랄) 潑墨(발묵) 潑剌性(발랄성)

1급

[足 5, 총12획]

밟을 **발**　　　영 step on 중 跋 bá 일 バツ(ふむ)

跋文(발문) 跋扈(발호) 跋辭(발사)

3단계

1급
醱
[酉 12, 총19획]
술괼 **발** 영forment 중醱 fā 일ハツ(かもす)
醱酵(발효) 醱酵乳(발효유) 醱酵菌(발효균)

1급
魃
[鬼 5, 총15획]
가물 **발** 영drought demon 중魃 bá 일ハツ(ひでりのかみ)
旱魃(한발) 炎魃(염발) 耐旱魃性(내한발성)

1급
坊
[土 4, 총7획]
동네 **방** 영village 중坊 fāng 일ボウ(ちまた)
坊坊曲曲(방방곡곡) 坊里(방리) 坊村(방촌)

1급
尨
[尢 4, 총7획]
삽살개 **방** 영Sapsaree 중尨 máng 일ボウ(むくいぬ)
尨大(방대) 尨服(방복) 靑尨(청방)

1급
幇
[巾 9, 총12획]
도울 **방** 영help 중幇 bāng 일ホウ(たすける)
幇助(방조) 幇判(방판) 四人幇(사인방)

1급
彷
[彳 4, 총7획]
헤맬 **방** 영wander 중彷 páng 일ホウ(さまよう)
彷彿(방불) 彷徨(방황) 彷徉(방양)

1급
昉
[日 4, 총8획]
마침 **방** 영just 중昉 fāng 일ホウ(あきらか)
神昉(신방) 衆昉同疑(중방동의)

1급 핵심한자 | **447**

枋

1급
[木 4, 총8획]

다목 **방**   영 sappanwood 중 枋 fāng 일 ホウ(え)

枋底(방저) 門地枋(문지방) 平枋(평방)

榜

1급
[木 10, 총14획]

방붙일 **방**   영 public notice 중 榜 bǎng 일 ホウ(ふだ)

榜目(방목) 榜文(방문) 榜示(방시)

肪

1급
[肉 4, 총8획]

기름 **방**   영 fat 중 肪 fāng 일 ボウ(あぶら)

脂肪質(지방질) 低脂肪(저지방) 體脂肪(체지방)

膀

1급
[肉 10, 총14획]

오줌통 **방**   영 bladder 중 膀 páng 일 ボウ(ゆばりぶくろ)

膀胱炎(방광염) 膀胱鏡(방광경) 膀胱膜(방광막)

謗

1급
[言 10, 총17획]

비방할 **방**   영 blame 중 谤 bàng 일 ボウ(そしる)

誹謗(비방) 謗議(방의) 謗讟(방독)

徘

1급
[彳 8, 총11획]

어정거릴 **배**   영 loiter about 중 徘 pái 일 ハイ(さまよう)

徘徊(배회) 목적 없이 어떤 곳에서 이리저리 돌아다님
徘徊症(배회증)

湃

1급
[水 9, 총12획]

물결칠 **배**   영 sound of waves 중 湃 pài 일 ハイ(なみうつ)

澎湃(팽배)

3단계

1급
胚
[肉 5, 총9획]

아이밸 **배**   영 conceive 중 胚 pēi 일 ハイ(はらむ)

胚芽(배아) 胚胎(배태) 胚子(배자)

1급
陪
[阜 8, 총11획]

모실 **배**   영 accompany 중 陪 péi 일 バイ(したがう)

陪席(배석) 陪審(배심) 陪房(배방)

1급
帛
[巾 5, 총8획]

비단 **백**   영 silk fabric 중 帛 bó 일 ハク(きぬ)

帛書(백서) 幣帛(폐백) 魂帛(혼백)

1급
魄
[鬼 5, 총15획]

넋 **백**   영 soul 중 魄 pò 일 ハク(たましい)

魂飛魄散(혼비백산) 魂魄(혼백) 氣魄(기백)

1급
蕃
[艸 12, 총16획]

불을 **번**   영 grow wildly 중 蕃 fān 일 バン(しげる)

蕃盛(번성) 蕃殖(번식) 蕃民(번민)

1급
藩
[艸 15, 총19획]

울타리 **번**   영 fense 중 藩 fán 일 ハン(ひもとく)

藩國(번국) 藩封(번봉) 藩主(번주)

1급
帆
[巾 3, 총6획]

돛 **범**   영 sail 중 帆 fān 일 ハン(ほ)

帆船(범선) 帆影(범영) 帆座(범좌)

1급 핵심한자 | **449**

1급

[木 7, 총11획]

범어 범   영Sanskrit 중梵 fàn 일ボン(ぼんご)

梵衲(범납) 梵書(범서) 梵語(범어)

1급

[水 5, 총8획]

뜰 범   영float 중泛 fàn 일ハン(うかぶ)

泛稱(범칭) 泛宅(범택) 泛論(범론)

1급

[水 2, 총5획]

넘칠 범   영overflow 중氾 fàn 일ハン(ひろがる)

氾濫(범람) 氾溢(범일) 氾濫海(범람해)

1급

[刀 13, 총15획]

쪼갤 벽   영split 중劈 pī 일ヘキ(つんざく)

劈頭(벽두) 劈鍊(벽련) 劈破(벽파)

1급

[手 13, 총17획]

엄지손가락 벽   영thumb 중擘 bò 일ヒャク(さく)

巨擘(거벽) 擘指(벽지) 熊川巨擘(웅천거벽)

1급

[玉 13, 총18획]

구슬 벽   영round jade 중璧 bì 일ヘキ(しるしたま)

抱璧有罪(포벽유죄) 璧玉(벽옥) 璧水(벽수)

1급

[广 13, 총18획]

버릇 벽   영habit 중癖 pǐ 일ヘキ(くせ)

自是之癖(자시지벽) 癖積(벽적) 癖飮(벽음)

3단계

1급
闢
[門 13, 총21획]

열 **벽**   영 open 중 闢 pì 일 ヘキ(さく)

闢土(벽토) 闢衛歌(벽위가) 開闢(개벽)

1급
瞥
[目 12, 총17획]

언뜻볼 **별**   영 glance at 중 瞥 piē 일 ヘツ(みる)

瞥眼間(별안간) 瞥見(별견) 瞥觀(별관)

1급
鼈
[黽 12, 총25획]

자라 **별**   영 terrapin 중 鼈 biē 일 ベツ(すっぽん)

鼈甲(별갑) 鼈主簿傳(별주부전) 鼈腹(별복)

1급
瓶
[瓦 6, 총11획]

병 **병**   영 bottle 중 瓶 píng 일 ハイ(ビン)

守口如瓶(수구여병) 瓶水(병수) 瓶麥酒(병맥주)

1급
餠
[食 8, 총17획]

떡 **병**   영 wheatflour cake 중 饼 bǐng 일 ヘイ(もち)

兩手執餠(양수집병) 餠湯(병탕) 餠散炙(병산적)

1급
堡
[土 9, 총12획]

작은성 **보**   영 fort 중 堡 bǎo 일 ホウ(とりで)

堡壘(보루) 堡垣(보원) 堡障(보장)

1급
洑
[水 6, 총9획]

보 **보**   영 flow 중 洑 fú 일 フク(ながれる)

洑水稅(보수세) 洑稅(보세) 洑畓(보답)

1급 핵심한자 | **451**

1급 菩 [艸 8, 총12획]	보살 보	영 bodhisattva 중 菩 pú 일 ボ(ほとけぐさ)

菩薩(보살) 菩提樹(보리수) 菩提(보리)

1급 僕 [人 12, 총14획]	종 복	영 man-servant 중 仆 pú 일 ボク(しもべ)

忠僕(충복) 僕隷(복예) 僕奴(복노)

1급 匐 [勹 9, 총11획]	길 복	영 crawl 중 匐 fú 일 フク(はう)

匐枝(복지) 匍匐(포복) 匐步(복보)

1급 鰒 [魚 9, 총20획]	전복 복	영 ear-shell 중 鰒 fù 일 フク(あわび)

全鰒(전복) 生鰒(생복) 乾全鰒(건전복)

1급 輻 [車 9, 총16획]	바퀴살 복/부/폭	영 spoke 중 福 fú 일 フク(さいわい)

輻射(복사) 輻輳幷臻(폭주병진) 輻射點(복사점)

1급 捧 [手 8, 총11획]	받들 봉	영 raise 중 捧 pěng 일 ホウ(ささげる)

捧納(봉납) 捧上(봉상) 捧招(봉초)

1급 棒 [木 8, 총12획]	막대 봉	영 club 중 棒 bàng 일 ホウ(つえ)

棒高跳(봉고도) 棒組(봉조) 棒腸類(봉장류)

3단계

1급
烽
[火 7, 총11획]

봉화 **봉**　　영signal-fire 중烽 fēng 일ホウ(のろし)

烽燧(봉수)　烽燧臺(봉수대)　烽火臺(봉화대)

1급
鋒
[金 7, 총15획]

칼끝 **봉**　　영tip of lance 중鋒 fēng 일オウ(きつさき)

鋒刃(봉인)　鋒尖(봉첨)　鋒部(봉부)

1급
俯
[人 8, 총10획]

구부릴 **부**　　영bow 중俯 fǔ 일フ(ふせる)

俯瞰(부감)　俯伏(부복)　俯察(부찰)

1급
剖
[刀 8, 총10획]

쪼갤 **부**　　영split 중剖 pōu 일ボウ(わる)

剖檢(부검)　剖折(부절)　剖腹藏珠(부복장주)

1급
咐
[口 5, 총8획]

분부할 **부**　　영instruct 중咐 fù 일フ(いいつける)

咐囑(부촉)　吩咐(분부)　嚴吩咐(엄분부)

1급
埠
[土 8, 총11획]

선창 **부**　　영wharf 중埠 bù 일ホ(はとば)

埠頭(부두)　埠頭線(부두선)　船埠(선부)

1급
孵
[子 11, 총14획]

알깔 **부**　　영hatching 중孵 fū 일フ(かえる)

孵卵(부란)　孵化(부화)　孵化器(부화기)

1급 핵심한자 | **453**

1급

斧 [斤 4, 총8획]

도끼 부　　　영 axe　중 斧 fǔ　일 フ(おの)

斧鉞(부월)　斧柯(부가)　斧石(부석)

1급

腑 [肉 8, 총12획]

육부 부　　　영 viscera　중 腑 fǔ　일 フ(はらわた)

五臟六腑(오장육부)　肺腑(폐부)　臟腑(장부)

1급

芙 [艸 4, 총8획]

연꽃 부　　　영 lotus flower　중 芙 fú　일 フ(はち)

芙蓉(부용)　芙蓉冠(부용관)　芙蓉亭(부용정)

1급

莩 [艸 7, 총11획]

독말풀 부　영 membrane the hollow of a bamboo　중 莩 fú　일 フ(あまかわ)

葭莩之親(가부지친)　葭莩(가부)　餓莩(아부)

1급

訃 [言 2, 총9획]

부고 부　　　영 inform one's death　중 讣 fù　일 フ(しらせ)

訃告(부고)　訃音(부음)　訃報(부보)

1급

賻 [貝 10, 총17획]

부의할 부　영 consolatory present　중 赙 fù　일 フ(おくりもの)

賻儀(부의)　致賻(치부)　賜賻(사부)

1급

駙 [馬 5, 총15획]

부마 부　　영 son in-law of the King　중 驸 fù　일 フ(そえうま)

駙馬都尉(부마도위)　駙馬(부마)　駙馬府(부마부)

3단계

1급

[口 4, 총7획]

분부할 <u>분</u>   영 instruction 중 吩 fēn 일 フン(いいつける)

吩咐(분부) 嚴吩咐(엄분부)

1급

[口 12, 총15획]

뿜을 <u>분</u>   영 spout 중 噴 pēn 일 フン(ふく)

噴射(분사) 噴水(분수) 噴出(분출)

1급

[心 4, 총8획]

성낼 <u>분</u>   영 anger 중 忿 fèn 일 フン(いかる)

忿怒(분노) 忿然(분연) 忿怨(분원)

1급

[手 4, 총7획]

꾸밀 <u>분</u>   영 disguise 중 扮 bàn 일 フン(よそおう)

扮裝(분장) 扮飾(분식) 扮裝術(분장술)

1급

[火 8, 총12획]

불사를 <u>분</u>   영 burn 중 焚 fén 일 フン(やく)

焚身(분신) 焚蕩(분탕) 焚香(분향)

1급

[皿 4, 총9획]

동이 <u>분</u>   영 basin 중 盆 pén 일 ボン(はち)

盆栽(분재) 盆地(분지) 盆硝(분초)

1급

[米 11, 총17획]

똥 <u>분</u>   영 excrement 중 糞 fèn 일 フン(くそ)

糞尿(분뇨) 糞壤(분양) 糞瘻(분루)

1급 핵심한자 | **455**

1급
霧
[雨 4, 총12획]

안개 **무**　　　영fog(mist)　중雾 fēn　일フン(きり)

霧圍氣(분위기)　霧虹(무홍)

1급
彿
[亻5, 총8획]

비슷할 **불**　　　영similar　중彿 fú　일フツ(にる)

彷彿(방불)　水天彷彿(수천방불)　渡彿(도불)

1급
棚
[木 8, 총12획]

사다리 **붕**　　　영ladder　중棚 péng　일ホウ(たな)

大陸棚(대륙붕)　綵棚(채붕)　陸棚(육붕)

1급
硼
[石 8, 총13획]

붕사 **붕**　　　영borax　중硼 péng　일ホウ(うさん)

硼酸(붕산)　硼素(붕소)　硼砂(붕사)

1급
繃
[糸 11, 총17획]

묶을 **붕**　　　영bind　중绷 bēng　일ホウ(まく)

繃帶(붕대)　繃帶術(붕대술)　繃帶液(붕대액)

1급
匕
[匕 0, 총2획]

비수 **비**　　　영dagger　중匕 bǐ　일ヒ(さじ)

匕首(비수)　棘匕(극비)　飯匕(반비)

1급
匪
[匚 8, 총10획]

도둑 **비**　　　영thief　중匪 fěi　일ヒ(あらず)

匪賊(비적)　匪類(비류)　匪躬(비궁)

1급
庇 [广 4, 총7획]
덮을 비
영 hide 중 庇 bì 일 ヒ(おおう)
庇護(비호) 庇佑(비우) 庇護罪(비호죄)

1급
憊 [心 12, 총16획]
고달플 비
영 tired out 중 惫 bèi 일 ハイ(つかれる)
憊衰(비쇠) 憊衰(비쇠) 憊臥(비와)

1급
扉 [戶 8, 총12획]
사립문 비
영 door 중 扉 fēi 일 ヒ(とびら)
竹扉(죽비) 扉紙(비지) 扉屨(비구)

1급
沸 [水 5, 총8획]
끓을 비
영 boil 중 沸 fèi 일 ヒ(わく)
沸騰(비등) 沸石(비석) 沸點(비점)

1급
琵 [玉 8, 총12획]
비파 비
영 flute 중 琵 pí 일 ヒ(びわ)
琵琶(비파) 琵音(비음) 琵琶引(비파인)

1급
痺 [疒 8, 총13획]
저릴 비
영 numb 중 痹 bì 일 ヒ(とり)
痲痺(마비) 神經痲痺(신경마비) 行痺(행비)

1급
砒 [石 4, 총9획]
비소 비
영 arsenic 중 砒 pī 일 ヒ(ヘイ/ひそ)
砒素(비소) 砒石(비석) 砒華(비화)

1급
秕
[禾 4, 총9획]

쭉정이 비   영 blasted ear 중 秕 bǐ 일 ヒ(しいな)

秕政(비정) 秕糠(비강)

1급
緋
[糸 8, 총14획]

비단 비   영 red 중 緋 fēi 일 ヒ(あか)

緋緞(비단) 緋衫(비삼) 緋衣(비의)

1급
翡
[羽 8, 총14획]

물총새 비   영 kingfisher 중 翡 fěi 일 ヒ(かわせみ)

翡色(비색) 翡翠(비취) 翡鳥(비조)

1급
脾
[肉 8, 총12획]

지라 비   영 spleen 중 脾 pí 일 ヒ(ひぞう)

脾臟(비장) 脾胃難定(비위난정) 脾析(비석)

1급
臂
[肉 13, 총17획]

팔 비   영 forearm 중 臂 bèi 일 ヒ(ただむき)

臂膊(비박) 臂不外曲(비불외곡) 臂痛(비통)

1급
蜚
[虫 8, 총14획]

바퀴 비   영 cockroach 중 蜚 fēi 일 ヒ(あぶらむし)

流言蜚語(유언비어) 蜚蠊(비렴) 蜚蝱(비망)

1급
裨
[衣 6, 총13획]

도울 비   영 aid 중 裨 pí 일 ヒ(おぎなう)

裨補(비보) 裨將(비장) 裨助(비조)

1급
誹 [言 8, 총15획]	비방할 비 영 slander 중 诽 fěi 일 ヒ(そしる) 誹謗(비방) 誹笑(비소) 誹訕(비산)

1급

誹 비방할 **비**   영 slander 중 诽 fěi 일 ヒ(そしる)
[言 8, 총15획]
誹謗(비방) 誹笑(비소) 誹訕(비산)

1급

譬 비유할 **비**   영 metaphor 중 譬 pì 일 ヒ(たとえる)
[言 13, 총20획]
譬喩(비유) 譬喩法(비유법)

1급

鄙 더러울 **비**   영 dirty 중 鄙 bǐ 일 ヒ(ひな)
[邑 11, 총14획]
鄙見(비견) 鄙陋(비루) 鄙劣(비열)

1급

妣 죽은어미 **비**   영 deceased mother 중 妣 bǐ 일 ヒ(なきははは)
[女 4, 총7획]
考妣(고비) 先妣(선비) 顯妣(현비)

1급

嚬 찡그릴 **빈**   영 frown 중 嚬 pín 일 ヒン(しかめる)
[口 16, 총19획]
嚬蹙(빈축) 嚬笑(빈소) 嚬呻(빈신)

1급

嬪 궁녀 **빈**   영 court lady 중 嫔 pín 일 ヒン(ひめ)
[女 14, 총17획]
嬪宮(빈궁) 嬪妾(빈첩) 嬪氏(빈씨)

1급

殯 빈소 **빈**   영 funeral parlor 중 殡 bìn 일 ヒン(かりもがり)
[歹 14, 총18획]
殯所(빈소) 殯殿(빈전) 殯禮(빈례)

1급

[水 14, 총17획]

물가 **빈**   영shore 중滨 bīn 일ヒン(はま)

海濱(해빈) 水濱(수빈) 率濱(솔빈)

1급

[水 16, 총19획]

물가 **빈**   영shore beach 중濒 bīn 일ヒン

瀕死(빈사) 瀕死境(빈사경) 瀕海(빈해)

1급

[心 12, 총16획]

기댈 **빙**   영pretext 중凭 píng 일ヒョウ(たよる)

憑藉(빙자) 憑公營私(빙공영사) 憑依(빙의)

1급

[二 5, 총7획]

적을 **사**   영little 중些 xiē 일シャ(わずか)

些略(사략) 些少(사소) 些末(사말)

1급

[口 10, 총13획]

이을 **사**   영succeed 중嗣 sì 일シ(つぐ)

嗣續之望(사속지망) 嗣子(사자) 嗣孫(사손)

1급

[大 9, 총12획]

사치할 **사**   영luxury 중奢 shē 일シャ(おごる)

奢侈(사치) 豪奢(호사) 謁奢(알사)

1급

[女 7, 총10획]

춤출 **사**   영fluttering 중娑 suō 일サ(まいめぐる)

娑婆(사파) 娑婆(사바) 娑婆世界(사바세계)

3단계

1급
徙
[彳 8, 총11획]

옮길 **사**　　　　영 remove　중 徙 xǐ　일 シ(うつる)

徙家忘妻(사가망처)　徙市(사시)　徙處(사처)

1급
瀉
[水 15, 총18획]

쏟을 **사**　　　　영 pour out　중 泻 xiè　일 シャ(そそぐ)

一瀉千里(일사천리)　瀉劑(사제)　瀉材(사재)

1급
獅
[犬 10, 총13획]

사자 **사**　　　　영 lion　중 狮 shī　일 シ(し)

獅子(사자)　獅子吼(사자후)　獅子奮迅(사자분신)

1급
祠
[示 5, 총10획]

사당 **사**　　　　영 shrine　중 祠 cí　일 シ(まつる)

祠堂(사당)　祠宇(사우)　祠院(사원)

1급
紗
[糸 4, 총10획]

비단 **사**　　　　영 thin silk　중 纱 shā　일 サ(うすぎぬ)

紗帽(사모)　紗羅(사라)　紗扇(사선)

1급
蓑
[艸 10, 총14획]

도롱이 **사**　　　　영 straw raincoat　중 蓑 suō　일 サ(みの)

蓑笠(사립)　蓑衣(사의)　一蓑雨(일사우)

1급
麝
[鹿 10, 총21획]

사향노루 **사**　　　　영 musk　중 麝 shè　일 シャ(じゃこう)

麝香(사향)　麝鹿(사록)　麝香囊(사향낭)

1급 핵심한자 | **461**

1급

[刀 5, 총7획]

깎을 **산**   영shave 중删 shān 일サン(けずる)

刪改(산개) 刪蔓(산만) 刪補(산보)

1급

[玉 5, 총9획]

산호 **산**   영coral 중珊 shān 일サン(さんご)

珊瑚(산호) 珊瑚樹(산호수) 珊瑚礁(산호초)

1급

[疒 3, 총8획]

산증 **산**   영cystitis 중疝 shàn 일サン(せんき)

疝氣(산기) 疝症(산증) 疝痛(산통)

1급

[手 12, 총15획]

뿌릴 **살**   영sprinkle 중撒 sǎ 일サシ(さらす)

撒水(살수) 撒布(살포) 撒粉機(살분기)

1급
煞
[火 9, 총13획]

죽일 **살**   영kill 중煞 shà 일サツ(ころす)

驛馬煞(역마살) 亡身煞(망신살) 桃花煞(도화살)

1급
薩
[艸 14, 총18획]

보살 **살**   영bodhisattva 중萨 sà 일サツ(ぼさつ)

菩薩(보살) 薩滿(살만) 薩飡(살찬)

1급

[水 11, 총14획]

스밀 **삼**   영soak into 중渗 shèn 일シン(しみこむ)

滲透(삼투) 孀婦(상부) 孀娥(상아)

1급
澁 [水 12, 총15획]

떫을 **삽** 영astringent 중澁 sè 일シュウ(しぶい)

澁味(삽미) 澁柿(삽시) 澁滯(삽체)

1급
孀 [女 17, 총20획]

과부 **상** 영widow 중孀 shuāng 일ソウ(やもめ)

靑孀(청상) 孀婦(상부) 孀娥(상아)

1급
爽 [爻 7, 총11획]

시원할 **상** 영bright 중爽 shuǎng 일ソウ(さわやか)

爽快(상쾌) 爽籟(상뢰) 爽秋(상추)

1급
翔 [羽 6, 총12획]

날 **상** 영flight 중翔 xiáng 일ショウ(かける)

翔空(상공) 翔集(상집) 飛翔(비상)

1급
觴 [角 11, 총18획]

잔 **상** 영wine cup 중觴 shāng 일ショウ(さかずき)

濫觴(남상) 觴詠(상영) 觴政(상정)

1급
璽 [玉 14, 총19획]

옥새 **새** 영imperial seal 중璽 xǐ 일ジ(おしで)

玉璽(옥새) 璽書(새서) 璽寶(새보)

1급
嗇 [口 10, 총13획]

아낄 **색** 영stingy 중嗇 sè 일ショク(おしむ)

吝嗇(인색) 嗇夫(색부)

1급

牲
[牛 5, 총9획]

희생 **생**   영 sacrifice   중 牲 shēng   일 セイ(いけにえ)

犧牲(희생)   牢牲(뇌생)   視牲(시생)

1급

甥
[生 7, 총12획]

생질 **생**   영 nephew   중 甥 shēng   일 セイ(おい)

甥姪(생질)   舅甥(구생)   外甥(외생)

1급

壻
[士 9, 총12획]

사위 **서**   영 son-in-law   중 壻 xù   일 セイ(むこ)

壻郞(서랑)   姉壻(자서)   國壻(국서)

1급

嶼
[山 14, 총17획]

섬 **서**   영 island   중 屿 yǔ   일 ショ(しま)

島嶼(도서)   綠嶼(녹서)   洲嶼(주서)

1급

抒
[手 4, 총7획]

펼 **서**   영 spread   중 抒 shū   일 ジョ(のべる)

抒情(서정)   抒情的(서정적)   抒情民謠(서정민요)

1급

曙
[日 14, 총18획]

새벽 **서**   영 dawn   중 曙 shǔ   일 ショ(あけぼの)

曙光(서광)   曙天(서천)   曙月(서월)

1급

棲
[木 8, 총12획]

깃들일 **서**   영 dwell   중 栖 qī   일 セイ(すむ)

棲息(서식)   棲宿(서숙)   棲遲(서지)

3단계

1급
犀
[牛 8, 총12획]

무소 **서**   영rhinoceros 중犀 xī 일セイ(かたい)

犀角(서각) 犀帶(서대) 犀角笏(서각홀)

1급
胥
[肉 5, 총9획]

서로 **서**   영all 중胥 xū 일ショ(みな)

胥吏(서리) 胥失(서실) 吏胥(이서)

1급
薯
[艸 14, 총18획]

마 **서**   영Chinese yam 중薯 shǔ 일ショ(やまのいも)

薯蕷(서여) 薯蕷(서시) 甘薯(감서)

1급
黍
[黍 0, 총12획]

기장 **서**   영millet 중黍 shǔ 일ショ(きび)

黍稷(서직) 黍皮(서피) 黍粟(서속)

1급
鼠
[鼠 0, 총13획]

쥐 **서**   영rat 중鼠 shǔ 일ソ(ねずみ)

鼠輩(서배) 鼠肝蟲臂(서간충비) 鼠竊狗偷(서절구투)

1급
潟
[水 12, 총15획]

개펄 **석**   영tideland 중潟 xì 일潟セキ(かた)

潟湖(석호) 干潟(간석) 干潟地(간석지)

1급
扇
[戶 6, 총10획]

부채 **선**   영fan 중扇 shān 일セン(うちわ)

扇風機(선풍기) 扇狀(선상) 扇子(선자)

1급 핵심한자 | **465**

1급 煽 [火 10, 총14획]	부채질할 선	영 blaze up 중 煽 shān 일 セン(あおる)

煽動(선동) 煽動的(선동적) 煽情性(선정성)

1급 腺 [肉 9, 총13획]	샘 선	영 gland 중 腺 xiàn 일 セン(せん)

腺病(선병) 腺疫(선역) 腺毛(선모)

1급 膳 [肉 12, 총16획]	반찬 선	영 side dishes 중 膳 shàn 일 セン

膳物(선물) 膳賜(선사) 膳夫(선부)

1급 銑 [金 6, 총14획]	무쇠 선	영 lustrous gold 중 铣 xiǎn 일 セン(つやがね)

銑鐵(선철) 銑鋼(선강) 製銑(제선)

1급 羨 [羊 7, 총13획]	부러워할 선 / 무덤길 연	영 envy 중 羨 xiàn 일 セン(うらやむ)

羨望(선망) 羨慕(선모) 羨道(연도)

1급 屑 [尸 7, 총10획]	가루 설	영 powder 중 屑 xiè 일 セツ(くず)

屑糖(설탕) 屑鐵(설철) 屑塵(설진)

1급 泄 [水 5, 총8획]	샐 설	영 leak 중 泄 xiè 일 エイ(もる)

泄瀉(설사) 泄痢(설리) 泄氣(설기)

3단계

1급

洩
[水 6, 총9획]

샐 **설**　　　영 leak 중 洩 xiè 일 エイ(もれる)

漏洩(누설)　洩漏(설루)　露洩(노설)

1급

渫
[水 9, 총12획]

파낼 **설**　　　영 scatter 중 渫 xiè 일 セツ(ちる)

浚渫(준설)　浚渫船(준설선)　浚渫機(준설기)

1급

殲
[歹 17, 총21획]

죽일 **섬**　　　영 destroy 중 歼 jiān 일 セン(つきる)

殲滅(섬멸)　殲撲(섬박)　殄殲(진섬)

1급

閃
[門 2, 총10획]

번쩍할 **섬**　　　영 flash 중 闪 shǎn 일 セン(ひらめく)

閃光(섬광)　閃電(섬전)　閃挫(섬좌)

1급

醒
[酉 9, 총16획]

깰 **성**　　　영 perceive 중 醒 xīng 일 セイ(さとる)

大悟覺醒(대오각성)　醒鐘(성종)　醒覺(성각)

1급

塑
[土 10, 총13획]

토우 **소**　　　영 clay figure 중 塑 sù 일 ソ(でく)

塑像(소상)　塑造(소조)　塑性(소성)

1급

宵
[宀 7, 총10획]

밤 **소**　　　영 night 중 宵 xiāo 일 ショウ(よい)

宵行(소행)　宵壤之判(소양지판)　宵衣旰食(소의한식)

1급

搔 긁을 소 영scratch 중搔 sāo 일ソウ(かく)

[手 10, 총13획]

隔靴搔癢(격화소양) 搔卵(소란) 搔頭(소두)

1급

梳 빗 소 영comb 중梳 shū 일ソ(くし)

[木 7, 총11획]

梳洗(소세) 梳毛絲(소모사) 梳匠(소장)

1급

甦 깨어날 소 영revival 중甦 sū 일ソ(よみがえる)

[生 7, 총12획]

甦生(소생) 甦息(소식)

1급

疎 성길 소 영sparse 중疎 shū 일ソ(うとい)

[疋 7, 총12획]

疎外(소외) 疎外感(소외감) 疎數(소삭)

1급

瘙 종기 소 영sweling 중瘙 sào 일ショウ(ひぜん)

[疒 10, 총15획]

皮膚瘙癢症(피부소양증)

1급

簫 퉁소 소 영bamboo flute 중簫 xiāo 일ショウ(ふえ)

[竹 13, 총19획]

短簫(단소) 簫鼓(소고) 洞簫(통소)

1급

蕭 쓸쓸할 소 영lonely 중蕭 xiāo 일ショウ(よもぎ)

[艸 13, 총17획]

蕭瑟(소슬) 蕭遜寧(소손녕) 蕭排押(소배압)

1급

[辵 7, 총11획]

거닐 **소**　영 stroll about 중 逍 xiāo 일 ショウ(ぶらつく)

逍遙(소요)　逍風(소풍)　逍遙巾(소요건)

1급

[辵 10, 총14획]

거스를 **소**　영 go back to 중 遡 sù 일 ソ(さかのぼる)

遡及(소급)　遡流(소류)　遡求(소구)

1급

[貝 15, 총22획]

속죄할 **속**　영 redeem 중 赎 shú 일 ショク(あがなう)

贖良(속량)　贖罪(속죄)　贖錢(속전)

1급

[辵 10, 총14획]

겸손할 **손**　영 modest 중 逊 xùn 일 ソン(へりくだる)

遜色(손색)　遜讓(손양)　遜位(손위)

1급

[心 7, 총10획]

두려울 **송**　영 fear 중 悚 sǒng 일 ショウ(おそれる)

悚懼(송구)　戰悚(전송)　愧悚(괴송)

1급

[水 19, 총22획]

뿌릴 **쇄**　영 sprinkle 중 洒 sǎ 일 サイ(そそぐ)

灑落(쇄락)　灑掃(쇄소)　揮灑(휘쇄)

1급

[石 8, 총13획]

부술 **쇄**　영 break 중 碎 suì 일 サイ(くだく)

碎鑛(쇄광)　碎氷船(쇄빙선)　碎石機(쇄석기)

1급 핵심한자 | **469**

1급

[女 10, 총13획]

형수 **수** 영elder brother's wife 중嫂 sǎo 일ソウ(あによめ)

嫂叔(수숙) 兄嫂(형수) 弟嫂(제수)

1급

[戈 2, 총6획]

지킬 **수** 영frontier guards 중戍 shù 일ジュ(まもゐ)

戍樓(수루) 戍將(수장) 戍卒(수졸)

1급

[犬 6, 총9획]

사냥 **수** 영hunting in winter 중狩 shòu 일シュウ(かり)

狩獵(수렵) 狩人(수인) 狩場(수장)

1급

[疒 10, 총15획]

여윌 **수** 영haggard 중瘦 shòu 일シュウ(やせる)

瘦瘠(수척) 瘦果(수과) 瘦軀(수구)

1급

[禾 12, 총17획]

이삭 **수** 영ear 중穗 suì 일スイ(ほ)

穗狀花(수상화) 穗肥(수비) 穗波(수파)

1급

[立 8, 총13획]

세울 **수** 영vertical 중竪 shù 일ジュ(たてる)

竪立(수립) 竪子不足與謀(수자부족여모)

1급

粹
[米 8, 총14획]

순수할 **수** 영pure 중粹 cuì 일スイ(まじりけない)

純粹(순수) 純粹詩(순수시) 粹集(수집)

3단계

1급
繡 [糸 12, 총18획]
수놓을 **수** 　영 embroider 　중 绣 xiù 　일 シュウ(ぬいとり)
繡屛(수병)　繡畫(수화)　繡衣夜行(수의야행)

1급
羞 [羊 5, 총11획]
부끄러울 **수** 　영 shame(shy) 　중 羞 xiū 　일 シュウ(はじる)
羞恥(수치)　羞惡之心(수오지심)　羞愧(수괴)

1급
蒐 [艸 10, 총14획]
모을 **수** 　영 gather 　중 蒐 sōu 　일 シュウ(あつめる)
蒐集(수집)　蒐輯(수집)　蒐錄(수록)

1급
袖 [衣 5, 총10획]
소매 **수** 　영 sleeve 　중 袖 xiù 　일 シユウ(そで)
袖納(수납)　袖手傍觀(수수방관)　袖章(수장)

1급
酬 [酉 6, 총13획]
갚을 **수** 　영 return 　중 酬 chóu 　일 シュウ(むくいる)
酬價(수가)　酬酢(수작)　酬接(수접)

1급
髓 [骨 13, 총23획]
골수 **수** 　영 marrow 　중 髓 suǐ 　일 スイ(ずい)
髓腦(수뇌)　髓鞘(수초)　髓液(수액)

1급
讎 [言 16, 총23획]
원수 **수** 　영 enemy 　중 雠 chóu 　일 シュウ(かたき)
讎敵(수적)　校讎(교수)　國讎(국수)

1급 핵심한자 | **471**

1급

塾
[土 11, 총14획]

글방 숙　영 private school　중 塾 shú　일 シュク(まなびどころ)

塾舍(숙사)　塾生(숙생)　塾長(숙장)

1급

夙
[夕 3, 총6획]

이를 숙　영 early　중 夙 sù　일 シュク(はやい)

夙成(숙성)　夙興夜寐(숙흥야매)

1급

菽
[艸 8, 총12획]

콩 숙　영 bean　중 菽 shū　일 シュク(まめ)

菽麥不辨(숙맥불변)　菽粟之文(숙속지문)

1급

筍
[竹 6, 총12획]

죽순 순　영 bamboo shoot　중 笋 sǔn　일 ジュン(たけのこ)

雨後竹筍(우후죽순)　筍湖(순호)

1급

醇
[酉 8, 총15획]

전국술 순　영 pure　중 醇 chún　일 ジュン(まじりない)

醇化(순화)　醇醪(순료)　醇酒(순주)

1급

馴
[馬 3, 총13획]

길들일 순　영 tame　중 馴 xún　일 ジュン(ならす)

馴鹿(순록)　馴化(순화)　馴育(순육)

1급

膝
[肉 11, 총15획]

무릎 슬　영 knee　중 膝 xī　일 シツ(ひざ)

膝下(슬하)　膝上(슬상)　膝蓋骨(슬개골)

1급

丞 도울 **승** 영 aid 중 丞 chéng 일 ジョウ(たすける)

[一 5, 총6획]

丞相(승상) 政丞(정승) 三政丞(삼정승)

1급

匙 숟가락 **시** 영 spoon 중 匙 chí 일 シ(さじ)

[匕 9, 총11획]

匙箸(시저) 匙匠(시장) 揷匙(삽시)

1급

媤 시집 **시** 영 one's husband's home 중 媤 shì 일 カ(よめとつぐ)

[女 9, 총12획]

媤家(시가) 媤宅(시댁) 媤叔(시숙)

1급

弑 죽일 **시** 영 regicide 중 弑 shì 일 シ(ころす)

[弋 10, 총13획]

弑害(시해) 弑逆(시역) 弑殺(시살)

1급

猜 시기할 **시** 영 begrudge 중 猜 cāi 일 サイ

[犬 8, 총11획]

猜忌(시기) 猜疑(시의) 猜惡(시오)

1급

諡 시호 **시** 영 posthumous name 중 谥 shì 일 シ(おくりな)

[言 9, 총16획]

諡號(시호) 諡福(시복) 諡聖(시성)

1급

豺 승냥이 **시** 영 jackal 중 豺 chái 일 サイ(やまいぬ)

[豸 3, 총10획]

豺狼當道(시랑당도) 豺狼(시랑) 豺狐窟(시호굴)

1급 핵심한자 | **473**

1급

[木 5, 총9획]

감나무 시　　　영 persimmon 중 柿 shì 일 シ(かき)

柿餠(시병) 柿雪(시설) 沈柿(침시)

1급

[手 6, 총9획]

닦을 식　　　영 wipe 중 拭 shì 일 ショク(ぬぐう)

拂拭(불식) 拭拂(식불) 拭淸(식청)

1급

[火 10, 총14획]

꺼질 식　　　영 extinguish 중 熄 xī 일 ソク(きえる)

終熄(종식) 未熄(미식) 熄滅(식멸)

1급

[虫 9, 총15획]

좀먹을 식　　영 worm-eaten 중 蝕 shí 일 ショク(むしばむ)

土壤浸蝕(토양침식) 蝕旣(식개) 蝕刻(식각)

1급

[口 5, 총8획]

읊조릴 신　　영 moaning 중 呻 shēn 일 シン(うめく)

呻吟(신음) 呻囈(신예) 嚬呻(빈신)

1급

[女 7, 총10획]

애밸 신　　　영 pregnancy 중 娠 shēn 일 シン(はらむ)

姙娠(임신) 有娠(유신) 喇叭管姙娠(나팔관임신)

1급

[宀 7, 총10획]

대궐 신　　　영 eaves 중 宸 chén 일 シン(のき)

宸襟(신금) 宸翰(신한) 宸臨(신림)

1급
爐
[火 14, 총18획]

불탄끝 신　　　영ashes 중烬 jìn 일ジン(もえのこり)

爐滅(신멸)　灰爐(회신)　餘爐(여신)

1급
腎
[肉 8, 총12획]

콩팥 신　　　영kidney 중肾 shèn 일ジン(むらと)

腎臟(신장)　腎莖(신경)　腎氣(신기)

1급
薪
[艸 13, 총17획]

땔나무 신　　　영brushwood 중薪 xīn 일シン(たきぎ)

薪炭(신탄)　薪水之勞(신수지로)　薪採(신채)

1급
蜃
[虫 7, 총13획]

대합 신　　　영clam 중蜃 shèn 일シン(おおがい)

蜃氣樓(신기루)　蜃樓(신루)　蜃市(신시)

1급
訊
[言 3, 총10획]

물을 신　　　영ask 중讯 xùn 일ジン(たずわる)

訊鞫(신국)　訊問(신문)　訊杖(신장)

1급
迅
[辵 3, 총7획]

빠를 신　　　영rapid 중迅 xùn 일ジン(はやい)

迅速(신속)　迅風(신풍)　迅擊(신격)

1급
悉
[心 7, 총11획]

다 실　　　영without exception 중悉 xī 일シツ(ことごとく)

悉達多(실달다)　悉無率法則(실무율법칙)

1급

[人 7, 총9획]

아까 **아**   영 sudden 중 俄é 일 ガ(にわか)

俄館(아관) 俄然(아연) 俄館播遷(아관파천)

1급

[口 8, 총11획]

벙어리 **아**   영 mute 중 啞 yǎ 일 アク(おし)

啞鈴(아령) 啞然失色(아연실색) 啞默(아묵)

1급

[行 7, 총13획]

마을 **아**   영 government office 중 衙 yá 일 ガ(やくしょ)

衙前(아전) 衙門(아문) 衙府(아부)

1급

[言 4, 총11획]

의심할 **아**   영 suspicious 중 讶 yà 일 力(いぶかる)

疑訝(의아) 驚訝(경아) 怪訝(괴아)

1급

[土 8, 총11획]

백토 **악**   영 white soil 중 垩 è 일 アク(しろつち)

白堊紀(백악기) 丹堊(단악) 素堊(소악)

1급

[心 9, 총12획]

놀랄 **악**   영 frighten 중 愕 è 일 ガク(おどろく)

驚愕(경악) 惋愕(완악) 駭愕(해악)

1급

[頁 9, 총18획]

턱 **악**   영 jaw 중 颚 è 일 ガク(あご)

顎骨(악골) 顎關節(악관절) 下顎(하악)

3단계

1급
按 [手 6, 총9획]
누를 **안**   영press 중按 àn 일アン(おさえる)
按摩(안마) 按酒(안주) 按察使(안찰사)

1급
晏 [日 6, 총10획]
늦을 **안**   영late 중晏 yàn 일アン(はれる)
晏如(안여) 晏然(안연) 顎口蟲(악구충)

1급
鞍 [革 6, 총15획]
안장 **안**   영saddle 중鞍 ān 일アン(くら)
鞍馬(안마) 鞍裝(안장) 鞍部(안부)

1급
斡 [斗 10, 총14획]
관리할 **알**   영manage 중斡 wò 일カン(めぐる)
斡流(알류) 斡旋(알선) 斡旋責(알선책)

1급
軋 [車 1, 총8획]
삐걱거릴 **알**   영creak 중軋 zhá 일アツ(きしる)
軋轢(알력) 軋軋(알알) 軋刑(알형)

1급
庵 [广 8, 총11획]
암자 **암**   영hermitage 중庵 ān 일アン(いおり)
庵子(암자) 庵主(암주) 片庵(편암)

1급
闇 [門 9, 총17획]
어두울 **암**   영dark 중暗 àn 일アン(くらい)
闇票(암표) 諒闇(양암) 退闇(퇴암)

1급 핵심한자 | **477**

1급

[心 5, 총8획]

원망할 **앙**　　　영 vengeance 중 怏 yàng 일 オウ(うらむ)

怏宿(앙숙) 怏心(앙심) 怏忿(앙분)

1급

[日 4, 총8획]

오를 **앙**　　　영 rise 중 昂 áng 일 コウ(あがる)

昂騰(앙등) 昂揚(앙양) 昂曲(앙곡)

1급

[禾 5, 총10획]

모 **앙**　　　영 rice-sprouts 중 秧 yāng 일 オウ(なえ)

秧苗(앙묘) 秧稻(앙도) 秧鷄(앙계)

1급

[鳥 5, 총16획]

원앙 **앙**　　　영 mandarin duck 중 鸯 yāng 일 オウ(おしどり)

鴛鴦(원앙) 鴛鴦衾(원앙금) 鴛鴦之契(원앙지계)

1급

[山 8, 총11획]

언덕 **애**　　　영 cliff 중 崖 yá 일 ガイ(がけ)

崖脚(애각) 崖錐(애추) 崖碑(애비)

1급

[日 13, 총17획]

희미할 **애**　　　영 obscure 중 暧 ài 일 アイ(かげる)

曖昧(애매) 曖昧度(애매도) 曖昧說(애매설)

1급

[阜 10, 총13획]

좁을 **애**　　　영 narrow 중 隘 ài 일 アイ(せまい)

隘路(애로) 隘陋(애루) 隘口(애구)

3단계

1급

靄
[雨 16, 총24획]

아지랑이 **애**   영heat haze 중靄 ǎi 일アイ(もや)

和氣靄靄(화기애애) 煙靄(연애) 曉靄(효애)

1급

扼
[手 4, 총7획]

잡을 **액**   영grasp 중扼 è 일アク(にぎる)

扼守(액수) 扼腕(액완) 扼喉(액후)

1급

縊
[糸 10, 총16획]

목맬 **액**   영hang 중缢 yì 일イ(くびくくる)

縊死(액사) 縊殺(액살) 自縊(자액)

1급

腋
[肉 8, 총12획]

겨드랑이 **액**   영armpit 중腋 yè 일エキ(わき)

腋臭(액취) 腋氣(액기) 腋窩(액와)

1급

櫻
[木 17, 총21획]

앵두나무 **앵**   영cherry 중樱 yīng 일オウ(さくら)

櫻桃(앵도) 櫻草(앵초) 櫻實(앵실)

1급

鶯
[鳥 10, 총21획]

꾀꼬리 **앵**   영nightingale 중莺 yīng 일オウ(うぐいす)

鶯歌(앵가) 鶯聲(앵성) 鶯血(앵혈)

1급

冶
[冫 5, 총7획]

불릴 **야**   영liquefy 중冶 yě 일ヤ(いる)

冶金(야금) 冶容之誨(야용지회) 冶家無食刀(야가무식도)

1급 핵심한자 | **479**

| 1급 [手 7, 총10획] | 야유할 **야** 영mockery 중揶 yú 일ヤ(からかう)
揶揄(야유) 揶揄的(야유적) 揶揄調(야유조) |

| 1급 [父 9, 총13획] | 아비 **야** 영father 중爷 yé 일ヤ(ちち)
老爺(노야) 好好爺(호호야) 爺爺(야야) |

| 1급 [艸 9, 총13획] | 꽃밥 **약** 영anther 중药 yào 일ヤク(よろいぐさ)
葯胞(약포) 側生葯(측생약) 側着葯(측착약) |

| 1급 [女 17, 총20획] | 계집 **양** 영virgin 중孃 niáng 일ジョウ(むすめ)
金孃(김양) 李孃(이양) |

| 1급 恙 [心 6, 총10획] | 근심 **양** 영disease 중恙 yàng 일ヨウ(つつが)
無恙(무양) 身恙(신양) 微恙(미양) |

| 1급 [手 17, 총20획] | 물리칠 **양** 영repulse 중攘 rǎng 일リョウ(しりぞく)
攘奪(양탈) 攘夷(양이) 攘竊(양절) |

| 1급 [疒 9, 총14획] | 헐 **양** 영wound 중疡 yáng 일ヨウ(きず)
潰瘍(궤양) 腫瘍(종양) 潰瘍(궤양) |

3단계

1급
釀 빚을 **양** 영 brew 중 酿 niàng 일 ジョウ(かもす)
[酉 17, 총24획]
釀酒(양주) 釀造場(양조장) 釀造酒(양조주)

1급
癢 가려울 **양** 영 itchy 중 痒 yǎng 일 ヨウ(かゆい)
[疒 15, 총20획]
隔靴搔癢(격화소양) 技癢(기양) 搔癢(소양)

1급
圄 옥 **어** 영 prison 중 圄 yǔ 일 ギョ(ろうや)
[口 7, 총10획]
囹圄生草(영어생초) 圄囹(어령) 囹圄(영어)

1급
瘀 어혈 **어** 영 clot of blood 중 淤 yū 일 ヨ(やまい)
[疒 8, 총13획]
瘀血(어혈) 腰痛(요통) 血瘀(혈어)

1급
禦 막을 **어** 영 resist 중 御 yù 일 ギョ(ふせぐ)
[示 11, 총16획]
禦侮(어모) 禦寒(어한) 禦戰(어전)

1급
臆 가슴 **억** 영 breast 중 臆 yì 일 オク(むね)
[肉 13, 총17획]
臆說(억설) 臆測(억측) 臆見(억견)

1급
堰 방죽 **언** 영 bank 중 堰 yàn 일 エン(せき)
[土 9, 총12획]
堰塞湖(언색호) 堰層(언층) 堰堤(언제)

1급
諺
[言 9, 총16획]

언문 **언**   영 proverb   중 谚 yàn   일 ゲン(ことわざ)

諺文(언문) 諺解(언해) 諺文風月(언문풍월)

1급
儼
[人 20, 총22획]

엄연할 **엄**   영 severe   중 严 yán   일 ン(きびしい)

儼然(엄연) 儼存(엄존) 儼恪(엄각)

1급
奄
[大 5, 총8획]

갑자기 **엄**   영 suddenly   중 奄 yān   일 エン(おおう)

奄忽(엄홀) 奄然(엄연) 奄成老人(엄성노인)

1급
掩
[手 8, 총11획]

가릴 **엄**   영 cover   중 掩 yǎn   일 エン(おおう)

掩襲(엄습) 掩蔽(엄폐) 掩護(엄호)

1급
繹
[糸 13, 총19획]

풀어낼 **역**   영 get the clue   중 绎 yì   일 エキ(つらねる)

繹騷(역소) 繹史(역사) 演繹(연역)

1급
捐
[手 7, 총10획]

버릴 **연**   영 throw   중 捐 juān   일 エン(すてる)

捐命(연명) 捐補(연보) 捐金(연금)

1급
椽
[木 9, 총13획]

서까래 **연**   영 rafter   중 椽 chuán   일 テン(たるき)

椽木(연목) 椽那(연나) 椽廳(연청)

3단계

1급

[竹 7, 총13획]

대자리 **연**　　　　　영 mat　중 筵 yán　일 エン(むしろ)

筵席(연석)　筵辭(연사)　筵說(연설)

1급

[鳥 3, 총14획]

솔개 **연**　　　　　영 kite　중 鸢 yuān　일 エン(たこ)

防牌鳶(방패연)　鳶鱝(연분)　鳶絲(연사)

1급

[火 8, 총12획]

불꽃 **염**　　　　　영 flame　중 焰 yàn　일 エン(ほのお)

火焰瓶(화염병)　焰硝(염초)　焰硝酸(염초산)

1급

[色 18, 총24획]

고울 **염**　　영 fascinating　중 艳 yàn　일 エン,なまめかしい)

艷聞(염문)　艷曲(염곡)　艷書(염서)

1급

[女 14, 총17획]

갓난이 **영**　　　　영 baby　중 婴 yīng　일 エイ(あかご)

嬰兒(영아)　嬰孩(영해)　嬰記號(영기호)

1급

[日 2, 총6획]

끌 **예**　　　　　영 drag　중 曳 yè　일 エイ(ひく)

曳光彈(예광탄)　曳尾塗中(예미도중)

1급

[禾 13, 총18획]

더러울 **예**　　　　영 dirty　중 秽 huì　일 ワイ(けがれる)

穢物(예물)　嬰孩(영해)　嬰乳兒(영유아)

1급

裔
[衣 7, 총13획]

후손 **예** 영 descendant 중 裔 yì 일 エイ(すえ)

後裔(후예) 裔孫(예손) 裔胄(예주)

1급

詣
[言 6, 총13획]

이를 **예** 영 reach 중 诣 yì 일 ケイ

造詣(조예) 參詣(참예) 馳詣(치예)

1급

伍
[人 4, 총6획]

대오 **오** 영 squad 중 伍 wǔ 일 コ(なかま)

落伍(낙오) 缺伍(결오) 編伍(편오)

1급

奧
[大 10, 총13획]

깊을 **오** 영 profundity 중 奥 ào 일 オウ(おく)

奧妙(오묘) 奧地(오지) 奧密稠密(오밀조밀)

1급

寤
[宀 11, 총14획]

깰 **오** 영 awake 중 寤 wù 일 ゴ(さめる)

寤寐不忘(오매불망) 寤境(오경) 覺寤(각오)

1급

懊
[心 13, 총16획]

한할 **오** 영 deplore 중 懊 ào 일 オウ(うらむ)

懊恨(오한) 懊惱(오뇌) 懊悔(오회)

1급

蘊
[艸 16, 총20획]

쌓을 **온** 영 pile up 중 蕴 yùn 일 ウン(つもる)

蘊奧(온오) 蘊蓄(온축) 蘊藏(온장)

3단계

1급

壅 막을 **옹**   영 be closed   중 壅 yōng   일 ヨウ(ふさぐ)
[土 13, 총16획]
壅塞(옹색) 壅拙(옹졸) 壅固執(옹고집)

1급

渦 소용돌이 **와**   영 whirlpool   중 涡 wō   일 カ(うずまく)
[水 9, 총12획]
渦中(와중) 渦動(와동) 渦電流損(와전류손)

1급

蝸 달팽이 **와**   영 snail   중 蜗 wō   일 カ(かたつむり)
[虫 9, 총15획]
蝸角之爭(와각지쟁) 蝸牛角上(와우각상)

1급

訛 잘못될 **와**   영 commit an error   중 讹 é   일 カ(あやまる)
[言 4, 총11획]
訛傳(와전) 訛語(와어) 訛僞(와위)

1급

婉 순할 **완**   영 obedient   중 婉 wǎn   일 エン(しなやか)
[女 8, 총11획]
婉曲(완곡) 婉娩(완만) 婉媚(완미)

1급

宛 완연할 **완**   영 distinct   중 宛 wǎn   일 エン(あたかも)
[宀 5, 총8획]
宛然(완연) 大宛(대원) 宛轉(완전)

1급

玩 즐길 **완**   영 toy   중 玩 wán   일 ガン(もてあそぶ)
[玉 4, 총8획]
玩具(완구) 玩賞(완상) 玩物(완물)

1급

腕 팔 완　　　영 arm 중 腕 wǎn 일 カン(いぶくろ)

[肉 8, 총12획]

腕力(완력)　腕章(완장)　腕釧(완천)

1급

阮 성 완　　　영 state 중 阮 ruǎn 일 ゲン

[阜 4, 총7획]

阮丈(완장)　阮咸(완함)　阮堂集(완당집)

1급

頑 완고할 완　　　영 obstinate 중 頑 wán 일 ガン(かたくな)

[頁 4, 총13획]

頑强(완강)　頑固(완고)　頑石點頭(완석점두)

1급

枉 굽을 왕　　　영 curve 중 枉 wǎng 일 オウ(まがる)

[木 4, 총8획]

枉臨(왕림)　枉尺直尋(왕척직심)　枉曲(왕곡)

1급

矮 작을 왜　　　영 dwarfish 중 矮 ǎi 일 ワイ(ちじむ)

[矢 8, 총13획]

矮軀(왜구)　矮小(왜소)　矮子看戲(왜자간희)

1급

巍 높을 외　　　영 high 중 巍 wēi 일 ギ(たかい)

[山 18, 총21획]

巍然(외연)　巍巍堂堂(외외당당)　巍勳(외훈)

1급

猥 외람할 외　　　영 vulgar 중 猥 wěi 일 ワイ(みだら)

[犬 9, 총12획]

猥濫(외람)　猥褻(외설)　猥言(외언)

1급

僥
[人 12, 총14획]

요행 **요**   영 fortunate 중 侥 jiǎo 일 ギョウ(さいわい)

僥倖(요행) 僥倖數(요행수) 僥倖心(요행심)

1급

凹
[凵 3, 총5획]

오목할 **요**   영 concave 중 凹 āo 일 オウ(なかくぼ)

凹面(요면) 凹凸(요철) 凹地(요지)

1급

夭
[大 1, 총4획]

일찍죽을 **요**   영 premature death 중 夭 yāo 일 ヨウ(わかじに)

夭折(요절) 夭死(요사) 夭壽(요수)

1급

拗
[手 5, 총8획]

꺾을 **요** / 누를 **욱**   영 break 중 拗 niù 일 ヨウ(くじく)

執拗(집요) 拗堂(요당) 拗體(요체)

1급

擾
[手 15, 총18획]

어지러울 **요**   영 disturbed 중 扰 rǎo 일 ジョウ

擾亂(요란) 擾民(요민) 騷擾(소요)

1급

窈
[穴 5, 총10획]

고요할 **요**   영 secluded 중 窈 yǎo 일 ヨウ(ふかい)

窈窕淑女(요조숙녀) 窈藹(요애) 窈然(요연)

1급

窯
[穴 10, 총15획]

가마 **요**   영 kiln 중 窑 yáo 일 ヨウ(かま)

窯業(요업) 窯址(요지) 窯變(요변)

1급

[辵 13, 총17획]

맞을 요

영meet 중邀 yāo 일ヨウ(むかえる)

邀擊(요격) 邀來(요래) 邀招(요초)

1급

[食 12, 총21획]

넉넉할 요

영fertile 중饶 ráo 일ジョウ(ゆたか)

饒居(요거) 饒多(요다) 饒貸(요대)

1급

[水 7, 총10획]

물솟을 용

영bubble up 중涌 yǒng 일ヨウ(わく)

怭涌(비용) 涌泉(용천) 涌沫(용말)

1급

[耳 11, 총17획]

솟을 용

영raise up 중耸 sǒng 일ショウ(そびえる)

槌輕釘聳(퇴경정용) 聳上(용상) 聳身(용신)

1급

[艸 6, 총10획]

우거질 용

영overgrow 중茸 rǒng 일ジョウ(しげる)

鹿茸(녹용) 蒙茸(몽용) 火茸(화용)

1급

[艸 10, 총14획]

연꽃 용

영lotus 중蓉 róng 일ヨウ(はす)

芙蓉(부용) 阿芙蓉(아부용) 木芙蓉(목부용)

1급

[足 7, 총14획]

뛸 용

영jump 중踊 yǒng 일ヨウ(おどる)

舞踊手(무용수) 踊貴(용귀) 踊躍(용약)

3단계

1급

鎔 쇠녹일 **용** 영melt 중镕 róng 일ヨウ(いる)
[金 10, 총18획]
鎔解(용해) 鎔化(용화) 鎔鑛爐(용광로)

1급

寓 머무를 **우** 영stay 중寓 yù 일グウ(よる)
[宀 9, 총12획]
寓居(우거) 寓意(우의) 寓話(우화)

1급

虞 염려할 **우** 영anxious 중虞 yú 일グ(うれえる)
[虍 7, 총13획]
虞犯(우범) 虞犯地帶(우범지대)

1급

迂 굽을 **우** 영circuitous 중迂 yū 일ウ(まがる)
[辶 3, 총7획]
迂廻(우회) 迂餘曲折(우여곡절)

1급

隅 모퉁이 **우** 영corner 중隅 yú 일グウ(すみ)
[阜 9, 총12획]
隅角(우각) 隅柱(우주) 隅石(우석)

1급

嵎 산굽이 **우** 영spur of a mountain 중嵎 yú 일グ(すみ)
[山 9, 총12획]
嵎夷(우이) 負嵎(부우) 嵎嵎(우우)

1급

殞 죽을 **운** 영die 중殒 yǔn 일イン(しぬ)
[歹 10, 총14획]
殞命(운명) 殞感(운감) 殞泣(운읍)

1급
耒 [耒 4, 총10획]

김맬 **운**　　영 weed out　중 耘 yún　일 ウン(くさぎる)

耕耘機(경운기)　耘耔(운자)

1급
隕 [阜 10, 총13획]

떨어질 **운**　　영 fall down　중 陨 yǔn　일 イン(おちる)

隕石(운석)　隕星(운성)　隕石雨(운석우)

1급
猿 [犬 10, 총13획]

원숭이 **원**　　영 monkey　중 猿 yuán　일 エン(さる)

犬猿之間(견원지간)　猿騎(원기)　猿人(원인)

1급
鴛 [鳥 5, 총16획]

원앙 **원**　영 female mandarin duck　중 鸳 yuān　일 エン(おしどり)

鴛鴦(원앙)　鴛鴦衾(원앙금)　鴛鴦之契(원앙지계)

1급
冤 [宀 8, 총11획]

원통할 **원**　　영 resentment　중 冤 yuān　일 エン(うらみ)

冤鬼(원귀)　冤痛(원통)　冤魂(원혼)

1급
萎 [艸 8, 총12획]

시들 **위**　　영 wither　중 萎 wěi　일 イ(しおれる)

萎縮(위축)　萎黃病(위황병)　萎蕤(위유)

1급

[口 9, 총12획]

깨우칠 **유**　　영 awake　중 喻 yù　일 ユ(さとす)

譬喻(비유)　隱喻(은유)　換喻(환유)

3단계

1급

[宀 6, 총9획]

용서할 유   영 lenient 중 宥 yòu 일 ユウ(なだめる)

宥恕(유서) 宥和(유화) 宥罪(유죄)

1급

[心 9, 총12획]

즐거울 유   영 pleasant 중 愉 yú 일 ユ(よろこぶ)

愉快(유쾌) 愉樂(유락) 愉色(유색)

1급

揄
[手 9, 총12획]

끌 유   영 draw 중 揄 yú 일 ユ(ひく)

揶揄(야유)

1급

[木 5, 총9획]

유자나무 유   영 citron 중 柚 yòu 일 ユ(ゆず)

柚子(유자) 柚子花(유자화) 柚酒(유주)

1급

[水 9, 총12획]

헤엄칠 유   영 swim 중 游 yóu 일 ユウ(およぐ)

游泳(유영) 游水類(유수류) 游禽(유금)

1급

[疒 13, 총18획]

병나을 유   영 cure 중 癒 yù 일 ユ(いえる)

癒着(유착) 癒合(유합) 治癒(치유)

1급

[言 9, 총16획]

아첨할 유   영 flattery 중 谀 yú 일 ユウ

阿諛苟容(아유구용) 諛佞(유녕) 諛魚(유어)

1급

[言 9, 총16획]

깨우칠 유   영persuade 중谕 yù 일ユ(さとす)

諭示(유시) 諭旨(유지) 諭德(유덕)

1급

[足 9, 총16획]

밟을 유   영trample down 중蹂 róu 일ジュウ(ふむ)

蹂躪(유린) 人權蹂躪(인권유린)

1급

[金 9, 총17획]

놋쇠 유   영brass 중鍮 yù 일トウ(しんちゅう)

鍮檠(유경) 鍮器(유기) 鍮尺(유척)

1급

[戈 2, 총6획]

병장기 융   영weapons 중戎 róng 일ジュウ(いくさどうぐ)

戎器(융기) 戎服(융복) 戎羯(융갈)

1급

[糸 6, 총12획]

융 융   영flannel 중绒 róng 일ジュウ(けおりもの)

絨緞(융단) 絨衣(융의) 絨毛布(융모포)

1급

[阜 11, 총15획]

그늘 음   영shade 중荫 yìn(yīn) 일イン(かげ)

蔭官(음관) 蔭德(음덕) 蔭補(음보)

1급

[手 9, 총12획]

읍할 읍   영bow 중揖 yī 일ユウ(えしやく)

揖禮(읍례) 揖讓(읍양) 揖拜(읍배)

3단계

膺 1급
[肉 13, 총17획]

가슴 응   영 breast 중 膺 yīng 일 ヨウ(むね)

膺懲(응징) 懲膺(징응) 拳拳服膺(권권복응)

擬 1급
[手 14, 총17획]

헤아릴 의   영 ponder 중 擬 nǐ 일 ギ

擬似(의사) 擬態(의태) 擬古體(의고체)

椅 1급
[木 8, 총12획]

의자 의   영 chair 중 椅 yǐ 일 イ(いす)

椅子(의자) 竹椅(죽의) 高椅(고의)

毅 1급
[殳 11, 총15획]

굳셀 의   영 firm 중 毅 yì 일 キ(つよい)

毅然(의연) 猛毅(맹의) 發强剛毅(발강강의)

誼 1급
[言 8, 총15획]

옳을 의   영 right 중 谊 yì 일 ギ(よしみ)

好誼(호의) 情誼(정의) 恩誼(은의)

姨 1급
[女 6, 총9획]

이모 이   영 maternal aunt 중 姨 yí 일 イ(はらから)

姨母(이모) 姨從(이종) 姨姪(이질)

弛 1급
[弓 5, 총8획]

늦출 이   영 loosen 중 弛 chí 일 シ(ゆるむ)

弛緩(이완) 情誼(정의) 恩誼(은의)

1급
[爻 10, 총14획]

너 **이**　　　　　영 you so　중 尔 ěr　일 ジ(ニ)

爾來(이래)　爾雅(이아)　爾汝(이여)

1급
[疒 6, 총11획]

상처 **이**　　　　영 wound(injury)　중 痍 yí　일 イ(きず)

滿身瘡痍(만신창이)　傷痍(상이)　瘡痍(창이)

1급
[食 6, 총15획]

미끼 **이**　　　　영 bait　중 饵 ěr　일 ジ(えじき)

食餌療法(식이요법)　軟餌(연이)　食餌(식이)

1급
[羽 5, 총11획]

다음날 **익**　　　영 next day　중 翌 yì　일 ヨク(あくるひ)

翌日(익일)　翌週(익주)　翌年(익년)

1급
[口 6, 총9획]

목구멍 **인**　　　영 throat　중 咽 yān　일 エン(のど)

咽喉炎(인후염)　咽頭(인두)　咽喉(인후)

1급
[水 9, 총12획]

묻힐 **인**　　　　영 fall into　중 湮 yān　일 イン(しずむ)

湮滅(인멸)　湮淪(인륜)　湮沈(인침)

1급
[虫 4, 총10획]

지렁이 **인**　　　영 earthworm　중 蚓 yǐn　일 イン(みみず)

蚯蚓(구인)　蚯蚓泥(구인니)　以蚓投魚(이인투어)

3단계

1급
靱 [革 3, 총12획]
질길 **인**　영durable　중靱 rèn　일ジン(しなやか)
靱帶(인대)　堅靱(견인)　柔靱(유인)

1급
溢 [水 10, 총13획]
넘칠 **일**　영overflow　중溢 yì　일イツ(あふれる)
海溢(해일)　溢乳(일유)　溢液現狀(일액현상)

1급
佚 [人 5, 총7획]
편안할 **일** / 질탕 **질**　영comfortable　중佚 yì　일イツ(やすんじる)
佚道(일도)　佚宕(질탕)　遺佚(유일)

1급
剩 [刀 10, 총12획]
남을 **잉**　영remain　중剩 shèng　일ジョウ(あまる)
剩餘(잉여)　剩餘價値(잉여가치)　剩餘生産(잉여생산)

1급
孕 [子 2, 총5획]
아이밸 **잉**　영pregnant　중孕 yùn　일ジョウ
孕胎(잉태)　孕身(잉신)　孕重(잉중)

1급
仔 [人 3, 총5획]
자세할 **자**　영minute　중仔 zǐ　일シ(こまかに)
仔詳(자상)　仔細(자세)　仔蟲(자충)

1급
煮 [火 9, 총13획]
끓일 **자**　영boil　중煮 zhǔ　일ショ(にる)
煮醬(자장)　煮鹽(자염)　煮乾品(자건품)

1급 핵심한자 | **495**

1급

瓷
[瓦 6, 총11획]

사기그릇 **자**　　영 china crockery 중 瓷 cí 일 シ(やきもの)

瓷器(자기)　瓷土(자토)　瓷枕(자침)

1급

疵
[疒 5, 총10획]

허물 **자**　　영 flaw(blemish) 중 疵 cī 일 シ(きず)

吹毛覓疵(취모멱자)　疵瑕(자하)　疵痕(자흔)

1급

蔗
[艹 11, 총15획]

사탕수수 **자**　　영 sugar cane 중 蔗 zhè 일 ショ(さとうきび)

蔗糖(자당)　蔗境(자경)　甘蔗(감자)

1급

藉
[艹 14, 총18획]

깔개 **자**　　영 spread 중 藉 jiè 일 シャ(しく)

藉光(자광)　藉託(자탁)　藉稱(자칭)

1급

炙
[火 4, 총8획]

고기구울 **자/적**　　영 roast 중 炙 zhì 일 ジャ(あぶる)

膾炙(회자)　散炙(산적)　炙鐵(자철)

1급

勺
[勹 1, 총3획]

구기 **작**　　영 ladle 중 勺 sháo 일 シャク(ひしゃく)

勺水不入(작수불입)　眞勺(진작)

1급

嚼
[口 18, 총21획]

씹을 **작**　　영 chew 중 嚼 jiáo 일 シャク(かむ)

嚼口(작구)　嚼癤(작절)　咀嚼(저작)

3단계

1급

灼
[火 3, 총7획]

불사를 **작**   영 burn   중 灼 zhuó   일 シャク(やく)

灼熱(작열) 灼鐵(작철) 灼熱痛(작열통)

1급

炸
[火 5, 총9획]

터질 **작**   영 explosion   중 炸 zhà   일 サク(さく)

炸裂(작렬) 炸藥(작약) 炸發(작발)

1급

綽
[糸 8, 총14획]

너그러울 **작**   영 generous   중 绰 chuò   일 シャク(ゆるやか)

綽約(작약) 綽楔(작설) 綽號(작호)

1급

芍
[艸 3, 총7획]

작약 **작**   영 peony   중 芍 sháo   일 シャク(えびすぐすり)

芍藥(작약) 芍藥(자약) 芍藥花(작약화)

1급

雀
[隹 3, 총11획]

참새 **작**   영 sparrow   중 雀 què   일 ジャク(すずめ)

雀舌茶(작설차) 雀梅(작매) 雀麥(작맥)

1급

鵲
[鳥 8, 총19획]

까치 **작**   영 magpie   중 鹊 què   일 ジャク(かささぎ)

鳩居鵲巢(구거작소) 鵲豆(작두) 鵲橋(작교)

1급

棧
[木 8, 총12획]

사다리 **잔**   영 ladder   중 栈 zhàn   일 サン(かけはし)

棧橋(잔교) 棧道(잔도) 棧豆之戀(잔두지련)

1급

[皿 8, 총13획]

잔 **잔**　　　영wine-cup 중盞 zhǎn 일サン(さかずき)

盞臺(잔대)　燈盞(등잔)　燒酒盞(소주잔)

1급

[竹 9, 총15획]

바늘 **잠**　　　영needle 중箴 zhēn 일シン(はり)

箴言(잠언)　箴規(잠규)　箴諫(잠간)

1급

[竹 12, 총18획]

비녀 **잠**　영ornamental bar for the hair 중簪 zān 일サン(かんざし)

簪纓(잠영)　簪紳(잠신)　簪筆之臣(잠필지신)

1급

[人 3, 총5획]

의장 **장**　　　영guard 중仗 zhàng 일ジョウ(つわもの)

兵仗器(병장기)　儀仗(의장)　兵仗(병장)

1급

[匚 4, 총6획]

장인 **장**　　　영artisan 중匠 jiàng 일シウ(たくみ)

匠人(장인)　匠色(장색)　匠主(장주)

1급

[木 3, 총7획]

지팡이 **장**　　　영stick 중杖 zhàng 일ジョウ(つえ)

杖鼓(장고)　杖竹(장죽)　杖刑(장형)

1급

[木 13, 총17획]

돛대 **장**　　　영mast 중檣 qiáng 일ショウ(ほばしら)

檣竿(장간)　檣樓(장루)　檣頭(장두)

1급

미음 **장** 영 rice water 중 浆 jiāng 일 ショウ(のみもの)

漿果(장과) 漿水(장수) 漿膜(장막)

[水 11, 총15획]

1급

薔

장미 **장** 영 rose 중 蔷 qiáng 일 ショク(ばら)

薔薇(장미) 薔薇園(장미원) 薔薇花(장미화)

[艹 13, 총17획]

1급

장 **장** 영 bean paste 중 酱 jiàng 일 ショウ(みそ)

淸麴醬(청국장) 醬菹(장저) 醬蟹(장해)

[酉 11, 총18획]

1급

찌끼 **재** 영 sediment 중 滓 zǐ 일 シ(おり)(かす)

殘滓(잔재) 鑛滓(광재) 酒滓(주재)

[水 10, 총13획]

1급

재계할 **재** 영 purify oneself 중 斋 zhāi 일 サイ(ものいみ)

齋戒(재계) 齋室(재실) 齋宮(재궁)

[齊 3, 총17획]

1급

쇳소리 **쟁** 영 gong 중 铮 zhèng 일 ソウ(かね)

錚盤(쟁반) 錚手(쟁수) 錚匠(쟁장)

[金 8, 총16획]

1급

咀

씹을 **저** 영 chew 중 咀 zuǐ 일 ショ(かむ)

咀嚼(저작) 咀呪(저주) 咀嚼口(저작구)

[口 5, 총8획]

1급 핵심한자 | **499**

狙
[犬 5, 총8획] · 1급

원숭이 저   영 monkey   중 狙 jū   일 ショ(さる)

狙擊(저격)   狙擊手(저격수)   狙擊兵(저격병)

箸
[竹 9, 총15획] · 1급

젓가락 저   영 chopstick   중 箸 zhù   일 チョ(はし)

箸筒(저통)   匙箸(시저)   火箸(화저)

詛
[言 5, 총12획] · 1급

저주할 저   영 curse   중 诅 zǔ   일 ショ(のろう)

詛呪(저주)   呪詛(주저)   詛嚼口(저작구)

躊
[足 13, 총20획] · 1급

머뭇거릴 저   영 hesitate   중 踌 chú   일 チョ

躊躇(주저)   躊躇躊躇(주저주저)

邸
[邑 5, 총8획] · 1급

집 저   영 mansion   중 邸 dǐ   일 テイ(やしき)

邸宅(저택)   邸舍(저사)   邸人(저인)

觝
[角 5, 총12획] · 1급

닥뜨릴 저   영 come upon   중 觝 zhǐ   일 テイ(ふれる)

觝觸(저촉)   角觝(각저)   蝸角觝(와각저)

豬
[豕 5, 총12획] · 1급

돼지 저   영 wild boar   중 猪 zhū   일 チョ(いのしし)

豬突(저돌)   豬膏(저고)   豬勇(저용)

3단계

1급

嫡 정실 **적**   영 first son 중 嫡 dí 일 テキ(よつぎ)
[女 11, 총14획]
嫡室(적실) 嫡子(적자) 嫡出(적출)

1급

狄 오랑캐 **적**   영 northern barbarians 중 狄 dí 일 テキ(えびす)
[犬 4, 총7획]
狄人(적인) 夷狄(이적) 蠻狄(만적)

1급

謫 귀양갈 **적**   영 exile 중 谪 zhé 일 タク(とがめ)
[言 11, 총18획]
謫所(적소) 謫仙(적선) 謫降(적강)

1급

迹 자취 **적**   영 traces 중 迹 jì 일 セキ(あと)
[辵 6, 총10획]
踪迹(종적) 表迹(표적) 痕迹(흔적)

1급

剪 가위 **전**   영 scissoring 중 剪 jiǎn 일 セン(きる)
[刀 9, 총11획]
剪伐(전벌) 剪枝(전지) 剪刀(전도)

1급

塡 메울 **전**   영 fill up 중 填 tián 일 テン(うずめる)
[土 10, 총13획]
充塡(충전) 塡詞(전사) 塡料(전료)

1급

奠 제사 **전**   영 sacrificial rites 중 奠 diàn 일 テン(さだめる)
[大 9, 총12획]
祭奠(제전) 奠雁(전안) 奠爵(전작)

1급 핵심한자 | **501**

1급

[广 12, 총15획]

가게 **전** 영 shop 중 廛 chán 일 テン(みせ)

廛房(전방) 廛鋪(전포) 廛閈(전한)

1급

[心 7, 총10획]

고칠 **전** 영 repair 중 悛 quān 일 ゼン

改悛(개전) 悛改(전개) 悛心(전심)

1급

[木 6, 총10획]

마개 **전** 영 wooden peg 중 栓 shuān 일 セン(きくぎ)

栓塞(전색) 栓木(전목) 血栓(혈전)

1급

[毛 13, 총17획]

양탄자 **전** 영 felt 중 氈 zhān 일 セン(けむしろ)

氈笠(전립) 氈帽(전모) 氈褙子(전배자)

1급

[水 13, 총16획]

앙금 **전** 영 stagnate 중 澱 diàn 일 テン(よどむ)

澱粉(전분) 澱粉糊(전분호) 澱粉價(전분가)

1급

[火 9, 총13획]

달일 **전** 영 fry in fat 중 煎 jiān 일 セン(いる)

煎餠(전병) 花煎(화전) 煎果(전과)

1급

[广 19, 총24획]

미칠 **전** 영 mad 중 癲 diān 일 テン(くるう)

癲疾(전질) 癲癇(전간) 癲癇症(전간증)

3단계

1급
箋 [竹 8, 총14획]
기록할 전　　영 memorandum　중 笺 jiān　일 セン(はりふだ)
處方箋(처방전)　箋註(전주)　箋文(전문)

1급
箭 [竹 9, 총15획]
화살 전　　영 arrow　중 箭 jiàn　일 セン(やだけ)
箭筒(전통)　箭魚(전어)　箭筒(전동)

1급
篆 [竹 9, 총15획]
전서 전　　영 style of type　중 篆 zhuàn　일 テン(かきかた)
篆刻(전각)　篆書(전서)　篆籀(전주)

1급
纏 [糸 15, 총21획]
얽을 전　　영 bind up　중 缠 chán　일 テン(からむ)
纏帶(전대)　纏足(전족)　纏縛(전박)

1급
輾 [車 10, 총17획]
돌 전　　영 roll about　중 辗 zhǎn　일 テン(まろぶ)
輾轉不寐(전전불매)　輾轉(전전)

1급
銓 [金 6, 총14획]
사람가릴 전　　영 select　중 铨 quán　일 セン(はかる)
銓衡(전형)　銓補(전보)　銓曹(전조)

1급
顚 [頁 10, 총19획]
이마 전　　영 brow　중 颠 diān　일 テン(ひたい)
顚倒(전도)　顚末(전말)　顚覆(전복)

1급 핵심한자 | **503**

1급

顫 떨릴 전 　영shake 중颤 zhàn 일セン(ふるえる)

[頁 13, 총22획]

顫動(전동)　手顫(수전)　企圖振顫(기도진전)

1급

餞 보낼 전 　영send off 중饯 jiàn 일セン(はなむけ)

[食 8, 총17획]

餞別(전별)　餞送(전송)　餞飲(전음)

1급

截 끊을 절 　영cut 중截 jié 일セツ(たつ)

[戈 10, 총14획]

截取(절취)　截片(절편)　截炭機(절탄기)

1급

粘 붙을 점 　영glutinous 중粘 zhān 일ネン(つく)

[米 5, 총11획]

粘液(점액)　粘土(점토)　粘膜(점막)

1급

霑 젖을 점 　영get wet 중霑 zhān 일テン(うるおう)

[雨 8, 총16획]

霑潤(점윤)　霑汗(점한)　均霑(균점)

1급

幀 그림족자 정 　영picture 중帧 zhèng 일テイ(きぬえ)

[巾 9, 총12획]

影幀(영정)　裝幀(장정)　晦軒影幀(회헌 영정)

1급

挺 빼어날 정 　영outstanding 중挺 tǐng 일テイ(ぬく)

[手 7, 총10획]

挺立(정립)　挺身(정신)　挺出(정출)

3단계

1급

町
[田 2, 총7획]

밭두둑 정 영ridge between fields 중町 dīng 일テイ(あぜ)

町步(정보) 町當(정당)

1급

睛
[目 8, 총13획]

눈동자 정 영pupil 중睛 jīng 일セイ(ひとみ)

畫龍點睛(화룡정정) 眼睛(안정) 點睛(점정)

1급

碇
[石 8, 총13획]

닻 정 영anchor 중碇 dìng 일テイ(いかり)

碇泊(정박) 碇泊船(정박선) 擧碇(거정)

1급

穽
[穴 4, 총9획]

함정 정 영pit 중穽 jǐng 일セイ(おとしあな)

陷穽(함정) 深穽(심정) 墜穽(추정)

1급

酊
[酉 2, 총9획]

술취할 정 영intoxicated 중酊 dīng 일テイ(よう)

酒酊(주정) 酩酊(명정) 乾酒酊(건주정)

1급

釘
[金 2, 총10획]

못 정 영nail 중钉 dīng 일テイ(くぎ)

押釘(압정) 釘頭(정두) 釘臀(정예)

1급

錠
[金 8, 총16획]

덩어리 정 영lump 중锭 dìng 일テイ(たかつき)

錠劑(정제) 糖衣錠(당의정) 手錠(수정)

靖
1급 [靑 5, 총13획]

편안할 **정** 영 pacify 중 靖 jìng 일 セイ(やすらか)

靖國(정국) 靖難(정난) 靖德大夫(정덕대부)

啼
1급 [口 9, 총12획]

울 **제** 영 weep 중 啼 tí 일 テイ(なく)

啼泣(제읍) 啼哭(제곡) 啼聲(제성)

悌
1급 [心 7, 총10획]

공경할 **제** 영 polite 중 悌 tì 일 テイ(すなお)

悌友(제우) 孝悌(효제) 林悌(임제)

梯
1급 [木 7, 총11획]

사다리 **제** 영 ladder 중 梯 tī 일 テイ(はしご)

梯田(제전) 梯隊(제대) 梯階(제계)

蹄
1급 [足 9, 총16획]

굽 **제** 영 hoof 중 蹄 tí 일 テイ(ひずめ)

狗足蹄鐵(구족제철) 蹄鐵(제철) 蹄形(제형)

凋
1급 [冫 8, 총10획]

시들 **조** 영 weary 중 凋 diāo 일 チョウ(しぼむ)

凋枯(조고) 凋落(조락) 凋零(조령)

嘲
1급 [口 12, 총15획]

조롱할 **조** 영 mockery 중 嘲 cháo 일 チョウ(あさける)

嘲弄(조롱) 嘲笑(조소) 嘲名(조명)

1급

曹
[日 7, 총11획]

무리 조   영 government official 중 曹 cáo 일 ソウ(つかさ)

法曹(법조) 曹操(조조) 曹洞(조동)

1급

棗
[木 8, 총12획]

대추 조   영 jujube 중 枣 zǎo 일 ソウ(なつめ)

棗木(조목) 棗玉(조옥) 棗騮馬(조류마)

1급

槽
[木 11, 총15획]

구유 조   영 manger 중 槽 cáo 일 ソウ(かいおけ)

溜槽(유조) 浴槽(욕조) 水槽(수조)

1급

漕
[水 11, 총14획]

배저을 조   영 row 중 漕 cáo 일 ソウ(こぐ)

漕渠(조거) 漕船(조선) 漕艇(조정)

1급

爪
[爪 0, 총4획]

손톱 조   영 nail 중 爪 zhuǎ 일 ソウ(つめ)

爪甲(조갑) 爪紋(조문) 爪牙(조아)

1급

眺
[目 6, 총11획]

바라볼 조   영 look 중 眺 tiào 일 チョウ(ながめる)

眺望(조망) 眺覽(조람) 眺囑(조촉)

1급

稠
[禾 8, 총13획]

빽빽할 조   영 dense 중 稠 chóu 일 チュウ(しげる)

稠林(조림) 稠人(조인) 稠座(조좌)

1급 핵심한자 | **507**

1급

[米 5, 총11획]

거칠 조　　영 rough　중 粗 cū　일 ソ(あらい)

粗惡(조악)　粗雜(조잡)　粗食(조식)

1급

[米 11, 총17획]

지게미 조　　영 lees　중 糟 zāo　일 ソウ(かす)

糟糠之妻(조강지처)　糟甕(조옹)　酒糟(주조)

1급

[糸 13, 총19획]

고치켤 조　영 reel silk off cocoons　중 缲 sāo　일 ソウ(くる)

繰綿(조면)　繰替(조체)　繰絲(조사)

1급

[聿 8, 총14획]

시작할 조　　영 begin　중 肇 zhào　일 チョウ(はじめる)

肇業(조업)　肇冬(조동)　肇夏(조하)

1급

[艸 16, 총20획]

조류 조　　영 water-caltrop　중 藻 zǎo　일 ソウ(も)

海藻(해조)　藻類(조류)　藻井(조정)

1급

[言 5, 총12획]

조서 조　영 imperial rescript　중 诏 zhào　일 ショウ(つげる)

詔命(조명)　詔書(조서)　詔勅(조칙)

1급

[足 13, 총20획]

조급할 조　　영 be nervous　중 躁 zào　일 ソウ(さわぐ)

躁急(조급)　躁鬱病(조울병)　躁動(조동)

3단계

1급

遭 [辵 11, 총15획]
만날 조 — 영meet 중遭 zāo 일ソウ(あう)
遭難(조난) 遭遇(조우) 遭故(조고)

1급

阻 [阜 5, 총8획]
막힐 조 — 영interrupt 중阻 zǔ 일ソ(へだたる)
阻面(조면) 阻却(조각) 阻塞(조색)

1급

簇 [竹 11, 총17획]
조릿대 족 — 영cane 중簇 cù 일ソク(たけ)
簇子(족자) 簇出(족출) 簇生(족생)

1급

猝 [犬 8, 총11획]
갑자기 졸 — 영suddenly 중猝 cù 일ソツ(たわか)
猝富(졸부) 猝地風波(졸지풍파) 猝死(졸사)

1급

慫 [心 11, 총15획]
권할 종 — 영advise 중怂 sǒng 일ショウ(おどろく)
慫慂(종용) 慫搖(종요)

1급

腫 [肉 9, 총13획]
종기 종 — 영swell 중肿 zhǒng 일ショウ(はれもの)
腫氣(종기) 腫瘍(종양) 腫塊(종괴)

1급

踪 [足 8, 총15획]
자취 종 — 영mark 중踪 zōng 일ソウ(あしあと)
踪迹(종적) 失踪(실종) 昧踪(매종)

踵
[足 9, 총16획] · 1급

발꿈치 **종** 영 heel 중 踵 zhǒng 일 ショウ(かかと)

踵接(종접) 足踵(족종) 接踵(접종)

挫
[手 7, 총10획] · 1급

꺾을 **좌** 영 break 중 挫 cuò 일 ザ(くじく)

挫折(좌절) 挫頓(좌돈) 挫傷(좌상)

做
[人 9, 총11획] · 1급

지을 **주** 영 build 중 做 zuò 일 シュ

看做(간주) 做出(주출) 做作(주작)

呪
[口 5, 총8획] · 1급

빌 **주** 영 pray 중 呪 zhòu 일 ジュ(のろう)

呪文(주문) 呪術師(주술사) 呪力(주력)

嗾
[口 11, 총14획] · 1급

부추길 **주** 영 instigate 중 嗾 sǒu 일 ソウ(そそのかす)

使嗾(사주) 嗾囑(주촉) 訐嗾(알주)

廚
[广 12, 총15획] · 1급

부엌 **주** 영 kitchen 중 厨 chú 일 チュウ(くりや)

廚房(주방) 廚間(주간) 廚房門(주방문)

紂
[糸 3, 총9획] · 1급

주임금 **주** 영 Zhou 중 紂 zhòu 일 チュウ(しりがい)

紂王(주왕) 桀紂(걸주)

1급

紬 [糸 5, 총11획]

명주 주   영silk 중紬chóu 일チュウ(つむぎ)

紬緞(주단) 紬絲(주사) 紬衣(주의)

1급

註 [言 5, 총12획]

글뜻풀 주   영note 중注zhù 일チュウ(しるす)

註釋(주석) 註譯(주역) 註解(주해)

1급

誅 [言 6, 총13획]

벨 주   영cut 중诛zhū 일チユウ

誅殺(주살) 誅夷(주이) 誅求(주구)

1급

躊 [足 14, 총21획]

머뭇거릴 주   영hesitate 중踌chóu 일チユウ(ためらう)

躊躇(주저) 躊躇躊躇(주저주저)

1급

輳 [車 9, 총16획]

몰려들 주   영gather into 중辏còu 일ソウ(あつまる)

輻輳幷臻(폭주병진) 輻輳論(폭주론)

1급

冑 [冂 7, 총9획]

자손 주   영posterity 중胄zhòu 일チュウ(かぶと)

甲冑(갑주) 冑裔(주예) 華冑(화주)

1급

樽 [木 12, 총16획]

술통 준   영wine-jar 중樽zūn 일ソン(たる)

樽石(준석) 樽花(준화) 樽酒(준주)

1급

竣
[立 7, 총12획]

마칠 **준**   영 finish 중 竣 jùn 일 シュン(おわる)

竣役(준역) 竣事(준사) 告竣(고준)

1급

蠢
[虫 15, 총21획]

꿈틀거릴 **준**   영 wriggle 중 蠢 chǔn 일 シュン(うごめく)

蠢爾(준이) 蠢動(준동) 蠢蠢無知(준준무지)

1급

櫛
[木 15, 총19획]

빗 **즐**   영 comb 중 栉 zhì 일 シツ(くし)

櫛比(즐비) 櫛風沐雨(즐풍목우)

1급

汁
[水 2, 총5획]

즙 **즙**   영 juice 중 汁 zhī 일 シュウ(しる)

汁液(즙액) 汁醬(집장) 汁釉(즙유)

1급

葺
[艸 9, 총13획]

기울 **즙**   영 thatch 중 葺 qì 일 シュウ(ふく)

葺繕(즙선) 修葺(수즙) 茅葺(모즙)

1급

咫
[口 6, 총9획]

길이 **지**   영 little 중 咫 zhǐ 일 シ(すこし)

咫尺(지척) 咫尺之地(지척지지) 咫尺地(지척지)

1급

摯
[手 11, 총15획]

잡을 **지**   영 grasp 중 挚 zhì 일 シ(とる)

眞摯(진지) 眞摯性(진지성) (懇摯간지)

3단계

1급

枳
[木 5, 총9획]

탱자나무 **지**   영 hardy-orange tree 중 枳 zhǐ 일 キ(からたち)

南橘北枳(남귤북지) 枳椇(지구) 枳實(지실)

1급

祉
[示 4, 총9획]

복 **지**   영 happiness 중 祉 zhǐ 일 チ(さいわい)

福祉施設(복지시설) 高福祉(고복지) 新祉(신지)

1급

肢
[肉 4, 총8획]

팔다리 **지**   영 limb 중 肢 zhī 일 シ(てあし)

肢體(지체) 肢帶(지대) 肢骨(지골)

1급

嗔
[口 10, 총13획]

성낼 **진**   영 scold 중 嗔 chēn 일 シン(いかる)

嗔怒(진노) 嗔怨(진원) 嗔恨(진한)

1급

塵
[土 11, 총14획]

티끌 **진**   영 dust 중 尘 chén 일 ジン(ちり)

芥塵(개진) 塵世(진세) 塵肺(진폐)

1급

疹
[疒 5, 총10획]

홍역 **진**   영 measles 중 疹 zhěn 일 シン(はしか)

濕疹(습진) 疹疾(진질) 疹恙(진양)

1급

叱
[口 2, 총5획]

꾸짖을 **질**   영 scold 중 叱 chì 일 シツ(しかる)

叱責(질책) 叱咤(질타) 叱正(질정)

1급 핵심한자 | **513**

1급

嫉 미워할 질　　영 jealous　중 嫉 jí　일 シツ(ねたむ)
[女 10, 총13획]　嫉視(질시)　嫉妬(질투)　嫉結(질결)

1급

帙 책갑 질　　영 jacket　중 帙 zhì　일 チツ(ふまき)
[巾 5, 총8획]　帙冊(질책)　落帙(낙질)　書帙(서질)

1급

桎 족쇄 질　　영 fetter　중 桎 zhì　일 シツ(あしかせ)
[木 6, 총10획]　桎梏(질곡)　桎檻(질함)

1급

膣 새살돋을 질　　영 granulation　중 膣 zhì　일 チツ(にくづく)
[肉 11, 총15획]　膣炎(질염)　膣口(질구)　膣鏡(질경)

1급

跌 넘어질 질　　영 fall down　중 跌 diē　일 テツ(つまずく)
[足 5, 총12획]　跌宕(질탕)　顚跌(전질)　折跌(절질)

1급

迭 갈마들 질　　영 change　중 迭 dié　일 テツ(かわる)
[辵 5, 총9획]　更迭(경질)　迭代(질대)　交迭(교질)

1급

斟 짐작할 짐　　영 dip up　중 斟 zhēn　일 シン(くむ)
[斗 9, 총13획]　斟酌(짐작)　斟量(침량)　斟酌(침작)

3단계

1급

朕 [月 6, 총10획]
나 **짐**　　영 me 중 朕 zhèn 일 チン(われ)
兆朕(조짐) 地朕(지짐) 朕言不再(짐언부재)

1급

什 [人 2, 총4획]
세간 **집** / 열사람 **십**　　영 various 중 什 shén 일 ジュウ
什長(십장) 什器(집기) 喀什(객십)

1급

澄 [水 12, 총15획]
맑을 **징**　　영 clear 중 澄 dèng 일 チョウ(すむ)
澄水(징수) 澄碧(징벽) 澄泉(징천)

1급

叉 [又 1, 총3획]
갈래 **차**　　영 crotched 중 叉 chà 일 サ(ふたまた)
交叉路(교차로) 叉銃(차총) 叉鬟(차환)

1급

嗟 [口 10, 총13획]
탄식할 **차**　　영 sigh 중 嗟 jiē 일 サ(なげく)
嗟來之食(차래지식) 嗟稱(차칭) 嗟賞(차상)

1급

蹉 [足 10, 총17획]
미끄러질 **차**　　영 slip 중 蹉 cuō 일 サ(つまずく)
蹉跌(차질) 蹉跎(차타)

1급

搾 [手 10, 총13획]
짤 **착**　　영 squeeze 중 搾 zhà 일 サク(しぼる)
搾取(착취) 搾汁(착즙) 搾乳(착유)

1급 핵심한자 | **515**

1급
[穴 5, 총10획]

좁을 **착** 　　영 narrow　중 窄 zhǎi　일 サク(せまい)

窄汁(착즙)　窄袖(착수)　幽門狹窄(유문협착)

1급
[金 20, 총28획]

뚫을 **착** 　　영 bore　중 凿 záo　일 サク(うがつ)

鑿孔(착공)　鑿掘(착굴)　鑿巖(착암)

1급
[手 12, 총15획]

지을 **찬** 　　영 compose　중 撰 zhuàn　일 セン(えらぶ)

撰集(찬집)　撰述(찬술)　撰纂(찬찬)

1급
[竹 10, 총16획]

빼앗을 **찬** 　　영 rob of　중 篡 zuǎn　일 サン(あつまる)

篡奪(찬탈)　篡虐(찬학)　篡立(찬립)

1급
[糸 14, 총20획]

모을 **찬** 　　영 collect　중 纂 zuǎn　일 サン(あつめる)

纂修(찬수)　纂輯(찬집)　纂錄(찬록)

1급
[食 7, 총16획]

먹을 **찬** 　　영 side-dish　중 餐 cān　일 ソン(そなえもの)

晚餐(만찬)　午餐(오찬)　朝餐(조찬)

1급
[食 12, 총21획]

반찬 **찬** 　　영 side-dish　중 馔 zhuàn　일 セン(そなえもの)

饌欌(찬장)　饌盒(찬합)　饌品(찬품)

3단계

1급
擦
[手 14, 총17획]

문지를 **찰** 　　영 friction 중 擦 cā 일 サツ(こする)

擦過傷(찰과상) 擦劑(찰제) 擦柱(찰주)

1급
僭
[人 12, 총14획]

주제넘을 **참** 영 presumptuous 중 僭 jiàn 일 セン(なぞらえる)

僭濫(참람) 僭逆(참역) 僭稱(참칭)

1급
塹
[土 11, 총14획]

구덩이 **참** 　　영 trench 중 堑 jiǎn 일 ザン(ほり)

塹壕(참호) 塹城壇(참성단) 坑塹(갱참)

1급
懺
[心 17, 총20획]

뉘우칠 **참** 　　영 repent 중 忏 chàn 일 サン(くいる)

懺悔(참회) 懺除(참제) 懺悔師(참회사)

1급
站
[立 5, 총10획]

역참 **참** 영 stage of a journey 중 站 zhàn 일 タン(しゅくば)

兵站(병참) 站船(참선) 站站(참참)

1급
讒
[言 17, 총24획]

참소할 **참** 　　영 slander 중 谗 chán 일 ザン(そしる)

讒訴(참소) 讒言(참언) 讒謗(참방)

1급
讖
[言 17, 총24획]

예언할 **참** 　　영 foretell 중 谶 chán 일 シン(しるし)

讖言(참언) 讖文(참문) 讖緯(참위)

1급 핵심한자 | **517**

1급
倡 [人 8, 총10획]

광대 **창**   영 actress   중 倡 cāng   일 ショウ(わざおぎ)

倡夫(창부) 倡義(창의) 倡率(창수)

1급
娼 [女 8, 총11획]

창녀 **창**   영 prostitute   중 娼 chāng   일 ショウ(あそびめ)

娼女(창녀) 娼妓(창기) 娼樓(창루)

1급
廠 [广 12, 총15획]

공장 **창**   영 barn   중 厂 chǎng   일 ショウ(しごとば)

兵器廠(병기창) 船廠(선창) 整備廠(정비창)

1급
愴 [心 10, 총13획]

슬퍼할 **창**   영 grievous   중 怆 chuàng   일 ソウ(かなしむ)

愴然(창연) 悲愴(비창) 惻愴(측창)

1급
槍 [木 10, 총14획]

창 **창**   영 spear   중 枪 qiāng   일 ソウ(やり)

槍劍(창검) 槍鏃(창촉) 槍手(창수)

1급
漲 [水 11, 총14획]

넘칠 **창**   영 inundate   중 涨 zhǎng   일 チョウ(みなぎる)

漲滿(창만) 漲潮(창조) 漲溢(창일)

1급
猖 [犬 8, 총11획]

미쳐날뛸 **창**   영 mad   중 猖 chāng   일 ショウ(くるう)

猖獗(창궐) 猖披(창피) 猖狂(창광)

3단계

瘡 1급
[疒 10, 총15획]
부스럼 **창** 영 tumor 중 疮 chuāng 일 ソウ(かさ)
痘瘡(두창) 瘡病(창병) 瘡毒(창독)

脹 1급
[肉 8, 총12획]
부를 **창** 영 belly 중 胀 zhàng 일 チョウ(ふくれる)
膨脹(팽창) 脹滿(창만) 脹氣(창기)

艙 1급
[舟 10, 총16획]
선창 **창** 영 wharf 중 舱 cāng 일 ソウ(さんばし)
艙口(창구) 艙量(창량) 船艙(선창)

菖 1급
[艸 8, 총12획]
창포 **창** 영 iris 중 菖 chāng 일 ショウ(あやめ)
菖蒲(창포) 菖蒲湯(창포탕) 菖蒲水(창포수)

寨 1급
[宀 11, 총14획]
목책 **채** 영 fortress 중 寨 zhài 일 サイ(とりで)
木寨(목채) 敵寨(적채) 山寨(산채)

柵 1급
[木 5, 총9획]
울타리 **책** 영 palisade 중 栅 shān 일 サク(やらい)
木柵(목책) 柵門(책문) 鐵柵(철책)

凄 1급
[冫 8, 총10획]
쓸쓸할 **처** 영 gloomly and chilly 중 凄 qī 일 セイ(さびしい)
凄涼(처량) 凄然(처연) 凄雨(처우)

1급

[手 15, 총18획]

던질 **척**   영throw 중擲 zhì 일テキ(なげうつ)

擲柶(척사) 擲錢(척전) 擲球(척구)

1급

[水 11, 총14획]

씻을 **척**   영wash 중滌 dí 일テキ(あらう)

蕩滌敍用(탕척서용) 滌淨(척정) 滌去(척거)

1급

[疒 10, 총15획]

여윌 **척**   영haggard 중瘠 jí 일セキ(やせる)

瘠薄(척박) 瘠地(척지) 瘠土(척토)

1급

[肉 6, 총10획]

등골뼈 **척**   영spine 중脊 jǐ 일セキ(せぼね)

脊髓(척수) 脊椎(척추) 脊柱(척주)

1급

隻
[隹 2, 총10획]

새한마리 **척**   영single 중隻 zhī 일セキ(かたわれ)

形單影隻(형단영척) 隻日(척일) 隻眼(척안)

1급

[口 9, 총12획]

숨찰 **천**   영pant 중喘 chuǎn 일ゼン(あえぐ)

喘息(천식) 喘滿(천만) 喘鳴(천명)

1급

[手 13, 총16획]

멋대로할 **천**   영as one pleases 중擅 shàn 일セン(ほしいまま)

擅橫(천횡) 擅斷(천단) 擅便(천편)

1급

 뚫을 **천**　　　영go through 중穿 chuān 일セン(うがつ)

[穴 4, 총9획]

穿孔(천공)　穿刺(천자)　穿鑿(천착)

1급

 밝힐 **천**　　　영open 중阐 chǎn 일セン(ひらく)

[門 12, 총20획]

闡明(천명)　闡究(천구)　闡揚(천양)

1급

 볼록할 **철**　　　영convex 중凸 tū 일トツ(でる)

[凵 3, 총5획]

凸彫(철조)　凸版(철판)　凸面鏡(철면경)

1급

 꿰맬 **철**　　영baste together 중缀 zhuì 일テツ(つづる)

[糸 8, 총14획]

綴字(철자)　綴文(철문)　綴衣(철의)

1급

 바퀴자국 **철**　　영wheel-marks 중辙 zhé 일テツ(わだち)

[車 12, 총19획]

轍環(철환)　轍鮒(철부)　轍迹(철적)

1급

 다 **첨**　　　영all 중佥 qiān 일セン(みな)

[人 11, 총13획]

僉意(첨의)　僉知(첨지)　僉尊(첨존)

1급

제비 **첨**　　영lot 중签 qiān 일セン(くじ)

[竹 17, 총23획]

籤紙(첨지)　籤子(첨자)　籤筒(첨통)

1급
諂
[言 8, 총15획]

아첨할 **첨**   영 flatter 중 谄 chǎn 일 テン(へつらう)

阿諂(아첨) 諂諛(첨유) 諂曲(첨곡)

1급
帖
[巾 5, 총8획]

문서 **첩**   영 archive 중 帖 tiě 일 チョウ(かきつけ)

手帖(수첩) 帖裝(첩장) 帖册(첩책)

1급
捷
[手 8, 총11획]

빠를 **첩**   영 fast 중 捷 jié 일 ショウ(はやい)

捷徑(첩경) 捷報(첩보) 捷音(첩음)

1급
牒
[片 9, 총13획]

편지 **첩**   영 letter 중 牒 dié 일 チョウ(ふだ)

移牒(이첩) 牒報(첩보) 牒狀(첩장)

1급
疊
[田 17, 총22획]

거듭 **첩**   영 pile up 중 叠 dié 일 チョウ(かさなる)

疊疊山中(첩첩산중) 疊徵(첩징) 疊峰(첩봉)

1급
貼
[貝 5, 총12획]

붙을 첩   영 stick 중 贴 tiē 일 チョウ(つく)

貼付(첩부) 貼藥(첩약) 貼經(첩경)

1급
涕
[水 7, 총10획]

눈물 **체**   영 tears 중 涕 tì 일 テイ(なみだ)

涕淚(체루) 涕泣(체읍) 涕泫(체현)

3단계

1급

諦
[言 9, 총16획]

살필 체 　영 examine　중 谛 dì　일 テイ(つまびらか)

諦念(체념)　諦觀(체관)　諦視(체시)

1급

憔
[心 12, 총15획]

파리할 초　영 emaciated　중 憔 qiáo　일 ショウ(やつれる)

憔悴(초췌)　憔容(초용)　焦憔(초초)

1급

梢
[木 7, 총11획]

나무끝 초　영 twig　중 梢 shāo　일 ショウ(こずえ)

梢頭(초두)　梢溝(초구)　末梢(말초)

1급

樵
[木 12, 총16획]

땔나무 초　영 firewood　중 樵 qiáo　일 ショウ(きこり)

樵童(초동)　樵童汲婦(초동급부)　樵牧(초목)

1급

炒
[火 4, 총8획]

볶을 초　영 parch(roast)　중 炒 chǎo　일 ソウ(いる)

炒醬(초장)　炒黃(초황)　炒黑(초흑)

1급

硝
[石 7, 총12획]

화약 초　영 nitre　중 硝 xiāo　일 ショウ(しょうせき)

硝煙(초연)　硝石(초석)　硝藥(초약)

1급

礁
[石 12, 총17획]

암초 초　영 half-tide rocks　중 礁 jiāo　일 ショウ(かくれいわ)

礁石(초석)　礁湖(초호)　礁標(초표)

1급 핵심한자 | **523**

1급 **稍** [禾 7, 총12획]	점점 **초**	영 gradually 중 稍 shāo 일 ソウ(やや)
	稍解(초해) 稍稍(초초) 稍良(초량)	

1급 **蕉** [艸 12, 총16획]	파초 **초**	영 plantain 중 蕉 qiáo 일 ショウ(ばしょう)
	芭蕉扇(파초선) 蕉布(초포) 蕉葛(초갈)	

1급 **貂** [豸 5, 총12획]	담비 **초**	영 marten 중 貂 diāo 일 チョウ(てん)
	貂裘(초구) 貂熊(초웅) 貂皮(초피)	

1급 **醋** [酉 8, 총15획]	식초 **초**	영 vinegar 중 醋 cù 일 サク(さす)
	醋醬(초장) 醋石(초석) 醋瓶(초병)	

1급 **囑** [口 21, 총24획]	부탁할 **촉**	영 request 중 嘱 zhǔ 일 ショウ(たのむ)
	囑望(촉망) 囑託(촉탁) 囑目(촉목)	

1급 **忖** [心 3, 총6획]	헤아릴 **촌**	영 consider 중 忖 cùn 일 ソン(はかる)
	忖度(촌탁) 他人有心予忖度之(타인유심여촌탁지)	

1급 **叢** [又 16, 총18획]	모일 **총**	영 cluster 중 丛 cóng 일 ソウ(くさむら)
	叢論(총론) 叢生(총생) 叢書(총서)	

1급

塚 무덤 **총**　　영 grave　중 冢 zhǒng　일 チョウ(つか)
[土 10, 총13획]
石塚(석총)　塚墓(총묘)　塚戸(총호)

寵 사랑할 **총**　　영 favour　중 宠 chǒng　일 チョウ
[宀 16, 총19획]
寵臣(총신)　寵兒(총아)　寵愛(총애)

撮 모을 **촬**　　영 gather　중 撮 zuǒ　일 サツ(つまむ)
[手 12, 총15획]
撮影(촬영)　撮影機(촬영기)　撮影術(촬영술)

墜 떨어질 **추**　　영 fall　중 坠 zhuì　일 ツイ(おちる)
[土 12, 총15획]
墜落(추락)　墜死(추사)　墜典(추전)

椎 몽치 **추**　　영 club　중 椎 chuí　일 ツイ(つち)
[木 8, 총12획]
脊椎(척추)　椎體(추체)　椎枏(추이)

樞 지도리 **추**　　영 hinge　중 枢 shū　일 スウ(ねもと)
[木 11, 총15획]
樞軸(추축)　樞機卿(추기경)　樞軸(추축)

芻 꼴 **추**　　영 fodder　중 刍 chú　일 スウ(まぐさ)
[艸 4, 총10획]
芻靈(추령)　芻狗(추구)　芻草(추초)

1급 핵심한자 | **525**

1급

[酉 2, 총9획]

우두머리 **추**   영 chieftain 중 酋 qíu 일 シュウ(おさ)

酋長(추장) 酋矛(추모) 酋領(추령)

1급

[金 8, 총16획]

송곳 **추**   영 gimlet 중 锥 zhuī 일 スイ(きり)

囊中之錐(낭중지추) 錐狀體(추상체) 錐體(추체)

1급

[金 8, 총16획]

저울 **추**   영 weight 중 锤 chuí 일 スイ(おもり)

錘鐘(추종) 錘線(추선) 錘鉛(추연)

1급

[金 10, 총18획]

쇠망치 **추**   영 iron hammer 중 鎚 chuí 일 ツイ(かなづち)

鐵鎚(철추) 空氣鎚(공기추)

1급

[魚 9, 총20획]

미꾸라지 **추**   영 loach 중 鳅 qīu 일 シュウ(どじょう)

鰍魚湯(추어탕) 鰍魚(추어) 鰍湯(추탕)

1급

[黑 5, 총17획]

물리칠 **출**   영 repulse 중 黜 chù 일 チュツ(しりぞける)

黜敎(출교) 黜黨(출당) 黜學(출학)

1급

[心 8, 총11획]

파리할 **췌**   영 emaciated 중 悴 cuī 일 スイ(やつれる)

悴顔(췌안) 悴容(췌용) 憔悴(초췌)

3단계

1급
膵
[肉 12, 총16획]

췌장 **췌**   영pancreas 중膵 cuì 일スイ(すいぞう)

膵臟(췌장) 膵液(췌액) 膵管(췌관)

1급
萃
[艸 8, 총12획]

모일 **췌**   영gather 중萃 cuì 일スイ(あつめる)

拔萃(발췌) 拔萃案(발췌안) 叢萃(총췌)

1급
贅
[貝 11, 총18획]

혹 **췌**   영lump 중赘 zhuì 일ゼイ

贅居(췌거) 贅肉(췌육) 贅言(췌언)

1급
娶
[女 8, 총11획]

장가들 **취**   영take a wife 중娶 qǔ 일シュ(めとる)

再娶(재취) 娶禮(취례) 娶妻(취처)

1급
翠
[羽 8, 총14획]

비취색 **취**   영green 중翠 cuì 일スイ(みどり)

翠簾(취렴) 翠鳥(취조) 翠菊(취국)

1급
脆
[肉 6, 총10획]

연할 **취**   영fragile 중脆 cuì 일ゼイ(もろい)

脆弱(취약) 脆性(취성) 脆銀石(취은석)

1급
惻
[心 9, 총12획]

슬플 **측**   영lamenting 중恻 cè 일ショク(いたむ)

惻隱之心(측은지심) 惻怛(측달) 惻愴(측창)

1급
侈
[人 6, 총8획]

사치할 **치**　　　　영 luxury 중 侈 chǐ 일 シ(おごる)

奢侈(사치)　侈心(치심)　侈件(치건)

1급
嗤
[口, 총13획]

비웃을 **치**　　　　영 sneer 중 嗤 chī 일 シ(わらう)

嗤笑(치소)　嗤侮(치모)　嗤罵(치매)

1급
幟
[巾 12, 총15획]

기 **치**　　　　영 banner 중 帜 zhì 일 シ(のぼり)

旗幟(기치)　綬幟(수치)　標幟(표치)

1급
熾
[火 12, 총16획]

성할 **치**　　　　영 severe 중 炽 chì 일 シ(さかん)

熾烈(치열)　熾盛(치성)　熾憤(치분)

1급
痔
[疒 6, 총11획]

치질 **치**　　　　영 piles 중 痔 zhì 일 ヂ(しもがさ)

痔疾(치질)　痔裂(치열)　痔核(치핵)

1급
癡
[疒 14, 총19획]

어리석을 **치**　　　　영 foolish 중 痴 chī 일 チ(おろか)

癡呆(치매)　癡情(치정)　癡態(치태)

1급
緻
[糸 9, 총15획]

빽빽할 **치**　　　　영 minuteness 중 缜 zhì 일 チ(こまやか)

緻密(치밀)　再緻(재치)　精緻(정치)

3단계

1급

馳 [馬 3, 총13획]
달릴 치　　영scuttle 중驰 chí 일チ(はしる)
背馳(배치)　馳驅(치구)　馳進(치진)

1급

勅 [力 7, 총9획]
칙서 칙　영imperial command 중勅 chì 일チョク(みことのり)
勅命(칙명)　勅使(칙사)　勅書(칙서)

1급

砧 [石 5, 총10획]
다듬잇돌 침　영fulling-block 중砧 zhēn 일チン(きぬた)
砧石(침석)　砧聲(침성)　砧骨(침골)

1급

鍼 [金 9, 총17획]
침 침　　영needle 중鍼 zhēn 일シン(はり)
鍼灸(침구)　鍼術(침술)　鍼筒(침통)

1급

蟄 [虫 11, 총17획]
숨을 칩　영hibernate 중蛰 zhé 일チュウ(かくれる)
蟄居(칩거)　蟄伏(칩복)　蟄藏(칩장)

1급

秤 [禾 5, 총10획]
저울 칭　영balance 중秤 chèng 일ショウ(はかり)
我心如秤(아심여칭)　秤動(칭동)　秤板(칭판)

1급

唾 [口 8, 총11획]
침 타　　영spittle 중唾 tuò 일ダ(つば)
唾具(타구)　唾手可得(타수가득)　唾棄(타기)

1급 핵심한자 | **529**

1급
惰
[心 9, 총12획]

게으를 타   영 lazy 중 惰 duò 일 タ(おこたる)

惰性(타성) 惰眠(타면) 惰氣(타기)

1급
楕
[木 9, 총13획]

길쭉할 타   영 long 중 椭 tuǒ 일 タ

楕圓形(타원형) 楕圓銀河(타원은하)

1급
舵
[舟 5, 총11획]

키 타   영 helm 중 舵 duò 일 タ(かじ)

舵輪(타륜) 舵手(타수) 舵機(타기)

1급
陀
[阜 5, 총8획]

비탈질 타   영 slope 중 陀 tuó 일 タ(さか)

佛陀(불타) 陀羅尼(다라니) 陀佛(타불)

1급
駝
[馬 5, 총15획]

낙타 타   영 camel 중 驼 tuó 일 タ(らくだ)

駝鳥(타조) 駱駝(낙타) 駝酪(타락)

1급
擢
[手 14, 총17획]

뽑을 탁   영 select 중 擢 zhuó 일 タク(ぬきんでる)

擢賞(탁상) 擢發難數(탁발난수) 擢秀(탁수)

1급
鐸
[金 13, 총21획]

방울 탁   영 hand bell 중 铎 duó 일 タク(すず)

木鐸(목탁) 鐸鈴(탁령) 鐸舌(탁설)

1급

吞 삼킬 탄 영 swallow 중 吞 tūn 일 ドン(のむ)
[口 4, 총7획]
吞牛之氣(탄우지기) 吞吐(탄토) 吞停(탄정)

1급

坦 평탄할 탄 영 even 중 坦 tǎn 일 タン(たいらか)
[土 8, 총8획]
坦坦大路(탄탄대로) 坦腹(탄복) 坦懷(탄회)

1급

憚 꺼릴 탄 영 shun 중 憚 dàn 일 タン(はばかる)
[心 12, 총15획]
敬憚(경탄) 謙憚(겸탄) 嫌憚(혐탄)

1급

綻 터질 탄 영 rip 중 綻 zhàn 일 タン(ほころびる)
[糸 8, 총14획]
綻露(탄로) 綻破(탄파) 破綻(파탄)

1급

眈 노려볼 탐 영 glare 중 眈 dān 일 タン(ねらいみる)
[目 4, 총9획]
虎視眈眈(호시탐탐) 眈溺(탐닉) 眈眈(탐탐)

1급

搭 탈 탑 영 hang 중 搭 dā 일 トウ(かける)
[手 10, 총13획]
搭乘(탑승) 搭載量(탑재량) 搭船(탑선)

1급

宕 방탕할 탕 영 dissipated 중 宕 dàng 일 トウ(ほらあな)
[宀 5, 총8획]
宕巾(탕건) 宕氅(탕창) 跌宕(질탕)

1급
蕩 [艸 12, 총16획]

방탕할 **탕**   영vast 중荡 dàng 일トウ(ひろやか)

蕩減(탕감) 蕩兒(탕아) 蕩盡(탕진)

1급
汰 [水 4, 총7획]

일 **태**   영rise 중汰 tài 일タイ(あらう)

沙汰(사태) 汰盤(태반) 汰去(태거)

1급
笞 [竹 5, 총11획]

볼기칠 **태**   영spank 중笞 chī 일チ(むちうつ)

笞刑(태형) 笞杖(태장) 笞罪(태죄)

1급
苔 [艸 5, 총9획]

이끼 **태**   영moss 중苔 tái(tāi) 일タイ(こけ)

靑苔(청태) 苔鬚(태수) 苔蘚(태선)

1급
跆 [足 5, 총12획]

밟을 **태**   영trample down 중跆 tái 일タイ(ふむ)

跆拳道(태권도) 跆拳舞(태권무) 跆拳道人(태권도인)

1급
撑 [手 12, 총15획]

버틸 **탱**   영endure 중撑 chēng 일

撑柱(탱주) 撑中(탱중) 支撑(지탱)

1급
攄 [手 15, 총18획]

펼 **터**   영spread 중摅 shū 일チョ(のべる)

攄得(터득) 攄懷(터회) 攄抱(터포)

3단계

1급
慟
[心 11, 총14획]

서럽게울 **통**   영 grievous 중 恸 tòng 일 トウ(なげく)

慟哭(통곡) 慟絶(통절) 慟泣(통읍)

1급
桶
[木 7, 총11획]

통 **통**   영 tub 중 桶 tǒng 일 トウ(おけます)

休紙桶(휴지통) 桶饅頭(통만두) 桶匠(통장)

1급
筒
[竹 6, 총12획]

통 **통**   영 tube 중 筒 tǒng 일 トウ(つつ)

算筒(산통) 筒兒(동아) 筒契(통계)

1급
堆
[土 8, 총11획]

쌓을 **퇴**   영 heap of earth 중 堆 zuī 일 タイ(うずだかい)

堆肥(퇴비) 堆積(퇴적) 堆石(퇴석)

1급
腿
[肉 10, 총14획]

넓적다리 **퇴**   영 thigh 중 腿 tuǐ 일 タイ(もも)

腿骨(퇴골) 腿節(퇴절) 大腿(대퇴)

1급
褪
[衣 10, 총15획]

바랠 **퇴**   영 fade 중 褪 tuì 일 タイ(あせる)

褪色(퇴색) 낡아서 그 존재가 볼품없이 되다

1급
頹
[頁 7, 총16획]

무너질 **퇴**   영 crumble 중 颓 tuí 일 タイ(つむじかぜ)

頹落(퇴락) 頹廢(퇴폐) 頹唐(퇴당)

1급 핵심한자 | **533**

1급
槌 [木 10, 총14획]	던질 **퇴** / 망치 **추**	영 club 중 槌 chuí 일 ツイ(つち)

槌骨(추골) 槌擊(퇴격) 槌打(추타)

1급
套 [大 7, 총10획]	덮개 **투**	영 cover 중 套 tào 일 トウ(かさねる)

封套(봉투) 套語(투어) 套心(투심)

1급
妬 [女 5, 총8획]	샘낼 **투**	영 jealous 중 妬 dù 일 ト(ねたむ)

妬忌(투기) 妬情(투정) 妬悍(투한)

1급
慝 [心 11, 총15획]	간사할 **특**	영 wicked 중 慝 tè 일 トク(よこしま)

慝惡(특악) 私慝(사특) 淑慝(숙특)

1급
婆 [女 8, 총11획]	할미 **파**	영 old woman 중 婆 pó 일 バ(ばば)

老婆心(노파심) 婆婆石塔(파사석탑) 婆心(파심)

1급
巴 [己 1, 총4획]	꼬리 **파**	영 tail 중 巴 bā 일 ハ(ともえ)

歐羅巴(구라파) 巴只(파지) 巴戟(파극)

1급
爬 [爪 4, 총8획]	긁을 **파**	영 scratch 중 爬 pá 일 ハ(かく)

爬行(파행) 爬蟲類(파충류) 爬羅剔抉(파라척결)

3단계

1급
琶
[玉 8, 총12획]

비파 **파**   영flute 중琶 pá 일ハ(びわ)

琶琶(비파) 鄕琵琶(향비파) 唐琵琶(당비파)

1급
芭
[艸 4, 총8획]

풀이름 **파**   영plantain 중芭 bā 일ハ(ばしょう)

芭蕉(파초) 芭蕉扇(파초선) 芭蕉實(파초실)

1급
跛
[足 5, 총12획]

절뚝발이 **파**   영lame person 중跛 bǒ 일ハ(びっこ)

跛行(파행) 跛行性(파행성) 跛躄(파벽)

1급
辦
[辛 9, 총16획]

힘들일 **판**   영make efforts 중办 bàn 일ベン(つとめる)

辦公費(판공비) 辦償(판상) 辦理(판리)

1급
佩
[人 6, 총8획]

찰 **패**   영wear 중佩 pèi 일ハイ(おびる)

佩物(패물) 佩玉(패옥) 佩劍(패검)

1급
唄
[口 7, 총10획]

염불 **패**   영prayer to Buddha 중呗 bei 일バイ(うた)

唄音(패음) 梵唄(범패) 如來唄(여래패)

1급
悖
[心 7, 총10획]

거스를 **패**   영oppose 중悖 bèi 일ハイ(さからう)

悖類(패류) 悖倫(패륜) 悖習(패습)

1급 沛 [水 4, 총7획]	비쏟아질 **패**	영 cloud-burst 중 沛 pèi 일 ハイ(おおあめ)

沛然(패연) 沛澤(패택) 沛者(패자)

1급 牌 [片 8, 총12획]	패 **패**	영 plate 중 牌 pái 일 ハイ

牌札(패찰) 牌將(패장) 牌黨(패당)

1급 稗 [禾 8, 총13획]	피 **패**	영 barnyard grass 중 稗 bài 일 ハイ(ひえ)

稗官(패관) 稗說(패설) 稗官雜記(패관잡기)

1급 澎 [水 12, 총15획]	물소리 **팽**	영 sound of waves 중 澎 péng 일 ホウ(みずおと)

澎湃(팽배) 澎融性(팽융성)

1급 膨 [肉 12, 총16획]	부풀 **팽**	영 swell 중 膨 péng 일 ボウ(ふくれる)

膨滿(팽만) 膨脹(팽창) 膨化(팽화)

1급 愎 [心 9, 총12획]	괴팍할 **퍅**	영 wild 중 愎 bí 일 ヒョク(もとる)

剛愎自用(강퍅자용) 愎愎(퍅퍅) 愎性(퍅성)

1급 鞭 [革 9, 총18획]	채찍 **편**	영 whip 중 鞭 biān 일 ベン(むち)

鞭撻(편달) 鞭蟲(편충) 鞭策(편책)

3단계

1급
騙
[馬 9, 총19획]
속일 **편**   영 cheat 중 骗 piàn 일 ヘン(かたる)
騙取(편취) 騙欺(편기) 騙財(편재)

1급
貶
[貝 5, 총12획]
낮출 **폄**   영 disparage 중 贬 biǎn 일 ヘン(おとす)
貶謫(폄적) 貶下(폄하) 貶黜(폄출)

1급
萍
[艸 8, 총12획]
부평초 **평**   영 duckweed 중 萍 píng 일 ヘイ(うきくさ)
萍水相逢(평수상봉) 萍草(평초) 萍實(평실)

1급
斃
[攴 14, 총18획]
죽을 **폐**   영 dead 중 毙 bì 일 ヘイ(たおれる)
作法自斃(작법자폐) 自斃(자폐) 杖斃(장폐)

1급
陛
[阜 7, 총10획]
섬돌 **폐**   영 stepping stone 중 陛 bì 일 ヘイ(きざはし)
陛下(폐하) 陛上(폐상) 陛見(폐견)

1급
匍
[勹 7, 총9획]
길 **포**   영 crawl 중 匍 pú 일 ホ(はらばう)
匍匐(포복) 匍球(포구) 匍行(포행)

1급
咆
[口 5, 총8획]
성낼 **포**   영 roar 중 咆 páo 일 ホウ(ほえる)
咆哮(포효) 咆虎馮河(포호빙하) 咆號陷浦(포호함포)

1급
哺 [口 7, 총10획]

먹을 포   영eat 중哺 bǔ 일ホ(くらう)

哺乳類(포유류) 哺乳綱(포유강) 哺乳兒(포유아)

1급
圃 [口 7, 총10획]

채마밭 포   영vegetable garden 중圃 pǔ 일ホ(はたけ)

圃場(포장) 圃地(포지) 圃田(포전)

1급
 [水 5, 총8획]

거품 포   영foam 중泡 pào 일ホウ(あわ)

泡沫(포말) 泡沫浴(포말욕) 泡影(포영)

1급
 [疒 5, 총10획]

물집 포   영blister 중疱 pào 일ホウ(もがさ)

天疱瘡(천포창) 疱疹(포진) 疱瘡(포창)

1급
脯 [肉 7, 총11획]

포 포   영jerked beef 중脯 pú 일ホ(ほじし)

脯肉(포육) 脯燭(포촉) 脯脩(포수)

1급
蒲 [艸 10, 총14획]

부들 포   영cattail 중蒲 pú 일ホ(がま)

蒲柳之質(포류지질) 蒲月(포월) 蒲盧(포로)

1급
袍 [衣 5, 총10획]

도포 포   영robe 중袍 páo 일ホウ(わたいれ)

袞龍袍(곤룡포) 龍袍(용포) 蟒袍(망포)

3단계

1급

褒
[衣 9, 총15획]

기릴 포   영praise 중褒 bāo 일ホウ(ほめる)

褒賞(포상) 褒章(포장) 褒貶(포폄)

1급

逋
[辵 7, 총11획]

달아날 포   영flee 중逋 bū 일ホ(のがれる)

逋脫(포탈) 逋租(포조) 逋欠(포흠)

1급

庖
[广 5, 총8획]

정육점 포   영butcher's shop 중庖 páo 일ホウ(くりや)

庖廚(포주) 庖丁(포정) 庖廚(푸주)

1급

瀑
[水 15, 총18획]

폭포 폭   영waterfall 중瀑 pù 일バク(たき)

瀑布(폭포) 瀑布水(폭포수) 懸瀑(현폭)

1급

曝
[日 15, 총19획]

쬘 폭, 포   영expose 중曝 pù 일バク(さらす)

曝陽(폭양) 曝白(포백) 曝葬(폭장)

1급

剽
[刀 11, 총13획]

사나울 표   영fierce 중剽 piāo 일ヒョウ(おびやかす)

剽竊(표절) 剽盜(표도) 剽奪(표탈)

1급

慓
[心 11, 총14획]

급할 표   영nimble 중慓 piāo 일ヒョウ(すばやい)

慓毒(표독) 慓悍(표한)

1급

[豸 3, 총10획]

표범 표   영 leopard 중 豹 bào 일 ヒョウ(ひょう)

豹皮(표피) 豹變(표변) 豹尾(표미)

1급

[風 11, 총20획]

나부낄 표   영 whirlwind 중 飘 piāo 일 ヒョウ(つむじかぜ)

飄然(표연) 飄風(표풍) 飄落(표락)

1급

[禾 8, 총13획]

여쭐 품   영 tell 중 禀 lǐn 일 ヒン(あたえる)

稟性(품성) 稟申(품신) 稟議(품의)

1급

[言 9, 총16획]

풍자할 풍   영 satirize 중 讽 fěng 일 フウ(ほのめかす)

諷諭(풍유) 諷刺(풍자) 諷刺劇(풍자극)

1급

[手 5, 총8획]

헤칠 피   영 turn up 중 披 pī 일 ヒ(ひらく)

披瀝(피력) 披露宴(피로연) 披見(피견)

1급

[疋 0, 총5획]

짝 필 / 발 소   영 foot 중 疋 yǎ 일 ショ(あし)

疋緞(필단) 疋帛(필백) 布疋(포필)

1급

[丿 4, 총5획]

모자랄 핍   영 be exhausted 중 乏 fá 일 ボウ(とぼしい)

缺乏(결핍) 乏絕(핍절) 乏血(핍혈)

3단계

1급

핍박할 **핍**   영urgency 중逼 bī 일ヒョク(せまる)

逼迫(핍박) 逼奪(핍탈) 逼抑(핍억)

[辵 9, 총13획]

1급

허물 **하**   영blemish 중瑕 xiá 일カ(きず)

瑕疵(하자) 瑕累(하루) 瑕疵擔保(하자담보)

[玉 9, 총13획]

1급

두꺼비 **하**   영toad 중虾 xiā 일カ(がま)

鯨戰蝦死(경전하사) 蝦蟆(하마) 蝦蟆瘟(하마온)

[虫 9, 총15획]

1급

멀 **하**   영far 중遐 xiá 일カ(とおい)

遐鄕(하향) 遐年(하년) 遐裔(하예)

[辵 9, 총13획]

1급

노을 **하**   영glow 중霞 xiá 일カ(かすみ)

霞光(하광) 霞帔(하피) 霞石(하석)

[雨 9, 총17획]

1급

골 **학**   영valley 중壑 hè 일ガク(たに)

萬壑千峰(만학천봉) 巖壑(암학) 溪壑(계학)

[土 14, 총17획]

1급

희롱할 **학**   영joke 중谑 xuè 일ギャク(たわむれる)

諧謔的(해학적) 謔劇(학극) 謔浪(학랑)

[言 10, 총17획]

1급
瘧
[疒 10, 총15획]

학질 **학**   영 malaria 중 疟 nüè 일

瘧疾(학질) 瘧病(학병) 瘧母(학모)

1급
悍
[心 7, 총10획]

사나울 **한**   영 wild 중 悍 hàn 일 カン(たけだけしい)

悍毒(한독) 悍吏(한리) 悍馬(한마)

1급
澣
[水 13, 총16획]

빨래할 **한**   영 wash 중 澣 hàn 일 カン(あらう)

澣滌(한척) 澣濯(한탁) 澣衣(한의)

1급
罕
[网 3, 총7획]

드물 **한**   영 rare 중 罕 hǎn 일 カン(まれ)

罕罔(한망) 罕見(한견) 罕例(한례)

1급
翰
[羽 10, 총16획]

날개 **한**   영 wing 중 翰 hàn 일 カン(ふで)

翰林院(한림원) 翰林別曲(한림별곡)

1급
轄
[車 10, 총17획]

다스릴 **할**   영 control 중 辖 xiá 일 カツ(とりしまる)

分轄(분할) 直轄(직할) 裁判管轄(재판관할)

1급
函
[凵 6, 총8획]

함 **함**   영 case 중 函 hán 일 カン(はこ)

募金函(모금함) 函丈(함장) 函鐘(함종)

1급

[口 9, 총12획]

소리 **함**   영 shout 중 喊 hǎn 일 カン(さけぶ)

喊聲(함성) 高喊(고함) 鼓喊(고함)

1급

[木 14, 총18획]

난간 **함**   영 railing 중 槛 jiàn 일 カン(てすり)

檻車(함거) 檻車(함차) 檻羊(함양)

1급

[水 8, 총11획]

젖을 **함**   영 soak 중 涵 hán 일 カン(うるおう)

涵養(함양) 涵泳(함영) 涵仁亭(함인정)

1급

[糸 9, 총15획]

봉할 **함**   영 close 중 缄 jiān 일 カン(とじる)

緘口(함구) 緘默(함묵) 緘口不言(함구불언)

1급

[金 6, 총14획]

재갈 **함**   영 bit 중 衔 xián 일 カン(くつばみ)

詭銜竊轡(궤함절비) 銜字(함자) 銜勒(함륵)

1급

[鹵 9, 총20획]

짤 **함**   영 salty 중 咸 xián 일 カン(しおけ)

鹹泉(함천) 鹹湖(함호) 鹹水魚(함수어)

1급

[血 6, 총11획]

합 **합**   영 small brass vessel 중 盒 hé 일 コウ(はちのふた)

盒沙鉢(합사발) 香盒(향합) 舌盒(설합)

1급 핵심한자 | **543**

1급
蛤
[虫 6, 총12획]

조개 **합**   영 clam 중 蛤 há 일 コウ(はまぐり)

大蛤(대합) 蛤殼(합각) 蛤蚧(합개)

1급
缸
[缶 3, 총9획]

항아리 **항**   영 jar 중 缸 gāng 일 コウ(かめ)

魚缸(어항) 醬缸(장항) 附缸(부항)

1급
肛
[肉 3, 총7획]

항문 **항**   영 anus 중 肛 gāng 일 コウ(しりの 일 あな)

肛門(항문) 肛門期(항문기) 肛門癌(항문암)

1급
偕
[人 9, 총11획]

함께 **해**   영 together 중 偕 xié 일 カイ(ともに)

偕老(해로) 偕老同穴(해로동혈) 偕往(해왕)

1급
咳
[口 6, 총9획]

기침 **해**   영 cough 중 咳 ké 일 ガイ(せき)

咳痰(해담) 咳血(해혈) 咳唾(해타)

1급
懈
[心 13, 총16획]

게으를 **해**   영 lazy 중 懈 xiè 일 カイ(おこたる)

懈怠(해태) 懈緩(해완) 懈惰(해타)

1급
楷
[木 9, 총13획]

본보기 **해**   영 model 중 楷 jiē 일 カイ(のり)

楷書(해서) 楷字(해자) 楷體(해체)

3단계

1급
諧
[言 9, 총16획]

화할 해 　영 harmonize　중 谐 xié　일 カイ(かなう)

諧謔(해학) 諧謔的(해학적) 諧和(해화)

1급
邂
[辵 13, 총17획]

만날 해 　영 meet by chance　중 邂 xiè　일 カイ(であう)

邂逅(해후) 邂妄(해망) 邂擧(해거)

1급
駭
[馬 6, 총16획]

놀랄 해 　영 startled　중 骇 hài　일 ガイ(おどろく)

駭怪(해괴) 駭怪罔測(해괴망측)

1급
骸
[骨 6, 총16획]

뼈 해 　영 skeleton　중 骸 hái　일 ガイ(ほね)

骸骨(해골) 骸骨山(해골산) 骸炭(해탄)

1급
劾
[力 6, 총8획]

꾸짖을 핵 　영 scold　중 劾 hé　일 ガイ(きわめる)

彈劾(탄핵) 劾開發(핵개발) 劾論(핵론)

1급
嚮
[口 6, 총19획]

길잡을 향 　영 face toward　중 嚮 xiàng　일 キョウ(むかう)

嚮導(향도) 嚮導兵(향도병) 嚮導艦(향도함)

1급
饗
[食 3, 총22획]

잔치할 향 　영 entertain　중 飨 xiǎng　일 キョウ(もてなす)

饗宴(향연) 饗應(향응) 饗饌(향찬)

1급 핵심한자 | **545**

1급
噓
[口 12, 총15획]

불 허　　　　　영 fire　중 嘘 xū　일 キョ(うそ)

噓唏(허희)　吹噓(취허)　呵噓(가허)

1급
墟
[土 12, 총15획]

터 허　　　　　영 ruins of a castle　중 墟 xū　일 キョ(しろあと)

墟墓(허묘)　廢墟(폐허)　古墟(고허)

1급
歇
[欠 9, 총13획]

쉴 헐　　　　　영 rest　중 歇 xiē　일 ケツ(つきる)

歇價(헐가)　歇邊(헐변)　歇所廳(헐소청)

1급
眩
[目 5, 총10획]

어지러울 현　　　영 giddiness　중 眩 xuàn　일 ケン(めまい)

眩亂(현란)　眩惑(현혹)　眩氣症(현기증)

1급
絢
[糸 6, 총12획]

무늬 현 / 노끈 순　　　영 pattern　중 绚 xuàn　일 ケン(あや)

絢爛(현란) 눈이 부시도록 찬란함

1급
衒
[行 5, 총11획]

자랑할 현　　　영 self-praise　중 衒 xuàn　일 ゲン(てらう)

衒學(현학)　衒能(현능)　衒氣(현기)

1급
俠
[人 7, 총9획]

호협할 협　　　영 chivalry　중 侠 xiá　일 キョウ(おとこだて)

俠客(협객)　俠氣(협기)　俠義(협의)

3단계

挾
[手 7, 총10획] 1급

낄 **협**   영 insert   중 挟 xiá   일 キョウ(はさむ)

挾攻(협공) 挾軌(협궤) 挾雜(협잡)

狹
[犬 7, 총10획] 1급

좁을 **협**   영 narrow   중 狭 xiá   일 キョウ(せまい)

狹小(협소) 狹窄(협착) 狹量(협량)

頰
[頁 7, 총16획] 1급

뺨 **협**   영 cheek   중 颊 jiá   일 キョウ(ほお)

頰骨(협골) 頰筋(협근) 頰囊(협낭)

荊
[艸 6, 총10획] 1급

가시 **형**   영 thorn   중 荆 jīng   일 ケイ(いばら)

荊棘(형극) 荊芥(형개) 荊艾(형애)

彗
[크 8, 총11획] 1급

빗자루, 혜성 **혜**   영 broom   중 彗 huì   일 エ

彗星(혜성) 彗星歌(혜성가) 彗星族(혜성족)

醯
[酉 12, 총19획] 1급

식혜 **혜**   영 vinegar   중 醯 xī   일 ケイ(す)

食醯(식혜) 魚醯(어혜) 明太食醯(명태식혜)

弧
[弓 5, 총8획] 1급

활 **호**   영 wooden bow   중 弧 hú   일 コ(きゆみ)

括弧(괄호) 弧燈(호등) 弧光(호광)

1급 핵심한자 | **547**

1급

狐
[犬 5, 총8획]

여우 **호**　　　　영 fox　중 狐 hú　일 コ(きつね)

狐假虎威(호가호위)　狐死兔泣(호사토읍)

1급

琥
[玉 8, 총12획]

호박 **호**　　　　영 amber　중 琥 hǔ　일 コ(こはく)

琥珀(호박)　琥珀色(호박색)　琥珀緞(호박단)

1급

瑚
[玉 9, 총13획]

산호 **호**　　　　영 coral　중 瑚 hú　일 コ(もりものだい)

珊瑚(산호)　蕪瑚(무호)　白珊瑚(백산호)

1급

糊
[米 9, 총15획]

풀칠할 **호**　　　영 paste　중 糊 hú　일 コ(のり)

糊塗(호도)　糊口之策(호구지책)

1급

渾
[水 9, 총12획]

흐릴 **혼**　　　　영 confused　중 浑 hún　일 コン(にごる)

渾身(혼신)　渾然一體(혼연일체)　渾天儀(혼천의)

1급

惚
[心 8, 총11획]

황홀할 **홀**　　　영 ecstasy　중 惚 hū　일 コツ(うっとりする)

恍惚(황홀)　自惚(자홀)

1급

笏
[竹 4, 총10획]

홀 **홀**　　　　　영 tablet　중 笏 hù　일 コツ(しゃく)

笏記(홀기)　白玉笏(백옥홀)　木笏(목홀)

1급
哄
[口 6, 총9획]

떠들썩할 **홍**   영 clamor 중 哄 hōng 일 コウ(どめく)

哄然(홍연) 哄笑(홍소) 哄然大笑(홍연대소)

1급
虹
[虫 3, 총9획]

무지개 **홍**   영 rainbow 중 虹 hóng 일 コウ(にじ)

虹彩(홍채) 虹橋(홍교) 虹石(홍석)

1급
訌
[言 3, 총10획]

어지러울 **홍**   영 internal trouble 중 讧 hòng 일 コウ(みだれる)

內訌(내홍) 訌爭(홍쟁)

1급
喚
[口 9, 총12획]

부를 **환**   영 call 중 唤 huàn 일 カン(よぶ)

喚起(환기) 喚聲(환성) 喚呼(환호)

1급
宦
[宀 6, 총9획]

벼슬 **환**   영 government post 중 宦 huàn 일 カン(つかさ)

宦官(환관) 宦路(환로) 宦者(환자)

1급
驩
[馬 18, 총28획]

기뻐할 **환**   영 be glad 중 驩 huān 일 カン(よろこぶ)

驩然(환연) 交驩(교환)

1급
鰥
[魚 10, 총21획]

홀아비 **환**   영 widower 중 鳏 guān 일 カン(やまお)

鰥夫(환부) 鰥菹(환저) 鰥居(환거)

1급 핵심한자 | **549**

猾
[犬 10, 총13획] 1급

교활할 **활**   영sly 중猾 huá 일カツ(わるがしこい)

狡猾(교활) 猾裏(활리) 猾賊(활적)

闊
[門 9, 총17획] 1급

넓을 **활**   영spacious 중阔 kuò 일カツ(ひろい)

闊步(활보) 闊葉樹(활엽수)

凰
[几 9, 총11획] 1급

봉황 **황**   영phoenix 중凰 huáng 일オウ(おおとり)

鳳凰(봉황) 水金凰(수금황) 鳳凰舞(봉황무)

徨
[彳 9, 총12획] 1급

헤맬 **황**   영wander 중徨 huáng 일コウ(さまよう)

彷徨(방황) 流離彷徨(유리방황) 迷徨(미황)

恍
[心 6, 총9획] 1급

황홀할 **황**   영vague 중恍 huǎng 일コウ(ほのか)

恍惚(황홀) 恍惚難測(황홀난측) 昏恍(혼황)

惶
[心 9, 총12획] 1급

두려울 **황**   영fear 중惶 huáng 일コウ(おそれる)

惶悚(황송) 惶恐無地(황공무지) 惶蹙(황축)

慌
[心 10, 총13획] 1급

다급할 **황**   영be at a loss 중慌 huāng 일コウ(うっりする)

慌忙(황망) 大恐慌(대공황) 經濟恐慌(경제공황)

3단계

1급

煌 빛날 **황** 영luminous 중煌 huáng 일コウ(かがやく)
[火 9, 총13획]
輝煌燦爛(휘황찬란) 煌斑巖(황반암) 炫煌(현황)

1급

遑 급할 **황** 영hurry 중遑 huáng 일コウ(いそぐ)
[辵 9, 총13획]
遑急(황급) 遑遑罔措(황황망조) 不遑(불황)

1급

徊 머뭇거릴 **회** 영loitering 중徊 huí 일カイ(さまよう)
[彳 6, 총9획]
徘徊(배회) 遲徊(지회) 低徊(저회)

1급

恢 넓을 **회** 영wide 중恢 huī 일カイ(ひろい)
[心 6, 총9획]
恢復(회복) 恢廓(회확) 恢公(회공)

1급

晦 그믐 **회** 영last day of the month 중晦 huì 일カイ(みそか)
[日 7, 총11획]
晦明(회명) 晦日(회일) 晦軒影幀(회헌영정)

1급

繪 그림 **회** 영draw 중绘 huì 일カイ(え)
[糸 13, 총19획]
繪畫(회화) 繪畫的(회화적) 繪畫史(회화사)

1급

膾 회 **회** 영raw fish 중脍 huì 일カイ(なます) 일slice
[肉 13, 총17획]
膾炙(회자) 洪魚膾(홍어회) 屠膾(도회)

1급
[虫 6, 총12획]

회충 **회** 　　영 round worm 중 蛔 huí 일 カイ(はらのむし)

蛔蟲(회충) 蛔蟲藥(회충약) 蛔痛(회통)

1급
[言 6, 총13획]

가르칠 **회** 　　영 teach 중 诲 huì 일 カイ(おしえる)

誨諭(회유) 誨化(회화) 誨言(회언)

1급
[貝 6, 총13획]

뇌물 **회** 　　영 bribe 중 贿 huì 일 カイ(まいなう)

賄賂(회뢰) 賄賂(회뢰) 賄交(회교)

1급
[口 7, 총10획]

성낼 **효** 　　영 roar 중 哮 xiāo 일 コウ(ほえる)

咆哮(포효) 哮咆(효포) 哮吼(효후)

1급
[口 14, 총17획]

울릴 **효** 　　영 shout 중 嚆 hāo 일 コウ(さけぶ)

嚆矢(효시) 사물이 비롯된 맨 처음

1급
[爻 0, 총4획]

육효, 엇갈릴 **효** 　　영 complicate 중 爻 yáo 일 コウ(まじわる)

爻象(효상) 爻象(효상) 爻周(효주)

1급
[酉 7, 총14획]

삭힐 **효** 　　영 ferment 중 酵 xiào 일 コウ(わく)

酵素(효소) 酵母(효모) 酵母菌(효모균)

• 3단계

1급

[口 4, 총7획]

울 후   영 roar   중 吼 hǒu   일 コウ(ほえる)

獅子吼(사자후) 哮吼(효후) 悲吼(비후)

1급

[口 10, 총13획]

맡을 후   영 smell   중 嗅 xiù   일 キュウ(かく)

嗅覺(후각) 嗅覺的(후각적) 嗅葉(후엽)

1급

[木 2, 총6획]

썩을 후   영 rot   중 朽 xiǔ   일 キュウ(くちる)

老朽(노후) 不朽(불후) 朽葉(후엽)

1급

迶

[辵 6, 총10획]

만날 후   영 meet by chance   중 迶 hòu   일 コウ(であう)

邂逅(해후) 邂逅相逢(해후상봉)

1급

[日 9, 총13획]

무리 훈   영 halo   중 暈 yùn   일 ウン(かさ)

暈輪(훈륜) 暈輪(훈륜) 暈圍(훈위)

1급

[口 9, 총12획]

지껄일 훤   영 chatter   중 喧 xuān   일 ケン(やかましい)

喧鬧(훤뇨) 喧譁(훤화) 喧騒(훤소)

1급

[十 4, 총6획]

풀 훼   영 grass   중 卉 huì   일 キ(くさ)

卉木(훼목) 卉衣(훼의) 卉服(훼복)

1급 핵심한자 | **553**

1급

[口 9, 총12획]

부리 **훼**　　　　　영 bill　중 喙 huì　일 カイ(くちばし)

喙長三尺(훼장삼척)　烏喙(오훼)　開喙(개훼)

1급

[ヨ 10, 총13획]

무리 **휘**　　　　　영 gather　중 汇 huì　일 イ(あつめる)

語彙力(어휘력)　彙報(휘보)　彙集(휘집)

1급

[言 9, 총16획]

꺼릴 **휘**　　　　　영 shun　중 讳 huì　일 キ(いむ)

諱談(휘담)　諱字(휘자)　諱日(휘일)

1급

[麻 4, 총15획]

지휘할 **휘**　　　영 command　중 麾 huī　일 キ(さしずばた)

麾下(휘하)　麾旗(휘기)

1급

[心 6, 총9획]

불쌍할 **휼**　　　영 compassion　중 恤 xù　일 ジュツ(あわれむ)

恤民(휼민)　恤養田(휼양전)　恤救(휼구)

1급

[儿 4, 총6획]

흉악할 **흉**　　　영 evil　중 凶 xiōng　일 キョウ(わるい)

元兇(원흉)　元兇(원흉)　嘯兇(소흉)

1급

[水 6, 총9획]

용솟음칠 **흉**　　영 rush of water　중 汹 xiōng　일 キョウ(わく)

洶湧(흉용)　洶急(흉급)　洶洶흉흉

3단계

1급
欣
[欠 4, 총8획]

기뻐할 흔 　　　　　　　영 joy 중 欣 xīn 일 キン(よろこぶ)

欣快(흔쾌)　欣慕(흔모)　欣悅(흔열)

1급
痕
[疒 6, 총11획]

흔적 흔 　　　　　　　영 scar 중 痕 hén 일 コン(あと)

痕迹(흔적)　傷痕(상흔)　血痕(혈흔)

1급
欠
[欠 0, 총4획]

하품 흠 　　　　　　　영 yawn 중 欠 qiàn 일 ケン(あくび)

欠節(흠절)　欠缺(흠결)　欠節(흠절)

1급
歆
[欠 9, 총13획]

받을 흠 　　　　　　　영 feed 중 歆 xīn 일 キン(うける)

歆格(흠격)　歆饗(흠향)　歆感(흠감)

1급
恰
[心 6, 총9획]

흡사 흡 　　　　　　　영 similar 중 恰 qià 일 コウ(あたかも)

恰似(흡사)　恰克圖條約(흡극도 조약)

1급
洽
[水 6, 총9획]

흡족할 흡 　　영 harmony and unity 중 洽 qià 일 コウ(あう)

洽足(흡족)　洽足(흡족)　洽覽(흡람)

1급
犧
[牛 16, 총20획]

희생 희 　　　　　　　영 sacrifice 중 牺 xī 일 ギ(いけにえ)

犧牲(희생)　犧牲打(희생타)　犧打(희타)

1급

[言 6, 총13획]

꾸짖을 힐

영 scold 중 诘 jié 일 キツ(つめる)

詰難(힐난) 詰問(힐문) 詰責(힐책)

부록

- 한자(漢字)에 대하여
- 부수(部首)일람표
- 두음법칙(頭音法則) 한자
- 동자이음(同字異音) 한자
- 약자(略字)·속자(俗字)
- 고사 성어(古事成語) (ㄱ, ㄴ, ㄷ순)

한자(漢字)에 대하여

1. 한자(漢字)의 필요성

지구상에서 한자가 통용되는 인구는 줄잡아 14억을 넘고 있다. 최근 글로벌 시대를 맞이하여 한자를 사용하고 있는 한국·중국·일본을 중심으로 한 동아시아의 경제와 문화가 급격히 부상하면서 한자 학습의 중요성이 더욱 강조되고 있다.

2. 한자(漢字)의 생성 원리

한글은 말소리를 나타내는 소리글자 즉, 표음문자(表音文字)이지만, 한자는 그림이나 사물의 형상을 본떠서 시각적으로 의미를 전달하는 뜻글자로 표의문자(表意文字)이다. 대부분의 사람들은 한자를 공부하는 데 우선 어렵다고 느껴지겠지만 한자의 기본 원칙인 육서(六書)를 익혀두고, 기본 부수풀이를 익힌다면 한자를 이해하는 데 많은 도움이 될 것이다.

(가) 한자(漢字)의 세 가지 요소

모든 한자는 고유한 모양 '형(形)'과 소리 '음(音)'과 뜻 '의(義)'의 세 가지 요소로 이루어져 있으며, 일반적으로 뜻을 먼저 읽고 나중에 음을 읽는다.

모양	天	地	日	月	山	川
소리	천	지	일	월	산	천
뜻	하늘	땅	해·날	달	메	내

(나) 한자(漢字)를 만든 원리

① 상형문자(象形文字) : 구체적인 사물의 모양을 본떠 만든 것.
(예 : ⊙ → 日, → 山, → 川)
日 : 해의 모양을 본뜬 글자로 '해'를 뜻한다.

② 지사문자(指事文字) : 그 추상적인 뜻을 점이나 선으로 표시하여 발전한 글자.
(예 : 上, 下, 一, 二, 三)

③ 회의 문자(會意文字) : 상형이나 지사의 원리에 의하여 두 글자의 뜻을 합쳐 결합하여 새로운 뜻을 나타내는 글자.
(예 : 日 + 月 → 明, 田 + 力 → 男)

④ 형성문자(形聲文字) : 상형이나 지사문자들을 서로 결합하여 뜻 부분과 음 부분 나타내도록 만든 글자.
(예 : 工 + 力 → 功)

⑤ 전주문자(轉注文字) : 이미 만들어진 글자를 최대한으로 다른 뜻으로 유추하여 늘여서 쓰는 것.
(예 : 樂 → 풍류 악, 즐거울 락, 좋아할 요 惡 → 악할 악, 미워할 오)

⑥ 가차문자(假借文字) : 이미 있는 글자의 뜻에 관계 없이 음이나 형태를 빌어다 쓰는 글자.
(예 : 自 → 처음에는 코(鼻 : 코 비)라는 글자였으나 그 음을 빌려서 '자기'라는 뜻으로 사용.

(다) 부수(部首)의 위치와 명칭

❶ 머리(冠)·두(頭)

부수가 글자의 위에 있는 것.

대표부수: 亠, 宀, 竹, 艸(艹)

　　宀 갓머리(집면) : 官(벼슬 관)

　　艹(艸) 초두머리(풀초) : 花(꽃 화), 苦(쓸 고)

❷ 변(邊)

부수가 글자의 왼쪽에 있는 것.

대표부수: 人(亻), 彳, 心(忄), 手(扌), 木, 水(氵), 石

　　亻(人) 사람인변 : 仁(어질 인), 代(대신 대)

　　禾 벼화변 : 科(과목 과), 秋(가을 추)

❸ 발·다리(脚)

부수가 글자의 아래에 있는 것.

대표부수: 儿, 火(灬), 皿

　　儿 어진사람인 : 兄(형 형), 光(빛 광)

　　灬(火) 연화발(불화) : 烈(매울 열), 無(없을 무)

❹ 방(傍)

부수가 글자의 오른쪽에 있는 것.

대표부수: 刀(刂), 攴(攵), 欠, 見, 邑(阝)

　　刂(刀) 선칼도방 : 刻(새길 각), 刑(형벌 형)

　　阝(邑) 우부방 : 郡(고을 군), 邦(나라 방)

❺ 엄(广)

부수가 글자의 위에서 왼쪽으로 덮여 있는 것.

대표부수: 厂, 广, 疒, 虍

广 엄호(집엄) : 序(차례 서), 度(법도 도)
尸(주검시) : 居(살 거), 局(판 국)

❻ 받침

부수가 왼쪽에서 밑으로 있는 것.

대표부수: 廴, 走, 辵(辶)

廴 민책받침(길게걸을인) : 廷(조정 정), 建(세울 건)
辶(辵) 책받침(쉬엄쉬엄갈착) : 近(가까울 근), 追(따를 추)

❼ 몸

부수가 글자를 에워싸고 있는 것.

대표부수: 凵, 囗, 門

凵 위튼입구몸(입벌릴감) : 凶(흉할 흉), 出(날 출)

匸 감출혜 : 匹(짝 필), 區(구분할 구)
匚 튼입구몸(상자방) : 匠(장인 장), 匣(갑 갑)

門 문문 : 開(열 개), 間(사이 간)

囗 큰입구몸(에운담) :
四(넉 사), 困(곤할 곤), 國(나라 국)

❽ 제부수

부수가 그대로 한 글자를 구성한다.

木(나무목) : 本(근본 본), 末(끝 말)
車(수레거) : 軍(군사 군), 較(비교할 교)
馬(말마) : 驛(역마 역), 騎(말탈 기)

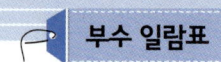
부수 일람표

一 [한 일]	가로의 한 획으로 수(數)의 '하나'의 뜻을 나타냄 (지사자)
丨 [뚫을 곤]	세로의 한 획으로, 상하(上下)로 통하는 뜻을 지님 (지사자)
丶 [점 주(점)]	불타고 있어 움직이지 않는 불꽃을 본뜬 모양 (지사자)
丿 [삐칠 별(삐침)]	오른쪽에서 왼쪽으로 삐쳐 나간 모습을 그린 글자 (상형자)
乙(乚) [새 을]	갈지자형을 본떠, 사물이 원활히 나아가지 않는 상태를 나타냄 (상형자)
亅 [갈고리 궐]	거꾸로 휘어진 갈고리 모양을 본뜬 글자 (상형자)
二 [두 이]	두 개의 가로획으로 수사(數詞)의 '둘'의 뜻을 나타냄 (상형자)
亠 [머리 두(돼지해머리)]	亥에서 一을 따 왔기 때문에 돼지해밑이라고 함 (상형자)
人(亻) [사람 인(인변)]	사람, 백성 등이 팔을 뻗쳐 서있는 것을 옆에서 본 모양 (상형자)
儿 [어진사람 인]	사람 두 다리를 뻗치고 서있는 모습 (상형자)
入 [들 입]	하나의 줄기가 갈라져 땅속으로 들어가는 모양 (상형자)
八 [여덟 팔]	사물이 둘로 나뉘어 등지고 있는 모습 (지사자)
冂 [멀 경(멀경몸)]	세로의 두 줄에 가로 줄을 그어, 멀리 떨어진 막다른 곳을 뜻함 (상형자)
冖 [덮을 멱(민갓머리)]	집 또는 지붕을 본떠 그린 글자 (상형자)
冫 [얼음 빙(이수변)]	얼음이 언 모양을 그린 글자 (상형자)
几 [안석 궤(책상궤)]	발이 붙어 있는 대의 모양 (상형자)
凵 [입벌릴 감(위터진입구)]	땅이 움푹 들어간 모양 (상형자)
刀(刂) [칼 도]	날이 구부정하게 굽은 칼 모양 (상형자)

力 [힘 력]	팔이 힘을 주었을 때 근육이 불거진 모습 (상형자)
勹 [쌀 포]	사람이 몸을 구부리고 보따리를 싸서 안고 있는 모양 (상형자)
匕 [비수 비]	끝이 뾰족한 숟가락 모양 (상형자)
匚 [상자 방(터진입구)]	네모난 상자의 모양을 본뜸 (상형자)
匸 [감출 혜(터진에운담)]	물건을 넣고 뚜껑을 덮어 가린다는 뜻 (회의자)
十 [열 십]	동서남북이 모두 추어진 모양
卜 [점 복]	점을 치기 위하여 소뼈나 거북의 등딱지를 태워서 갈라진 모양
卩(㔾) [병부 절]	사람이 무릎을 꿇은 모양을 본떠, '무릎 관절'의 뜻을 나타냄 (상형자)
厂 [굴바위 엄(민엄호)]	언덕의 위부분이 튀어나와 그 밑에서 사람이 살 수 있는 곳 (상형자)
厶 [사사로울 사(마늘모)]	자신의 소유품을 묶어 싸놓고 있음을 본뜸 (지사자)
又 [또 우]	오른손의 옆모습을 본뜬 글자 (상형자)
口 [입 구]	사람의 입모양을 나타냄 (상형자)
囗 [에울 위(큰입구)]	둘레를 에워싼 선에서, '에워싸다', '두루다'의 뜻을 나타냄 (지사자)
土 [흙 토]	초목의 새싹이 땅 위로 솟아오르며 자라는 모양을 본뜬 글자 (상형자)
士 [선비 사]	一에서 十까지의 기수(基數)로 선비가 학업에 입문하는 것 (상형자)
夂 [뒤져올 치]	아래를 향한 발의 상형으로, '내려가다'의 뜻을 나타냄 (상형자)
夊 [천천히걸을 쇠]	아래를 향한 발자국의 모양으로, 가파른 언덕을 머뭇거리며 내려다는 뜻을 나타냄 (상형자)

夕 [저녁 석]	달이 반쯤 보이기 시작할 때 즉 황혼 무렵의 저녁을 말함 (상형자)
大 [큰 대]	정면에서 바라 본 사람의 머리, 팔, 머리를 본뜸 (상형자)
女 [계집 녀]	여자가 무릎을 굽히고 얌전히 앉아 있는 모습 (상형자)
子 [아들 자]	사람의 머리와 수족을 본뜸 (상형자)
宀 [집 면(갓머리)]	지붕이 사방으로 둘러싸인 집 (상형자)
寸 [마디 촌]	손가락 하나 굵기의 폭 (지사자)
小 [작을 소]	작은 점의 상형으로 '작다'의 뜻 (상형자)
尢(兀) [절름발이 왕]	한쪽 정강이뼈가 굽은 모양을 본뜸 (상형자)
尸 [주검 시]	사람이 배를 깔고 드러누운 모양 (상형자)
屮(艸) [싹날 철]	풀의 싹이 튼 모양을 본뜸 (상형자)
山 [메 산]	산모양을 본더, '산'의 뜻을 나타냄 (상형자)
巛(川) [개미허리(내 천)]	물이 굽이쳐 흐르는 모양 (상형자)
工 [장인 공]	천지 사이에 대목이 먹줄로 줄을 튕기고 있는 모습 (상형자)
己 [몸 기]	사람이 자기 몸을 굽히고 있는 모양을 본뜬 글자 (상형자)
巾 [수건 건]	허리띠에 천을 드리우고 있는 모양 (상형자)
干 [방패 간]	끝이 쌍갈래진 무기의 상형으로, '범하다', '막다'의 뜻을 나타냄 (상형자)
幺 [작을 요]	갓 태어난 아이를 본뜸 (상형자)
广 [집 엄(엄호)]	가옥의 덮개에 상당하는 지붕의 모습을 본뜸 (상형자)
廴 [길게 걸을 인(민책받침)]	길게 뻗은 길을 간다는 뜻 (지사자)

廾 [손맞잡을 공(밑스물입)]	두 손으로 받들 공 왼손과 오른손을 모아 떠받들고 있는 모습 (회의자)
弋 [주살 익]	작은 가지에 지주(支柱)를 바친 모양 (상형자)
弓 [활 궁]	화살을 먹이지 않은 활의 모양을 본뜸 (상형자)
彐(彑) [돼지머리 계(터 진가로왈)]	돼지머리의 모양을 본뜬 모양 (상형자)
彡 [터럭 삼(삐친석삼)]	터럭을 빗질하여 놓은 모양 (상형자)
彳 [조금걸을 척(중인변)]	넓적다리, 정강이, 발의 세 부분을 그려서 처음 걷기 시작함을 나타냄 (상형자)
心(忄·㣺) [마음 심(심방변)]	사람의 심장의 모양을 본뜬 모양 (상형자)
戈 [창 과]	주살 익(弋)에 一을 덧붙인 날이 옆에 있는 주살 (상형자)
戶 [지게 호]	지게문의 상형으로, '문', '가옥'의 뜻을 지님 (상형자)
手(扌) [손 수(재방변)]	다섯 손가락을 펼치고 있는 손의 모양 (상형자)
支 [지탱할 지]	대나무의 한 쪽 가지를 나누어 손으로 쥐고 있는 모양 (상형자)
攴(攵) [칠 복(등글월문)]	손으로 북소리가 나게 두드린다는 뜻 (상형자)
文 [글월 문]	사람의 가슴을 열어, 거기에 먹으로 표시한 모양 (상형자)
斗 [말 두]	자루가 달린 용량을 계측하는 말을 본뜸 (상형자)
斤 [도끼 근(날근)]	날이 선, 자루가 달린 도끼로 그 밑에 놓인 물건을 자르려는 모양 (상형자)
方 [모 방]	두 척의 조각배를 나란히 하여 놓고 그 이름을 붙여 놓은 모양 (상형자)

无(无) [없을 무(이미기 방)]	사람의 머리 위에 一의 부호를 더하여 머리를 보이지 않게 한 것 (지사자)
日 [날 일]	태양의 모양을 본뜸 (상형자)
曰 [가로 왈]	입과 날숨을 본뜸 (상형자)
月 [달 월]	달의 모양을 본뜸 (상형자)
木 [나무 목]	나무의 줄기와 가지와 뿌리가 있는 서 있는 나무를 본뜸 (상형자)
欠 [하품 흠]	사람의 립에서 입김이 나오는 모양 (상형자)
止 [그칠 지]	초목에서 싹이 돋아날 무렵의 뿌리 부분의 모양 (상형자)
歹(歺) [뼈앙상할 알(죽을 사변)]	살이 깎여 없어진 사람의 백골 시체의 모양 (상형자)
殳 [칠 수(갖은등글월문)]	오른손에 들고 있는 긴 막대기의 무기 모양 (상형자)
毋 [말 무]	毌말무 여자를 함부로 범하지 못하도록 막아 지킨다는 뜻 (상형자)
比 [견줄 비]	人을 반대 방향으로 나란히 세워 놓은 모양 (상형자)
毛 [터럭 모]	사람이나 짐승의 머리털을 본뜸 (상형자)
氏 [각시 씨]	산기슭에 튀어나와 있는 허물어져가는 언덕의 모양 (상형자)
气 [기운 기]	구름이 피어오르는 모양. 또는 김이 곡선을 그으면서 솟아오르는 모양 (상형자)
水(氵) [물 수(삼수변)]	물이 끊임없이 흐르는 모양 (상형자)
火(灬) [불 화]	불이 활활 타오르는 모양 (상형자)
爪(爫) [손톱 조]	손으로 아래쪽의 물건을 집으려는 모양 (상형자)

父 [아비 부]	손으로 채찍을 들고 가족을 거느리며 가르친다는 뜻 (상형자)
爻 [점괘 효]	육효(六爻)의 머리가 엇갈린 모양을 본뜸 (상형자)
爿 [조각널 장(장수장변)]	나무의 한 가운데를 세로로 자른 그 왼쪽 반의 모양 (상형자)
片 [조각 편]	나무의 한 가운데를 세로로 자른 그 오른 쪽 반의 모양 (상형·지사자)
牙 [어금니 아]	입을 다물었을 때 아래 위의 어금니가 맞닿은 모양 (상형자)
牛(牜) [소 우]	머리와 두 뿔이 솟고, 꼬리를 늘어뜨리고 있는 소의 모양 (상형자)
犬(犭) [개 견]	개가 옆으로 보고 있는 모양 (상형자)
老(耂) [늙을 로]	늙어서 머리털이 변한 모양 (상형자)
玉(王) [구슬 옥]	가로 획은 세 개의 옥돌, 세로 획은 옥 줄을 꿴 끈을 뜻함 (상형자)
艸(艹) [풀 초(초두)]	초목이 처음 돋아나오는 모양 (상형자)
辵(辶) [쉬엄쉬엄갈 착 (책받침)]	가다가는 쉬고 쉬다가는 간다는 뜻 (회의자)
玄 [검을 현]	'亠'과 '幺'이 합하여 그윽하고 멀다는 의미를 지님 (상형자)
瓜 [오이 과]	'八'는 오이의 덩굴을, '厶'는 오이의 열매를 본뜸 (상형자)
瓦 [기와 와]	진흙으로 구운 질그릇의 모양 (상형자)
甘 [달 감]	'ㅁ'와 'ㅡ'을 합한 것으로 입 안에 맛있는 것이 들어있음을 뜻함 (지사자)
生 [날 생]	초목이 나고 차츰 자라서 땅 위에 나온 모양 (상형자)
田 [밭 전]	'ㅁ'은 사방의 경계선을 '十'은 동서남북으로 통하는 길을 본뜸 (상형자)

疋 [필 필]	무릎 아래의 다리 모양 (상형자)
疒 [병들 녁(병질엄)]	사람이 병들어 침대에 기댄 모양 (회의자)
癶 [걸을 발(필발머리)]	두 다리를 뻗친 모양 (상형자)
白 [흰 백]	저녁의 어스레한 물색을 희다고 본데서 '희다'의 뜻을 나타냄 (상형자)
皮 [가죽 피]	손으로 가죽을 벗기는 모습 (상형자)
皿 [그릇 명]	그릇의 모양 (상형자)
目(罒) [눈 목]	사람의 눈의 모양 (상형자)
矛 [창 모]	병거(兵車)에 세우는 장식이 달리고 자루가 긴 창의 모양 (상형자)
矢 [화살 시]	화살의 모양 (상형자)
石 [돌 석]	언덕 아래 굴러있는 돌멩이 모양 (상형자)
示(礻) [보일 시]	인간에게 길흉을 보여 알림을 뜻함 (상형자)
内 [짐승발자국 유]	짐승의 뒷발이 땅을 밟고 있는 모양 (상형자)
禾 [벼 화]	줄기와 이삭이 드리워진 모양 (상형자)
穴 [구멍 혈]	움을 파서 그 속에서 살 혈거주택을 본 뜬 모양 (상형자)
立 [설 립]	사람이 땅 위에 서 있는 모양 (상형자)
衣(衤) [옷 의]	사람의 윗도리를 가리는 옷이라는 뜻 (상형자)
竹 [대 죽]	대나무의 줄기와 대나무의 잎이 아래로 드리워진 모양 (상형자)
米 [쌀 미]	네 개의 점은 낟알을 뜻하고 十은 낟알이 따로따로 있음을 뜻함 (상형자)

糸 [실 사]	실타래를 본뜬 모양 (상형자)
缶 [장군 부]	장군을 본뜬 모양 (상형자)
网(罓·罒) [그물 망]	그물을 본뜬 모양 (상형자)
羊 [양 양]	양의 뿔과 네 다리를 나타낸 모양 (상형자)
羽 [깃 우]	새의 날개를 본뜬 모양 (상형자)
而 [말이을 이]	코 밑 수염을 본뜬 모양 (상형자)
耒 [쟁기 뢰]	우거진 풀을 나무로 만든 연장으로 갈아 넘긴다는 뜻으로 쟁기를 의미함 (상형자)
耳 [귀 이]	귀를 본뜬 모양 (상형자)
聿 [붓 율]	대쪽에 재빠르게 쓰는 물건 곧 붓을 뜻함 (상형자)
肉(月) [고기 육(육달월변)]	잘라낸 고기 덩어리를 본뜬 모양 (상형자)
臣 [신하 신]	임금 앞에 굴복하고 있는 모양 (상형자)
自 [스스로 자]	코를 본뜬 모양 (상형자)
至 [이를 지]	새가 날아 내려 땅에 닿음을 나타냄 (지사자)
臼 [절구 구(확구)]	확을 본뜬 모양 (상형자)
舌 [혀 설]	口와 干을 합하여 혀를 나타냄 (상형자)
舛(牟) [어그러질 천]	사람과 사람이 서로 등지고 반대 된다는 뜻 (상형·회의자)
舟 [배 주]	배의 모양을 본뜬 모양 (상형자)
艮 [그칠 간]	눈이 나란하여 서로 물러섬이 없다는 뜻 (회의자)
色 [빛 색]	사람의 심정이 얼굴빛에 나타난 모양 (회의자)

虍 [범의문채 호(범호)]	호피의 무늬를 본뜬 모양 (상형자)
虫 [벌레 충(훼)]	살무사가 몸을 도사리고 있는 모양 (상형자)
血 [피 혈]	제기에 담아서 신에게 바치는 희생의 피를 나타냄 (상형자)
行 [다닐 행]	좌우의 발을 차례로 옮겨 걸어감을 의미함 (상형자)
襾 [덮을 아]	그릇의 뚜껑을 본뜬 모양 (지사자)
見 [볼 견]	사람이 눈으로 보는 것을 뜻함 (회의자)
角 [뿔 각]	짐승의 뿔을 본뜬 모양 (상형자)
言 [말씀 언]	불신(不信)이 있을 대는 죄를 받을 것을 맹세한다는 뜻
谷 [골 곡]	샘물이 솟아 산 사이를 지나 바다에 흘러들어 가기까지의 사이를 뜻함 (회의자)
豆 [콩 두]	굽이 높은 제기를 본뜬 모양 (상형자)
豕 [돼지 시]	돼지가 꼬리를 흔드는 모양 (상형자)
豸 [발없는벌레 치(갖은돼지시변)]	짐승이 먹이를 노려 몸을 낮추어 이제 곧 덮치려 하고 있는 모양 (상형자)
貝 [조개 패]	조개를 본뜬 모양 (상형자)
赤 [붉을 적]	불타 밝은데서 밝게 드러낸다는 뜻 (회의자)
走 [달아날 주]	사람이 다리를 굽혔다 폈다 하면서 달리는 모양 (회의자)
足 [발 족]	무릎부터 다리까지를 본뜬 모양 (상형자)
身 [몸 신]	아이가 뱃속에서 움직이는 모양 (상형자)
車 [수레 거]	외바퀴차를 본뜬 모양 (상형자)
辛 [매울 신]	문신을 하기 위한 바늘을 본뜬 모양 (상형자)

辰 [별 진]	조개가 조가비를 벌리고 살을 내놓은 모양 (상형자)
邑(阝) [고을 읍(우부방)]	사람이 모여 사는 마을을 뜻함 (회의자)
酉 [닭 유]	술두루미를 본뜬 모양 (상형자)
釆 [분별할 변]	짐승의 발톱이 갈라져 있는 모양 (상형자)
里 [마을 리]	밭도 있고 흙도 있어서 사람이 살만한 곳을 뜻함 (회의자)
金 [쇠 금]	땅 속에 묻혔으면서 빛을 가진 광석에서 가장 귀한 것을 뜻함 (상형·형성자)
長(镸) [길 장]	사람의 긴 머리를 본뜬 모양 (상형자)
門 [문 문]	두 개의 문짝을 달아놓은 모양 (상형자)
阜(阝) [언덕 부(좌부방)]	층이 진 흙산을 본뜬 모양 (상형자)
隶 [미칠 이]	손으로 꼬리를 붙잡기 위해 뒤에서 미친다는 뜻 (회의자)
隹 [새 추]	꽁지가 짧은 새를 본뜬 모양 (상형자)
雨 [비 우]	하늘의 구름에서 물방울이 뚝뚝 떨어지는 모양 (상형자)
靑 [푸를 청]	싹도 우물물도 맑은 푸른빛을 뜻함 (형성자)
非 [아닐 비]	새가 날아 내릴 때 날개를 좌우로 날아 드리운 모양 (상형자)
面 [낯 면]	사람의 머리에 얼굴의 윤곽을 본뜬 모양 (지사자)
革 [가죽 혁]	두 손으로 짐승의 털을 뽑는 모양 (상형자)
韋 [다룸가죽 위]	어떤 장소에서 다른 방향으로 발걸음을 내디디는 모양 (회의자)
韭 [부추 구]	땅 위에 무리지어 나있는 부추의 모양 (상형자)
音 [소리 음]	말이 입 밖에 나올 때 성대를 울려 가락이 있는 소리를 내는 모양 (지사자)

頁 [머리 혈]	사람의 머리를 강조한 모양 (상형자)
風 [바람 풍]	공기가 널리 퍼져 움직임을 따라 동물이 깨어나 움직인다는 뜻 (상형·형성자)
飛 [날 비]	새가 하늘을 날 때 양쪽 날개를 쭉 펴고 있는 모양 (상형자)
食 [밥 식(변)]	식기에 음식을 담고 뚜껑을 덮은 모양 (상형자)
首 [머리 수]	머리털이 나있는 머리를 본뜬 모양 (상형자)
香 [향기 향]	기장을 잘 익혔을 때 나는 냄새를 뜻함 (회의자)
馬 [말 마]	말을 본뜬 모양 (상형자)
骨 [뼈 골]	고기에서 살을 발라내고 남은 뼈를 뜻함 (회의자)
高 [높을 고]	출입문 보다 누대는 엄청 높다는 뜻 (상형자)
髟 [머리털늘어질 표(터럭발)]	긴 머리털을 뜻함 (회의자)
鬥 [싸울 투]	두 사람이 손에 병장기를 들고 서로 대항하는 모양 (상형자)
鬯 [술 창]	곡식의 낟알이 그릇에 담겨 괴어 액체가 된 것을 숟가락으로 뜬다는 뜻 (회의자)
鬲 [솥 력]	솥과 비슷한 다리 굽은 솥의 모양 (상형자)
鬼 [귀신 귀]	사람을 해치는 망령 곧 귀신을 뜻함 (회의자)
魚 [물고기 어]	물고기를 본뜬 모양 (상형자)
鳥 [새 조]	새를 본뜬 모양 (상형자)
鹵 [소금밭 로]	서쪽의 소금밭을 가리킴 (상형자)
鹿 [사슴 록]	사슴의 머리, 뿔, 네 발을 본뜬 모양 (상형자)

麥 [보리 맥]	겨울에 뿌리가 땅속에 깊이 박힌 모양 (회의자)
麻 [삼 마]	삼의 껍질을 가늘게 삼은 것을 뜻함 (회의자)
黃 [누를 황]	밭의 색은 황토색이기 때문에 '노랗다'는 것을 뜻함 (상형자)
黍 [기장 서]	술의 재료로 알맞은 기장을 뜻함 (상형·회의자)
黑 [검을 흑]	불이 활활 타올라 나가는 창인 검은 굴뚝을 뜻함 (상형자)
黹 [바느질할 치]	바늘에 꿴 실로서 수를 놓는 옷감을 그린 모양 (상형자)
黽 [맹꽁이 맹]	맹꽁이를 본뜬 모양 (상형자)
鼎 [솥 정]	발이 세 개, 귀가 두개인 솥의 모양 (상형자)
鼓 [북 고]	장식이 달린 아기를 오른손으로 친다는 뜻 (회의자)
鼠 [쥐 서]	쥐의 이와 배, 발톱과 꼬리의 모양 (상형자)
鼻 [코 비]	공기를 통하는 '코'를 뜻함 (회의·형성자)
齊 [가지런할 제]	곡식의 이삭이 피어 끝이 가지런한 모양 (상형자)
齒 [이 치]	이가 나란히 서 있는 모양
龍 [용 룡]	끝이 뾰쪽한 뿔과 입을 벌린 기다란 몸뚱이를 가진 용의 모양 (상형자)
龜 [거북 귀(구)]	거북이를 본뜬 모양 (상형자)
龠 [피리 약]	부는 구멍이 있는 관(管)을 나란히 엮은 모양 (상형자)

두음법칙(頭音法則) 한자

한자음에서 첫머리나 음절의 첫소리에서 발음되는 것을 피하기 위해 다른 소리로 바꾸어 발음하는 것으로 즉, 'ㅣ, ㅑ, ㅕ, ㅛ, ㅠ' 앞에서 'ㄹ과 ㄴ'이 'ㅇ'이 되고, 'ㅏ, ㅓ, ㅗ, ㅜ, ㅡ, ㅐ, ㅔ, ㅚ' 앞의 'ㄹ'은 'ㄴ'으로 변하는 것을 말한다.

ㄴ→ㅇ으로 발음

尿(뇨)	뇨-糖尿病(당뇨병) 요-尿素肥料(요소비료)	尼(니)	니-比丘尼(비구니) 이-尼僧(이승)	泥(니)	니-雲泥(운니) 이-泥土(이토)
溺(닉)	닉-眈溺(탐닉) 익-溺死(익사)	女(녀)	여-女子(여자) 녀-小女(소녀)	匿(닉)	닉-隱匿(은닉) 익-匿名(익명)
紐(뉴)	뉴-結紐(결뉴) 유-紐帶(유대)	念(념)	념-理念(이념) 염-念佛(염불)	年(년)	년-數十年(수십년) 연-年代(연대)

ㄹ→ㄴ, ㅇ으로 발음

洛(락)	락-京洛(경락) 낙-洛東江(낙동강)	蘭(란)	란-香蘭(향란) 난-蘭草(난초)	欄(란)	란-空欄(공란) 난-欄干(난간)
藍(람)	람-甘藍(감람) 남-藍色(남색)	濫(람)	람-氾濫(범람) 남-濫發(남발)	拉(랍)	랍-被拉(피랍) 납-拉致(납치)
浪(랑)	랑-放浪(방랑) 낭-浪說(낭설)	廊(랑)	랑-舍廊(사랑) 낭-廊下(낭하)	涼(량)	량-淸涼里(청량리) 양-涼秋(양추)
諒(량)	량-海諒(해량) 양-諒解(양해)	慮(려)	려-憂慮(우려) 여-慮外(여외)	勵(려)	려-獎勵(장려) 여-勵行(여행)
曆(력)	력-陽曆(양력) 역-曆書(역서)	蓮(련)	련-水蓮(수련) 연-蓮根(연근)	戀(련)	련-悲戀(비련) 연-戀情(연정)
劣(렬)	렬-拙劣(졸렬) 열-劣等(열등)	廉(렴)	렴-淸廉(청렴) 염-廉恥(염치)	嶺(령)	령-大關嶺(대관령) 영-嶺東(영동)

露(로)	로-白露(백로) 노-露出(노출)	爐(로)	로-火爐(화로) 노-爐邊(노변)	祿(록)	록-國祿(국록) 녹-祿俸(녹봉)
弄(롱)	롱-戲弄(희롱) 농-弄談(농담)	雷(뢰)	뢰-地雷(지뢰) 뇌-雷聲(뇌성)	陵(릉)	릉-丘陵(구릉) 능-陵墓(능묘)
療(료)	료-治療(치료) 요-療養(요양)	龍(룡)	룡-靑龍(청룡) 용-龍床(용상)	倫(륜)	륜-人倫(인륜) 윤-倫理(윤리)
隆(륭)	륭-興隆(흥륭) 융-隆盛(융성)	梨(리)	리-山梨(산리) 이-梨花(이화)	裏(리)	리-表裏(표리) 이-裏面(이면)
吏(리)	리-官吏(관리) 이-吏讀(이두)	理(리)	리-倫理(윤리) 이-理解(이해)	臨(림)	림-君臨(군림) 임-臨席(임석)

동자이음(同字異音) 한자

字	訓	音	例	字	訓	音	例
降	내릴	강	降雨(강우)	更	다시	갱	更生(갱생)
	항복할	항	降伏(항복)		고칠	경	更張(경장)
車	수레	거	車馬(거마)	乾	하늘, 마를	건	乾燥(건조)
	수레	차	車票(차표)		마를	간	乾物(간물)
見	볼	견	見聞(견문)	串	버릇	관	串童(관동)
	나타날, 뵐	현	謁見(알현)		땅이름	곶	甲串(갑곶)
告	알릴	고	告示(고시)	奈	나락	나	奈落(나락)
	뵙고청할	곡	告寧(곡녕)		어찌	내	奈何(내하)
帑	처자	노	妻帑(처노)	茶	차	다	茶菓(다과)
	나라곳집	탕	帑庫(탕고)		차	차	茶禮(차례)
宅	댁	댁	宅內(댁내)	度	법도	도	度數(도수)
	집	택	宅地(택지)		헤아릴	탁	忖度(촌탁)
讀	읽을	독	讀書(독서)	洞	마을	동	洞里(동리)
	구절	두	吏讀(이두)		통할	통	洞察(통찰)
屯	모일	둔	屯田(둔전)	反	돌이킬	반	反亂(반란)
	어려울	준	屯困(준곤)		뒤집을	번	反田(번전)
魄	넋	백	魂魄(혼백)	便	똥오줌	변	便所(변소)
	넋잃을	탁/박	落魄(낙탁)		편할	편	便利(편리)
復	회복할	복	復歸(복귀)	父	아비	부	父母(부모)
	다시	부	復活(부활)		남자미칭	보	尙父(상보)
否	아닐	부	否決(부결)	北	북녘	북	北進(북진)
	막힐	비	否塞(비색)		달아날	패	敗北(패배)
分	나눌	분	分裂(분열)	不	아니	불	不能(불능)
	단위	푼	分錢(푼전)		아닐	부	不在(부재)

沸	끓을	비	沸騰(비등)	寺	절	사	寺刹(사찰)
	물용솟음칠	불	沸水(불수)		내시, 관청	시	寺人(시인)
殺	죽일	살	殺生(살생)	狀	모양	상	狀況(상황)
	감할	쇄	殺到(쇄도)		문서	장	狀啓(장계)
索	찾을	색	索引(색인)	塞	막을	색	塞源(색원)
	쓸쓸할	삭	索莫(삭막)		변방	새	要塞(요새)
說	말씀	설	說得(설득)	省	살필	성	省墓(성묘)
	달랠	세	說客(세객)		덜	생	省略(생략)
	기뻐할	열	說喜(열희)				
率	거느릴	솔	率先(솔선)	衰	쇠할	쇠	衰退(쇠퇴)
	비율	률/율	率身(율신)		상복	최	衰服(최복)
數	셀	수	數學(수학)	宿	잘	숙	宿泊(숙박)
	자주	삭	數窮(삭궁)		별	수	宿曜(수요)
	촘촘할	촉	數罟(촉고)				
拾	주울	습	拾得(습득)	瑟	악기이름	슬	瑟居(슬거)
	열	십	拾萬(십만)		악기이름	실	琴瑟(금실)
食	밥	식	食堂(식당)	識	알	식	識見(식견)
	먹일	사	簞食(단사)		기록할	지	標識(표지)
什	열사람	십	什長(십장)	十	열	십	十干(십간)
	세간	집	什器(집기)			시	十月(시월)
惡	악할	악	惡漢(악한)	樂	풍류	악	樂聖(악성)
	미워할	오	惡寒(오한)		즐길	낙/락	樂園(낙원)
					좋아할	요	
若	만약	약	若干(약간)	於	어조사	어	於是乎(어시호)
	반야	야	般若(반야)		탄식할	오	於兎(오토)

厭	싫어할	염	厭世(염세)	葉	잎	엽	葉書(엽서)
	누를	엽	厭然(엽연)		성씨	섭	葉氏(섭씨)
六	여섯	육/륙	六年(육년)	易	쉬울	이	易慢(이만)
	여섯	유/뉴	六月(유월)		바꿀, 주역	역	易學(역학)
咽	목구멍	인	咽喉(인후)	刺	찌를	자	刺戟(자극)
	목멜	열	嗚咽(오열)		수라	라	水剌(수라)
					찌를	척	刺殺(척살)
炙	구울	자	炙背(자배)	著	지을	저	著述(저술)
	고기구이	적	炙鐵(적철)		붙을	착	著近(착근)
抵	막을	저	抵抗(저항)	切	끊을	절	切迫(절박)
	칠	지	抵掌(지장)		모두	체	一切(일체)
提	끌	제	提携(제휴)	辰	지지	진	辰時(진시)
	보리수	리	菩提樹(보리수)		일월성	신	生辰(생신)
	떼지어날	시	提提(시시)				
斟	술따를	짐	斟酌(짐작)	徵	부를	징	徵兵(징병)
	짐작할	침	斟量(침량)		음률이름	치	
差	어긋날	차	差別(차별)	帖	문서	첩	帖着(첩착)
	층질	치	參差(참치)		체지	체	帖文(체문)
諦	살필	체	諦念(체념)	丑	소	축	丑時(축시)
	울	제	眞諦(진제)		추		公孫丑(공손추)
則	법	칙	則效(칙효)	沈	가라앉을	침	沈沒(침몰)
	곧	즉	然則(연즉)		성씨	심	沈氏(심씨)
拓	박을	탁	拓本(탁본)	罷	그만둘	파	罷業(파업)
	넓힐	척	拓殖(척식)		고달플	피	罷勞(피로)

編	엮을 땋을	편 변	編輯(편집) 編髮(변발)	布	베 베풀	포 보	布木(포목) 布施(보시)
暴	사나울 사나울	폭 포	暴動(폭동) 暴惡(포악)	曝	볕쬘 볕쬘	폭 포	曝衣(폭의) 曝白(포백)
皮	가죽 가죽	피 비	皮革(피혁) 鹿皮(녹비)	行	다닐 항렬·줄	행 항	行樂(행락) 行列(항렬)
陝	좁을 땅이름	협 합	陝隘(협애) 陝川(합천)	滑	미끄러울 어지러울	활 골	滑降(활강) 滑稽(골계)

약자(略字)·속자(俗字)

假=仮 (거짓 가)
價=価 (값 가)
覺=覚 (깨달을 각)
擧=挙 (들 거)
據=拠 (의지할 거)
輕=軽 (가벼울 경)
經=経 (경서 경)
徑=径 (지름길 경)
鷄=鶏 (닭 계)
繼=継 (이를 계)
館=舘 (집 관)
關=関 (빗장 관)
廣=広 (넓을 광)
敎=教 (가르칠 교)
區=区 (구역 구)
舊=旧 (예 구)
驅=駆 (몰 구)
國=国 (나라 국)
權=権 (권세 권)
勸=勧 (권할 권)
龜=亀 (거북 귀)
氣=気 (기운 기)
旣=既 (이미 기)
內=内 (안 내)
單=単 (홑 단)
團=団 (둥글 단)
斷=断 (끊을 단)
擔=担 (멜 담)
當=当 (당할 당)
黨=党 (무리 당)

對=対 (대할 대)
德=徳 (큰 덕)
圖=図 (그림 도)
讀=読 (읽을 독)
獨=独 (홀로 독)
樂=楽 (즐길 락)
亂=乱 (어지러울 란)
覽=覧 (볼 람)
來=来 (올 래)
兩=両 (두 량)
凉=涼 (서늘할 량)
勵=励 (힘쓸 려)
歷=歴 (지날 력)
練=練 (익힐 련)
戀=恋 (사모할 련)
靈=灵 (신령 령)
禮=礼 (예도 례)
勞=労 (수고로울 로)
爐=炉 (화로 로)
綠=緑 (푸를 록)
賴=頼 (의지할 뢰)
龍=竜 (용 룡)
樓=楼 (다락 루)
稟=稟 (삼갈·사뢸 품)
萬=万 (일만 만)
滿=満 (찰 만)
蠻=蛮 (오랑캐 만)
賣=売 (팔 매)
麥=麦 (보리 맥)
半=半 (반 반)

發=発 (필 발)
拜=拝 (절 배)
變=変 (변할 변)
辯=弁 (말잘할 변)
邊=辺 (가 변)
竝=並 (아우를 병)
寶=宝 (보배 보)
拂=払 (떨칠 불)
佛=仏 (부처 불)
冰=氷 (어름 빙)
絲=糸 (실 사)
寫=写 (베낄 사)
辭=辞 (말씀 사)
雙=双 (짝 쌍)
敍=叙 (펼 서)
潟=瀉 (개펄 석)
釋=釈 (풀 석)
聲=声 (소리 성)
續=続 (이을 속)
屬=属 (붙을 속)
收=収 (거둘 수)
數=数 (수 수)
輸=輸 (보낼 수)
肅=粛 (삼갈 숙)
濕=湿 (젖을 습)
乘=乗 (탈 승)
實=実 (열매 실)
兒=児 (아이 아)
亞=亜 (버금 아)
惡=悪 (악할 악)

巖=岩 (바위 암)
壓=圧 (누를 압)
藥=薬 (약 약)
讓=譲 (사양할 양)
嚴=厳 (엄할 엄)
餘=余 (남을 여)
與=与 (줄 여)
驛=駅 (정거장 역)
譯=訳 (통역할 역)
鹽=塩 (소금 염)
榮=栄 (영화 영)
豫=予 (미리 예)
藝=芸 (재주 예)
溫=温 (따뜻할 온)
圓=円 (둥글 원)
圍=囲 (둘레 위)
爲=為 (하 위)
陰=陰 (그늘 음)
應=応 (응할 응)
醫=医 (의원 의)
貳=弐 (두 이)
壹=壱 (하나 일)
姊=姉 (누이 자)
殘=残 (남을 잔)
潛=潜 (잠길 잠)
雜=雑 (섞일 잡)
壯=壮 (씩씩할 장)
莊=庄 (별장 장)
爭=争 (다툴 쟁)
戰=戦 (싸움 전)

錢=銭 (돈 전)
傳=伝 (전할 전)
轉=転 (구를 전)
點=点 (점 점)
靜=静 (고요 정)
淨=浄 (깨끗할 정)
濟=済 (건널 제)
齊=斉 (다스릴 제)
條=条 (가지 조)
弔=吊 (조상할 조)
從=従 (좇을 종)
晝=昼 (낮 주)
卽=即 (곧 즉)
增=増 (더할 증)
證=証 (증거 증)
眞=真 (참 진)
盡=尽 (다할 진)
晉=晋 (나라 진)
贊=賛 (찬성할 찬)
讚=讃 (칭찬할 찬)
參=参 (참여할 참)
冊=册 (책 책)
處=処 (곳 처)
淺=浅 (얕을 천)
鐵=鉄 (쇠 철)
廳=庁 (관청 청)
體=体 (몸 체)
觸=触 (닿을 촉)
總=総 (다 총)
蟲=虫 (벌레 충)

齒=歯 (이 치)
恥=耻 (부끄러울 치)
稱=称 (일컬을 칭)
彈=弾 (탄할 탄)
澤=沢 (못 택)
擇=択 (가릴 택)
廢=廃 (폐할 폐)
豐=豊 (풍성할 풍)
學=学 (배울 학)
解=觧 (풀 해)
鄕=郷 (고을 향)
虛=虚 (빌 허)
獻=献 (드릴 헌)
驗=験 (증험할 험)
顯=顕 (나타날 현)
螢=蛍 (반딧불 형)
號=号 (부르짖을 호)
畵=画 (그림 화)
擴=拡 (늘릴 확)
歡=歓 (기쁠 환)
黃=黄 (누를 황)
會=会 (모을 회)
回=囘 (돌아올 회)
效=効 (본받을 효)
黑=黒 (검을 흑)
戲=戯 (희롱할 희)

고사 성어

家家戶戶(가가호호)	각 집, 각각의 집마다
刻舟求劍(각주구검)	배에 새겨 칼을 구함
肝膽相照(간담상조)	간과 쓸개가 서로 본다(격의 없이 지내는 사이)
甘言利說(감언이설)	남의 비위에 맞도록 꾸민 달콤한 말
乾坤一色(건곤일척)	주사위를 한 번 던져 승패를 겸
建陽多慶(건양다경)	새해가 시작됨에 경사스런 일이 많기를 바람
見利思義(견리사의)	눈앞의 이익을 보면 먼저 의리를 생각함
犬馬之誠(견마지성)	개와 말의 주인을 위한 충성
見善從之(견선종지)	선한 것을 보면 그것을 좇음
結者解之(결자해지)	맺은 사람이 풀어야 함
結草報恩(결초보은)	풀을 묶어서 은혜에 보답(죽은 뒤에라도 은혜를 갚음)
鷄卵有骨(계란유골)	계란이 곯았다(좋은 기회를 만나도 일이 잘 안 됨)
鷄肋(계륵)	닭갈비(버리기에는 아깝고 먹자니 별거 없음)
苦盡甘來(고진감래)	고생 끝에 즐거움이 옴
公平無私(공평무사)	공평하여 사사로움이 없음
過猶不及(과유불급)	지나침은 미치지 못함과 같음
管鮑之交(관포지교)	아주 친한 친구 사이의 사귐
矯角殺牛(교각살우)	소의 뿔을 바로 잡으려다가 소를 죽임
交友以信(교우이신)	벗을 믿음으로써 사귀어야 함
敎學相長(교학상장)	가르치고 배우면서 서로 성장함

句句節節(구구절절)	하나하나의 모든 구절(매우 상세하고 간곡함)
九死一生(구사일생)	아홉 번죽을 뻔하다가 겨우 살아남
群鷄一鶴(군계일학)	닭의 무리 가운데 한 마리의 학(무리 중 뛰어난 인물)
君臣有義(군신유의)	임금과 신하 사이에는 의리가 있어야 함
君爲臣綱(군위신강)	임금과 신하 사이에 마땅히 지켜야 할 도리
勸善懲惡(권선징악)	착한 것을 권하고 악을 응징함
捲土重來(권토중래)	어떤 일에 실패한 뒤 힘을 길러 다시 그 일을 시작함
金蘭之契(금란지계)	친구 사이의 매우 두터운 정
金蘭之交(금란지교)	친구 사이의 매우 두터운 정
今昔之感(금석지감)	지금과 옛날의 감정이 크게 달라짐
金石之交(금석지교)	쇠붙이와 돌처럼 굳고 변함없는 우정
金枝玉葉(금지옥엽)	금으로 된 가지와 옥으로 된 잎(임금의 일족을 높임)
起死回生(기사회생)	거의 죽을 뻔하다가 도로 살아남
杞人之憂(기인지우)	기나라 사람의 걱정 근심
奇貨可居(기화가거)	진기한 물건은 잘 간직하여 나중에 이익을 남기고 팖
難兄難弟(난형난제)	서로 비슷비슷하여 우열이나 정도를 가리기 어려움
男女老少(남녀노소)	남자와 여자와 늙은이와 젊은이
老馬之智(노마지지)	늙은 말의 지혜
多多益善(다다익선)	많으면 많을수록 좋음
斷機戒(단기지계)	학문을 하다가 중도에 그만두면 아무 쓸모가 없음

單刀直入(단도직입)	단칼로 쳐들어감(요점이나 문제의 핵심을 곧바로 말함)
大器晩成(대기만성)	큰 그릇을 만드는 데는 시간이 오래 걸림
獨不將軍(독불장군)	무슨 일이든지 제 생각대로 혼자 처리하는 사람
讀書亡羊(독서망양)	글을 읽는 데 정신이 팔려 먹이고 있던 양을 잃음
讀書尙友(독서상우)	책을 읽음으로써 옛 현인들과 벗이 될 수 있음
冬去春來(동거춘래)	겨울이 가고 봄이 옴
東問西答(동문서답)	질문과는 전혀 상관없는 엉뚱한 대답
登龍門(등용문)	입신출세를 위한 어려운 관문이나 시험
燈下不明(등하불명)	등잔 밑이 어둡다(가까이에서 일어난 일을 잘 모름)
燈火可親(등화가친)	서늘한 가을밤은 등불을 가까이 하여 글 읽기에 좋음
馬耳東風(마이동풍)	말의 귀에 동풍이 불어도 아랑곳하지 않음
莫逆之交(막역지교)	서로 뜻이 잘 맞고 허물없는 아주 친한 사귐
望雲之情(망운지정)	자식이 객지에서 고향에 계신 어버이를 그리는 마음
亡子計齒(망자계치)	죽은 자식 나이 세기
梅蘭菊竹(매난국죽)	매화와 난초와 국화와 대나무
麥秀之嘆(맥수지탄)	보리가 팬 것을 보고 하는탄식(조국이 망한 것을 한탄)
明明白白(명명백백)	아주 뚜렷함
名山大川(명산대천)	이름난 산과 큰 내
明若觀火(명약관화)	불을 보는 것처럼 분명하고 뻔함
毛遂自薦(모수자천)	자기가 자기를 추천하는 것

目不識丁(목불식정)	한자 중 쉬운 글자인 '丁'자도 모를 정도로 무식함
武陵桃源(무릉도원)	무릉에 있는 선경(중국 후난성 복숭아꽃이 만발한 낙원)
墨守(묵수)	자기의 의견이나 주장을 굽히지 않고 굳게 지킴
文房四友(문방사우)	글방의 네 가지 친구
聞一知十(문일지십)	한 가지를 듣고 열 가지를 미루어 안다(지극히 총명함)
尾生之信(미생지신)	융통성이 없이 약속만을 굳게 지키는 것
反哺之孝(반포지효)	까마귀 새끼가 자라서 늙은 어미에게 먹이를 물어다 주는 효
拔本塞源(발본색원)	좋지 않은 일의 근본 원인 요소를 완전히 없애 버림
蚌鷸之爭(방휼지쟁)	조개와 도요새의 싸움(둘이 싸우면 엉뚱한 제삼자가 이익)
背水之陣(배수지진)	물을 등지고 진을 침(싸움에 임한 비장한 각오)
百年大計(백년대계)	먼 장래까지 내다보고 세우는 큰 계획
百年河淸(백년하청)	어떤 일이 아무리 오랜 시간이 흘러도 이루어지기 어려움
伯牙絶絃(백아절현)	참다운 벗의 죽음을 슬퍼함
百折不屈(백절불굴)	수없이 많이 꺾여도 굴하지 않고 이겨 나감
步武堂堂(보무당당)	걸음걸이가 씩씩하고 활기참
夫婦有別(부부유별)	남편과 아내 사이에는 분별이 있어야 함
夫爲婦綱(부위부강)	남편과 아내 사이에 마땅히 지켜야 할 도리
父爲子綱(부위자강)	부모와 자식 사이에 마땅히 지켜야 할 도리
父子有親(부자유친)	아버지와 자식간에는 친함이 있어야 함
朋友有信(붕우유신)	친구 사이에는 믿음이 있어야 함

非一非再(비일비재)	한두 번이나 한둘이 아니고 많음
氷山一角(빙산일각)	빙산의 한 모서리(어떤 일이 숨겨져 극히 일부분만 드러남)
舍己從人(사기종인)	자신을 버리고 남을 따름
四面楚歌(사면초가)	적에게 완전히 포로가 되어 있는 상태
砂上樓閣(사상누각)	모래 위에 세운 누각(기초가 튼튼하지 못함)
師弟同行(사제동행)	스승과 제자가 함께 길을 감
蛇足(사족)	뱀의 다리를 그림(쓸데없는 군짓을 하여 도리어 잘못되게 함)
事親以孝(사친이효)	부모님을 효로써 섬겨야 함
四通八達(사통팔달)	도로망, 교통망, 통신망 따위가 이리저리 사방으로 통함
事必歸正(사필귀정)	모든 일은 반드시 바른길로 돌아가게 마련임
山高水長(산고수장)	덕행이나 지조의 깨끗함을 산과 강물에 비유
山戰水戰(산전수전)	세상일의 어려운 고비를 다 겪어 봄
殺身成仁(살신성인)	자기 몸을 희생하여 인을 이룸
三馬太守(삼마태수)	세 마리의 말만 거느린 태수(청빈한 관리)
三三五五(삼삼오오)	서너 사람이나 대여섯 사람씩 떼지어 다님
三人成虎(삼인성호)	근거 없는 말도 여럿이 하면 곧이듣게 됨
三日天下(삼일천하)	사흘 동안 천하를 얻음(짧은 기간 동안 정권을 잡음)
三尺童子(삼척동자)	키가 석자밖에 되지 않는 어린아이
三遷之敎(삼천지교)	맹자의 교육을 위해 그 어머니가 집을 세 번 옮김
塞翁之馬(새옹지마)	인간의 길흉화복은 변화가 무쌍하여 도무지 예측할 수 없음

先見之明(선견지명)	다가올 일을 미리 짐작하는 밝은 지혜
先公後私(선공후사)	공적인 일을 먼저 하고 사사로운 일은 나중에 함
雪膚花容(설부화용)	눈처럼 흰 살갗과 꽃처럼 고운 얼굴(아름다운 여자의 모습)
雪上加霜(설상가상)	눈이 내리는 위에 서리까지 더함(불행이 겹침)
小貪大失(소탐대실)	작은 것을 탐하다가 큰 것을 잃음
束手無策(속수무책)	어찌할 도리나 방책이 없어 꼼짝 못함
送舊迎新(송구영신)	묵은 해를 보내고 새해를 맞음
松茂栢悅(송무백열)	소나무가 무성하면 잣나무가 기뻐함(벗이 잘됨을 기뻐함)
首尾一貫(수미일관)	어떤 일을 처음부터 끝까지 한결같이 함
手不釋卷(수불석권)	손에서 책을 놓지 않음
水魚之交(수어지교)	물과 물고기의 관계(매우 친밀한 사이)
守株待兎(수주대토)	그루터기를 지키면서 토끼를 기다림
宿虎衝鼻(숙호충비)	자는 호랑이의 코를 찌름(공연히 건드려서 일을 그르침)
脣亡齒寒(순망치한)	입술이 없으면 이가 시림
是是非非(시시비비)	옳은 것을 옳다 하고 그른 것을 그르다 함
始終如一(시종여일)	처음과 끝이 한결 같음
身言書判(신언서판)	예전 인물을 골랐던 네 가지 조건(신수, 말씨, 문필, 판단력)
十中八九(십중팔구)	열 가운데 여덟이나 아홉이 그렇다(대개가 그러함)
我田引水(아전인수)	자기 논에 물 댄다(자기에게 이롭게 되도록 행동함)
安貧樂道(안빈낙도)	가난한 생활을 하면서도 편안한 마음으로 도를 지킴

眼下無人(안하무인)	눈아래 보이는 사람이 없다(방자하고 교만함)
愛人如己(애인여기)	남을 자기 몸처럼 사랑함
愛之重之(애지중지)	매우 사랑하고 소중히 여김
藥房甘草(약방감초)	한약에는 감초를 넣는 일이 많아 한약방에는 항상 감초가 있음
羊頭狗肉(양두구육)	양 머리를 걸어놓고 개고기를 팖
良藥苦口(양약고구)	좋은 약은 입에 씀
魚頭肉尾(어두육미)	물고기는 머리 쪽이, 짐승은 꼬리 쪽이 맛이 있음
漁父之利(어부지리)	도요새와 조개가 서로 다투다가 어부에게 둘다 잡힘
於異阿異(어이아이)	'어'다르고 '아'다름
億兆蒼生(억조창생)	수많은 백성
言中有骨(언중유골)	말 속에 뼈가 있음
與民同樂(여민동락)	임금이 백성과 더불어 즐김
易地思之(역지사지)	남과 처지를 바꾸어 생각함(남의 입장에서 생각함)
年年歲歲(연년세세)	해마다 이어져 무궁토록
緣木求魚(연목구어)	나무에 올라가서 물고기를 구함(불가능한 일을 하려 함)
榮枯盛衰(영고성쇠)	세월이 흐름에 따라 변전하는 번영과 쇠락
五里霧中(오리무중)	오리 사방이 안개속(어디에 있는지 찾을 길이 없음)
吾鼻三尺(오비삼척)	내 코가 석 자
烏飛梨落(오비이락)	까마귀 날자 배 떨어짐(일이 공교롭게 때가 같아 의심을 받음)
五十步百(오십보백보)	오십보를 간 자나 백보를 간 자나 본질적으로 같음

烏合之卒(오합지졸)	임시로 모여들어 규율이 없고 무질서한 병졸 또는 군중
溫故知新(온고지신)	옛것을 익히고 그것을 통하여 새것을 앎
溫柔敦厚(온유돈후)	온화하고 부드럽고 돈독하고 두터움
臥薪嘗膽(와신상담)	섶에 누워 쓸개를 맛봄(복수를 위해 고난을 참고 견딤)
王兄佛兄(왕형불형)	살아서는 왕의 형이 되고 죽어서는 부처의 형이 됨
外柔內剛(외유내강)	겉으로는 부드럽고 순하나 속은 곧고 꿋꿋함
外華內貧(외화내빈)	겉으로는 화려하게 보이나 속으로는 빈곤하고 부실함
樂山樂水(요산요수)	산을 좋아하고 물을 좋아함
欲速不達(욕속부달)	일을 너무 빨리 하고자 서두르면 도리어 이루지 못함
龍頭蛇尾(용두사미)	머리는 용이나 꼬리는 뱀(처음은 좋으나 끝이 좋지 않음을)
愚公移山(우공이산)	어리석은 영감이 산을 옮김
牛耳讀經(우이독경)	소귀에 경 읽기
衛正斥邪(위정척사)	바른 것은 보호하고 간사한 것은 내침
韋編三絶(위편삼절)	책을 열심히 읽음
有口無言(유구무언)	입은 있으나 할 말이 없음
有名無實(유명무실)	이름만 그럴듯하고 실속은 없음
有備無患(유비무환)	미리 준비해 두면 근심할 것이 없음
流水不腐(유수불부)	흐르는 물은 썩지 않음
柳暗花明(유암화명)	버들은 무성하고 꽃은 활짝 피어 밝음
唯一無二(유일무이)	오직 하나만 있고 둘은 없음

有害無益(유해무익)	해롭기만 하고 이로움은 없음
隱忍自重(은인자중)	밖으로 드러내지 않고 속으로 참고 견디며 몸가짐을 신중히 함
陰德陽報(음덕양보)	남모르게 덕행을 쌓은 사람은 뒤에 그 보답을 받게 됨
泣兒授乳(읍아수유)	우는 아이에게 젖을 줌
意氣揚揚(의기양양)	기세가 등등하고 뽐내는 모양이 가득함
以德服人(이덕복인)	덕으로써 다른 사람을 복종시킴
以文會友(이문회우)	글로써 벗을 만남
以心傳心(이심전심)	마음과 마음으로 서로 뜻이 통함
以熱治熱(이열치열)	열을 열로 다스림
利害得失(이해득실)	이로움과 해로움 및 얻음과 잃음
人之常情(인지상정)	사람이면 누구나 가질 수 있는 보통의 마음이나 감정
一擧兩得(일거양득)	한 가지 일로 두 가지 이익을 얻음
一石二鳥(일석이조)	한 개의 돌로 두 마리새를 잡음
一進一退(일진일퇴)	한 번 나아갔다 한 번 물러섰다 함
日就月將(일취월장)	날로 달로 발전하거나 성장함
一片丹心(일편단심)	한 조각의 붉은 마음(오직 한 가지에 변함없는 마음)
立身揚名(입신양명)	출세하여 세상에 이름을 떨침
自强不息(자강불식)	스스로 힘써 몸과 마음을 가다듬고 쉬지 않음
子子孫孫(자자손손)	대대로 이어지는 여러 대의 자손
作心三日(작심삼일)	마음 먹은 것이 사흘 감

長幼有序(장유유서)	어른과 아이 사이에는 차례가 있어야 함
前途有望(전도유망)	앞으로 발전하고 성공할 가능성과 희망이 있음
轉禍爲福(전화위복)	화를 바꾸어 복이 되게 함
絶世佳人(절세가인)	당대에는 견줄 만한 상대가 없는 뛰어난 미인
絶長補短(절장보단)	긴 것을 잘라서 짧은 것을 보충함
切磋琢磨(절차탁마)	옥이나 뿔 따위를 갈고 닦아서 빛을 냄
頂門一針(정문일침)	정수리에 침 하나를 꽂음(따끔하고 매서운 충고)
正正堂堂(정정당당)	바르고 떳떳함
朝令暮改(조령모개)	아침에 내린 명령을 저녁에 다시 고침
朝變夕改(조변석개)	아침저녁으로 뜯어고침
朝三暮四(조삼모사)	자기의 이익을 위해 교활한 꾀를 써서 남을 속임
助長(조장)	억지로 힘을 무리하게 써 일을 그르침
坐不安席(좌불안석)	마음이 불안해서 자리에 가만히 앉아 있지를 못함)
坐井觀天(좌정관천)	우물 속에 앉아 하늘을 봄
左衝右突(좌충우돌)	이리저리 마구 치고받고 부딪침
晝耕夜讀(주경야독)	낮에는 농사를 짓고 밤에는 글을 읽음
走馬看山(주마간산)	달리는 말위에서 산천을 구경함
酒池肉林(주지육림)	술이 연못을 이루고 고기가 숲을 이룸(사치하고 음란한 행동)
竹馬故友(죽마고우)	어릴 때에 대나무로 만든 말을 타고 놀던 친구
衆口難防(중구난방)	여러 사람의 입은 막기가 어렵다

知己之友(지기지우)	자기의 가치나 속마음을 잘 알아주는 참다운 벗
之東之西(지동지서)	줏대가 없이 이리저리 갈팡질팡함
芝蘭之交(지란지교)	지초와 난초의 사귐(벗 사이의 높고 맑은 사귐)
指鹿爲馬(지록위마)	사슴을 가리켜 말이라고 함
志在千里(지재천리)	뜻이 천리에 있음
知彼知己(지피지기)	적의 형편과 나의 형편을 다 자세히 앎
紙筆硯墨(지필연묵)	종이와 붓과 벼루와 먹
知行合一(지행합일)	지식과 행동이 하나로 합치됨
集小成多(집소성다)	작은 것을 모아서 많은 것을 이룸
借廳借閨(차청차규)	대청을 빌려 사는 사람이 점점 안방까지 들어감
天長地久(천장지구)	하늘과 땅처럼 오래가고 변함이 없음
千篇一律(천편일률)	여러 사물이 개성이 없이 모두 비슷비슷함
徹頭徹尾(철두철미)	처음부터 끝까지 빈틈없고 철저하게 함
晴耕雨讀(청경우독)	맑은 날은 논밭을 갈고 비오는 날은 책을 읽음
靑松綠竹(청송녹죽)	푸른 소나무와 푸른 대나무
靑雲之志(청운지지)	천자가 될 사람이 있는 곳에는 푸른구름이 깃들임
靑出於藍(청출어람)	푸른색은 쪽빛에서 나옴(스승보다 제자의 실력이 뛰어남)
淸風明月(청풍명월)	맑은 바람과 밝은 달
草綠同色(초록동색)	풀과 초록색은 같은 색
初志不變(초지불변)	처음의 뜻이 변하지 않음

推己及人(추기급인)	자신을 미루어 다른 사람에게 미침
追遠報本(추원보본)	조상의 덕을 추모하여 제사를 지내며 은혜를 갚음
秋風落葉(추풍낙엽)	가을바람에 흩어져 떨어지는 나뭇잎
出告反面(출고반면)	나갈 때는 아뢰고 돌아오면 뵘
親仁善隣(친인선린)	어진 사람을 가까이 하고 이웃과 사이좋게 지냄
他山之石(타산지석)	남의 산에 있는 돌이라도 나의 옥을 다듬는 데에 소용이 됨
泰山北斗(태산북두)	태산과 북두칠성처럼 모든 사람들이 우러러보는 존재
兎死狗烹(토사구팽)	토끼가 죽고 나면 사냥개를 삶아먹음
破邪顯正(파사현정)	사견이나 사도를 깨어 버리고 정도를 나타냄
破竹之勢(파죽지세)	대나무의 한끝을 쪼개듯 거침없이 적에게 진군하는 기세
風樹之嘆(풍수지탄)	어버이가 돌아가시어 효도하고 싶어도 할 수 없음
風前燈火(풍전등화)	바람 앞의 등불(사물이나 인생의 덧없음)
匹夫匹婦(필부필부)	평범한 남녀
學如不及(학여불급)	필요하지도 않고 급하지도 않음
學如逆水(학여역수)	배움은 물을 거슬러올라가는 것과 같음
漢江投石(한강투석)	한강에 돌던지기
咸興差使(함흥차사)	함흥으로 사신을 보냄
螢雪之功(형설지공)	고생 속에서도 꾸준히 공부하여 얻은 보람
兄弟投金(형제투금)	형제가 금을 강에 던짐
形形色色(형형색색)	모양이나 빛깔이 서로 다른 여러 가지

狐假虎威(호가호위)	여우가 호랑이의 힘을 빌려 잘난체하며 경솔하게 행동함
浩然之氣(호연지기)	사람의 마음에 차 있는 너르고 크고 올바른 기운
胡蝶夢(호접몽)	나비의 꿈(자아와 외물은 본디 하나라는 이치)
昏定晨省(혼정신성)	저녁에 자리를 펴드리고 새벽에 문안 인사를드림
畵龍點睛(화룡점정)	가장 중요한 부분을 마무리 지음
和而不同(화이부동)	남과 사이좋게 지내기는 하나 무턱대고 한데 어울리지 않는 일
會者定離(회자정리)	만난 사람은 반드시 헤어지게 됨
後生可畏(후생가외)	뒤에 난 사람은 두려워할 만하다
厚顔無恥(후안무치)	낯가죽이 두꺼워 뻔뻔하고 부끄러움을 모름
興亡盛衰(흥망성쇠)	흥하고 망함과 성하고 쇠함
興盡悲來(흥진비래)	즐거운 일이 다하면 슬픈 일이 옴
喜怒哀樂(희로애락)	기쁨과 성냄과 슬픔과 즐거움

ㄱ

7급 歌(가) 16
7급 家(가) 16
5급 可(가) 58
5급 加(가) 58
5급 價(가) 58
4급 暇(가) 90
준4급 假(가) 133
준4급 街(가) 133
준3급 佳(가) 245
3급 架(가) 176
2급 伽(가) 320
2급 迦(가) 320
2급 軻(가) 320
2급 柯(가) 320
2급 賈(가/고) 320
1급 呵(가) 391
1급 嘉(가) 391
1급 苛(가) 391
1급 袈(가) 392
1급 駕(가) 392
1급 哥(가) 391
1급 稼(가) 391
1급 嫁(가) 391
6급 各(각) 33
6급 角(각) 33
4급 覺(각) 90
4급 刻(각) 91
3급 却(각) 176
준3급 脚(각) 245
준3급 閣(각) 245
2급 珏(각) 320
1급 恪(각) 392
1급 殼(각) 392
7급 間(간) 17
4급 干(간) 91
4급 看(간) 91
4급 簡(간) 91
3급 姦(간) 176
준3급 幹(간) 246
준3급 懇(간) 246
준3급 刊(간) 246
준3급 肝(간) 245

2급 杆(간) 321
2급 艮(간) 321
1급 墾(간) 392
1급 澗(간) 393
1급 癎(간) 393
1급 奸(간) 392
1급 揀(간) 392
1급 竿(간) 393
1급 諫(간) 393
1급 艱(간) 393
3급 渴(갈) 176
2급 葛(갈) 321
2급 鞨(갈) 321
1급 喝(갈) 393
1급 褐(갈) 394
1급 竭(갈) 393
6급 感(감) 33
4급 敢(감) 91
준4급 監(감) 133
준4급 甘(감) 133
준4급 減(감) 133
준3급 鑑(감) 246
2급 憾(감) 321
1급 紺(감) 394
1급 疳(감) 394
1급 柑(감) 394
1급 勘(감) 394
1급 瞰(감) 394
1급 堪(감) 394
4급 甲(갑) 91
2급 岬(갑) 321
2급 鉀(갑) 321
1급 閘(갑) 395
1급 匣(갑) 395
7급 江(강) 17
6급 強(강) 33
4급 降(강/항) 92
준4급 康(강) 134
준4급 講(강) 133
준3급 剛(강) 246
준3급 綱(강) 246
3급 鋼(강) 176
2급 彊(강) 322

2급 崗(강) 322
2급 岡(강) 322
2급 姜(강) 322
2급 疆(강) 322
1급 薑(강) 395
1급 腔(강) 395
1급 慷(강) 395
1급 糠(강) 395
6급 開(개) 33
5급 改(개) 58
준4급 個(개) 134
준3급 概(개) 247
준3급 介(개) 247
3급 慨(개) 177
3급 蓋(개) 177
3급 皆(개) 177
2급 价(개) 322
2급 塏(개) 322
1급 芥(개) 396
1급 箇(개) 396
1급 愾(개) 396
1급 漑(개) 396
1급 凱(개) 395
5급 客(객) 59
4급 更(갱/경) 92
2급 坑(갱) 323
1급 羹(갱) 396
5급 去(거) 59
4급 據(거) 92
4급 居(거) 93
4급 巨(거) 92
4급 擧(거) 92
4급 拒(거) 92
준3급 距(거) 247
1급 倨(거) 396
1급 渠(거) 396
1급 醵(거/갹) 397
7급 車(거/차) 17
5급 健(건) 59
5급 建(건) 59
5급 件(건) 59
준3급 乾(건) 247
2급 鍵(건) 323

1급 虔(건) 397
1급 腱(건) 397
1급 巾(건) 397
2급 桀(걸) 323
2급 杰(걸) 323
준3급 乞(걸) 247
4급 傑(걸) 93
준4급 檢(검) 134
준3급 劍(검) 247
4급 儉(검) 93
1급 怯(겁) 397
1급 劫(겁) 397
3급 憩(게) 177
2급 揭(게) 323
1급 偈(게) 397
준3급 隔(격) 248
5급 格(격) 58
4급 擊(격) 93
4급 激(격) 93
1급 膈(격) 398
1급 覡(격) 398
1급 檄(격) 398
준3급 牽(견) 248
4급 堅(견) 93
4급 犬(견) 94
준3급 遣(견) 177
3급 肩(견) 177
3급 絹(견) 178
2급 甄(견) 323
1급 鵑(견) 398
1급 譴(견) 398
1급 繭(견) 398
5급 見(견/현) 59
준4급 潔(결) 134
준3급 訣(결) 248
5급 結(결) 60
5급 決(결) 60
4급 缺(결) 94
준3급 謙(겸) 248
준3급 兼(겸) 248
6급 京(경) 34
5급 景(경) 60
5급 輕(경) 60

5급 競(경) 60	3급 桂(계) 179	7급 工(공) 17	5급 廣(광) 62
5급 敬(경) 60	3급 癸(계) 179	6급 公(공) 35	4급 鑛(광) 97
4급 鏡(경) 94	1급 悸(계) 400	6급 共(공) 35	준3급 狂(광) 252
4급 驚(경) 94	6급 苦(고) 34	6급 功(공) 35	1급 胱(광) 404
4급 傾(경) 94	6급 高(고) 35	4급 孔(공) 96	1급 曠(광) 404
준4급 慶(경) 134	6급 古(고) 34	준4급 攻(공) 135	1급 壙(광) 404
준4급 經(경) 135	5급 考(고) 61	준3급 供(공) 250	1급 匡(광) 404
준4급 警(경) 135	5급 告(고) 61	준3급 恐(공) 251	3급 掛(괘) 180
준4급 境(경) 134	5급 固(고) 61	준3급 恭(공) 251	1급 卦(괘) 404
준3급 耕(경) 248	4급 孤(고) 96	준3급 貢(공) 251	1급 罫(괘) 404
준3급 頃(경) 249	4급 庫(고) 95	1급 鞏(공) 402	준3급 怪(괴) 252
3급 卿(경) 178	준4급 故(고) 135	1급 拱(공) 402	3급 塊(괴) 180
3급 硬(경) 178	준3급 鼓(고) 250	6급 果(과) 35	3급 愧(괴) 180
3급 竟(경) 178	준3급 姑(고) 250	6급 科(과) 35	3급 壞(괴) 180
3급 徑(경) 178	준3급 稿(고) 250	5급 過(과) 61	2급 槐(괴) 325
3급 庚(경) 178	3급 顧(고) 179	5급 課(과) 61	2급 傀(괴) 325
2급 儆(경) 323	3급 枯(고) 179	준3급 寡(과) 251	1급 魁(괴) 405
2급 璟(경) 324	2급 皐(고) 324	준3급 誇(과) 251	1급 拐(괴) 405
2급 炅(경) 324	2급 雇(고) 324	3급 瓜(과) 179	1급 乖(괴) 404
2급 瓊(경) 324	1급 錮(고) 401	2급 菓(과) 324	1급 肱(굉) 405
1급 頸(경) 399	1급 呱(고) 400	2급 戈(과) 324	1급 轟(굉) 405
1급 莖(경) 399	1급 辜(고) 401	1급 顆(과) 402	1급 宏(굉) 405
1급 脛(경) 399	1급 袴(고) 401	3급 郭(곽) 180	8급 敎(교) 8
1급 鯨(경) 400	1급 膏(고) 401	1급 槨(곽) 403	8급 校(교) 8
1급 梗(경) 399	1급 叩(고) 400	1급 藿(곽) 403	6급 交(교) 36
1급 憬(경) 399	1급 痼(고) 400	1급 廓(곽/확) 403	5급 橋(교) 62
1급 勁(경) 398	1급 拷(고) 400	5급 觀(관) 62	준3급 較(교) 253
1급 磬(경) 399	1급 敲(고) 400	5급 關(관) 62	3급 郊(교) 181
1급 痙(경) 399	1급 股(고) 401	4급 官(관) 97	3급 巧(교) 180
6급 係(계) 34	5급 曲(곡) 61	4급 管(관) 96	3급 矯(교) 181
6급 計(계) 34	4급 穀(곡) 96	준3급 館(관) 252	2급 僑(교) 325
6급 界(계) 34	준3급 谷(곡) 250	준3급 貫(관) 252	2급 膠(교) 326
4급 系(계) 94	준3급 哭(곡) 250	준3급 冠(관) 252	2급 絞(교) 325
4급 戒(계) 95	1급 鵠(곡) 401	준3급 寬(관) 251	1급 咬(교) 406
4급 繼(계) 95	1급 梏(곡) 401	준3급 慣(관) 252	1급 狡(교) 406
4급 季(계) 95	4급 困(곤) 96	2급 琯(관) 325	1급 驕(교) 406
4급 鷄(계) 95	3급 坤(곤) 179	2급 款(관) 325	1급 咬(교) 405
4급 階(계) 95	1급 昆(곤) 402	2급 串(관/천) 325	1급 蛟(교) 406
준3급 械(계) 249	1급 衮(곤) 402	1급 棺(관) 403	1급 轎(교) 405
준3급 契(계) 249	1급 梱(곤) 402	1급 灌(관) 403	1급 嬌(교) 406
준3급 啓(계) 249	4급 骨(골) 96	1급 刮(괄) 403	1급 攪(교) 406
준3급 繫(계) 249	1급 汨(골/멱) 402	1급 括(괄) 403	1급 喬(교) 406
준3급 溪(계) 249	7급 空(공) 17	8급 光(광) 8	8급 九(구) 8

7급 口(구) 17	8급 國(국) 8	3급 叫(규) 182	1급 扱(급) 413
6급 區(구) 36	5급 局(국) 63	2급 圭(규) 327	1급 汲(급) 413
6급 球(구) 36	준3급 菊(국) 253	2급 揆(규) 327	3급 肯(긍) 183
5급 具(구) 62	2급 鞠(국) 326	2급 珪(규) 327	2급 兢(긍) 328
5급 舊(구) 62	8급 軍(군) 9	2급 奎(규) 327	1급 矜(긍) 414
5급 救(구) 63	6급 群(군) 36	1급 葵(규) 412	1급 亘(긍/선) 414
4급 構(구) 97	6급 郡(군) 36	1급 窺(규) 411	7급 氣(기) 18
준4급 究(구) 135	4급 君(군) 97	1급 硅(규) 411	7급 記(기) 18
준4급 句(구) 135	1급 窘(군) 409	1급 邊(규) 412	7급 旗(기) 18
준4급 求(구) 136	2급 窟(굴) 327	4급 均(균) 98	5급 己(기) 63
준3급 拘(구) 253	2급 掘(굴) 326	3급 菌(균) 183	5급 基(기) 64
준3급 久(구) 253	4급 窮(궁) 97	1급 橘(귤) 412	5급 技(기) 64
3급 驅(구) 182	준4급 宮(궁) 136	4급 劇(극) 98	5급 期(기) 64
3급 丘(구) 182	준3급 弓(궁) 253	준4급 極(극) 136	5급 汽(기) 64
3급 苟(구) 181	1급 躬(궁) 410	준3급 克(극) 254	4급 紀(기) 99
3급 俱(구) 181	1급 穹(궁) 410	1급 剋(극) 412	4급 寄(기) 99
3급 狗(구) 181	1급 勸(권) 98	1급 戟(극) 412	4급 機(기) 99
3급 懼(구) 181	4급 券(권) 98	1급 隙(극) 412	4급 奇(기) 99
3급 鷗(구) 182	4급 卷(권) 98	1급 棘(극) 412	준4급 起(기) 136
2급 購(구) 326	준4급 權(권) 136	6급 近(근) 37	준4급 器(기) 137
2급 歐(구) 326	준3급 拳(권) 253	6급 根(근) 36	준3급 幾(기) 255
2급 玖(구) 326	2급 圈(권) 327	4급 勤(근) 99	준3급 其(기) 255
2급 邱(구) 326	1급 倦(권) 410	4급 筋(근) 99	준3급 祈(기) 255
1급 鉤(구) 409	1급 捲(권) 410	3급 斤(근) 183	준3급 企(기) 255
1급 臼(구) 408	1급 眷(권) 410	3급 僅(근) 183	3급 騎(기) 184
1급 軀(구) 409	1급 顴(권/관) 410	3급 謹(근) 183	3급 忌(기) 185
1급 謳(구) 409	3급 厥(궐) 182	2급 瑾(근) 328	3급 欺(기) 184
1급 矩(구) 408	2급 闕(궐) 327	2급 槿(근) 328	3급 棄(기) 184
1급 溝(구) 408	1급 獗(궐) 410	1급 覲(근) 413	3급 幾(기) 184
1급 灸(구) 408	준3급 軌(궤) 254	1급 饉(근) 413	3급 飢(기) 184
1급 柩(구) 408	1급 机(궤) 411	8급 金(금) 9	3급 飢(기) 185
1급 舅(구) 408	1급 櫃(궤) 411	6급 今(금) 37	2급 麒(기) 330
1급 鳩(구) 409	1급 几(궤) 411	준4급 禁(금) 136	2급 驥(기) 330
1급 駒(구) 409	1급 潰(궤) 411	준3급 錦(금) 254	2급 箕(기) 329
1급 嘔(구) 407	1급 詭(궤) 411	준3급 禽(금) 255	2급 騏(기) 329
1급 垢(구) 407	5급 貴(귀) 63	준3급 琴(금) 254	2급 耆(기) 329
1급 毆(구) 408	4급 歸(귀) 98	1급 襟(금) 413	2급 沂(기) 328
1급 廏(구) 407	준3급 鬼(귀) 254	1급 衾(금) 413	2급 錤(기) 328
1급 仇(구) 407	3급 龜(귀/균) 182	1급 擒(금) 413	2급 璣(기) 329
1급 枸(구) 407	5급 規(규) 63	6급 級(급) 37	2급 琪(기) 329
1급 衢(구) 409	준3급 糾(규) 254	6급 急(급) 37	2급 琦(기) 329
1급 寇(구) 407	3급 閨(규) 183	5급 給(급) 63	2급 淇(기) 329
1급 嶇(구) 407		준3급 及(급) 255	2급 冀(기) 328

| 2급 岐(기) 328
| 1급 伎(기) 414
| 1급 嗜(기) 414
| 1급 妓(기) 414
| 1급 綺(기) 415
| 1급 崎(기) 414
| 1급 畸(기) 415
| 1급 杞(기) 415
| 1급 朞(기) 414
| 1급 譏(기) 415
| 1급 羈(기) 415
| 1급 肌(기) 415
| 3급 豈(기/개) 184
| 준3급 緊(긴) 256
| 5급 吉(길) 64
| 1급 拮(길) 415
| 1급 喫(끽) 416

ㄴ
| 3급 那(나) 185
| 3급 奈(나/내) 185
| 1급 儺(나) 416
| 1급 拏(나) 416
| 1급 拿(나) 416
| 1급 懦(나) 416
| 준3급 諾(낙/락) 256
| 준4급 暖(난) 137
| 준4급 難(난) 137
| 1급 煖(난) 416
| 1급 捺(날) 417
| 1급 捏(날) 416
| 8급 南(남) 9
| 7급 男(남) 18
| 준3급 納(납) 256
| 1급 衲(납) 417
| 3급 娘(낭) 185
| 1급 囊(낭) 417
| 8급 女(녀(여)) 9
| 7급 內(내) 18
| 준3급 乃(내) 256
| 준3급 耐(내) 256
| 1급 撚(년) 417
| 8급 年(년(연)) 9

| 1급 涅(녈) 417
| 5급 念(념(염)) 64
| 준3급 寧(녕(영)) 256
| 준4급 怒(노) 137
| 준4급 勞(노) 137
| 준3급 奴(노) 257
| 1급 弩(노) 417
| 1급 駑(노) 417
| 7급 農(농) 18
| 3급 濃(농) 185
| 1급 膿(농) 418
| 준3급 腦(뇌) 257
| 3급 惱(뇌) 186
| 2급 尿(뇨) 330
| 1급 撓(뇨) 418
| 1급 訥(눌) 418
| 1급 紐(뉴) 418
| 5급 能(능) 65
| 3급 泥(니) 186
| 2급 尼(니) 330
| 2급 溺(닉) 330
| 1급 匿(닉) 418

ㄷ
| 6급 多(다) 37
| 준3급 茶(다/차) 257
| 6급 短(단) 37
| 5급 壇(단) 65
| 5급 團(단) 65
| 4급 段(단) 100
| 준4급 端(단) 138
| 준4급 斷(단) 138
| 준4급 單(단) 138
| 준4급 檀(단) 137
| 준3급 旦(단) 257
| 준3급 但(단) 257
| 준3급 丹(단) 257
| 2급 鍛(단) 330
| 2급 湍(단) 330
| 1급 蛋(단) 419
| 1급 簞(단) 418
| 1급 緞(단) 418
| 준4급 達(달) 138

| 1급 撻(달) 419
| 1급 疸(달) 419
| 5급 談(담) 65
| 준4급 擔(담) 138
| 3급 淡(담) 258
| 3급 潭(담) 186
| 2급 膽(담) 331
| 1급 痰(담) 419
| 1급 譚(담) 420
| 1급 憺(담) 419
| 1급 曇(담) 419
| 1급 澹(담) 419
| 7급 答(답) 19
| 준3급 踏(답) 258
| 3급 沓(답) 186
| 준3급 唐(당) 258
| 3급 糖(당) 186
| 6급 堂(당) 38
| 5급 當(당) 65
| 준4급 黨(당) 138
| 준3급 唐(당) 258
| 3급 糖(당) 186
| 2급 塘(당) 331
| 1급 棠(당) 420
| 1급 撞(당) 420
| 1급 螳(당) 420
| 8급 大(대) 9
| 6급 對(대) 38
| 6급 待(대) 38
| 6급 代(대) 38
| 준4급 帶(대) 139
| 준4급 隊(대) 139
| 준3급 臺(대) 258
| 3급 貸(대) 186
| 2급 垈(대) 331
| 2급 戴(대) 331
| 1급 袋(대) 420
| 1급 擡(대) 420
| 5급 宅(댁/택) 65
| 1급 德(덕) 65
| 2급 悳(덕) 331
| 7급 道(도) 19
| 6급 圖(도) 38
| 6급 度(도/탁) 38

| 5급 到(도) 66
| 5급 都(도) 66
| 5급 島(도) 66
| 4급 徒(도) 100
| 4급 逃(도) 100
| 4급 盜(도) 100
| 준4급 導(도) 139
| 준3급 途(도) 258
| 준3급 塗(도) 259
| 준3급 陶(도) 258
| 준3급 刀(도) 259
| 3급 桃(도) 187
| 3급 挑(도) 187
| 3급 倒(도) 187
| 3급 渡(도) 187
| 3급 稻(도) 187
| 3급 跳(도) 187
| 2급 燾(도) 331
| 2급 悼(도) 331
| 1급 禱(도) 422
| 1급 睹(도) 421
| 1급 濤(도) 422
| 1급 萄(도) 422
| 1급 滔(도) 421
| 1급 淘(도) 421
| 1급 鍍(도) 422
| 1급 搗(도) 421
| 1급 掉(도) 421
| 1급 屠(도) 421
| 1급 賭(도) 422
| 1급 蹈(도) 422
| 1급 堵(도) 421
| 1급 棹(도) 421
| 6급 讀(독) 39
| 준4급 毒(독) 139
| 준4급 督(독) 139
| 3급 篤(독) 188
| 3급 獨(독) 188
| 1급 瀆(독) 423
| 1급 禿(독) 423
| 3급 敦(돈) 188
| 3급 豚(돈) 188
| 2급 惇(돈) 332

2급 燉(돈) 332	1급 癩(라) 425	4급 糧(량(양)) 101	5급 領(령(영)) 68
2급 頓(돈) 332	1급 螺(라) 424	4급 兩(량(양)) 101	5급 令(령(영)) 68
1급 沌(돈) 423	1급 懶(라) 424	준3급 凉(량(양)) 260	5급 嶺(령(영)) 68
준3급 突(돌) 259	1급 邏(라) 425	3급 諒(량(양)) 189	3급 零(령(영)) 191
2급 乭(돌) 332	1급 酪(락) 425	3급 梁(량(양)) 190	준3급 靈(령(영)) 262
8급 東(동) 10	1급 烙(락) 425	준3급 勵(려) 261	1급 玲(령) 335
7급 冬(동) 19	1급 駱(락) 425	2급 驪(려) 334	1급 鈴(령) 429
7급 同(동) 19	5급 落(락(낙)) 66	2급 礪(려) 334	1급 囹(령) 428
7급 動(동) 19	4급 洛(락(낙)) 100	2급 呂(려) 334	1급 齡(령) 429
7급 洞(동/통) 19	준3급 絡(락) 259	2급 廬(려) 334	1급 逞(령) 428
6급 童(동) 39	준3급 欄(란) 260	1급 黎(려) 427	2급 醴(례) 335
준4급 銅(동) 139	3급 爛(란) 189	1급 戾(려) 427	6급 例(례(예)) 39
3급 凍(동) 188	1급 瀾(란) 425	1급 侶(려) 427	6급 禮(례(예)) 39
3급 桐(동) 188	1급 鸞(란) 425	1급 濾(려) 427	준3급 隷(례(예)) 262
2급 董(동) 332	4급 亂(란(난)) 100	1급 閭(려) 427	준3급 露(로) 262
2급 棟(동) 332	4급 卵(란(난)) 101	5급 旅(려(여)) 67	준3급 路(로) 262
1급 憧(동) 423	준3급 蘭(란(난)) 260	4급 慮(려(여)) 101	2급 蘆(로) 335
1급 疼(동) 423	1급 辣(랄) 426	준4급 麗(려(여)) 140	2급 魯(로) 335
1급 瞳(동) 423	1급 剌(랄/라) 426	준4급 麗(려(여)) 140	2급 盧(로) 336
1급 胴(동) 423	4급 覽(람) 101	준3급 力(력) 259	2급 鷺(로) 335
6급 頭(두) 39	3급 藍(람) 189	준3급 曆(력) 261	1급 擄(로) 429
준4급 斗(두) 140	3급 濫(람) 189	1급 礫(력) 428	1급 撈(로) 429
준4급 豆(두) 140	1급 籃(람) 426	1급 瀝(력) 427	1급 虜(로) 429
2급 杜(두) 332	2급 拉(랍) 333	준4급 連(련(연)) 141	7급 老(로(노)) 20
1급 痘(두) 424	1급 臘(랍) 426	5급 練(련(연)) 67	6급 勞(로(노)) 40
1급 兜(두/도) 424	1급 蠟(랍) 426	3급 憐(련(연)) 190	준3급 爐(로(노)) 262
준3급 屯(둔) 259	5급 朗(랑(낭)) 66	3급 蓮(련(연)) 190	6급 綠(록(녹)) 40
3급 鈍(둔) 189	준3급 廊(랑(낭)) 260	준3급 鍊(련) 261	준4급 錄(록(녹)) 141
1급 臀(둔) 424	준3급 郞(랑) 260	준3급 戀(련) 261	3급 祿(록) 191
1급 遁(둔) 424	준3급 浪(랑) 260	준3급 聯(련) 261	3급 鹿(록) 191
7급 登(등) 20	1급 狼(랑) 426	2급 煉(련) 335	1급 麓(록) 429
6급 等(등) 39	2급 來(래) 333	2급 漣(련) 334	1급 碌(록) 429
준4급 得(득) 140	7급 來(래(내)) 20	1급 輦(련) 428	준4급 論(론(논)) 141
준4급 燈(등) 140	5급 冷(랭(냉)) 66	4급 烈(렬(열)) 102	준3급 弄(롱) 263
준3급 騰(등) 259	1급 掠(략) 189	준4급 列(렬(열)) 141	2급 籠(롱) 336
2급 謄(등) 333	4급 略(략(약)) 101	3급 裂(렬) 190	1급 瓏(롱) 430
2급 鄧(등) 333	2급 樑(량) 334	3급 劣(렬) 190	1급 聾(롱) 430
2급 藤(등) 333	2급 輛(량) 334	3급 廉(렴) 190	1급 壟(롱) 430
1급 橙(등) 424	2급 亮(량) 333	2급 濂(렴) 335	준3급 賴(뢰) 263
	1급 梁(량) 427	1급 殮(렴) 428	1급 磊(뢰) 430
ㄹ	1급 倆(량) 426	1급 簾(렴) 428	1급 牢(뢰) 430
준4급 羅(라(나)) 140	1급 量(량(양)) 67	1급 斂(렴) 428	1급 賂(뢰) 430
2급 裸(라) 333	5급 良(량(양)) 67	준3급 獵(렵(엽)) 262	1급 儡(뢰) 430

준3급 雷(뢰)) 263	1급 凜(름) 433	준3급 漠(막) 265	2급 魅(매) 338
5급 料(료(요)) 68	준3급 陵(릉(능)) 264	준3급 幕(막) 265	2급 枚(매) 338
3급 了(료(요)) 191	2급 楞(릉) 337	2급 膜(막) 337	1급 呆(매) 438
준3급 僚(료(요)) 263	1급 稜(릉) 433	1급 寞(막) 436	1급 昧(매) 438
2급 療(료) 336	1급 菱(릉) 433	8급 萬(만) 10	1급 寐(매) 438
2급 遼(료) 336	1급 綾(릉) 433	준4급 滿(만) 142	1급 邁(매) 438
1급 瞭(료) 431	1급 凌(릉) 433	3급 蠻(만) 193	1급 煤(매) 438
1급 寥(료) 431	7급 里(리(이)) 20	3급 慢(만) 193	1급 罵(매) 438
1급 聊(료) 431	6급 李(리(이)) 40	3급 漫(만) 193	준4급 脈(맥) 142
1급 蓼(료) 431	6급 理(리(이)) 40	3급 晩(만) 193	준3급 伯(맥) 266
1급 燎(료) 431	6급 利(리(이)) 40	2급 娩(만) 338	3급 麥(맥) 194
4급 龍(룡(용)) 102	4급 離(리(이)) 102	2급 灣(만) 338	2급 貊(맥) 339
준3급 樓(루(누)) 263	준3급 履(리(이)) 264	2급 蠻(만) 338	준3급 盟(맹) 266
3급 涙(루(누)) 191	준3급 裏(리(이)) 264	1급 挽(만) 436	준3급 孟(맹) 266
3급 屢(루(누)) 192	준3급 吏(리(이)) 264	1급 彎(만) 436	준3급 盲(맹) 266
3급 漏(루(누)) 192	3급 梨(리) 192	1급 蔓(만) 436	준3급 猛(맹) 266
3급 累(루(누)) 191	1급 痢(리) 434	1급 饅(만) 437	1급 萌(맹) 438
1급 壘(루) 431	1급 悧(리) 434	1급 卍(만) 436	2급 覓(멱) 339
1급 陋(루) 431	1급 俚(리) 434	1급 鞔(만) 436	7급 面(면) 21
5급 類(류(유)) 68	1급 罹(리) 434	1급 瞞(만) 436	4급 勉(면) 103
5급 流(류(유)) 68	1급 罹(리) 434	1급 鰻(만) 437	준3급 眠(면) 267
4급 柳(류(유)) 102	1급 裡(리) 434	5급 末(말) 69	준3급 綿(면) 266
준4급 留(류(유)) 141	1급 釐(리) 434	2급 靺(말) 338	3급 免(면) 194
2급 劉(류) 336	3급 隣(린(인)) 192	1급 沫(말) 437	2급 沔(면) 339
2급 謬(류) 336	2급 麟(린) 337	1급 抹(말) 437	2급 俛(면) 339
2급 硫(류) 336	1급 吝(린) 435	1급 襪(말) 437	2급 冕(면) 339
1급 琉(류) 432	1급 鱗(린) 435	5급 望(망) 69	1급 麪(면) 439
1급 溜(류) 432	1급 燐(린) 435	5급 亡(망/무) 69	1급 緬(면) 439
1급 瘤(류) 432	1급 躪(린) 435	준3급 茫(망) 265	1급 眄(면) 439
8급 六(륙(육)) 10	7급 林(림(임)) 20	준3급 妄(망) 265	준3급 滅(멸) 267
5급 陸(륙(육)) 69	준3급 臨(림(임)) 265	3급 忘(망) 193	2급 蔑(멸) 339
1급 戮(륙) 432	1급 淋(림) 435	3급 忙(망) 193	7급 命(명) 21
4급 輪(륜(윤)) 102	7급 立(립(입)) 20	3급 罔(망) 194	7급 名(명) 21
준3급 倫(륜(윤)) 263	1급 粒(립) 435	2급 網(망) 338	6급 明(명) 40
2급 崙(륜) 337	1급 笠(립) 435	1급 芒(망) 437	4급 鳴(명) 103
1급 綸(륜) 432		1급 惘(망) 437	준3급 銘(명) 267
1급 淪(륜) 432	◻	7급 每(매) 21	3급 冥(명) 194
준4급 律(률(율)) 141	5급 馬(마) 69	5급 買(매) 69	1급 螟(명) 440
준3급 栗(률(율)) 264	3급 麻(마) 192	5급 賣(매) 70	1급 酩(명) 440
1급 慄(률) 432	3급 磨(마) 192	4급 妹(매) 102	1급 暝(명) 439
준3급 隆(륭(융)) 264	2급 摩(마) 337	준3급 梅(매) 265	1급 皿(명) 439
1급 勒(륵) 433	2급 痲(마) 337	3급 埋(매) 194	1급 溟(명) 439
1급 肋(륵/근) 433	2급 魔(마) 337	3급 媒(매) 194	

1급 袂(몌) 440	4급 舞(무) 103	2급 玟(민) 341	1급 畔(반) 445
준3급 冒(모) 267	준4급 武(무) 142	2급 珉(민) 341	1급 頒(반) 446
8급 母(모) 10	준4급 務(무) 142	2급 閔(민) 341	1급 槃(반) 445
4급 模(모) 103	준3급 茂(무) 269	2급 旻(민) 341	1급 蟠(반) 446
준4급 毛(모) 142	준3급 貿(무) 269	1급 悶(민) 443	1급 斑(반) 446
준3급 慕(모) 268	3급 戊(무) 196	준4급 密(밀) 143	6급 發(발) 42
준3급 謀(모) 268	3급 霧(무) 196	3급 蜜(밀) 197	4급 髮(발) 104
준3급 莫(모) 267	1급 巫(무) 441	1급 謐(밀) 443	3급 拔(발) 198
준3급 貌(모) 267	1급 憮(무) 441		2급 渤(발) 342
3급 募(모) 195	1급 拇(무) 442	ㅂ	2급 鉢(발) 342
3급 矛(모) 195	1급 撫(무) 442	6급 朴(박) 41	1급 撥(발) 446
3급 侮(모) 195	1급 毋(무) 442	4급 拍(박) 104	1급 潑(발) 446
3급 某(모) 195	1급 蕪(무) 442	준4급 博(박) 143	1급 勃(발) 446
3급 暮(모) 195	1급 誣(무) 442	준3급 迫(박) 270	1급 跋(발) 446
2급 牟(모) 340	1급 歆(무/유) 442	준3급 薄(박) 270	1급 魃(발) 446
2급 茅(모) 340	준3급 黙(묵) 269	3급 泊(박) 198	1급 醱(발) 447
2급 帽(모) 339	3급 墨(묵) 196	2급 舶(박) 341	7급 方(방) 22
2급 謨(모) 340	8급 門(문) 10	1급 搏(박) 443	6급 放(방) 42
1급 耗(모) 440	3급 文(문) 21	1급 縛(박) 444	4급 妨(방) 104
1급 牡(모) 440	7급 問(문) 21	1급 粕(박) 444	준4급 防(방) 143
1급 糢(모) 440	6급 聞(문) 41	1급 箔(박) 444	준4급 訪(방) 143
1급 摸(모) 440	준3급 紋(문) 269	1급 駁(박) 445	준4급 房(방) 144
8급 木(목) 10	2급 紊(문) 340	1급 撲(박) 444	3급 倣(방) 199
6급 目(목) 41	2급 汶(문) 340	1급 剝(박) 443	3급 邦(방) 199
준4급 牧(목) 142	2급 蚊(문) 340	1급 膊(박) 444	3급 傍(방) 199
준3급 睦(목) 268	7급 物(물) 22	1급 珀(박) 444	3급 芳(방) 199
3급 沐(목) 195	준3급 勿(물) 269	1급 樸(박) 444	2급 龐(방) 343
2급 穆(목) 340	6급 米(미) 41	6급 反(반) 41	2급 紡(방) 342
준3급 沒(몰) 268	6급 美(미) 41	6급 班(반) 42	2급 旁(방) 342
3급 歿(몰) 441	준4급 未(미) 143	6급 半(반) 42	1급 謗(방) 448
준3급 蒙(몽) 268	준4급 味(미) 143	준3급 伴(반) 270	1급 膀(방) 448
준3급 夢(몽) 268	준3급 微(미) 269	준3급 般(반) 270	1급 坊(방) 447
4급 妙(묘) 103	3급 眉(미) 197	3급 飯(반) 198	1급 尨(방) 447
4급 墓(묘) 103	3급 迷(미) 197	3급 盤(반) 198	1급 幇(방) 447
3급 卯(묘) 196	3급 尾(미) 197	3급 叛(반) 198	1급 彷(방) 447
3급 苗(묘) 196	2급 彌(미) 341	3급 返(반) 198	1급 榜(방) 448
3급 廟(묘) 196	1급 媚(미) 443	2급 搬(반) 342	1급 昉(방) 447
2급 昴(묘) 340	1급 薇(미) 443	2급 潘(반) 342	1급 肪(방) 448
1급 渺(묘) 441	1급 靡(미) 443	2급 磐(반) 342	1급 枋(방) 448
1급 描(묘) 441	8급 民(민) 11	1급 絆(반) 446	5급 倍(배) 70
1급 猫(묘) 441	3급 敏(민) 197	1급 攀(반) 445	준4급 拜(배) 144
1급 杳(묘) 441	3급 憫(민) 197	1급 拌(반) 445	준4급 配(배) 144
5급 無(무) 70	2급 旼(민) 341	1급 礬(반) 445	준4급 背(배) 144

준3급 輩(배) 271	1급 壁(벽) 450	2급 馥(복) 345	1급 莩(부) 454
준3급 培(배) 270	5급 變(변) 70	1급 匐(복) 452	1급 腑(부) 454
준3급 排(배) 270	4급 辯(변) 105	1급 僕(복) 452	1급 駙(부) 454
3급 杯(배) 199	준4급 邊(변) 145	1급 鰒(복) 452	1급 賻(부) 454
2급 裵(배) 343	3급 辨(변) 200	1급 輻(복/폭) 452	1급 埠(부) 453
2급 俳(배) 343	2급 弁(변) 344	6급 本(본) 43	1급 咐(부) 453
2급 賠(배) 343	2급 卞(변) 344	5급 奉(봉) 71	1급 孵(부) 453
1급 徘(배) 448	6급 別(별) 42	준3급 封(봉) 272	1급 剖(부) 453
1급 湃(배) 448	1급 鱉(별) 451	준3급 峯(봉) 272	1급 芙(부) 454
1급 陪(배) 449	1급 瞥(별) 451	준3급 逢(봉) 272	1급 斧(부) 454
1급 胚(배) 449	6급 病(병) 43	3급 蜂(봉) 201	1급 俯(부) 453
8급 白(백) 11	5급 兵(병) 70	3급 鳳(봉) 201	7급 不(부/불) 22
7급 百(백) 22	준3급 丙(병) 271	2급 縫(봉) 346	7급 北(북/배) 22
3급 柏(백) 199	3급 屛(병) 200	2급 蓬(봉) 346	준4급 復(부/복) 146
1급 魄(백) 449	3급 竝(병) 200	2급 俸(봉) 345	6급 分(분) 43
1급 帛(백) 449	2급 柄(병) 344	1급 鋒(봉) 453	4급 粉(분) 106
6급 番(번) 42	2급 炳(병) 345	1급 棒(봉) 452	4급 憤(분) 106
4급 繁(번) 104	2급 秉(병) 345	1급 捧(봉) 452	준3급 奔(분) 274
준3급 繙(번) 271	2급 昞(병) 344	1급 烽(봉) 453	준3급 紛(분) 273
3급 煩(번) 200	2급 倂(병) 344	8급 父(부) 11	준3급 奮(분) 274
1급 藩(번) 449	2급 骿(병) 344	7급 夫(부) 22	3급 墳(분) 202
1급 蕃(번) 449	1급 甁(병) 451	6급 部(부) 43	2급 芬(분) 346
준4급 伐(벌) 144	1급 餠(병) 451	4급 負(부) 105	1급 雰(분) 456
준4급 罰(벌) 144	4급 普(보) 105	4급 否(부) 105	1급 吩(분) 455
2급 閥(벌) 343	준4급 保(보) 145	준4급 副(부) 146	1급 噴(분) 455
2급 筏(벌) 343	준4급 步(보) 145	준4급 婦(부) 146	1급 忿(분) 455
4급 犯(범) 104	준4급 寶(보) 145	준4급 富(부) 146	1급 扮(분) 455
4급 範(범) 104	준4급 報(보) 145	준4급 府(부) 146	1급 焚(분) 455
준3급 凡(범) 271	준3급 補(보) 145	준3급 符(부) 273	1급 盆(분) 455
3급 汎(범) 200	3급 譜(보) 200	준3급 簿(부) 273	1급 糞(분) 455
2급 范(범) 343	2급 甫(보) 345	준3급 浮(부) 273	준4급 佛(불) 146
1급 梵(범) 450	2급 潽(보) 345	준3급 附(부) 273	3급 弗(불) 202
1급 泛(범) 450	2급 輔(보) 345	준3급 扶(부) 273	3급 拂(불) 202
1급 汎(범) 450	1급 菩(보) 452	준3급 付(부) 273	1급 彿(불) 456
1급 帆(범) 449	1급 洑(보) 451	3급 賦(부) 202	3급 朋(붕) 202
5급 法(법) 70	1급 堡(보) 451	3급 赴(부) 201	3급 崩(붕) 203
준4급 壁(벽) 145	6급 服(복) 43	3급 腐(부) 201	2급 鵬(붕) 347
준3급 碧(벽) 271	5급 福(복) 71	3급 膚(부) 201	1급 繃(붕) 456
2급 僻(벽) 344	4급 複(복) 105	2급 阜(부) 346	1급 棚(붕) 456
1급 癖(벽) 450	4급 伏(복) 105	2급 敷(부) 346	1급 硼(붕) 456
1급 闢(벽) 451	준3급 覆(복) 272	2급 釜(부) 346	5급 鼻(비) 71
1급 擘(벽) 450	준3급 腹(복) 272	2급 傅(부) 346	5급 費(비) 71
1급 劈(벽) 450	3급 卜(복) 201	1급 訃(부) 454	5급 比(비) 71

찾아보기 | **603**

| 4급 碑(비) 106
| 4급 祕(비) 106
| 4급 批(비) 106
| 준4급 飛(비) 147
| 준4급 非(비) 147
| 준4급 備(비) 147
| 준4급 悲(비) 147
| 준3급 婢(비) 274
| 준3급 肥(비) 274
| 준3급 卑(비) 274
| 준3급 妃(비) 274
| 2급 毖(비) 347
| 2급 조(비) 347
| 2급 泌(비) 347
| 1급 妣(비) 459
| 1급 鄙(비) 459
| 1급 譬(비) 459
| 1급 誹(비) 459
| 1급 痺(비) 458
| 1급 沸(비) 457
| 1급 砒(비) 457
| 1급 蚍(비) 458
| 1급 痺(비) 457
| 1급 枇(비) 458
| 1급 匕(비) 456
| 1급 匪(비) 456
| 1급 庇(비) 457
| 1급 憊(비) 457
| 1급 臂(비) 458
| 1급 琵(비) 457
| 1급 扉(비) 457
| 1급 臂(비) 458
| 1급 緋(비) 458
| 1급 脾(비) 458
| 준4급 貧(빈) 147
| 3급 賓(빈) 203
| 3급 頻(빈) 203
| 2급 彬(빈) 347
| 1급 瀕(빈) 460
| 1급 嬪(빈) 459
| 1급 殯(빈) 459
| 1급 嚬(빈) 459
| 1급 瀕(빈) 460

| 5급 氷(빙) 71
| 3급 聘(빙) 203
| 1급 憑(빙) 460

ㅅ

| 8급 四(사) 11
| 7급 事(사) 23
| 6급 社(사) 44
| 6급 使(사) 43
| 6급 死(사) 44
| 5급 史(사) 72
| 5급 査(사) 72
| 5급 思(사) 72
| 5급 寫(사) 72
| 5급 士(사) 72
| 5급 仕(사) 72
| 4급 私(사) 106
| 4급 射(사) 107
| 4급 辭(사) 107
| 4급 絲(사) 107
| 준4급 師(사) 147
| 준4급 舍(사) 148
| 준4급 謝(사) 148
| 준3급 沙(사) 275
| 준3급 邪(사) 275
| 준3급 詞(사) 275
| 준3급 祀(사) 275
| 준3급 司(사) 275
| 준3급 巳(사) 275
| 3급 捨(사) 203
| 3급 詐(사) 204
| 3급 蛇(사) 204
| 3급 斯(사) 203
| 3급 斜(사) 203
| 3급 賜(사) 204
| 3급 似(사) 204
| 2급 唆(사) 347
| 2급 泗(사) 347
| 2급 赦(사) 348
| 2급 飼(사) 348
| 1급 奢(사) 460
| 1급 娑(사) 460
| 1급 瀉(사) 461

| 1급 徙(사) 461
| 1급 麝(사) 461
| 1급 獅(사) 461
| 1급 祠(사) 461
| 1급 蓑(사) 461
| 1급 嗣(사) 460
| 1급 些(사) 460
| 1급 紗(사) 461
| 3급 朔(삭) 204
| 3급 索(삭/색) 205
| 3급 削(삭/초) 204
| 8급 山(산) 11
| 7급 算(산) 23
| 5급 産(산) 73
| 4급 散(산) 107
| 3급 酸(산) 205
| 2급 傘(산) 348
| 1급 刪(산) 462
| 1급 珊(산) 462
| 1급 疝(산) 462
| 1급 薩(살) 462
| 1급 煞(살) 462
| 1급 撒(살) 462
| 8급 三(삼) 11
| 준3급 森(삼) 276
| 2급 蔘(삼) 348
| 1급 滲(삼) 462
| 1급 揷(삽) 348
| 1급 澁(삽) 463
| 7급 上(상) 23
| 5급 賞(상) 73
| 5급 商(상) 73
| 5급 相(상) 73
| 4급 象(상) 107
| 4급 傷(상) 107
| 준4급 狀(상/장) 148
| 준4급 床(상) 148
| 준4급 想(상) 148
| 준4급 常(상) 148
| 준3급 詳(상) 276
| 준3급 喪(상) 276
| 준3급 尙(상) 276
| 준3급 裳(상) 277

| 준3급 像(상) 276
| 준3급 霜(상) 276
| 3급 祥(상) 205
| 3급 償(상) 205
| 3급 嘗(상) 205
| 3급 桑(상) 205
| 2급 庠(상) 348
| 2급 箱(상) 348
| 1급 孀(상) 463
| 1급 爽(상) 463
| 1급 翔(상) 463
| 1급 觴(상) 463
| 1급 塞(새) 463
| 3급 塞(새/색) 206
| 7급 色(색) 23
| 1급 嗇(색) 463
| 8급 生(생) 12
| 6급 省(생) 44
| 1급 甥(생) 464
| 1급 牲(생) 464
| 8급 西(서) 12
| 6급 書(서) 44
| 5급 序(서) 73
| 준3급 誓(서) 277
| 준3급 恕(서) 277
| 준3급 逝(서) 277
| 준3급 徐(서) 277
| 준3급 緖(서) 277
| 준3급 誓(서) 278
| 3급 暑(서) 206
| 3급 庶(서) 206
| 3급 敍(서) 206
| 2급 舒(서) 349
| 2급 瑞(서) 349
| 1급 抒(서) 464
| 1급 黍(서) 465
| 1급 棲(서) 464
| 1급 嶼(서) 464
| 1급 墅(서) 464
| 1급 曙(서) 464
| 1급 薯(서) 465
| 1급 犀(서) 465
| 1급 鼠(서) 465

| 1급 胥(서) 465
| 7급 夕(석) 23
| 6급 席(석) 44
| 6급 石(석) 44
| 준3급 釋(석) 278
| 준3급 惜(석) 278
| 3급 析(석) 206
| 3급 昔(석/착) 206
| 2급 碩(석) 349
| 2급 錫(석) 349
| 2급 奭(석) 349
| 2급 晳(석) 349
| 1급 潟(석) 465
| 8급 先(선) 12
| 6급 線(선) 45
| 5급 選(선) 74
| 5급 鮮(선) 74
| 5급 仙(선) 74
| 5급 船(선) 74
| 5급 善(선) 73
| 4급 宣(선) 108
| 준3급 旋(선) 278
| 3급 禪(선) 207
| 2급 瑄(선) 349
| 2급 璇(선) 350
| 2급 繕(선) 350
| 2급 璿(선) 350
| 1급 銑(선) 466
| 1급 腺(선) 466
| 1급 煽(선) 466
| 1급 膳(선) 466
| 1급 扇(선) 465
| 1급 羨(선/연) 466
| 6급 雪(설) 45
| 5급 說(설) 74
| 4급 舌(설) 108
| 준4급 設(설) 149
| 2급 薛(설) 350
| 2급 卨(설) 350
| 1급 泄(설) 466
| 1급 洩(설) 467
| 1급 屑(설) 466
| 1급 渫(설) 467

| 2급 暹(섬) 350
| 2급 蟾(섬) 351
| 2급 纖(섬) 350
| 1급 閃(섬) 467
| 1급 殲(섬) 467
| 준3급 攝(섭) 278
| 3급 涉(섭) 207
| 2급 燮(섭) 351
| 7급 姓(성) 23
| 6급 成(성) 45
| 5급 性(성) 74
| 준4급 聲(성) 149
| 준4급 城(성) 149
| 준4급 聖(성) 149
| 준4급 盛(성) 149
| 준4급 星(성) 150
| 준4급 誠(성) 149
| 2급 晟(성) 351
| 1급 醒(성) 467
| 7급 世(세) 24
| 5급 歲(세) 75
| 5급 洗(세) 75
| 준4급 勢(세) 150
| 준4급 細(세) 150
| 준4급 稅(세) 150
| 2급 貰(세) 351
| 8급 小(소) 12
| 7급 少(소) 24
| 7급 所(소) 24
| 6급 消(소) 45
| 준4급 素(소) 150
| 준4급 笑(소) 150
| 준4급 掃(소) 151
| 준3급 訴(소) 279
| 준3급 蘇(소) 279
| 3급 疏(소) 207
| 3급 蔬(소) 207
| 3급 騷(소) 207
| 3급 召(소) 207
| 3급 燒(소) 208
| 3급 昭(소) 208
| 2급 沼(소) 351
| 2급 邵(소) 352

| 2급 巢(소) 351
| 2급 紹(소) 351
| 1급 簫(소) 468
| 1급 瘙(소) 468
| 1급 甦(소) 468
| 1급 梳(소) 468
| 1급 疎(소) 468
| 1급 逍(소) 469
| 1급 搔(소) 468
| 1급 塑(소) 467
| 1급 宵(소) 467
| 1급 蕭(소) 468
| 1급 溯(소) 469
| 6급 速(속) 45
| 5급 束(속) 75
| 준4급 俗(속) 151
| 준4급 續(속) 151
| 3급 粟(속) 208
| 1급 贖(속) 469
| 6급 孫(손) 45
| 4급 損(손) 108
| 1급 遜(손) 469
| 준3급 率(솔) 279
| 4급 頌(송) 108
| 4급 松(송) 108
| 준4급 送(송) 151
| 3급 訟(송) 208
| 3급 誦(송) 208
| 2급 宋(송) 352
| 1급 悚(송) 469
| 준3급 刷(쇄) 279
| 3급 鎖(쇄) 208
| 1급 碎(쇄) 469
| 1급 灑(쇄) 469
| 준4급 殺(쇄/살) 151
| 준3급 衰(쇠) 279
| 8급 水(수) 12
| 7급 手(수) 24
| 7급 數(수) 24
| 6급 樹(수) 46
| 5급 首(수) 75
| 4급 秀(수) 108
| 준4급 守(수) 152

| 준4급 收(수) 152
| 준4급 修(수) 152
| 준4급 受(수) 151
| 준4급 授(수) 152
| 준3급 愁(수) 280
| 준3급 垂(수) 281
| 준3급 搜(수) 281
| 준3급 壽(수) 280
| 준3급 輸(수) 280
| 준3급 需(수) 279
| 준3급 隨(수) 280
| 준3급 獸(수) 280
| 준3급 殊(수) 280
| 준3급 帥(수) 279
| 3급 須(수) 209
| 3급 雖(수) 209
| 3급 遂(수) 209
| 3급 誰(수) 209
| 3급 囚(수) 209
| 3급 睡(수) 209
| 2급 隋(수) 352
| 2급 銖(수) 352
| 2급 洙(수) 352
| 1급 蒐(수) 471
| 1급 袖(수) 471
| 1급 酬(수) 471
| 1급 髓(수) 471
| 1급 羞(수) 471
| 1급 讐(수) 471
| 1급 繡(수) 471
| 1급 瘦(수) 470
| 1급 嫂(수) 470
| 1급 粹(수) 470
| 1급 戍(수) 470
| 1급 竪(수) 470
| 1급 穗(수) 470
| 1급 狩(수) 470
| 5급 宿(숙) 75
| 4급 肅(숙) 109
| 4급 叔(숙) 109
| 준3급 熟(숙) 281
| 준3급 淑(숙) 281
| 3급 孰(숙) 210

1급 夙(숙) 472	준4급 施(시) 153	1급 呻(신) 474	준3급 岸(안) 285
1급 菽(숙) 472	준4급 寺(시) 153	1급 娠(신) 474	준3급 顔(안) 284
1급 塾(숙) 472	준4급 視(시) 153	1급 宸(신) 474	3급 雁(안) 212
5급 順(순) 75	준4급 是(시) 153	1급 薪(신) 475	1급 按(안) 477
준4급 純(순) 152	준4급 詩(시) 153	1급 腎(신) 475	1급 晏(안) 477
준3급 瞬(순) 282	준3급 侍(시) 282	1급 燼(신) 475	1급 鞍(안) 477
준3급 旬(순) 281	준3급 尸(시) 283	8급 室(실) 12	3급 謁(알) 213
준3급 巡(순) 281	3급 矢(시) 211	6급 失(실) 47	2급 閼(알) 354
3급 殉(순) 210	2급 屍(시) 353	5급 實(실) 76	1급 軋(알) 477
3급 盾(순) 210	2급 柴(시) 353	1급 悉(실) 475	1급 斡(알) 477
3급 脣(순) 210	1급 弑(시) 473	7급 心(심) 25	준4급 暗(암) 154
3급 循(순) 210	1급 豺(시) 473	준4급 深(심) 154	준3급 巖(암) 285
2급 珣(순) 353	1급 猜(시) 473	준3급 甚(심) 283	2급 癌(암) 355
2급 荀(순) 353	1급 諡(시) 473	준3급 審(심) 283	1급 闇(암) 477
2급 舜(순) 353	1급 匙(시) 473	3급 尋(심) 212	1급 庵(암) 477
2급 洵(순) 352	1급 媤(시) 473	2급 瀋(심) 354	준4급 壓(압) 154
2급 淳(순) 352	1급 柿(시) 474	8급 十(십) 13	준3급 押(압) 285
1급 筍(순) 472	7급 植(식) 25	준3급 雙(쌍) 284	2급 鴨(압) 355
1급 馴(순) 472	7급 食(식) 25	4급 氏(씨) 109	준3급 仰(앙) 285
1급 醇(순) 472	6급 式(식) 46		준3급 央(앙) 285
6급 術(술) 46	준4급 息(식) 154	**ㅇ**	4급 殃(앙) 109
준3급 述(술) 282	준3급 飾(식) 283	준3급 雅(아) 284	1급 秧(앙) 478
3급 戌(술) 210	2급 湜(식) 354	5급 兒(아) 76	1급 怏(앙) 478
4급 崇(숭) 109	2급 軾(식) 354	준3급 亞(아) 284	1급 昻(앙) 478
2급 瑟(슬) 353	2급 殖(식) 354	준3급 阿(아) 284	1급 鴦(앙) 478
1급 膝(슬) 472	1급 熄(식) 474	준3급 我(아) 284	6급 愛(애) 48
6급 習(습) 46	1급 拭(식) 474	3급 餓(아) 212	준3급 哀(애) 285
4급 襲(습) 109	1급 蝕(식) 474	3급 牙(아) 212	3급 涯(애) 213
3급 濕(습) 210	5급 識(식/지) 76	3급 芽(아) 212	2급 礙(애) 355
준3급 拾(습/십) 283	6급 新(신) 47	1급 衙(아) 476	2급 艾(애) 355
6급 勝(승) 46	6급 信(신) 47	1급 啞(아) 476	2급 埃(애) 355
준4급 承(승) 152	6급 身(신) 47	1급 俄(아) 476	1급 崖(애) 478
준3급 乘(승) 282	6급 神(신) 47	1급 訝(아) 476	1급 曖(애) 478
준3급 昇(승) 282	5급 臣(신) 76	6급 樂(악/락) 47	1급 隘(애) 478
준3급 僧(승) 282	준4급 申(신) 154	5급 惡(악) 76	1급 靄(애) 479
3급 升(승) 211	준3급 愼(신) 283	3급 岳(악) 212	준4급 液(액) 155
2급 繩(승) 353	3급 晨(신) 211	2급 握(악) 354	4급 額(액) 110
1급 丞(승) 473	3급 伸(신) 211	1급 顎(악) 476	3급 厄(액) 213
7급 時(시) 25	3급 辛(신) 211	1급 堊(악) 476	1급 扼(액) 479
7급 市(시) 24	2급 紳(신) 354	1급 愕(악) 476	1급 縊(액) 479
6급 始(시) 46	1급 迅(신) 475	7급 安(안) 25	1급 腋(액) 479
5급 示(시) 76	1급 訊(신) 475	5급 案(안) 77	1급 鶯(앵) 479
준4급 試(시) 153	1급 蜃(신) 475	준4급 眼(안) 154	1급 櫻(앵) 479

6급 野(야) 48	3급 焉(언) 214	1급 筵(연) 483	준4급 誤(오) 156
6급 夜(야) 48	2급 彦(언) 356	1급 椽(연) 482	준3급 烏(오) 289
준3급 若(야) 286	1급 堰(언) 481	1급 捐(연) 482	준3급 悟(오) 289
3급 也(야) 213	1급 諺(언) 482	5급 熱(열) 77	3급 汚(오) 216
3급 耶(야) 213	4급 嚴(엄) 110	준3급 悅(열) 288	3급 娛(오) 216
2급 倻(야) 355	1급 掩(엄) 482	준3급 閱(열) 288	3급 鳴(오) 216
2급 惹(야) 355	1급 奄(엄) 482	준3급 染(염) 288	3급 梧(오) 217
1급 爺(야) 480	1급 儼(엄) 482	3급 鹽(염) 215	3급 傲(오) 216
1급 揶(야) 480	6급 業(업) 49	3급 炎(염) 215	3급 吾(오) 217
1급 冶(야) 479	준4급 餘(여) 155	2급 厭(염) 356	2급 墺(오) 358
6급 藥(약) 48	4급 如(여) 110	2급 閻(염) 356	2급 吳(오) 358
6급 弱(약) 48	4급 與(여) 110	1급 焰(염) 483	1급 寤(오) 484
5급 約(약) 77	3급 余(여) 214	1급 艷(염) 483	1급 懊(오) 484
준3급 躍(약) 286	3급 汝(여) 214	5급 葉(엽) 78	1급 伍(오) 484
1급 葯(약) 480	3급 予(여) 214	3급 燁(엽) 357	1급 奧(오) 484
6급 洋(양) 48	3급 輿(여) 214	6급 永(영) 49	5급 屋(옥) 78
6급 陽(양) 49	4급 域(역) 111	6급 英(영) 49	준4급 玉(옥) 156
5급 養(양) 77	4급 或(역) 110	4급 映(영) 112	준3급 獄(옥) 289
4급 樣(양) 110	4급 易(역) 111	4급 迎(영) 112	2급 沃(옥) 358
준4급 羊(양) 155	준4급 逆(역) 155	준4급 榮(영) 156	2급 鈺(옥) 358
준3급 讓(양) 286	준3급 役(역) 287	준3급 影(영) 289	6급 溫(온) 49
준3급 壤(양) 286	준3급 驛(역) 287	3급 詠(영) 216	2급 穩(온) 358
준3급 揚(양) 286	준3급 亦(역) 287	3급 泳(영) 215	1급 蘊(온) 484
3급 楊(양) 213	준3급 譯(역) 287	2급 瑛(영) 357	준3급 擁(옹) 289
2급 襄(양) 356	3급 疫(역) 215	2급 盈(영) 357	2급 翁(옹) 217
1급 孃(양) 480	1급 繹(역) 482	2급 暎(영) 357	2급 甕(옹) 359
1급 恙(양) 480	7급 然(연) 26	1급 嬰(영) 483	2급 雍(옹) 359
1급 癢(양) 481	4급 燃(연) 111	2급 瑩(영/형) 357	2급 邕(옹) 359
1급 瘍(양) 480	4급 緣(연) 111	준4급 藝(예) 156	1급 甕(옹) 485
1급 攘(양) 480	4급 鉛(연) 111	준3급 譽(예) 289	2급 臥(와) 217
1급 釀(양) 481	4급 延(연) 111	4급 豫(예) 112	3급 瓦(와) 217
7급 語(어) 25	준4급 研(연) 155	3급 銳(예) 216	1급 渦(와) 485
5급 魚(어) 77	준4급 煙(연) 155	3급 芮(예) 358	1급 蝸(와) 485
5급 漁(어) 77	준4급 演(연) 156	2급 睿(예) 357	1급 訛(와) 485
준3급 御(어) 286	준3급 沿(연) 288	2급 預(예) 358	5급 完(완) 78
3급 於(어) 214	준3급 軟(연) 288	2급 濊(예) 357	3급 緩(완) 217
1급 瘀(어) 481	준3급 宴(연) 288	1급 曳(예) 483	2급 莞(완) 359
1급 圄(어) 481	3급 燕(연) 215	1급 裔(예) 484	1급 阮(완) 486
1급 禦(어) 481	3급 硯(연) 215	1급 詣(예) 484	1급 頑(완) 486
준3급 憶(억) 287	2급 淵(연) 356	1급 穢(예) 483	1급 腕(완) 486
준3급 抑(억) 287	2급 妍(연) 356	8급 五(오) 13	1급 玩(완) 485
1급 臆(억) 481	2급 衍(연) 356	7급 午(오) 26	1급 宛(완) 485
6급 言(언) 49	1급 鳶(연) 483		1급 婉(완) 485

3급 曰(왈) 218	2급 熔(용) 361	1급 耘(운) 490	2급 尉(위) 363
8급 王(왕) 13	2급 溶(용) 360	2급 鬱(울) 362	1급 萎(위) 490
준4급 往(왕) 156	1급 舂(용) 488	2급 蔚(울) 362	7급 有(유) 26
2급 汪(왕) 359	1급 鎔(용) 489	5급 雄(웅) 79	6급 油(유) 50
2급 旺(왕) 359	1급 涌(용) 488	2급 熊(웅) 363	6급 由(유) 51
1급 枉(왕) 486	1급 聳(용) 488	6급 遠(원) 50	4급 遊(유) 114
2급 歪(왜) 360	1급 茸(용) 488	6급 園(원) 50	4급 乳(유) 114
2급 倭(왜) 359	1급 踊(용) 488	5급 原(원) 79	4급 遺(유) 114
1급 矮(왜) 486	7급 右(우) 26	5급 願(원) 79	4급 儒(유) 114
8급 外(외) 13	5급 友(우) 79	5급 院(원) 80	준3급 維(유) 292
3급 畏(외) 218	5급 牛(우) 79	5급 元(원) 80	준3급 悠(유) 292
1급 猥(외) 486	5급 雨(우) 78	4급 源(원) 113	준3급 裕(유) 292
1급 巍(외) 486	4급 遇(우) 112	4급 怨(원) 113	준3급 幽(유) 292
5급 曜(요) 78	4급 優(우) 112	4급 援(원) 113	준3급 柔(유) 293
5급 要(요) 78	준4급 郵(우) 157	준4급 圓(원) 157	준3급 誘(유) 292
준4급 謠(요) 157	준3급 憂(우) 291	준4급 員(원) 157	준3급 猶(유) 292
3급 搖(요) 218	준3급 愚(우) 291	2급 苑(원) 363	준3급 幼(유) 293
3급 遙(요) 218	준3급 宇(우) 290	2급 袁(원) 363	3급 愈(유) 220
3급 腰(요) 218	준3급 偶(우) 291	2급 媛(원) 363	3급 惟(유) 220
2급 姚(요) 360	3급 羽(우) 219	2급 爰(원) 363	3급 酉(유) 220
2급 耀(요) 360	3급 尤(우) 219	2급 瑗(원) 363	3급 唯(유) 221
2급 妖(요) 360	3급 又(우) 219	1급 寃(원) 490	2급 兪(유) 364
2급 堯(요) 360	3급 于(우) 219	1급 鴛(원) 490	2급 踰(유) 364
1급 僥(요) 487	2급 佑(우) 361	1급 猿(원) 490	2급 楡(유) 364
1급 窈(요) 487	2급 祐(우) 361	8급 月(월) 13	2급 庾(유) 364
1급 擾(요) 487	2급 禹(우) 361	준3급 越(월) 291	1급 揄(유) 491
1급 邀(요) 488	1급 虞(우) 489	5급 位(위) 80	1급 愉(유) 491
1급 拗(요) 487	1급 迂(우) 489	5급 偉(위) 80	1급 宥(유) 491
1급 夭(요) 487	1급 嵎(우) 489	4급 威(위) 114	1급 喩(유) 490
1급 凹(요) 487	1급 寓(우) 489	4급 慰(위) 113	1급 游(유) 491
1급 窯(요) 487	1급 隅(우) 489	4급 委(위) 113	1급 鍮(유) 492
1급 饒(요) 488	2급 旭(욱) 361	4급 圍(위) 113	1급 愈(유) 491
6급 勇(용) 50	2급 昱(욱) 362	4급 危(위) 114	1급 柚(유) 491
6급 用(용) 50	2급 煜(욱) 362	준4급 爲(위) 157	1급 諛(유) 492
준3급 慾(욕) 290	2급 郁(욱) 362	준4급 衛(위) 157	1급 諭(유) 491
준3급 辱(욕) 290	2급 頊(욱) 362	준3급 謂(위) 291	1급 蹂(유) 492
준3급 浴(욕) 290	6급 運(운) 50	3급 違(위) 220	7급 育(육) 26
준3급 欲(욕) 290	5급 雲(운) 79	3급 僞(위) 220	준4급 肉(육) 158
준3급 容(용) 290	준3급 韻(운) 291	3급 緯(위) 220	준3급 潤(윤) 293
3급 庸(용) 218	3급 云(운) 219	3급 胃(위) 219	3급 閏(윤) 221
2급 鎔(용) 361	2급 芸(운) 362	2급 魏(위) 364	2급 胤(윤) 365
2급 傭(용) 360	1급 殞(운) 489	2급 韋(위) 364	2급 鈗(윤) 365
2급 瑢(용) 361	1급 隕(운) 490	2급 渭(위) 364	2급 尹(윤) 365

2급 尹(윤) 365	3급 已(이) 222	1급 孕(잉) 495	준3급 潛(잠) 294
2급 融(융) 365	3급 夷(이) 222	1급 剩(잉) 495	3급 蠶(잠) 224
1급 絨(융) 492	3급 而(이) 222		1급 簪(잠) 498
1급 戎(융) 492	3급 貳(이) 222	**ㅈ**	1급 箴(잠) 498
6급 銀(은) 51	2급 珥(이) 366	7급 字(자) 27	4급 雜(잡) 116
4급 隱(은) 115	2급 伊(이) 366	7급 子(자) 27	8급 長(장) 14
준4급 恩(은) 158	2급 怡(이) 366	7급 自(자) 27	7급 場(장) 27
2급 誾(은) 366	1급 餌(이) 494	6급 者(자) 52	6급 章(장) 27
2급 殷(은) 365	1급 姨(이) 493	4급 姉(자) 116	4급 裝(장) 117
2급 垠(은) 365	1급 弛(이) 493	4급 姿(자) 116	4급 帳(장) 117
준3급 乙(을) 293	1급 爾(이) 494	4급 資(자) 116	4급 腸(장) 117
6급 飮(음) 51	1급 痍(이) 494	준3급 慈(자) 294	4급 壯(장) 116
6급 音(음) 51	준4급 益(익) 159	3급 玆(자) 224	4급 張(장) 117
준4급 陰(음) 158	준3급 翼(익) 293	3급 雌(자) 223	4급 獎(장) 117
3급 淫(음) 221	2급 翊(익) 366	3급 恣(자) 224	준4급 障(장) 160
3급 吟(음) 221	2급 翌(익) 366	3급 紫(자) 224	준3급 將(장) 159
1급 蔭(음) 492	8급 人(인) 14	3급 刺(자/척/라) 223	준3급 葬(장) 295
7급 邑(읍) 26	5급 因(인) 81	2급 滋(자) 367	준3급 丈(장) 295
3급 泣(읍) 221	4급 仁(인) 115	2급 諮(자) 367	준3급 粧(장) 295
1급 揖(읍) 492	준4급 印(인) 159	2급 磁(자) 367	준3급 掌(장) 296
준4급 應(응) 158	준4급 認(인) 159	1급 仔(자) 495	준3급 藏(장) 295
준3급 凝(응) 293	준4급 引(인) 159	1급 煮(자) 495	준3급 莊(장) 295
2급 鷹(응) 366	준3급 忍(인) 294	1급 藉(자) 496	준3급 臟(장) 295
1급 膺(응) 493	3급 刃(인) 223	1급 疵(자) 496	3급 牆(장) 225
6급 衣(의) 51	3급 姻(인) 223	1급 蔗(자) 496	3급 墻(장) 225
6급 醫(의) 51	3급 寅(인) 222	1급 炙(자/적) 496	2급 蔣(장) 368
4급 依(의) 115	1급 靭(인) 495	6급 作(작) 52	2급 庄(장) 367
4급 儀(의) 115	1급 湮(인) 494	6급 昨(작) 52	2급 璋(장) 368
4급 疑(의) 115	1급 咽(인) 494	3급 爵(작) 224	2급 獐(장) 367
준4급 義(의) 158	1급 蚓(인) 494	3급 酌(작) 224	1급 仗(장) 498
준4급 議(의) 158	8급 一(일) 14	1급 鵲(작) 497	1급 匠(장) 498
3급 矣(의) 222	8급 日(일) 14	1급 勺(작) 496	1급 杖(장) 498
3급 宜(의) 221	준3급 逸(일) 294	1급 雀(작) 497	1급 醬(장) 499
1급 擬(의) 493	3급 壹(일) 223	1급 芍(작) 497	1급 漿(장) 499
1급 毅(의) 493	2급 鎰(일) 367	1급 綽(작) 497	1급 檣(장) 498
1급 椅(의) 493	2급 佾(일) 366	1급 炸(작) 497	1급 薔(장) 498
1급 誼(의) 493	1급 溢(일) 495	1급 灼(작) 497	6급 才(재) 52
6급 意(의/희) 51	1급 佚(일/질) 495	1급 嚼(작) 496	6급 在(재) 52
8급 二(이) 13	5급 任(임) 81	4급 殘(잔) 116	5급 災(재) 81
5급 耳(이) 80	준3급 壬(임) 294	1급 棧(잔) 498	5급 財(재) 81
5급 以(이) 80	3급 賃(임) 223	1급 盞(잔) 498	5급 再(재) 81
4급 異(이) 115	2급 妊(임) 367	준3급 暫(잠) 294	5급 材(재) 81
준4급 移(이) 159	7급 入(입) 27	준3급 潛(잠) 294	준3급 裁(재) 296

준3급 宰(재) 296	6급 戰(전) 53	7급 正(정) 28	4급 帝(제) 120
준3급 載(재) 296	5급 典(전) 83	6급 庭(정) 53	준4급 製(제) 162
준3급 栽(재) 296	5급 展(전) 82	6급 定(정) 53	준4급 濟(제) 162
3급 哉(재) 225	5급 傳(전) 82	5급 情(정) 83	준4급 提(제) 161
1급 齋(재) 499	4급 專(전) 118	5급 停(정) 83	준4급 制(제) 161
1급 滓(재) 499	4급 轉(전) 119	4급 丁(정) 120	준4급 祭(제) 161
5급 爭(쟁) 82	4급 錢(전) 119	4급 整(정) 120	준4급 際(제) 162
1급 錚(쟁) 499	준4급 田(전) 160	4급 靜(정) 119	준4급 除(제) 162
5급 貯(저) 82	준3급 殿(전) 298	준4급 程(정) 161	준3급 諸(제) 297
4급 底(저) 117	2급 甸(전) 368	준4급 精(정) 161	준3급 齊(제) 299
준4급 低(저) 160	준4급 纏(전) 503	준4급 政(정) 161	3급 堤(제) 226
준3급 著(저) 297	1급 顚(전) 504	준3급 頂(정) 299	2급 劑(제) 370
준3급 抵(저) 296	1급 廛(전) 502	준3급 亭(정) 298	1급 蹄(제) 506
2급 沮(저) 368	1급 悛(전) 502	준3급 廷(정) 298	1급 悌(제) 506
1급 狙(저) 500	1급 篆(전) 503	준3급 淨(정) 299	1급 梯(제) 506
1급 咀(저) 499	1급 箋(전) 503	준3급 征(정) 299	1급 啼(제) 506
1급 詛(저) 500	1급 剪(전) 501	준3급 井(정) 299	7급 祖(조) 28
1급 著(저) 500	1급 輾(전) 503	준3급 貞(정) 299	6급 朝(조) 53
1급 骶(저) 500	1급 餞(전) 504	3급 訂(정) 225	5급 操(조) 84
1급 躇(저) 500	1급 澱(전) 502	2급 旌(정) 368	5급 調(조) 84
1급 杵(저) 500	1급 顫(전) 503	2급 呈(정) 368	4급 條(조) 120
1급 邸(저) 500	1급 銓(전) 503	2급 晶(정) 369	4급 潮(조) 120
5급 的(적) 82	1급 氈(전) 502	2급 禎(정) 369	4급 組(조) 120
5급 赤(적) 82	1급 箋(전) 503	2급 汀(정) 369	준4급 造(조) 162
4급 籍(적) 118	1급 塡(전) 501	2급 珽(정) 369	준4급 鳥(조) 162
4급 積(적) 118	1급 栓(전) 502	2급 偵(정) 368	준4급 助(조) 163
4급 適(적) 118	1급 煎(전) 502	2급 艇(정) 369	준4급 早(조) 163
4급 績(적) 118	1급 癲(전) 502	2급 鄭(정) 369	준3급 兆(조) 300
4급 賊(적) 118	1급 塼(전) 501	2급 楨(정) 369	준3급 照(조) 300
준4급 敵(적) 160	5급 節(절) 83	2급 鼎(정) 370	3급 弔(조) 226
준3급 寂(적) 297	4급 折(절) 119	1급 靖(정) 506	3급 租(조) 226
준3급 跡(적) 297	준4급 絶(절) 160	1급 挺(정) 504	3급 燥(조) 226
준3급 笛(적) 298	준3급 竊(절) 298	1급 幀(정) 504	2급 趙(조) 370
준3급 摘(적) 297	1급 截(절) 504	1급 釘(정) 505	2급 祚(조) 370
준3급 蹟(적) 297	5급 切(절/체) 83	1급 錠(정) 505	2급 釣(조) 371
3급 滴(적) 225	5급 店(점) 83	1급 碇(정) 505	2급 曺(조) 371
1급 謫(적) 501	4급 占(점) 119	1급 酊(정) 505	2급 措(조) 370
1급 迹(적) 501	4급 點(점) 119	1급 穽(정) 505	2급 彫(조) 370
1급 嫡(적) 501	준3급 漸(점) 298	1급 町(정) 505	1급 爪(조) 507
1급 狄(적) 501	1급 粘(점) 505	1급 晴(정) 505	1급 遭(조) 507
7급 全(전) 27	1급 霑(점) 504	8급 弟(제) 14	1급 粗(조) 508
7급 前(전) 28	준4급 接(접) 160	8급 第(제) 14	1급 棗(조) 507
7급 電(전) 28	3급 蝶(접) 225	6급 題(제) 53	1급 曹(조) 507

| 1급 嘲(조) 506
| 1급 凋(조) 506
| 1급 槽(조) 507
| 1급 眺(조) 507
| 1급 稠(조) 507
| 1급 躁(조) 508
| 1급 詔(조) 508
| 1급 阻(조) 509
| 1급 糟(조) 508
| 1급 藻(조) 508
| 1급 繰(조) 508
| 1급 遭(조) 509
| 1급 肇(조) 508
| 7급 足(족) 28
| 6급 族(족) 53
| 1급 簇(족) 509
| 준4급 存(존) 163
| 준4급 尊(존/준) 163
| 5급 卒(졸) 84
| 3급 拙(졸) 226
| 1급 猝(졸) 509
| 5급 種(종) 84
| 5급 終(종) 84
| 4급 鐘(종) 121
| 4급 從(종) 121
| 준4급 宗(종) 163
| 준3급 縱(종) 300
| 2급 琮(종) 371
| 2급 綜(종) 371
| 1급 踵(종) 510
| 1급 慫(종) 509
| 1급 腫(종) 509
| 1급 踪(종) 509
| 4급 座(좌) 121
| 준3급 坐(좌) 300
| 3급 佐(좌) 226
| 3급 左(좌) 227
| 1급 挫(좌) 510
| 5급 罪(죄) 84
| 7급 主(주) 29
| 7급 住(주) 28
| 6급 晝(주) 54
| 6급 注(주) 54

| 5급 州(주) 85
| 5급 週(주) 85
| 4급 周(주) 121
| 4급 朱(주) 121
| 준4급 走(주) 163
| 준3급 鑄(주) 300
| 준3급 珠(주) 300
| 준3급 奏(주) 301
| 준3급 柱(주) 301
| 준3급 洲(주) 301
| 준3급 宙(주) 301
| 3급 酒(주) 227
| 3급 舟(주) 227
| 3급 株(주) 227
| 2급 駐(주) 371
| 2급 疇(주) 371
| 1급 廚(주) 510
| 1급 嗾(주) 510
| 1급 誅(주) 511
| 1급 做(주) 510
| 1급 紂(주) 510
| 1급 註(주) 511
| 1급 呪(주) 510
| 1급 紬(주) 511
| 1급 躊(주) 511
| 1급 輳(주) 511
| 1급 冑(주) 511
| 준4급 竹(죽) 164
| 준4급 準(준) 164
| 3급 遵(준) 227
| 3급 俊(준) 227
| 2급 峻(준) 372
| 2급 晙(준) 372
| 2급 准(준) 371
| 2급 埈(준) 371
| 2급 駿(준) 372
| 2급 濬(준) 372
| 2급 浚(준) 372
| 1급 竣(준) 512
| 1급 蠢(준) 512
| 1급 樽(준) 511
| 8급 中(중) 15
| 7급 重(중) 29

| 준4급 衆(중) 164
| 3급 仲(중) 228
| 준3급 卽(즉) 301
| 1급 櫛(즐) 512
| 1급 汁(즙) 512
| 1급 茸(즙) 512
| 4급 證(증) 121
| 준4급 增(증) 164
| 준3급 憎(증) 302
| 준3급 曾(증) 301
| 준3급 症(증) 302
| 준3급 蒸(증) 302
| 3급 贈(증) 228
| 7급 地(지) 29
| 7급 紙(지) 29
| 5급 止(지) 85
| 5급 知(지) 85
| 4급 誌(지) 122
| 4급 持(지) 122
| 4급 智(지) 122
| 준4급 指(지) 164
| 준4급 支(지) 164
| 준4급 至(지) 165
| 준4급 志(지) 165
| 준3급 之(지) 302
| 준3급 池(지) 302
| 3급 只(지) 228
| 3급 枝(지) 228
| 3급 遲(지) 228
| 2급 芝(지) 373
| 2급 旨(지) 372
| 2급 脂(지) 373
| 2급 址(지) 372
| 1급 咫(지) 512
| 1급 祉(지) 512
| 1급 摯(지) 512
| 1급 枳(지) 513
| 1급 肢(지) 513
| 7급 直(직) 29
| 4급 織(직) 122
| 준4급 職(직) 165
| 2급 稙(직) 373
| 2급 稷(직) 373

| 4급 盡(진) 122
| 4급 珍(진) 123
| 4급 陣(진) 122
| 준4급 眞(진) 165
| 준4급 進(진) 165
| 준3급 陳(진) 303
| 준3급 震(진) 303
| 준3급 鎭(진) 303
| 준3급 振(진) 302
| 준3급 辰(진/신) 303
| 2급 診(진) 374
| 2급 津(진) 373
| 2급 晋(진) 373
| 2급 秦(진) 373
| 1급 塵(진) 513
| 1급 嗔(진) 513
| 1급 疹(진) 513
| 5급 質(질) 85
| 준3급 疾(질) 303
| 준3급 秩(질) 303
| 3급 姪(질) 228
| 2급 窒(질) 374
| 1급 迭(질) 514
| 1급 桎(질) 514
| 1급 叱(질) 513
| 1급 帙(질) 514
| 1급 跌(질) 514
| 1급 膣(질) 514
| 1급 嫉(질) 514
| 1급 斟(짐) 515
| 1급 朕(짐) 515
| 6급 集(집) 54
| 준3급 執(집) 304
| 2급 輯(집) 374
| 1급 什(집/십) 515
| 준3급 徵(징) 304
| 3급 懲(징) 229
| 1급 澄(징) 515

ㅊ

| 준4급 次(차) 165
| 4급 差(차) 123
| 준3급 此(차) 304

3급 且(차) 229	준3급 昌(창) 305	7급 天(천) 30	준3급 逮(체) 307
3급 借(차) 229	3급 暢(창) 230	7급 川(천) 29	준3급 滯(체) 307
2급 遮(차) 374	3급 滄(창) 230	7급 千(천) 30	3급 替(체) 232
1급 嗟(차) 515	2급 敞(창) 375	4급 泉(천) 123	3급 遞(체) 232
1급 蹉(차) 515	2급 昶(창) 375	준3급 踐(천) 306	2급 締(체) 377
1급 叉(차) 515	2급 彰(창) 375	준3급 賤(천) 306	1급 涕(체) 522
5급 着(착) 85	1급 娼(창) 518	준3급 淺(천) 306	1급 諦(체) 523
3급 錯(착) 229	1급 脹(창) 519	3급 遷(천) 231	7급 草(초) 30
3급 捉(착) 229	1급 槍(창) 518	3급 薦(천) 231	5급 初(초) 86
1급 搾(착) 515	1급 漲(창) 518	2급 釧(천) 376	4급 招(초) 124
1급 窄(착) 516	1급 猖(창) 518	1급 喘(천) 520	준3급 礎(초) 307
1급 鑿(착) 516	1급 瘡(창) 519	1급 擅(천) 520	준3급 秒(초) 307
준4급 讚(찬) 166	1급 愴(창) 518	1급 穿(천) 521	준3급 超(초) 307
준3급 贊(찬) 304	1급 廠(창) 518	1급 闡(천) 521	준3급 肖(초/소) 308
2급 燦(찬) 374	1급 艙(창) 519	5급 鐵(철) 86	3급 抄(초) 232
2급 鑽(찬) 375	1급 愴(창) 518	준3급 哲(철) 306	2급 哨(초) 377
2급 璨(찬) 374	1급 菖(창) 519	준3급 徹(철) 307	2급 楚(초) 377
2급 瓚(찬) 374	4급 採(채) 123	2급 撤(철) 376	2급 焦(초) 377
1급 纂(찬) 516	준3급 彩(채) 305	2급 澈(철) 377	1급 礁(초) 523
1급 饌(찬) 516	준3급 菜(채) 305	2급 喆(철) 376	1급 憔(초) 523
1급 簒(찬) 516	3급 債(채) 230	1급 轍(철) 521	1급 炒(초) 523
1급 餐(찬) 516	2급 埰(채) 376	1급 凸(철) 521	1급 醋(초) 524
1급 撰(찬) 516	2급 采(채) 376	1급 綴(철) 521	1급 梢(초) 523
준4급 察(찰) 166	2급 蔡(채) 376	4급 添(첨) 231	1급 樵(초) 523
2급 刹(찰) 375	1급 寨(채) 519	3급 尖(첨) 231	1급 蕉(초) 523
2급 札(찰) 375	5급 責(책) 86	2급 瞻(첨) 377	1급 硝(초) 523
1급 擦(찰) 517	4급 冊(책) 123	1급 僉(첨) 521	1급 貂(초) 524
5급 參(참/삼) 86	준3급 策(책) 305	1급 籤(첨) 521	1급 稍(초) 524
3급 慚(참) 230	1급 柵(책) 519	1급 諂(첨) 522	준3급 觸(촉) 308
3급 慘(참) 229	준4급 處(처) 166	3급 妾(첩) 231	준3급 促(촉) 308
3급 慙(참) 230	준3급 妻(처) 305	2급 諜(첩) 377	3급 燭(촉) 232
2급 斬(참) 375	3급 悽(처) 230	1급 貼(첩) 522	2급 蜀(촉) 378
1급 塹(참) 517	1급 凄(처) 519	1급 疊(첩) 522	1급 囑(촉) 524
1급 讖(참) 517	준3급 尺(척) 306	1급 帖(첩) 522	4급 屬(촉/속) 124
1급 懺(참) 517	준3급 戚(척) 305	1급 牒(첩) 522	8급 寸(촌) 15
1급 僭(참) 517	준3급 拓(척/탁) 306	1급 捷(첩) 522	7급 村(촌) 30
1급 站(참) 517	3급 斥(척) 231	8급 靑(청) 15	1급 忖(촌) 524
1급 讒(참) 517	2급 陟(척) 376	6급 淸(청) 54	준4급 總(총) 166
6급 窓(창) 54	1급 滌(척) 520	4급 聽(청) 124	준4급 銃(총) 167
5급 唱(창) 86	1급 擲(척) 520	4급 廳(청) 123	3급 聰(총) 232
준4급 創(창) 166	1급 脊(척) 520	준4급 請(청) 166	1급 叢(총) 524
준3급 倉(창) 304	1급 隻(척) 520	3급 晴(청) 232	1급 寵(총) 525
준3급 蒼(창) 304	1급 瘠(척) 520	6급 體(체) 54	1급 塚(총) 525

1급 撮(촬) 525	1급 萃(췌) 527	3급 浸(침) 234	1급 眈(탐) 531
5급 最(최) 86	4급 就(취) 125	1급 砧(침) 529	준3급 塔(탑) 310
준3급 催(최) 308	4급 趣(취) 125	1급 鍼(침) 529	1급 搭(탑) 531
2급 崔(최) 378	준4급 取(취) 167	1급 蟄(칩) 529	3급 湯(탕) 235
7급 秋(추) 30	준3급 吹(취) 309	4급 稱(칭) 126	1급 宕(탕) 531
4급 推(추/퇴) 124	준3급 醉(취) 309	1급 秤(칭) 529	1급 蕩(탕) 532
준3급 追(추) 308	3급 臭(취) 233		6급 太(태) 55
3급 醜(추) 233	2급 聚(취) 379	**ㅋ**	준4급 態(태) 168
3급 抽(추) 233	2급 炊(취) 379	준4급 快(쾌) 168	준3급 殆(태) 310
3급 丑(추) 233	1급 娶(취) 527		준3급 泰(태) 310
2급 趨(추) 378	1급 翠(취) 527	**ㅌ**	3급 怠(태) 236
2급 鄒(추) 378	1급 脆(취) 527	5급 打(타) 87	2급 胎(태) 380
2급 楸(추) 378	준4급 測(측) 167	5급 他(타) 87	2급 颱(태) 380
1급 酋(추) 526	준3급 側(측) 309	준3급 妥(타) 310	2급 兌(태) 380
1급 芻(추) 525	1급 惻(측) 527	3급 墮(타) 234	1급 笞(태) 532
1급 錐(추) 525	4급 層(층) 125	1급 惰(타) 530	1급 苔(태) 532
1급 墜(추) 525	5급 致(치) 87	1급 陀(타) 530	1급 跆(태) 532
1급 錘(추) 526	4급 齒(치) 125	1급 舵(타) 530	1급 汰(태) 532
1급 鎚(추) 526	준4급 置(치) 168	1급 唾(타) 529	2급 台(태/이) 380
1급 鰍(추) 526	준4급 治(치) 168	1급 駝(타) 530	4급 擇(택) 127
1급 樞(추) 525	준3급 恥(치) 309	1급 楕(타) 530	준3급 澤(택) 311
1급 椎(추) 525	준3급 稚(치) 309	5급 卓(탁) 87	1급 撐(탱) 532
5급 祝(축) 87	준3급 値(치) 309	3급 托(탁) 235	1급 攄(터) 532
4급 縮(축) 124	2급 雉(치) 379	3급 琢(탁) 234	8급 土(토) 15
4급 築(축) 124	2급 峙(치) 379	3급 濁(탁) 235	4급 討(토) 127
준4급 蓄(축) 167	1급 侈(치) 528	3급 濯(탁) 235	준3급 兎(토) 311
3급 畜(축) 233	1급 嗤(치) 528	2급 託(탁) 380	3급 吐(토) 236
3급 逐(축) 233	1급 馳(치) 529	1급 鐸(탁) 530	6급 通(통) 55
2급 蹴(축) 378	1급 緻(치) 528	1급 擢(탁) 530	4급 痛(통) 127
2급 軸(축) 378	1급 癡(치) 528	5급 炭(탄) 88	준4급 統(통) 168
7급 春(춘) 30	1급 痔(치) 528	4급 彈(탄) 126	1급 桶(통) 533
2급 椿(춘) 379	1급 熾(치) 528	4급 歎(탄) 126	1급 慟(통) 533
7급 出(출) 31	1급 幟(치) 528	준3급 誕(탄) 310	1급 筒(통) 533
1급 黜(출) 526	1급 勅(칙) 529	1급 灘(탄) 380	준4급 退(퇴) 169
5급 充(충) 87	3급 則(칙/즉) 234	1급 憚(탄) 531	1급 堆(퇴) 533
준4급 忠(충) 167	6급 親(친) 55	1급 坦(탄) 531	1급 褪(퇴) 533
준4급 蟲(충) 167	8급 七(칠) 15	1급 綻(탄) 531	1급 頹(퇴) 533
준3급 衝(충) 308	3급 漆(칠) 234	1급 呑(탄) 531	1급 腿(퇴) 533
2급 衷(충) 379	3급 寢(침) 125	4급 脫(탈) 126	1급 槌(퇴/추) 534
2급 沖(충) 379	4급 針(침) 125	3급 奪(탈) 235	4급 鬪(투) 127
1급 膵(췌) 527	준4급 侵(침) 168	4급 探(탐) 126	4급 投(투) 127
1급 悴(췌) 526	준3급 沈(침) 310	3급 貪(탐) 235	3급 透(투) 236
1급 贅(췌) 527	3급 枕(침) 234	2급 耽(탐) 380	1급 套(투) 534

1급 妬(투) 534	3급 遍(편) 237	1급 褒(포) 539	3급 荷(하) 239
6급 特(특) 55	3급 編(편/변) 237	4급 爆(폭) 128	1급 蝦(하) 541
1급 慝(특) 534	2급 扁(편) 381	3급 幅(폭) 238	1급 瑕(하) 541
	1급 騙(편) 537	3급 瀑(폭) 539	1급 霞(하) 541
ㅍ	1급 鞭(편) 537	1급 曝(폭/포) 539	1급 遐(하) 541
4급 派(파) 127	7급 便(편/변) 31	6급 表(표) 55	8급 學(학) 16
준4급 波(파) 169	1급 貶(폄) 537	4급 標(표) 128	준3급 鶴(학) 313
준4급 破(파) 169	7급 平(평) 31	준4급 票(표) 170	2급 虐(학) 383
준3급 把(파) 311	4급 評(평) 128	3급 漂(표) 238	1급 瘧(학) 542
3급 罷(파) 236	2급 坪(평) 381	1급 慓(표) 539	1급 壑(학) 541
3급 頗(파) 236	1급 萍(평) 537	1급 剽(표) 539	1급 謔(학) 541
3급 播(파) 236	4급 閉(폐) 128	1급 飄(표) 540	8급 韓(한) 16
2급 坡(파) 381	준3급 肺(폐) 312	1급 豹(표) 540	7급 漢(한) 31
1급 琶(파) 535	준3급 弊(폐) 312	2급 杓(표/작) 382	5급 寒(한) 89
1급 跛(파) 535	3급 蔽(폐) 238	5급 品(품) 88	4급 閑(한) 129
1급 巴(파) 534	3급 廢(폐) 237	1급 稟(품) 540	4급 恨(한) 129
1급 婆(파) 534	1급 斃(폐) 537	6급 風(풍) 55	준4급 限(한) 170
1급 芭(파) 535	1급 陛(폐) 537	준4급 豐(풍) 170	3급 旱(한) 239
1급 爬(파) 534	4급 胞(포) 128	준3급 楓(풍) 312	3급 汗(한) 239
5급 板(판) 88	준4급 砲(포) 169	1급 諷(풍) 540	1급 翰(한) 542
4급 判(판) 127	준4급 包(포) 169	2급 馮(풍/빙) 382	1급 悍(한) 542
준3급 版(판) 311	준4급 布(포) 169	4급 避(피) 129	1급 罕(한) 542
3급 販(판) 237	준4급 暴(포/폭) 170	4급 疲(피) 129	1급 澣(한) 542
2급 阪(판) 381	준3급 浦(포) 312	준3급 皮(피) 312	2급 邯(한/함) 383
1급 辦(판) 535	3급 飽(포) 238	준3급 彼(피) 312	준3급 割(할) 313
8급 八(팔) 15	3급 抱(포) 238	준3급 被(피) 312	1급 轄(할) 542
3급 貝(패) 237	3급 捕(포) 238	1급 披(피) 540	준3급 陷(함) 314
2급 覇(패) 381	2급 葡(포) 382	5급 筆(필) 88	준3급 含(함) 314
1급 咸(패) 536	2급 鮑(포) 382	5급 必(필) 88	3급 咸(함) 239
1급 稗(패) 536	2급 怖(포) 381	준3급 畢(필) 313	2급 艦(함) 383
1급 悖(패) 535	2급 抛(포) 382	3급 匹(필) 239	1급 涵(함) 543
1급 佩(패) 535	2급 鋪(포) 382	2급 弼(필) 382	1급 檻(함) 543
1급 唄(패) 535	1급 哺(포) 538	1급 疋(필, 소) 540	1급 喊(함) 543
1급 牌(패) 536	1급 疱(포) 538	2급 泌(필/비) 383	1급 鹹(함) 543
5급 敗(패,) 88	1급 匍(포) 537	1급 逼(핍) 541	1급 銜(함) 543
2급 彭(팽) 381	1급 咆(포) 537	1급 乏(핍) 540	1급 函(함) 542
1급 膨(팽) 536	1급 庖(포) 539		1급 緘(함) 543
1급 澎(팽) 536	1급 圃(포) 538	**ㅎ**	6급 合(합) 56
1급 愎(퍅) 536	1급 泡(포) 538	7급 夏(하) 31	1급 蛤(합) 544
3급 幣(폐) 237	1급 逋(포) 539	7급 下(하) 31	1급 盒(합) 543
4급 篇(편) 128	1급 脯(포) 538	5급 河(하) 89	4급 抗(항) 129
준3급 片(편) 311	1급 蒲(포) 538	준3급 賀(하) 313	준4급 港(항) 170
준3급 偏(편) 311	1급 袍(포) 538	준3급 何(하) 313	준4급 航(항) 170

준3급 項(항) 314	준4급 驗(험) 171	1급 醯(혜) 547	2급 泓(홍) 387
준3급 恒(항) 314	2급 赫(혁) 384	1급 彗(혜) 547	1급 哄(홍) 549
3급 巷(항) 239	2급 爀(혁) 384	6급 號(호) 57	1급 訌(홍) 549
2급 亢(항) 383	6급 現(현) 56	5급 湖(호) 89	1급 虹(홍) 549
2급 沆(항) 383	4급 顯(현) 130	4급 好(호) 131	8급 火(화) 16
1급 肛(항) 544	준4급 賢(현) 171	준4급 戶(호) 172	7급 話(화) 32
1급 缸(항) 544	준3급 玄(현) 315	준4급 呼(호) 172	4급 花(화) 32
7급 海(해) 32	준3급 懸(현) 315	준4급 護(호) 172	6급 和(화) 57
5급 害(해) 89	3급 縣(현) 241	준3급 豪(호) 316	6급 畵(화/획) 57
준4급 解(해) 171	2급 絃(현) 240	준3급 胡(호) 316	5급 化(화) 89
3급 該(해) 240	2급 弦(현) 241	준3급 浩(호) 315	4급 華(화) 131
3급 奚(해) 240	2급 鉉(현) 384	준3급 虎(호) 316	준4급 貨(화) 173
3급 亥(해) 240	2급 峴(현) 384	3급 互(호) 242	준3급 禍(화) 317
1급 骸(해) 545	2급 炫(현) 384	3급 毫(호) 242	3급 禾(화) 243
1급 楷(해) 544	1급 眩(현) 546	3급 乎(호) 242	2급 嬅(화) 387
1급 懈(해) 544	1급 衒(현) 546	2급 濠(호) 386	2급 樺(화) 387
1급 諧(해) 545	1급 絢(현) 546	2급 鎬(호) 386	2급 靴(화) 387
1급 邂(해) 545	준4급 血(혈) 172	2급 晧(호) 386	준4급 確(확) 173
1급 駭(해) 545	3급 穴(혈) 241	2급 祜(호) 386	3급 穫(확) 243
1급 咳(해) 544	준3급 嫌(혐) 315	2급 扈(호) 385	3급 擴(확) 243
1급 偕(해) 544	준4급 協(협) 172	2급 壕(호) 385	5급 患(환) 90
4급 核(핵) 129	준3급 脅(협) 315	2급 滬(호) 386	4급 歡(환) 131
1급 劾(핵) 545	2급 峽(협) 384	2급 皓(호) 386	4급 環(환) 131
6급 幸(행) 56	2급 陜(협) 384	2급 昊(호) 386	준3급 還(환) 317
6급 行(행) 56	1급 狹(협) 547	1급 弧(호) 547	준3급 換(환) 317
2급 杏(행) 383	1급 挾(협) 547	1급 琥(호) 548	3급 丸(환) 243
6급 向(향) 56	1급 俠(협) 546	1급 狐(호) 548	2급 桓(환) 387
준4급 香(향) 171	1급 頰(협) 547	1급 糊(호) 548	2급 煥(환) 388
준4급 鄕(향) 171	8급 兄(형) 16	1급 瑚(호) 548	2급 幻(환) 387
준3급 響(향) 314	6급 形(형) 56	준3급 惑(혹) 316	1급 鰥(환) 549
3급 享(향) 240	4급 刑(형) 130	2급 酷(혹) 387	1급 喚(환) 549
1급 饗(향) 545	준3급 衡(형) 315	4급 婚(혼) 131	1급 宦(환) 549
1급 嚮(향) 545	3급 亨(형) 241	준4급 混(혼) 173	1급 驩(환) 549
5급 許(허) 89	3급 螢(형) 241	준3급 魂(혼) 316	7급 活(활) 32
준4급 虛(허) 171	2급 馨(형) 385	3급 昏(혼) 242	2급 滑(활) 388
1급 噓(허) 546	2급 邢(형) 385	1급 渾(혼) 548	1급 猾(활) 550
1급 墟(허) 546	2급 炯(형) 385	준3급 忽(홀) 316	1급 闊(활) 550
4급 憲(헌) 130	2급 瀅(형) 385	1급 笏(홀) 548	6급 黃(황) 57
준3급 獻(헌) 314	2급 型(형) 385	1급 惚(홀) 548	4급 況(황) 132
3급 軒(헌) 240	1급 荊(형) 547	4급 紅(홍) 131	준3급 皇(황) 317
1급 歇(헐) 546	4급 慧(혜) 130	준3급 洪(홍) 317	3급 荒(황) 243
4급 險(험) 130	준4급 惠(혜) 172	3급 弘(홍) 242	2급 滉(황) 388
4급 革(혁) 130	3급 兮(혜) 241	3급 鴻(홍) 242	2급 晃(황) 388

급수	한자	쪽
1급	遑(황)	551
1급	凰(황)	550
1급	煌(황)	551
1급	恍(황)	550
1급	徨(황)	550
1급	慌(황)	550
1급	惶(황)	550
6급	會(회)	57
4급	灰(회)	132
준4급	回(회)	173
준3급	懷(회)	318
준3급	悔(회)	317
2급	淮(회)	388
2급	廻(회)	388
2급	檜(회)	388
1급	徊(회)	551
1급	晦(회)	551
1급	繪(회)	551
1급	恢(회)	551
1급	膾(회)	551
1급	蛔(회)	552
1급	誨(회)	552
1급	賄(회)	552
준4급	獲(획)	173
준3급	劃(획)	318
준3급	橫(횡)	318
7급	孝(효)	32
5급	效(효)	90
3급	曉(효)	243
1급	酵(효)	552
1급	嚆(효)	552
1급	哮(효)	552
1급	爻(효)	552
7급	後(후)	32
4급	候(후)	132
4급	厚(후)	132
3급	喉(후)	244
3급	侯(후)	244
2급	后(후)	389
1급	逅(후)	553
1급	嗅(후)	553
1급	朽(후)	553
1급	吼(후)	553
6급	訓(훈)	57
2급	薰(훈)	389
2급	熏(훈)	389
2급	壎(훈)	389
2급	勳(훈)	389
1급	暈(훈)	553
1급	喧(훤)	553
3급	毀(훼)	244
1급	卉(훼)	553
1급	喙(훼)	554
4급	揮(휘)	132
3급	輝(휘)	244
2급	徽(휘)	389
1급	麾(휘)	554
1급	彙(휘)	554
1급	諱(휘)	554
7급	休(휴)	33
3급	携(휴)	244
2급	休(휴)	389
1급	恤(휼)	554
5급	凶(흉)	90
3급	胸(흉)	244
2급	匈(흉)	390
1급	洶(흉)	554
1급	兇(흉)	554
5급	黑(흑)	90
1급	欣(흔)	555
1급	痕(흔)	555
2급	欽(흠)	390
1급	欠(흠)	555
1급	歆(흠)	555
준4급	吸(흡)	173
1급	恰(흡)	555
1급	洽(흡)	555
준4급	興(흥)	174
준4급	希(희)	174
준3급	稀(희)	318
준3급	戲(희)	318
4급	喜(희)	132
3급	熙(희)	245
2급	姬(희)	390
2급	義(희)	391
2급	憙(희)	390
2급	熹(희)	390
2급	禧(희)	390
2급	嬉(희)	390
1급	犧(희)	555
3급	噫(희/애)	245
1급	詰(힐)	556

부수명칭(部首名稱)

	1획				
一	한 일	大	큰 대	木	나무 목
丨	뚫을 곤	女	계집 녀	欠	하품 흠
丶	점 주(점)	子	아들 자	止	그칠 지
丿	삐칠 별(삐침)	宀	집 면(갓머리)	歹(歺)	뼈앙상할 알(죽을사변)
乙(乚)	새 을	寸	마디 촌	殳	칠 수 (갓은등글월문)
亅	갈고리 궐	小	작을 소	毋	말 무
	2획	尢(兀)	절름발이 왕	比	견줄 비
二	두 이	尸	주검 시	毛	터럭 모
亠	머리 두(돼지해머리)	屮(中)	싹날 철	氏	각시 씨
人(亻)	사람 인(인변)	山	메 산	气	기운 기
儿	어진사람 인	巛(川)	개미허리(내 천)	水(氵)	물 수(삼수변)
入	들 입	工	장인 공	火(灬)	불 화
八	여덟 팔	己	몸 기	爪(爫)	손톱 조
冂	멀 경(멀경몸)	巾	수건 건	父	아비 부
冖	덮을 멱(민갓머리)	干	방패 간	爻	점괘 효
冫	얼음 빙(이수변)	幺	작을 요	爿	조각널 장(장수장변)
几	안석 궤(책상궤)	广	집 엄(엄호)	片	조각 편
凵	입벌릴 감 (위터진입구)	廴	길게걸을 인(민책받침)	牙	어금니 아
刀(刂)	칼 도	廾	손맞잡을 공(밑스물입)	牛(牜)	소 우
力	힘 력	弋	주살 익	犬(犭)	개 견
勹	쌀 포	弓	활 궁		5획
匕	비수 비	彐(彑)	돼지머리 계(터진가로왈)	玄	검을 현
匚	상자 방(터진입구)	彡	터럭 삼(삐친석삼)	玉(王)	구슬 옥
匸	감출 혜(터진에운담)	彳	조금걸을 척(중인변)	瓜	오이 과
十	열 십		4획	瓦	기와 와
卜	점 복	心(忄小)	마음 심(심방변)	甘	달 감
卩(㔾)	병부 절	戈	창 과	生	날 생
厂	굴바위 엄(민엄호)	戶	지게 호	用	쓸 용
厶	사사로울 사(마늘모)	手(扌)	손 수(재방변)	田	밭 전
又	또 우	支	지탱할 지	疋	필 필
	3획	攴(攵)	칠 복 (등글월문)	疒	병들 녁(병질엄)
口	입 구	文	글월 문	癶	걸을 발(필발머리)
囗	에울 위(큰입구)	斗	말 두	白	흰 백
土	흙 토	斤	도끼 근(날근)	皮	가죽 피
士	선비 사	方	모 방	皿	그릇 명
夂	뒤져올 치	无(旡)	없을 무(이미기방)	目(罒)	눈 목
夊	천천히걸을 쇠	日	날 일	矛	창 모
夕	저녁 석	曰	가로 왈	矢	화살 시
		月	달 월	石	돌 석

示(礻)	보일 시	谷	골 곡		10 획
内	짐승발자국 유	豆	콩 두	馬	말 마
禾	벼 화	豕	돼지 시	骨	뼈 골
穴	구멍 혈	豸	발없는벌레 치(갓은돼지시변)	高	높을 고
立	설 립	貝	조개 패	髟	머리털늘어질 표(터럭발)
	6 획	赤	붉을 적	鬥	싸울 투
竹	대 죽	走	달아날 주	鬯	술 창
米	쌀 미	足(⻊)	발 족	鬲	솥 력
糸	실 사	身	몸 신	鬼	귀신 귀
缶	장군 부	車	수레 거		11 획
网(罓·罒)	그물 망	辛	매울 신	魚	물고기 어
羊	양 양	辰	별 진	鳥	새 조
羽	깃 우	辵(辶)	쉬엄쉬엄갈 착(책받침)	鹵	소금밭 로
老(耂)	늙을 로	邑(阝)	고을 읍(우부방)	鹿	사슴 록
而	말이을 이	酉	닭 유	麥	보리 맥
耒	쟁기 뢰	釆	분별할 변	麻	삼 마
耳	귀 이	里	마을 리		12 획
聿	붓 율		8 획	黃	누를 황
肉(月)	고기 육(육달월변)	金	쇠 금	黍	기장 서
臣	신하 신	長(镸)	길 장	黑	검을 흑
自	스스로 자	門	문 문	黹	바느질할 치
至	이를 지	阜(阝)	언덕 부(좌부방)		13 획
臼	절구 구(확구)	隶	미칠 이	黽	맹꽁이 맹
舌	혀 설	隹	새 추	鼎	솥 정
舛(⺇)	어그러질 천	雨	비 우	鼓	북 고
舟	배 주	靑	푸를 청	鼠	쥐 서
艮	그칠 간	非	아닐 비		14 획
色	빛 색		9 획	鼻	코 비
艸(艹)	풀 초(초두)	面	낯 면	齊	가지런할 제
虍	범의문채 호(범호)	革	가죽 혁		15 획
虫	벌레 충(훼)	韋	다룸가죽 위	齒	이 치
血	피 혈	韭	부추 구		16 획
行	다닐 행	音	소리 음	龍	용 룡
衣(衤)	옷 의	頁	머리 혈	龜	거북 귀(구)
襾	덮을 아	風	바람 풍		17 획
	7 획	飛	날 비	龠	피리 약변
見	볼 견	食(饣)	밥 식(변)	*는	↑ 심방(변), ⺺ 재방(변)
角	뿔 각	首	머리 수	부수의	阝삼수(변), ⺨ 개사슴록(변)
言	말씀 언	香	향기 향	변형글자	阝(邑)우부(방), 阝(阜)좌부(방)